Das Nebelmädchen

Angelika Weirauch

Das Nebelmädchen

Historisch-biografischer Roman

ihleo verlag

**Bibliografische Information
der Deutschen Nationalbibliothek**

Die Deutsche Nationalbibliothek verzeichnet diese Publikation in der Deutschen Nationalbibliografie; detaillierte bibliografische Daten sind im Internet über http://dnb.d-nb.de abrufbar.

Impressum

Gesamtherstellung: ihleo verlag – Dr. Oliver Ihle
Schlossgang 10, 25813 Husum
info@ihleo.de, www.ihleo-verlag.de

ISBN 978-3-96666-082-2

Inhalt

Sehnsucht

Eine meiner 16384 Vorfahren war im Jahr 1475 mit dem Bürgermeister von Riga verheiratet. Das interessiert mich: Woher kam sie? Wie lebte sie? Wer war sie?

Wieso so viele? Jeder Mensch hat zwei Eltern, vier Großeltern, acht Urgroßeltern – ob er sie kennengelernt hat, etwas von ihnen weiß, oder nicht. In der vierzehnten Generation sind das 8192 Männer und 8192 Frauen. Erzähle ich davon, so antworten meine Gesprächspartner, dass das Vergangene vergangen sei, mein Erbteil homöopathisch. Doch warum sollte ich keinen nennenswerten Erbteil von dieser Urmutter haben? War sie der Ursprung von Sommersprossen und roten Haaren, Sprachlust und meinem nie versiegenden Fernweh? Schreibend erkunde ich das.

Woher nehmen wir unser Wissen? Woher weiß ich, was ich weiß? Es ist eine Melange aus Schulwissen, Romanen und Sachbüchern, Wissenschaft, Märchen, Filmen; alles miteinander vermischt, verkocht und gefiltert durch die unterschiedlich reinen Siebe meiner Person. Woraus bestehen meine Filter, frage ich mich? Sollte oder könnte ich sie ausspülen? Oder gibt es keine Filter, sondern stattdessen ein Spiegellabyrinth wie das in Prag, das ein Häuschen in Salons, Flure und Kathedralen verwandelt?

Unabhängig von meiner Suche fragen auch andere Menschen nach ihren Wurzeln. Junge Menschen fragen erstmals nach den analogen Fotos ihrer Vorfahren, die sie bisher nicht im Blick hatten, weil sie weder auf ihren Mobiltelefonen noch im Internet zu finden sind.

Mein Freund Gerhard begann in seinen letzten Lebensjahren gleichzeitig mit und unabhängig von mir und ohne dass wir es voneinander wussten, seine Ahnengeschichten aufzuschreiben. Irgendwann entdeckten wir, dass wir an ähnlichen Projekten schrieben. Da wir nicht am gleichen Ort wohnten, entspann sich ein Briefdialog zwischen uns.

Lieber Gerhard!
Ich möchte etwas über meine Ahninnen und Ahnen schreiben. Es geht um meine Familie. Ich habe keine Schwestern und Brüder, keine Cousinen und Cousins. Meine Mutter war ein Einzelkind, mein Vater verlor seinen Bruder im Krieg und seine Schwester erst an eine innere Erstarrung und später an die Demenz. In meiner Kindheit bestand meine Familie außer meinen Eltern und der Großmutter nur aus meinen Ahnen. Meine Mutter hängte mir ein geschnitztes Ritterkreuz mit dem für mich unergründlichen Ausspruch *In Treuen Fest* über mein Bett – als Antwort auf meinen Wunsch nach einer großen Familie. Als Einzelkind wünschte ich mir Familie: Zuerst real – konnte Mama nicht noch ein Baby bekommen? Ich wünschte mir eine Familie, die mir Anregung und Anerkennung gegeben hätte. Dann in der Jugend wünschte ich mir keine wilden Brüder mehr, die meine ausgetüftelten Spiele gestört hätten; keine zickige Schwester, die jeden meiner Sätze auf eine mögliche Verliebtheit untersucht hätte. Ich hatte die Zeit, die andere mit ihren Geschwistern zubrachten, übrig und drang stattdessen in den *Raum der Vergangenheit* ein. Die Urahnen in den überlieferten Geschichten waren für mich nicht weiter weg als die Verwandten im unerreichbaren Westen Deutschlands.

Liebe Angelika!
Vielleicht ist dies das Schicksal von uns Einzelkindern! Wir haben weniger Familie und darum mehr Sehnsucht als jene, die unmittelbare Familienerfahrungen machen. Wir suchten Vorbilder, die uns Leben hätten lehren

können. Leider gab es bei mir nie einen, der antwortete (männlich!): Diese Väter, Schwiegerväter, Großväter, also auch Urgroßväter, die sich schon davongemacht hatten, als wir, in unseren Lebenskonflikten, zu fragen anfingen oder Antworten fordern wollten: Aufklärung! Ob diese Väter und Gatten mehr gewusst und gesagt hätten als ihre Frauen, die Gattinnen? Was waren das für Männer, diese unermüdlichen Begatter, Kindszeuger und Ernährer? Waren sie alle fleißige und naive Arbeiter und Bauern und eben Gatten, Gattriche? Wussten sie immer, was sie taten – im Auftrag Gottes oder des Landesvaters? Oder wussten sie nichts? Waren Gottvertrauen und Vaterlandsliebe immer größer als mögliches zeitgemäßes Wissen?

Lieber Gerhard!
Wenn ich Bekannten von meinem Schreibprojekt erzähle, dann lächeln sie über meine Rückwärtsgewandtheit und sagen: *Du hättest Geschichte studieren sollen.* Doch das ist ein Missverständnis. Es geht nicht um Geschichte; es geht um Zusammenhalt! Ich suche nicht nach den von Dir beschriebenen gleichgültigen Vorfahren, den Gatten und Gattinnen, die von ihren Ururenkeln nichts wissen wollen. Es geht mir um Vorväter und -mütter, die mir die Brüder, Schwestern, Cousinen und Cousins hätten ersetzen können, um die, die auf mich gewartet haben. Da waren die Klugen, die mir hätten sagen können, dass es sich lohnt zu lernen, egal was die Mitschüler dazu sagen. Da waren die Erfolgreichen, die Bürgermeister, Ratsherren und Gildemeister, die hätten sagen können, dass es sich lohnt, nach Macht zu streben, wenn sie für das Richtige verwendet wird. Oder die davon abgeraten hätten, denn in harten Zeiten war es sicher keine Freude, Macht ausüben zu müssen. Da waren die Frauen, von denen nur Namen und Daten im

Ahnenplan blieben und meist nicht einmal die Zahl und die Namen all ihrer Kinder. Sie haben die Familiengeschichten geprägt und hüteten diesen Zusammenhang aller über viele Generationen. Oder ist das Romantik, stelle ich mir das nur vor?

Liebe Angelika!
Wir Einzelkinder schaffen uns Familie, indem wir in den Raum der Vergangenheit eindringen und die Ahnen besuchen. Lass mich den Ahnen-Zopf für uns Spätlinge im 20. und gar 21. Jahrhundert noch zwei Strähnen weiter flechten! Ich habe meine Henrietten und Christlieben gefunden, nach ihnen wird mein Text einmal heißen. Zwei meiner Ururgroßmütter, die sich, obgleich aus derselben Gegend stammend, vermutlich nicht kannten, hießen Christliebe, was für ein Name! Beide hatten sie eine Tochter Henriette, je eine von vielen Töchtern. Die Henrietten, meine Urgroßmütter, haben sich vielleicht kennengelernt und mich als kleines Kind auch noch als eins ihrer unzähligen Urenkel. Sie kamen alle aus kinderreichen Familien und sehnten sich nach Einzelkindern! Nicht nur wir Einsamkinder sind dankbar für ihre Erbstücke. Ich stelle mir vor: Sie erleben sich in uns. Was in ihnen Hälfte, Viertel oder kleiner Teil war, findet durch die Zutaten anderer Familien in uns zur Ganzheit. In uns lebt, was in ihnen Zutat für Künftiges war. Wir sind die, nach denen sie Sehnsucht hatten. Willig erzählen sie uns Geschichten aus ihrer Zeit, wenn wir sie befragen.

Lieber Gerhard!
Ich bin an- und aufgeregt von Deinem ganz anders beschaffenem Nachdenken! Bei mir hießen sie anders. Da war jene Tiburtia von Trippen mit der ihr so fremden Schwiegertochter Wendula, was für ein Gegensatz schon

im Namen! Ich höre das grimmige Knistern zwischen ihnen durch die Jahrhunderte. Sie und ihre Nachfahren haben ihre Stickereien und die Kleidungsstücke ihrer Kinder vererbt und das Wissen um die dunklen Seiten der Familien. Nur ist nach den Kriegen des letzten Jahrhunderts fast nichts davon bei uns angekommen, alles ist zerrissen, verloren, von groben Stiefeln in den Schmutz getreten worden. Ihre Häuser, in denen einst Gespenster umgingen und besänftigt werden mussten, stehen nicht mehr. Das Land sieht nicht mehr aus, wie sie es sahen. Aus winzigen Dörfern sind Städte geworden, zugebaut mit unzähligen Häusern. Hätten sie sich gefreut über die vielen Menschen? Wären sie ihnen ein Zeichen, dass es keine Seuchen mehr gibt und dass fast alle Kinder, die geboren werden, auch erwachsen werden? Breite Straßen sind betoniert, wo einst schmale Fußwege liefen und Pferdewagen tiefe Spuren in den weichen Boden gepresst hatten. Würden sie das als Gewinn an Bequemlichkeit sehen oder als Verlust an Nachtigallen, Dachsen und Elchen?

Liebe Angelika!
Die mit den Vorfahren vergehende Geschichte ist ein wichtiges Thema, das jedoch meist ausgespart wird. Vielen, besonders den Frauen früherer Generationen, die ferngehalten worden sind von Bildung und Politik, blieb sie unbewusst. An unzählig vielen Vormittagen, während die Weltgeschichte fernfern hinter dem dörflichen Horizont durch die Jahre rauschte und tobte und sonst etwas anstellte und ruinierte und Millionen Zeitgenossen umbrachte, schlich sich bei ihnen die Stille Tag um Tag konturlos hinter dicht-gardinenverhängten, sauberen Fenstern dahin. Die Gattin-Hausfrau-Mutter füllte mit gleichbleibender Tätigkeit in unendlich wiederholter Sorgfalt den Vormittag: entdeckte täglich neue Staub-

partikelchen, las sie ab, währenddessen die Standuhr in der Wohnstube doch etwas für Aufregung sorgte, indem sie plötzlich aus ihrem gleichförmigen Ticktack rasselnd auffuhr und eine der leeren Stunden abzählte.

Lieber Gerhard!
Ich merke, dass es nicht einfach ist, über die Frauen zu schreiben! Weil ich von dem, was sie bewegte, so wenig weiß! Die Männer hatten interessante Berufe, sie waren Kapitäne, Apotheker, Lehrer und Pastoren, worunter ich mir einen Berufsalltag im 15., 17. oder 19. Jahrhundert halbwegs vorstellen oder in Museen und im Internet aneignen kann. Doch keine der Frauen hat ein solch spannendes Attribut im Ahnenplan. Wie änderte sich Frauenleben durch die Jahrhunderte? Angesichts meiner Fragen fühle ich mich wie das neugierige *Marienkind*, von dem die Brüder Grimm erzählen: Als seine Adoptivmutter Maria verreiste, erlaubte sie ihm das Öffnen vieler Räume im Palast, nur einer war ihr verboten. Marienkind, Einzelkind der Stiefmutter, war eine Tabubrecherin. Sie betrachtete die Inhalte aller Räume, auch des verbotenen. Sicher suchte auch sie Wissen und Anerkennung. Im katholisch anmutenden Märchen wird sie dafür grausam bestraft. In Wirklichkeit fand sie vielleicht den *Raum der Wünsche* wie Harry Potter, als er in Not war. Zufriedene Menschen lernen den nicht kennen. Einzelkinder finden manchmal diesen Raum, wenn sie aus Langeweile durch innere Flure streifen. Der *Raum der Vergangenheit* scheint mir ein Nebengelass davon zu sein. Meine Aufregung zeigt mir, dass ich auf der Spur zu den Tabus bin, die es zu brechen gilt! Ich hoffe, dass sich mir beim Schreiben dieser wunderbare Raum öffnet! Er wartet – zumindest in Hogwarts –, bis er benötigt wird. In ihm finden die Suchenden genau das, was sie am dringendsten brauchen.

Liebe Angelika!
Es gab in unserer Kultur in gewissen Bereichen keine Traditions- und Erfahrungsweitergabe, sondern Tabus – mit diesem langen Schamnagel sind höchst lebenswichtige Bereiche zugenagelt, als gäbe es sie nicht. Das nicht erst bei der Weitergabe, sondern bereits bei der Selbstinformation und Eigenerkundung gewisser daseinsnützlicher, elementarer Lebenseinsichten, bei solchen unschlagbaren, eigentlich unverzichtbaren Grundtatsachen, die nicht durchschaut und erfahren werden durften, gar dürfen. Wovon rede ich hier? Es herrscht Tabu. Die Väter kauen beschäftigt am Pfeifenstiel und haben errötete Gesichter. Sie wissen nichts Genaues, und auch das nur ungefähr und mit größten Redehemmungen. Ziemlich abseits allemal saßen ein paar Ausnahmen, die dann oft die schwarzen Schafe der Familien waren.

Lieber Gerhard – postum!
Ich habe mit Dir meinen wichtigsten Gesprächspartner verloren über diese Themen. Ich bin sehr traurig, dass es Dich als meinen Vordenker nicht mehr gibt! In den Fluren der Geschichte scheinen mir mehr Historikerinnen und Wissenschaftler anzutreffen zu sein, selten jemand wie Du und ich, die wir zu ähnlichen Räumen unterwegs sind oder waren. In Dir hatte ich, nicht nur zu diesem Thema, einen Freund gefunden, der auf dem gleichen Weg war. Danke für Deine Begleitung und für Deine Texte, die Du mir zur Verwendung überließest! Du hast es nicht mehr geschafft, sie jemand Wohlwollendem außer mir zu zeigen oder sie zu veröffentlichen. Damit hattest Du sowieso ein Problem, nachdem Dein Erstlingswerk, erschienen im Herbst 1989 nach jahrelangem Kampf um Druckgenehmigungen und Papierkontingente der DDR, direkt aus der Druckerei auf den Müllhaufen der Geschichte geliefert wurde – statt in die Buchläden zu de-

nen, die hungrig waren auf Lebensreflexionen wie Deine. Die politische *Wende* 1989 hat mir viel Freiheit zu denken, zu lesen und zu schreiben gebracht; aber auch Verluste. Es erscheinen nicht mehr hundert interessante Bücher im Jahr, es erscheinen tausende: der Verlust der Übersichtlichkeit. Es gibt nicht fünf begehrte Reiseziele, sondern 194 interessante Länder, 1199 Weltkulturerbe-Stätten und unendliche heimliche Schönheiten auf der Welt, dazu speichern unzählige Bibliotheken und Museen den Schatz der Vorfahrinnen und Vorfahren. Die Kriege und Nachkriegszeiten im letzten Jahrhundert haben uns entwurzelt: in Deutschland, in Europa, vielleicht in der ganzen Welt. Unrecht, Härte, Verschlossenheit, Angst voreinander, Opfer-Täter-Verwicklungen und Grenzen haben die Familien gespalten. Gegen die Entwurzelung möchte ich anschreiben: gegen meine und gegen die anderer. Was ich Dir gern noch erzählt hätte, lieber Gerhard: Einmal, als Jugendliche, ging ich in einem hallenden Treppenhaus hinauf. Ich hörte hinter mir die Schritte meiner Mutter, die mich einholen wollte. Ich blieb stehen, wartete kurz, rief und erhielt keine Antwort. Es war still. Ich schaute durch das Geländer nach unten, wo niemand war. Da begriff ich, dass ich denselben Schrittrhythmus habe wie meine Mutter. Ich hörte das Echo meiner Schritte und hatte meine Mutter darin zu erkennen gemeint. Ein Teil von ihr lebt unbemerkt in mir: *Das Vergangene ist nicht tot; es ist nicht einmal vergangen* (Christa Wolf).[1]

Ich setze mich an das Quellrinnsal meines Lebensstromes, beobachte die Frauen und Männer, die am Ufer unterwegs sind, und bin entschlossen, mich nicht länger *fremd zu stellen und nichts mehr von mir abzutrennen*, was auch die Wurzellosen

1 Christa Wolf 1976: *Kindheitsmuster*

sagen mögen: Die, die nicht einmal den Mädchennamen ihrer Großmutter wissen. Da gibt es die, die es nicht interessiert, und jene, die ihre Familien und deren Geschichten tragisch verloren haben als Waisenkinder, Adoptivkinder, Kinder aus Patchwork-, Streit- oder Schweigefamilien.

Auf der Suche nach der Kraft meiner Vorfahrinnen und Vorfahren lasse ich mich vom Strom des Lebens treiben. Er fließt durch die kühlen, nördlichen Länder des Baltikums mit flachen Ufern.[2] Ein Nebenfluss führt mich bei Freund Gerhards Ahnen im Vogtland und Erzgebirge vorbei. Oft trägt mein Gewässer Eisschollen oder friert ganz zu, dann überqueren Menschen und Tiere es zu Fuß. Irgendwann nehme ich wahr, dass der Fluss mich statt zur Mündung zu seiner Quelle mitnimmt, einem dünnen Rinnsal des Wissens zwischen breiten Ufern voll Unwissen. Das in mir vereinigte Leben meiner Vorfahren, die ihre Lebensfreude und Lebenskunst, ihr Wissen, ihre Ängste und ihren Schrittrhythmus in mich eingelagert haben, ohne dass es mich bisher kümmerte, suche ich. Sie haben mir außer Kraft, Resilienz und Lebenslust auch ihre düsteren Gedanken und die Gewalt, die sie erlebt haben, vererbt. *Wie weit zurück ist das Vergangene nicht tot*? Ich weiß es nicht. Lebe ich mein Leben oder ihre Leben? Sortiere ich nun im 60. Lebensjahr meinen Besitz oder ihr Erbe?

---

2 Die meisten Orte heißen heute in den jeweiligen Landessprachen anders. Der Roman nennt die (meist deutsche) Bezeichnung, wie die Akteur*innen ihre Wohnorte nannten. Namensgebung ist durch die vielen Machtwechsel in diesen Gebieten nicht immer eindeutig, weil manche Orte öfter umbenannt worden sind. Dorpat/Tartu z.B. hieß zwischenzeitlich auch Jurjew … Da es sich um einen Roman handelt, habe ich zugunsten der Lesbarkeit auf die wissenschaftliche Genauigkeit verzichtet.

Der Abgrund der Vergangenheit

Jenseits des siebzigsten Geburtstages stehe ich enttäuscht vor dem dunklen, lautlosen *Abgrund der Vergangenheit*, der, ich begreife es schmerzlich zu spät, plötzlich nichts mehr von sich gibt – oder nur rätselhafte, schwer deutbare Signale, flüchtige Spuren. Dabei ist *die Dunkelheit da unten* doch drängend voll von wimmelnden Gestalten, die mir zum Verwechseln ähnlich sind. Keiner weiß etwas von jenen vielen kleinen Biografien, mit denen die Weltgeschichte aufgeblasen, ausgestopft wurde. *Wozu-wofür* das alles, dieser Aufwand – wenn nicht vielleicht doch für das Erinnern und Bewusstwerden im Gewissen der Nachfolgenden – als einzigartiges *Erfahrungs- und Vergleichsmaterial*, um das Leben in dieser Welt eventuell einmal anders zu versuchen, neu zu gestalten? Bald werde ich selber hinabrutschen in diese Tiefe, und meine Enkel und Urenkel werden von mir nichts mehr zu hören-sehen-wissen kriegen. Das wird sie vorerst wenig bewegen, bis sie selber an der Ausgangsschwelle stehen. Warum ist man am Ende der Möglichkeiten brennender interessiert als am Anfang? Ahnt man die verpassten Chancen? Wem sollte das Interesse noch nützen?[3]

---

3 Gerhard Rößler 2012: *Von unseren Henrietten, Christlieben und anderen Urmüttern*

Das Nebelmädchen (ca. 1450–1519) und Heinrich Goette (1440–1489)

Ihre Reise verzögerte sich. Das Schiff lag unweit des Rigaer Hafens im Nebel fest, der Schiffsführer riskierte die Suche nach der Hafeneinfahrt nicht. War sie daran schuld? Vermutlich zu oft hatte sie angstvoll gebetet, dass sie keinen Sturm würde erleben müssen auf der Fahrt über die Ostsee, so oft, dass nun Flaute war. Eingeschlossen in ihrem Räumchen wusste sie plötzlich, dass Windstille keine bessere Wahl war als Sturm. War es ihre Schuld? Stürme, wie der Mann ihrer Patin sie ihr beschrieben hatte, hätten einen äußeren Kampf mit Wind, Wasser, sich unkontrolliert aufschlagenden Segeln und sich neigenden Böden bedeutet. Sie konnte es sich vorstellen. Flauten hingegen sind der Kampf mit dem eigenen Inneren: der Angst vor der Zukunft, den Sorgen der Vergangenheit, der Unlust und der Einsamkeit. Sie hörte die Gespräche der Seeleute, die nichts von ihrer Anwesenheit wussten, durch die Tür. Ihr war klar, dass sie in harten Worten den gleichen Kampf ausfochten wie sie. Sie hörte ihren Mittagsgesang, wenn sie alle vor dem Essen auf Deck standen und mit ungeübten Stimmen den Choral sangen. Erst saß sie drei Wochen in Lübeck fest, bis die Ostsee so glatt war, dass das mit Salz beladene Segelschiff auslaufen konnte, nun saß sie inmitten all des Wassers.

In Lübeck hatte sie bei ihrer Patin gewohnt. Die Frau war die Gattin eines Leinwandhändlers, der meist auf Schiffen unterwegs war. Diese brachte ihr Lesen und Rechnen bei und ließ ihre Kleider ändern, damit sie nicht wie ein Dorfmädchen aussah, sondern wie eine künftige Braut. Sie nahm sie mit auf die Speicher der Familie und ließ sie dabei sein, wenn die Kaufleute kamen und die Leinewandballen wogen und auf ihre Wagen luden. Es roch draußen nach feuchtem

Stroh und drinnen nach Staub und Siegelwachs. Sie zeigte ihr, wie gehandelt, eine Rechnung geschrieben, unterschrieben und gesiegelt wird. Am liebsten wäre sie noch lange geblieben, denn sie spürte, dass ihr Leben jetzt erst beginne. Zuvor war sie Tochter gewesen und hatte nichts gewusst außer von Wäsche, Handarbeit und Glauben. Hier, in Lübeck, eröffnete sich ihr eine Welt. Gern hätte sie den Mann der Patin erlebt, wenn sein Schiff einlief und entladen wurde, wenn die Speicher gefüllt wurden. Aber es war Frühling und es stürmte, kein Schiff konnte einlaufen. In dem Moment, wo das Meer sich glätten würde, könnte sie jedoch nicht mehr auf ihn warten, denn dann müsste sie selbst das Schiff besteigen, das sie in den Osten bringen würde.

Ihre Abreise aus Holstein mit der großen Kutsche voller Kisten hatte einer Beerdigung geglichen. Vielleicht kam es ihr so vor, weil das die Kutsche war, auf die sonst die Toten geladen wurden für die Fahrt zum Friedhof. In Lübeck war sie erst überwältigt, dann froh. Kaum dachte sie tagsüber an Mutter und Geschwister. Die Töchter der Patin zeigten ihr die Stadt mit den Speicherhäusern: Hohe Häuser hatte sie nie zuvor gesehen. Nie hatte sie Glocken gehört, deren Ton über die ganze Stadt getragen wurde! Sie sah das Hospital, wo seit zweihundert Jahren Kranke gepflegt wurden, und wanderte mit den jungen Frauen durch die Königstraße, nach St. Aegidien, St. Katharinen und St. Jacobi, zum Johanniskloster und zum jüngst erst entstandenen Holstentor, das ihr die Sprache nahm vor Erstaunen. Es waren über den Köpfen der Wache goldene Buchstaben angebracht, die sicher einen frommen Wunsch darstellten. Ach, wenn sie doch lesen könnte! Auch an anderen Häusern in Lübeck hatte sie Inschriften gesehen. Waren alle Städter gebildete Leute? Ihr liefen die Tränen über das Gesicht, als sie daran dachte, was sie zu Hause alles nicht gewusst hatte, ohne es zu vermissen. Doch dort war niemand gewesen, den sie hätte fragen können. Die Töchter der Patin konnten lesen, aber sie meinten, dies sei Latein, die Sprache der gebildeten Männer. Sie könnten nur die Mundart lesen und schreiben. Das kam ihr viel vor, denn sie kannte kaum jemanden, der dies konnte.

Durch das neue Tor war ihr Wagen gefahren, aber sie war beim Ankommen so aufgeregt gewesen wegen der bewaffneten Wache, die ihre Kisten öffnete, dass sie nicht um sich schauen konnte. Jetzt sah sie dessen Pracht und, als sie sich umwendete, den Anblick der Stadt. An der Brücke sah sie Lastkähne voll Salz und lernte deren Geruch kennen. Hätte ihr niemand gesagt, dass dies Salz sei, hätte sie es nicht erkannt: graue Ware unter niedrigen Schiffsdächern, die die Brücken zu streifen schienen. Am Sonntag war sie zur Messe in die Marienkirche mitgenommen worden und hatte sich gefühlt wie im Himmel. Niemals hätte sie sich denken können, dass es Bauwerke gäbe, deren Decke gleich dem Himmel war, so entfernt war sie! Dort blühten Blumen – in Girlanden und einzeln. Ein Wald von Säulen trennte den Menschen vom Altar. Wie durch einen Forst hätte sie dem Altarplatz zustreben können, wäre die Kirche nicht besetzt gewesen von zahlreichen Schiffern und Händlern. Sie standen dicht und aufrecht in ihren Bratenröcken und baten Gott um glückliche Ausfahrt und Heimkunft. Ein solches Haus konnte nur Gott selbst gebaut haben! Als sie die Musik hörte, meinte sie, im Himmel zu sein. Solche Klänge hatte sie nie zuvor gehört. Die Patin erklärte ihr, dass dies die Orgel sei, die aus dem Himmel atme und aus der Luft einen Gesang forme, wie ihn kein Mensch hervorbringen könne: die Stimmen von Vögeln und von Bären, vom schreienden Wild und vom zahmen Hausgetier, wenn nur der Hirte all dieser Tiere sie im göttlichen Chor erklingen ließe und die Herde zum Gesang bewege. Sie konnte ihre Seligkeit nicht beschreiben.

In den nächsten Wochen zeigte die Patin ihr den Umgang mit Feder und Galltinte, mit Zahlen und Buchstaben. Einmal ging sie mit der Cousine zum Holstentor und malte mit einem Stück Holzkohle die lockenden Buchstaben auf ein Brettchen: Concordia domi foris pax.[4] Ihr Herz schlug bis in ihre malenden Finger hinein, so bedeutsam kam es ihr als Mädchen von den weiten Feldern vor, am Rande der Stadt zu stehen und Buchstaben zu zeichnen.

Nun schien das Schiff zwischen Himmel und Nebel bei den fadenscheinigen Geistern zu hängen. Sie sah nicht einmal die Linie, die meist die Sphären trennte. Sie saß im engen Raum und stickte, jetzt, da das Schiff nicht mehr schwankte. Sie hörte das Reden der Matrosen und die Gespräche der Händler und stellte sich vor, dass auch der Mann ihrer Patin solche Gespräche führte. Erstmals interessierte es sie, woher die Menschen kamen, was sie sagten und was ihre Geschichten waren. Gern hätte sie sie gefragt, was für Waren sie hatten, wohin sie damit wollten. Ob sie aus Lübeck kamen oder aus anderen Städten? Doch sie war eingesperrt im Schiff, sie blieb allein. Das war der Preis für ihre Reise. Ihre Stickarbeit nahm sie nicht ernst, sie hatte eine neue Handarbeit zu erlernen! Ihr war es gleich, wie lange sie hier lagen. Sie hatte zu tun, sie schrieb!

Als sich in Lübeck der Sturm gelegt hatte, konnte sie einfache Rechnungen machen und ihren Namen schreiben. Ihre Brüder lernten lesen und schreiben, ihr künftiger Mann hatte einen Brief geschrieben, um damit um eine Frau aus der Heimat zu werben. Ihr Vater verkaufte Getreide und kaufte alles für den Hof ein. Ob er und die Mutter lesen konnten? Sie hatte sich das niemals gefragt und es nie beobachtet. Erst in Lübeck, als sie das Leben der Stadtmenschen sah, begann sie solche Fragen zu stellen. Sie würde künftig in einer Stadt leben und würde es brauchen. Also kaufte sie von der Patin Papiere und Federn und beschloss, eine Schreiberin zu werden und nach der Hochzeit

4 Lateinische Inschrift: *Eintracht im Haus, Friede vor dem Tor*

der Familie mitzuteilen, dass sie angekommen sei, so Gott dies wollte.

Ihre Buchstaben waren durch die Übung schon kleiner und gleichmäßiger geworden. Der Kapitän, hinter dessen Räumen sie untergebracht war, hatte ihr zwei Blätter mit einem Bibeltext gegeben, und sie schrieb ihn wieder und wieder ab, obwohl sie kein Latein verstand. Laut und langsam sprach sie die einzelnen zu schreibenden Buchstaben zur Bewegung ihrer Hand. Ebenso beim Lesen, Wort für Wort. Außerdem besaß der Kapitän ein kleines Bild. Auf der linken Seite war ein prächtiges Schiff mit drei Masten und geblähtem Segel, auf der rechten Seite eins, das im Sturm mit brechenden Masten untergeht. Unter den beiden Bildern standen sechs Textzeilen. Dies war vielleicht eine andere Sprache, kein Latein.

Pus en Mer haulte ung Nauire adiufove
Qui tout debebene & blanc Yuoire estoit
A voiles dor, & a cordes de fove.
Doulx fut le vent, la mer paisible & quove
Le ciel par tout cler fe manifestoit
La belle nef pour fa charge portroit.[5]

Der Kapitän konnte es nicht lesen, als sie ihn abends danach befragte, aber die Bilder sprachen für sich. Sie versuchte, das Schiff zu zeichnen, und schrieb auch diesen Text ab, so fein sie konnte. Die Wörter kamen ihr vor wie ein trauriges Ge-

5 Francesco Petrarca 1348: Canzone Standomi un giorno, solo alla fenestra. Unter dem Eindruck des Todes seiner Geliebten schilderte er die Vergänglichkeit alles Schönen, in diesen Versen das Beispiel eines Schiffes aus Ebenholz mit Segeln aus purem Gold. Doch auch dieses Schiff wird einmal sinken. (Alt-)Französische Fassung.

dicht. Aber vielleicht lag das an ihrer Stimmung. Es war ihr neu, dass Glauben Handarbeit war: Texte, von jemandem geschrieben, ehe der Pastor sie vorlas oder vorsang. Auch das fremde Gedicht oder Lied war nicht weitergegeben worden wie bei ihr zu Hause durch Singen und Mitsingen, sondern durch Schrift. Was für eine Entdeckung! Sie schrieb, solange ihr Papier reichte.

Diffus drängten sich Gedanken an ihren künftigen Mann heran, der sicher täglich zum Hafen schickte, um zu erkunden, ob das Schiff käme. Sie wusste nichts von ihm. Im Nebel war nach den Wochen ihrer Abwesenheit auch ihre Familie versunken. Es war, als schaute sie durch eine Butzenscheibe, hinter der die Welt in unscharfen Ringen zerfloss und die Farben verblassten. Alles löste sich auf, es gab sie nicht: In Holstein nicht, denen war sie gestorben, abgefahren in der Totenkutsche. Die Familie dachte an sie sicher wie an die Muhme, die sie letzten Sommer zu Grabe getragen hatten. In Riga bei ihrem künftigen Mann dachte noch niemand an sie, denn dort kannte sie keiner. Denen war sie ein Name in einem Brief. Geschrieben oder schreiben gelassen von ihrem Vater als Antwort auf den eines entfernten Verwandten, zehn Jahre älter als sie. Der hatte an die Familie geschrieben, dass er eine deutsche Frau suche, eine zuverlässige Hausfrau für seinen wachsenden Hausstand, nun da sein Handel groß geworden sei. Seine Eltern und er waren in Riga geboren, seine Großeltern waren aus Holstein eingewandert in das dünn besiedelte Reich der deutschen Ritter und der Heiden, die sie bekehren wollten.

Sie ging allein den Weg in die Fremde. Den künftigen Mann hatte sie noch nie gesehen. Auf ihrem Hof, wo jetzt die Frühjahrsarbeit begann, war niemand entbehrlich, der sie weiter als bis Lübeck hätte begleiten können. Ihre Eltern und Geschwister würden nicht an ihrer Hochzeit teilnehmen können. Sie hatten sie getröstet mit einer großen Aussteuer und damit, dass sie doch lauter Verwandte um sich hätte – auch wenn sie niemanden kenne.

Die bekannten wie die unbekannten Welten waren im Nebel verschwunden, dem wolkenden Nebel, wie die Wolken der Sahne, die sie zu Hause in die Brühe gegossen hatte, um Milchsuppe zu kochen. Von den Menschen gab es nur die Stimmen der Männer auf dem Schiff, die sie hörte und die nichts von ihr wussten – außer dem Schiffslenker.

Irgendwann waren die Stille und mit ihr die inneren Kämpfe vorbei, die Männer arbeiteten, das Schiff knarrte vertraut. Am nächsten Morgen hatte die Welt hinter den Schießscharten Konturen. Als sie erwachte, sah sie Ufer und Wald. Aufgeregt schaute sie dem Land beim Näherkommen zu. Die Seemänner holten die meisten Segel ein, das hörte sie. Am Kai war Lärm. Träger und Kutscher schrien, Händler gingen von Bord, Ware wurde entladen. Sie musste bleiben, bis sie abgeholt würde. Ihrer Familie war versprochen worden, sie persönlich abzuliefern.

Ein halbes Jahr später war sie mit Leib und Seele angekommen. Mit ihrem Mann, dem fröhlichen, beleibten Hinrich Gote, war sie zufrieden. Er war ein tüchtiger Kaufmann und wohnte mit ihr in der Stadt im Untergeschoss eines gemieteten hohen Speichers. Es gab Bedienstete. Inzwischen verstand sie seinen Dialekt, der ihr in den ersten Tagen voller nie gehörter Wörter schien. Die Stadt war ebenso beeindruckend wie Lübeck. Sie war täglich wieder überrascht, hier zu sein. Ihr Mann war gesellig, sie hatten oft vornehme Herrschaften zu Gast. Zu ihr kamen nach und nach andere deutsche Frauen. Mit dem Gesinde konnte sie nicht reden, es hatte seine eigene Sprache. Wenn er abends heimkam, ließ er nach dem Essen manchmal Kutsche oder Schlitten anspannen und heiße Steine hineinlegen und nahm sie mit. Sie fuhren dann ans Ufer der Düna, die zugefroren war, so dass die Leute mit Tieren und Lasten den Fluss an jeder Stelle überquerten. Wenn es in Holstein schneite, blieben die Bäche meist offen und gurgelten an den vereisten Rändern. Einen so breiten Fluss hatte sie noch nie gesehen: In Lübeck waren es die Trave und Kanäle von Menschenhand, die sie bewundert hatte. Im Sommer fuhr er mit ihr auf die Dörfer und ließ sich die Waren zeigen, besonders die Leinwand, die hier gewebt wurde und die er in großen Mengen kaufte.

Ein Jahr später packte sie Teile ihrer Aussteuer wieder in Kisten: Bett- und Tischtücher, die sie an die Heimat erinnerten, denn das eigene Haus in der Stadtmitte war fast fertiggestellt und mit großen, dunklen Möbeln ausgestattet worden. Sie räumte ihren Hausstand um: diesmal nur für eine kleine Reise innerhalb der Stadt. Kaum angekommen im eigenen Haus, gebar sie ihr erstes Kind und sie nannten den Sohn nach dem Vater *Hinrich Gote* oder *Goette*: allerdings so, wie sie es zu sprechen gewohnt war: *Heinrich,* nicht *Hinrich.* Zur Seite stand ihr eine Frau, die Hinrich hatte bestellen lassen. Es war schwer für sie, dass sie nicht verstehen konnte, was diese sagte. Als sie ihrem Mann ihr Leid klagte, meinte er, dann würde sie deren Sprache eben lernen müssen. Er verstand alles und konnte das meiste sprechen. Sie lag noch im Wochenbett, da wurde das Kind getauft und in die Bücher der Kirche eingetragen. Es war traurig für sie, dass ihr Kind keinen Paten von ihrer Seite hatte, ihre jüngeren Schwestern hätten sich gefreut über ihren Jungen und ihre Eltern über das erste Enkelkind.

Als sie wieder sitzen konnte und der lütte Heinrich schlief, schrieb sie den Eltern einen zweiten Brief von Haus und Kind und dem Wunsch, von ihnen allen zu wissen. Den ersten vom großen Nebel auf der See, der Ankunft und ihrem Mann hatten sie nicht erwidert. Freilich konnte vermutlich nur der Vater schreiben, und der war selten da. Wenn ihm nur nichts zugestoßen war! Sie sorgte sich um alle und spürte, wie allein sie war ohne Schwester und Freundin, allein mit Frauen, die, obwohl deutsch, ihre Heimat nicht einmal dem Namen nach kannten. Sie war hin und her gerissen, welche der Sprachen sie zuerst lernen sollte: den Dialekt der Kaufleute der Stadt oder die Sprache der Leute auf der Straße?

Nach und nach bekam sie weitere Söhne und Töchter, lernte die Landessprache und wurde eine Handelsfrau. Sie wusste stets, was im Speicher war und wie es gehandelt wurde. Sie schrieb Rechnungen und achtete darauf, dass ihre Kinder mehr lernten, als sie in dem Alter gewusst hatte. Einmal schrieb sie der Patin nach Lübeck und erfuhr aus deren Antwort, dass es große Missernten gegeben hatte in Holstein, dass ihre Familie ein Jahr Not gelitten hatte; auch dass ihre Schwestern alle verheiratet worden waren bis auf Regine, die gestorben war. Mathilde war danach im Kindbett gestorben, aber ihr Kind lebte und wurde von seiner Großmutter, ihrer Mutter, aufgezogen. Sie hatten es nach ihrer toten Schwester Regine genannt. Wie überall lagen Leben und Tod nahe beieinander, Lachen und Weinen, Lebenskunst und Sterbenskunst. Ihr häufiges Seufzen barg beides: Das Glück, dass fast alle die harte Zeit überlebt hatten, und die Trauer, dass sie alle nur noch Erinnerungen für sie waren, selbst wenn sie noch lebten.

Heinrich und ihren kleinen Kindern erzählte sie, wenn sie sich abends gruseln wollten, die Geschichte vom Nebel auf der See und von der großen Stille rundum und wie Himmel und Meer in eins geflossen waren wie vor der Zeit, da Gott Himmel und Erde getrennt hatte. Da sie sich sonst keine Zeit nahm für Geschichten und der Meinung war, dass die Kinderfrauen mehr und spannendere wüssten, blieb an ihr der Name *Nebelmutter* hängen. Das passte gut, denn die Lettinnen, die ihren Hausstand führten, glaubten an jūras māte – die Meeresmutter –, an vejū māte – die Windmutter –, an mūža māte – die Lebensmutter –, an dārza māte – die Gartenmutter – und viele andere göttliche Mütter, die das Leben gaben, schützten und am Ende wieder nahmen.

Sie wurde nicht göttlich, aber für die ihren auch zu einer Mutter: der Nebelmutter, auch wenn sie zur Zeit ihrer Reise erst ein Nebelmädchen gewesen war. Ihre Herkunft war ebenso geheimnisvoll wie ihr Dasein. Keiner wusste viel von ihrer Zeit vor dem Nebel, davon hatte sie nie erzählt. Vielleicht war es schmerzlich für sie, dass sie nie wieder in die Heimat gekommen war.

Generationen später fand ein Kindeskind ein Papier von ihr, in dem sie von ihrer Zeit vor dem Nebel erzählte: von Lübeck, ihren Eltern und Geschwistern, dem großen Hof, von dem sie stammte. Ihre Söhne haben davon nichts erfahren, weder woher sie kam noch wieso sie schrieb und rechnete wie ein Mann. Ihr Vater konnte es ihnen nicht mehr erzählen, denn er war bereits tot, als sie alt genug waren, um zu fragen.

Eines Morgens ließ Hinrich sich vor der Ratssitzung von ihr in das gestärkte Leinenhemd helfen. Sie streifte es ihm über die Schultern, danach das Wams und auch die Schaube[6], einen kurzen, weiten Mantel, den sie ihm bestickt hatte. Sie faltete ihm sorgsam am Hals und den Schultern das Mantelinnere nach außen, damit der Bärenpelzbesatz gut gesehen werden konnte. Denn im Rathaus war es trotz geheizter Kamine kalt im März 1489. Am liebsten hätte sie ihn begleitet durch die Stadt bis ins Rathaus, das eine Pracht war. Aber das stand ihr nicht zu. Es war eine Ehre, dass er als Handelsherr – und keiner der ganz Reichen und Vornehmen, auch kein Ritter aus altem Geschlecht – erst Ratsherr, schon kurz danach Bürgermeister geworden war und dass sein Bild, in Ölfarbe gemalt, im Saal des Rathauses neben denen seiner Vorgänger hing. Draußen lag Schnee, und sie war wieder schwanger, als er begann Blut zu spucken. Diesmal war es heftiger als sonst, und er konnte nicht zum Rate gehen. Janis musste ihn entschuldigen.

---

6 Kurzer Herrenmantel

Als sie im Wochenbett lag um ihres achten Kindes willen, starb er neben ihr am Blutsturz, und sie trauerte um ihren Mann: der sie hierher geholt hatte und durch den sie zur Stadtfrau geworden war. Ein Nebel legte sich auf ihren Geist, als die Heimbürgin seinen Körper letztmals wusch und für den Abschied vorbereitete und der Zug der Ratsherren ihn im Sarg zum Kirchhof holte. Sie konnte das Wochenbett nicht verlassen und sah deshalb nicht, wie sie ihn in die Grube des noch immer gefrorenen Bodens senkten.

Als der Nebel sich im Frühling lichtete, führte sie die Hausgeschäfte weiter, und eine Amme zog den Jüngsten und die Kleinen auf. Sie schlug alle Werbungen aus, die sie als ansehnliche und wohlhabende Witwe nach angemessener Zeit bekam. Sie lehrte ihre Kinder die Zahlen und das Schreiben und vieles andere, damit sie früh das Geschäft übernehmen könnten. So geschah es. Ob sie später noch eine Werbung annahm und geehelicht wurde, hat niemand aufgeschrieben, auch nicht, wie lange sie genau lebte.

Anna von Uhlenbrock (1474–1550) und Heinrich Goette (1471–1540)

Heinrich war ein freundlicher Junge, der seine Mutter, besonders wenn sie ihn von hinten sah, immer an ihren Vater erinnerte. Er hatte das breite Kreuz geerbt, ein solches wie das, auf das sein ihm unbekannter Großvater Kornsäcke lud. Manchmal wunderte es sie, ihn so erwachsen an seinem Pult zu sehen. Er hatte Statur, Gang und alle anderen Eigenschaften entwickelt, wie sie die Handelsfahrer brauchen: mit eigenen Händen zupackend, schnell im Denken und Rechnen von Gewinn und Verlust, freundlich und zugewandt in Gesprächen. Sie war stolz auf ihn und wäre gern mit ihm aufs Schiff nach Holstein gestiegen, um ihn ihrer Familie vorzustellen. Sie wollte ihre Schwestern und Brüder sehen, die nun auch schon ältere Leute mit großen Kindern sein mussten, so Gott es gewollt hat. Ob ihre Eltern noch lebten und die Patin in Lübeck, die sie während des Sturms auf ihr neues Leben vorbereitet hatte? Außer dem einen Brief aus Lübeck hatte sie nie wieder eine Antwort aus der Heimat erhalten. Vermutlich konnten ihre Eltern nicht schreiben.

Als Heinrich neunzehn Jahre alt war, wurde er eingeladen zur nahen Burg des Ritters von Uhlenbrock. Der Ritter hatte sieben Töchter, drei schon erwachsene Mädchen und vier kleine, und gab im Winter Feste mit Musik und Tanz. Er lud die Söhne der Ritter und der Ratsherren ein, um auf die Länge der Zeit Männer für seine Mädchen zu finden, die ihrer würdig waren. Heinrichs Mutter bestellte sofort den Schneider, den Schuh- und Hutmacher, damit sie ihm ein passendes Gewand anfertigten, Strumpfhosen, die den Blick auf seine geraden Beine zeigten, und ein Barett, wie es dem Anlass angemessen war. Die Schaube mit dem russischen

Bärenpelzbesatz wurde zum ersten Mal seit Jahren vom Boden geholt. So gekleidet war Heinrich auf einmal ein Herr, ein junger Handelsfahrer, wie es ihr schien. Ihr Herz raste in Freude und Schmerz. Als Letzter an jenem Tag kam der Barbier und brannte ihm die blonden Haare zu Locken. Sie dachte, stolz und so traurig zugleich, dass keiner ihrer Vorfahren sich so jung schon in einem solchen Staat hatte zeigen können. Aber sie fühlte, dass sie die Jugend mit diesem Gewand an ihn weitergab und nun selbst aufhörte jung zu sein. Jung war eine neue Generation, ihre Zeit war vorbei. Sie gab dem Sohn Segen und Ermahnungen, wie er sich zu benehmen hätte gegenüber den jungen Damen und ritterlichen Kindern. Sie winkte, auf dem hölzernen Fußweg, der den nun gefrorenen Schlamm vor ihrem Haus kreuzte, stehend, dem Schlitten nach, der ihren Sohn in der Mittagsdämmerung des Dezembers auf die Burg führte und ihre Jugend und seine Kindheit dort abgab für immer.

Heinrich war aufgeregt. Erstmals saß er hinten im Schlitten und Janis, der kutschierte, vorn. Bis eben waren sie Familien-, Haus- und Wirtschaftsangehörige gewesen, jetzt waren sie Herr und Knecht. Das war selbstverständlich und dennoch gab es in ihm einen Stich von Einsamkeit. Plötzlich sollte er nicht mehr seinesgleichen sein? Keine Vertraulichkeit? Kein fröhliches Nebeneinander mit lettischem Geschwätz auf dem Kutschbock?

Als sie ankamen, war es dunkel. Die Fackeln spiegelten sich im Burggraben. Die Wappenschilde waren nur undeutlich zu erkennen. Der Weg war durch die Spuren der Kufen vieler Schlitten gut sichtbar. Janis spannte aus und brachte die Pelze für das Nachtlager und die inzwischen abgekühlten Steine in die Räume neben der Küche. Sie mussten über Nacht am Rande des Kamins nachgeheizt werden, damit es am nächsten Tag im Schlitten nicht zu fußkalt würde. Heinrich stieg langsam die Treppe hinauf. Ein Zeremonienmeister wies ihm den Dansker und einen Raum für das Richten der Kleidung an. Heinrich ordnete sich in die Reihe der Besucher ein, die nach dem Klang der Trommel in den Saal schritten. Sein Herz folgte den Schlägen der Trommel. Als die Besucher stehen blieben, hub eine Flöte an. Dem Flötisten folgten die Mädchen, ebenfalls in einer Reihe durch den ganzen Saal. Die meisten hatten goldene Haare unter dem Kopfputz und senkten die Augen zu Boden. Sie liefen nicht einfach im Rhythmus wie die Männer, sie erhoben sich bei jedem langausgezogenen Ton auf den Fußballen und ließen einige schnelle Schrittchen folgen, was er noch nie gesehen hatte. Heinrich spürte sein Herz klopfen. Bisher war der Tanzlehrer zu ihm und seinem Bruder gekommen und hatte mit ihnen die Schrittfolgen geübt. Er, Heinrich, hatte nicht bedacht, dass er die Schritte mit einer Jungfrau würde tun müssen. Als die Musik auf dem Balkon einsetzte, ging es von ganz allein. Er tanzte seine Schritte, und abwechselnd legten sich kalte und warme, feuchte und trockene Mädchenhände in seine erhobene Hand: Jede nur ganz kurz, dann verschwand das Mädchen mit einer Drehung zum nächsten Partner. Die Musik wechselte. Tamburin oder Trommel begleiteten Gambe, Harfe, Fiedel und Flöten. Der Klang der Drehleier übertönte das Schleifen der Schritte auf dem Holzboden. Das Fest war in vollem Gange: Reihen von Tänzern und Tänzerinnen schritten gemessen zur Musik aufeinander zu und aneinander vorbei. Einige Gesichter glühten. Das Stampfen des Taktholzes bestimmte den Rhythmus der Flöten und Zupfinstrumente, der Gambe und der Sänger.

Die Leinwände der Kleider kratzten bei jeder Berührung im Tanz leise aneinander. Alle auf der Burg waren gleich bei diesen Tänzen, unabhängig von ihrem Stand. Einige Gesichter glühten. Nach dem Tanz wurden die wollenen Schultertücher der Mädchen und die dicken Jacken der Männer auf die Stühle gelegt. Jetzt sang Rupert. Der Vortänzer zeigte allen neue Schritte. Nach der ersten Tanzrunde stellte der

Zeremonienmeister die Tänzer vor. Sie verbeugten sich, viele kannten sich. Heinrich kannte nur einen jungen Mann aus der Stadt flüchtig. Er war älter als er und hatte mit seinem Vater im Hafenkontor gearbeitet.

Die Jugend war zum Essen eingeladen. Heinrich führte seine Tänzerin in den Speisesaal und spürte seinen großen Hunger. Oben hub das Tanzen wieder an. Wer war das? Für wen spielte die Musik? Heinrich wusste, dass er noch viel lernen musste von den feinen Herren und Damen. Anna war die älteste Tochter des Hauses.

Sie lachte: „Für die Eltern, die Onkels und Tanten! Ich möchte sie zu gern tanzen sehen, aber sie zeigen sich uns nicht! Sie haben ihr eigenes Fest mitten in unserem!"

Es gab eine Hirschpastete. Innen wechselten Schichten von Brot, dünn geschnittenem Fleisch, Trockenobst und Spezerei. Außen hatte sie die Form des Hirsches, mit echtem Geweih. Er hatte so etwas bisher weder gesehen noch gekostet. Ein Diener füllte Heinrichs Teller mit Fleisch, Gebackenem und Obst.

Später tanzte er weiter. Die Musik spielte unendlich, wie ihm schien. Schwer und müde sank er spät in der Nacht neben den anderen jungen Herren auf das Gästestroh. Es war mit Leinentuch bedeckt. Starke Pelzdecken lagen darauf. Erstmals hatte er süßen Wein getrunken und von Geruch und Berührung der Mädchen gekostet. Auf den Straßen der Stadt kannte er nur Bauernmädchen, Händlerinnen und die Frauen der Kaufleute und Ratsherren, die nie allein unterwegs waren. Damen hatte er bisher nur zweimal gesehen: alte Damen. Eine wie seine rigaische Großmutter und eine viel ältere, beide fuhren in wappengeschmückten Wagen. Es waren zu viele Eindrücke für ihn.

Am Vormittag erwachte er und glättete sein zerknittertes Kleid. Beim Frühstück waren keine Damen da. Diener reichten den Herren heißen Wein und Fleisch. Ohne Abschied von Jungfrau Anna musste er ziehen: Janis hatte den

Schlitten schon vorgefahren und mit Stroh und heißen Steinen angenehm gemacht.

Schon bald gab es weitere Feste auf der Burg: Das erste am Tag nach der heiligen Weihnacht, dann im Spätwinter und auf anderen Burgen. Über den Frühling und Sommer waren die Feste ein ferner Traum für Heinrich, und er nutzte die Zeit, um zu lernen: im Speicher, im Kontor, bei den anlandenden Schiffen voller Ladung. Seine Mutter fuhr mit ihm und seinem Bruder auf die umliegenden Höfe, um Leinewand zu besichtigen und zu kaufen. Er lernte die Qualitäten zu unterscheiden.

Einen Winter mit mehreren Tanzfesten und einen Sommer später gab es wieder eine Einladung auf die Burg derer von Uhlenbrock, diesmal eine für die ganze Familie. Schneider und Barbiere hatten viel zu tun mit der Mutter, ihm und seinem Bruder, neunzehn und siebzehn Jahre alt, und den älteren Töchtern, sechzehn und vierzehn Jahre alt. Nur die Amme mit den vier Kleinen blieb zurück. Zur Hochzeit von Heinrich und Anna konnten sie noch nicht mitkommen.

Zur Begrüßung der Wagen bliesen die Stadtpfeifer. Drinnen wurden sie höflich empfangen und vorgestellt, denn niemand kannte bislang die Mutter des künftigen Schwiegersohnes. Es gab ein Festmahl mit Pasteten, Wildbret, Flussfischen, und statt Gerstenbier gab es Wein, der über den Rhein, die Nordsee und das baltische Meer angekommen war. Danach sang die Jugend die Hochzeitslieder, und Anna tat sich hervor durch ihr Spiel auf der Gambe, das Heinrich bewunderte. Dann tanzte die Jugend. Heinrich und Anna tanzten in der Mitte: Sie wurden nicht getrennt und weiter gereicht, wie es sonst üblich war, sie tanzen heute ausschließlich miteinander. Als die Musik schwieg und die Erfrischungen gereicht wurden, gab es Bewegung im Hintergrund, die Diener brachten Bretter und Werkzeug und die Mägde Decken und Kissen herein, und schon bald stand da, am Ende des Saales das Bett, das Brautbett! Eben wollte Heinrich zu Anna sagen, dass das wohl ihnen galt, da war sie schon verschwunden, und er wurde vom Platz geholt von einem Mann aus der künftigen Verwandtschaft, der ihn vorgehen hieß. Ihm folgte seine eigene Familie – Brüder, Schwester und die Mutter.

Prächtig war das Bett, ausgestattet mit weißen und farbigen Kissen und bestickten Decken. Anna lag darauf, voll bekleidet und blass. Noch nie war sie der Mittelpunkt gewesen und schon gar nicht im Liegen zwischen stehenden und lachenden Menschen. Die Gäste bildeten einen Kreis, die Kinder standen ganz vorn. Heinrich wurde durch diesen Kreis geschoben und musste sich neben sie legen. Er schaute nach oben in die vielen lachenden Gesichter, während ihm selbst das Lachen in der Kehle blieb. Vor einem Jahr hatte er es sich gewünscht, neben Anna zu liegen und nicht mehr der Sohn des Bürgermeisters zu sein, sondern ihr Herr. Jetzt war ihm flau in Magen, und er hätte lieber zu Hause in der Kammer neben seinem Bruder gelegen. Er wusste nicht, ob er sich ihr zuwenden oder doch lieber nach oben zu den anderen schauen sollte. Sollte er ihre Hand nehmen wie beim Tanz? Keiner hatte ihm gesagt, was schicklich sei. Weil sie beide so still und unschlüssig waren, begannen die Schwestern und Freundinnen zu singen, und bald waren alle angesteckt. Da wich die Aufregung von ihm, er drehte sich zu Anna, gab ihr seine Hand und lachte sie an, und sie sagte: „Sei mein Herr!" Er sagte: „Sei meine Frau!"

Nach dem Lied standen sie auf, alle gratulierten ihnen und zogen die bunt gestickte Decke weg: Da war das Blut, das frische rote Blut auf dem Laken. Die Frauen kreischten, Anna wurde rot, und die Mädchen bildeten eine Gasse, durch die die beiden ins Nebengelass verschwinden konnten. Heinrich wusste nicht, wie ihm geschah, und war verwirrt.

In der Kammer erklärte Anna ihm das Spiel mit dem Hühnerblut. Er war erleichtert.

Im Saal hob die Musik wieder an, und nun tanzten die verheirateten Paare allein, ehe sich beim zweiten Tanz wieder alle drehten. Die beiden wurden nun in eine Kammer gebracht, wo sie erstmals Zeit hatten, miteinander zu reden und sich aus der Nähe anzuschauen. Sein Finger zeichnete das Muster ihres Ärmels nach und ertastete darunter ihren Arm. Der Kragen ihres Kleides war aus Samt. Als er ihn berührte, schauerte er vor Glück. Mehr von diesem wundersamen Geschöpf, diesem schönsten aller Mädchen würde er sehen können, wenn er sie zu sich in die Stadt geholt hatte. Die Musik hörten sie bald nicht mehr, weil das Klopfen ihrer Herzen alles übertönte.

Am Mittag des nächsten Tages stiegen sie in einen Wagen und der Kutscher folgte jenem, in dem Mutter und Geschwister nach Riga gefahren wurden. Ein neuer Anbau am Haus war für sie reserviert, ein fürstliches Bett für sie beide aufgebaut. Einen Sonntag später stiegen sie die fünf Stufen zur Petrikirche hinauf. In der Höhe wurde die dritte Turmlaterne aufgemauert. Unter der himmelhohen Decke des Mittelschiffes hörten sie miteinander die Messe und ließen sich anschließend vom Pastor ins Kirchenbuch als Eheleute eintragen. Heinrich ging am nächsten Tag seiner Arbeit nach, und Anna lernte ihr neues Leben kennen. Sie stammte aus einer lebhaften Familie, einem Haus voll Menschen und Dienerschaft, Gesandten, Bischöfen und hohen Gästen, Schreibern, Menschen aus anderen Ländern und Händlern. Im Stadthaus war es vergleichsweise still. Heinrichs kleine Geschwister waren zu hören und – das war ihr neu – die Menschen auf der Straße, die Fuhrwerke, die Baumeister gegenüber und die Männer, die im Speicher die Säcke von den Kränen hoben.

Ihre Schwiegermutter war ihr fremd, sie sprach eigenartig. Als Witfrau tat sie Dinge, von denen Anna nie gehört hatte, dass eine Frau sie tun könne. Sie zeigte ihr die Stadt, allein gingen sie herum! Sie hörten den Stadtausrufer die

Nachrichten kundtun, sahen die Armen an den Kirchentüren betteln und einen Bettler zum Tamburin singen.

Anna war noch nie ohne männliche Begleitung aus dem Hause gegangen. Die Nebelmutter stellte sie in den nächsten Tagen und Wochen den Frauen in den Handelshäusern vor und nahm sie mit zu den Ältesten und ihren Gattinnen. Das war ein anderes Leben. Sie, Anna, wohnte nicht mehr unter Kindern und Kinderfrauen, sondern unter ernsten Damen. Diese schlossen sie in ihr Herz, denn sie liebten Annas Musik. *Frau Musica* wurde bald ihr Rufname. Das gefiel ihr, denn an den Namen *Goette* konnte sie sich nicht gewöhnen. Sie trauerte um ihren Vatersnamen: *von Uhlenbrock*. Was war das, was Frauen verbot, ihren eigenen Namen zu führen? Wo war ihr Adel hin? War sie wertloser geworden durch Heinrich? Wertete die Ehe sie nicht auf, sondern ab? Führte die Gemeinschaft sie nicht in erwachsene Lebenskreise, von denen sie zuvor nichts gehört hatte? Wen sollte sie fragen?

Ihre geliebten Ton-Eulen hatten nun nichts mehr mit ihrem Namen *Uhlenbrock* zu tun. Sie waren nur noch irgendwelche Eulen. Jede der Schwestern besaß ein Eulenpaar. Ihr Lieblingsonkel hatte sie anfertigen lassen, nachdem er auf einer Reise solche gesehen hatte. Sie waren sowohl Namensbasen als auch Zeichen für die Klugheit, die sie erwerben sollte nach dem Wunsche des Onkels. Er hatte ihr erzählt, dass die Eule in Griechenland ein Symboltier sei, da sie auch im Dunkeln sehen könne. Sie war sich nicht sicher, ob sie je weise werden würde, das war ein Prädikat für Männer! Aber sie fühlte sich den Tonfiguren nahe, weil sie so menschlich schienen: Ihre Augen waren, im Gegensatz zu anderen Vögeln, vorn im Kopf und sie hatten Augenlider wie Menschen. Vielleicht würde sie es lernen, im Dunkeln zu sehen. Sie würde es versuchen.

Schon bald war sie eine gefragte Musikerin, die bei Festen auf der Gambe spielte oder Sänger damit begleitete. Ihre Schwiegermutter sah das Spiel mit Fremden nicht gern, sie wollte sie in die Arbeit im Kontor einführen, aber Anna zeigte kein Interesse am Rechnen und der Buchführung. Sie sagte: „Meine Schrift sind die Noten, meine Sprache die Lieder." Von denen kannte sie unzählige. Wenn am Johannistag die lettgallischen, semgallischen und livischen Frauen auf den Wiesen sangen, einzeln und in Chören, war sie mit den älteren der Schwager und Schwägerinnen dabei. Im Winter stand sie im Pelz im kalten Dom, um dem Chor beim Üben zuzuhören. Gern hätte sie mitgesungen, aber Chorgesang schickte sich nicht für die Frau des Bürgermeisters, der Heinrich inzwischen geworden war.

Es war in der Zeit seiner Herrschaft, dass die Schwarzhäupter-Gesellschaft so reich geworden war, dass sie bei Meister Berndt Heynemann in Lübeck eine Statue des Heiligen Georg anfertigen ließ, der den Drachen des Heidentums niederschlug. Die *Compagnie der Schwarzen Häupter* war aus der Bruderschaft des Heiligen Georg hervorgegangen und versammelte unverheiratete, ausländische Kaufleute, die ohne Bürgerrecht in Riga lebten. Die Statue hatte der Meister aus reinem Silber gefertigt, und sie wurde viel bewundert. Damals wusste niemand, dass sie Jahrhunderte lang im Schwarzhäupterhaus stehen würde. Für Anna, die sie nur einmal während der Prozession vom Hafen zum Markt gesehen hatte, weil Frauen keinen Zutritt zu den Gilderäumen hatten, war sie ein Bild ihres Mannes, der alle Übel der Welt besiegte und der Stadt zu Glanz verhalf.

Zwar sangen einige Frauen im Chor, der nun nicht mehr nur aus Mönchen bestand, aber das waren einzelne. Noch wurden halbwüchsige Jungen aus der Singschule in den Frauenrollen eingesetzt. Manche munkelten, dass in Italien sogar Männer zu Frauen gemacht würden, um ihre Stimmen weiblich zu erhalten.

Anna sang die Lieder ihren Kindern vor: den zarten Mädchen und dem kleinen Ewert, der sich, nach vielen heißen Wünschen seines Vaters, im Jahre 1508 endlich als ihr letztes Kind einstellte.

Annegrit Pleskow (1518–1562) und Ewert Goette (1508–1574)

Ewert war ein schüchternes Kind, geprägt von seinen großen Schwestern. Er wuchs in einem lebhaften Haus auf: voll Musik, voll Menschen, die da wohnten, arbeiteten, zu Besuch kamen, voll der Geräusche aus den Speichern oben und nebenan. Als er alt genug war, um am Familientisch zu sitzen, waren da beim Essen nicht selten zwanzig Leute bei jeder Mahlzeit anwesend: die Eltern und anfangs die Großmutter, seine Schwestern und Vaters noch unverheiratete Schwestern, hohe und niedere Besucher aus der Stadt und dem Handel. Hansefahrer gingen bei ihnen ein und aus, wenn ihre Schiffe eingelaufen waren, und erzählten in mehreren Sprachen von fremden Ländern und Inseln, von Seeungeheuern, fliegenden Fischen und geheimnisvollen Waren, von Seestürmen und Kriegen. Sie maßen in vielen Längen und Gewichten, und Ewerts beste Stunden waren es, wenn ihm die Herren Münzen zeigten, die er noch nie gesehen hatte. Da sah er die Porträts der Könige von Schweden und Russland, von Holland und Spanien und einige sogar aus Samarkand und Damaskus. Da sah er Schrift, die sich wie die winterliche Spur eines Tieres im Schnee ausnahm, und solche, die aus Haken und Bögen bestand. Auch Zahlen gab es nach römischer oder arabischer Art, nach indischer und keltischer. Oft fragte er die Besitzer dieser Schätze, woher sie diese hätten und wogegen sie eingetauscht worden waren.

Manchmal war er den Erwachsenen lästig, denn einiges war nur noch eine Kuriosität, aber letztlich entlockte er allen die Geschichten über ihre Reisen und die Länder, die sie gesehen hatten. Manche Münzen wogen leicht und waren dennoch wertvoll, andere lagen schwer, tief unten im Ledersack, und gehörten zu Herrschern und Reichen, die längst untergegangen waren. Einmal sah er eine mit einem quadratischen Loch in der Mitte, sie war die am weitesten gereiste: aus dem Reich der Mitte. Wieso *Reich der Mitte*, wenn die Mitte ihr doch fehlte? Wieso war China die Mitte, wo es doch am äußersten Rand der bekannten Welt lag? Wo auf der Erde musste ein Mensch stehen, um China als Mitte wahrzunehmen? Die Kenntnis der Münzen und Maße machte Ewert unbemerkt schon in seiner Jugend zum Weltmann, erfahren in Geschichte und Geografie. Ihn interessierte weniger die Qualität des Leinens und des Salzes, des Getreides und der russischen Felle, des Honigs und des Fischs; ihn interessierte die Welt, ihre Geschichte und wie sie beherrscht wurde. Seine Schätze waren die Bücher: die Bibel zu Hause und die Bücher im Schwarzhäupterhaus und bei den Familien anderer Handelsherren. Abends las sein Vater, inzwischen lutherisch-reformiert, der Familie oft einen Abschnitt aus der Bibel vor, dessen Inhalt jedoch oft dunkel und geheimnisvoll blieb. Ewert ließ sich faszinieren von den Geschichten im Buch der Könige, deren Denken, Handeln und Kriegführung er mit dem jetziger Herrscher vergleichbar fand.

Im Schwarzhäupterhaus gab es einen vorab gedruckten Teil eines Buches von der Welt,[7] das in einigen Jahren komplett erscheinen sollte und dessen Teile ihn bezauberten. Er hatte mit seinem Vater und seinen Onkeln Seiten daraus schon mehrfach sehen dürfen. Da war das baltische Meer mit seinen Inseln gezeichnet, und die Schifffahrtsrouten waren zu sehen. Da waren die angrenzenden Königreiche: Ihre Städte waren mit Namen genannt und manche als Ansicht im Kupferstich gezeigt. Da sah er die Pilgerwege nach Marburg, nach Rom und den des heiligen Jacob nach Santiago. Im Buch sah er die Erz- und Kohlengruben, die Saline

7 Agnese Battista, 1546: *Portolanatlas*

von Lüneburg, die Silberstraße, die Heerstraßen der Römer, die Via Regia, die Kaiserpfalzen und die Städte, in denen berühmte Messen abgehalten wurden. Ewert wollte das alles sehen. Er wollte nicht Jahr für Jahr im Speicher stehen und im Hafen das Auf- und Abladen der Waren überwachen, nein, es zog ihn aufs Schiff.

Als das Haus sich allmählich leerte und erst seine jüngsten Tanten, dann seine Schwestern in nahe und ferne Häuser verheiratet worden waren, sagte er seinen Eltern, dass er kein Mädchen aus einer der befreundeten Familien suche, da er aufs Schiff gehen und mit der Welt Handel treiben wolle. Seinem Vater war das recht, da er an Ewert bisher kein Interesse für Waren hatte entdecken können – umso mehr für das Gespräch mit den Mächtigen, die bei ihnen ein- und ausgingen. Außerdem hatte Ewerts Schwester Barbera einen deutschen Händler namens Johann Fucheri[8] geehelicht, der sich in seinem neu erbauten Haus in Riga ansiedelte und einst die Familiengeschäfte übernehmen würde, wenn Ewert Goette dazu nicht taugen sollte. Doch das würde sich zeigen, das könne niemand wissen außer Gott. Vorerst kümmerte sich Heinrich, eine Schiffspassage und Aufgabe für seinen Zwanzigjährigen zu finden, auf der er viel von der Welt sehen, mit eigenen Waren handeln und mit neuen Kenntnissen in die Heimat zurückkommen könnte. Er fand eine Kogge für ihn, die ihn mit einer Fracht Honig und Leinwand über Königsberg, Danzig, Greifswald, Rostock, Kopenhagen und Göteborg nach Amsterdam brachte. Lübeck, die Gegend seiner Großmutter, wurde auf dieser Tour ausgelassen, sonst hätte er gern die Stadt gesehen, aus deren Umgebung seine Vorfahren stammten.

Ewert verabschiedete sich. Zwei Jahre hatte ihm sein Vater eingeräumt für diese Reise, auf der er sein mitgeführtes Gut als Erbe vervielfachen sollte. So hoffte Heinrich, in ihm

8 Einem Vertreter der Familie Fugger

doch noch den erforderlichen Handelssinn zu wecken. In einer Messe in St. Petri wurden die Kaufleute verabschiedet. Seine Schwestern und Schwäger waren gekommen, denn solch einen Abschied hatte es in der sesshaften Familie lange nicht gegeben. Fast schien es, dass er sich freudig erregt verabschiedete, jubelnd gar, dass sein größter Wunsch in Erfüllung ging. Aber ein Abschied war eine ernste Sache, denn niemand rechnete damit, seine Familie vollständig und lebend wiederzusehen. Was konnte in zwei Jahren nicht alles geschehen? Seestürme und Piratenüberfälle konnten Schiff, Ware und Mannschaft vernichten, Pest oder Cholera konnten Städte entvölkern. Die Frauen konnten im Kindbett sterben, die Männer in Kämpfe gezogen werden. Eine Reise war ein Abschied für immer, der nur bei günstigstem Geschick und dank Gottes Gnade noch einmal aufgeschoben werden konnte für eine weitere Lebensspanne.

Das Wetter war ihnen hold, der Wind blies sachte aus Nordost und ersparte ihm die Seekrankheit. Er sah die flache baltische Küste und die großen Städte. Erst war er einen kurzen Tag in Königsberg, dann lief die Kogge in die Weichsel ein, und er sah das prächtige Danzig, in dem das Rathaus der Bürgerschaft ihm ebenso so hoch erschien wie die Marienkirche. Waren da nicht die Verhältnisse von Gott und der Welt auf den Kopf gestellt? Er hatte so viel zu sehen, dass er seine Waren nicht abladen ließ. Während die anderen handelten, ging er in der Stadt auf und ab, lauschte dem Dialekt der Menschen und sah die prächtigen Beischläge[9] an den Häusern. Auf denen saßen teilweise Familien, teilweise Verwalter, die ihre Bücher auf Tische gebreitet hatten und im Freien Verkäufe abwickelten. Es gab bemalte Häuser, die biblische Geschichten zeigten, und solche, deren Fassadenbilder den Handel darstellten. Und Giebel hatten diese Häuser! Er war beeindruckt. Fast jedes schien ihm edler als das

9 Terrassen vor den Haustüren

neue Haus seiner Schwester und ihres Mannes Jacopi. Wenn er reich wäre, würde er sich ein solches bauen lassen!

In Greifswald machte er es ebenso: Er ließ zum Gespött mancher Mitreisenden, die schon Münzen im Beutel und andere Waren im Schiff hatten als beim Ablegen, seine Waren nicht ausladen und fuhr in die Stadt. Zuerst besuchte er das Kloster Eldena, die einstige Quelle der Stadt, und nahm an einer Messe teil. Das war in den Wirren der Zeit möglich geworden, denn nur noch wenige Mönche lebten hier und man sprach allenthalben von der möglichen Auflösung des Klosters. Dann nahm er einen Wagen und fuhr in die Stadt, wo eine große Unruhe war. Die berühmte Universität, die er hatte sehen wollen, war seit einem Jahr geschlossen, weil es an der theologischen Fakultät zu feindlichen Diskursen gekommen war zwischen den Professoren, die die päpstliche Lehre vertraten, und den Studenten, die einem gewissen Buggenhagen anhingen.

Er hoffte, in Rostock Vorlesungen hören zu können, denn dort war die ältere Universität. Einen solchen Betrieb hatte er immer sehen wollen und mit den Professoren sprechen, denn er spürte in Gesprächen mit Fremden, dass ihm eine regelmäßige Bildung fehlte. Er hatte, wie jeder in seinem Vaterhaus, gelernt, was dort gewusst und gekonnt wurde. Neue Gedanken kamen von den Handelsfahrern. Konnten die Gedanken nicht von ihm selbst kommen? Wie konnte er Weisheit erwerben, mehr als seine Familie und ihr Hofmeister hatten? Er genoss das Leben in der fremden Stadt und sprach mit einem Professor, der beurlaubt war und sich seinen philologischen Studien widmete, denn die Schließung hatte alle Fakultäten erfasst. Er berichtete Ewert, wie es zugehe an der Universität und wie reiche Bürger ihre Söhne dorthin sandten, damit sie Pastoren und Lehrer würden und das Gemeinwesen im Lande anhöben durch ihre Fähigkeit zu argumentieren. Manche seien Berater geworden beim Landesfürsten, andere in der Stadt. Eine Heirat mit einem studierten Mann gelte in manchen Kreisen gleichviel einer adligen Heirat, auch wenn er selbst wenig Mittel einbringen könne. Für adlige Töchter seien Wissenschaftler gute Partien.

Eine Woche später reiste er auf seinem Schiff weiter nach Rostock, wo er wieder seine Ware nicht ausladen ließ. Er hatte es gewollt, es sich für Rostock vorgenommen, denn er musste Vaters Auftrag erfüllen. Trotz seines Gewissenskonfliktes konnte er sich nicht entschließen, seine Zeit damit zu verbringen, in einem lauten Hafen zwischen herumrennenden Trägern und Eignern nach seinen Säcken zu schauen.

Gleich begab er sich mit seinem Empfehlungsschreiben zur Universität, um dem Rektor seine Aufwartung zu machen. Er wurde empfangen und an den Familientisch gebeten, um Bericht zu geben von der Entwicklung in der Stadt Riga. Das tat er gern. Erstmals war er in der Lage der Herren, die bei ihnen eingekehrt waren. Er durfte Bericht erstatten vom Zustand der Welt. Wäre er älter gewesen, so hätte er auch vor den Herren Studiosi sprechen dürfen, aber das wagte er nicht, waren diese doch alle älter und gelehrter als er, und sein Latein war gewiss ärmlich gegen ihres. Der Tisch ähnelte dem seines Vaterhauses vor wenigen Jahren, als meist 20 Personen beiderlei Geschlechtes versammelt waren und bedient wurden. Das Personal sprach hier nicht lettisch, sondern eine ihm fremde, slawische Sprache. Zwischen den Gängen hatte er Gelegenheit, erst von seiner Reise, von Greifswald, Danzig und Königsberg zu sprechen; dann von Riga, dessen Bürgermeister sein Vater war und in dem sein Großvater und Urgroßvater Ratsherren gewesen waren. Er erzählte vom Rathaus, dem Schwarzhäupterhaus und der Großen und der Kleinen Gilde, dem Schloss und ihren Beziehungen dorthin. Er erzählte von den Bauarbeiten in der Stadt und dass 1530 ein erstes deutsches evangelisches Gesangbuch in Riga herausgegeben worden und dass es auf viel Resonanz gestoßen sei. Von seiner Mutter waren zwei Lieder darin gedruckt worden. Da hatte er wohl etwas Falsches erzählt in seiner Liebe zu den Büchern! Denn die Rostocker waren katholisch und wollten dergleichen Diskussionen nicht führen, um ihre Universität nicht zu gefährden gleich der Greifswalder, der diese Gespräche nicht zum Ruhm gereicht hatten und von der niemand wusste, wie der Landesherr künftig mit ihr verfahren würde. Es war ihm peinlich, dass er sich hatte hinreißen lassen, zumal er von Religion nicht viel verstand. Geistesgegenwärtig änderte der Hausvater das Gesprächsthema, indem er vier Gemälde holen ließ, die er besaß und zu denen er seine Meinung hören wollte. Es waren vier Bildtafeln mit Kopien eines berühmten Schnitzwerkes vom Gestühl der großen Kirche der Stadt Stralsund. Sie wurden die *Bilder des Rigafahrers* genannt. Ewert war verwundert über deren Inhalt, denn ihn erinnerte nichts an seine Heimatstadt. Ein Bild zeigte eine russische Bärenjagd, ein anderes mehrere unbekannte Gebäude. Auf einem waren gar Palmen und fremdartige Pflanzen abgebildet! Er musste bedauern, dass er in keinem der Bilder die Stadt Riga und ihre Gebräuche erkennen konnte. Dennoch lobte er die Feinheit der Bilder, die im Original aus Eichenholz sein sollten. Nur dass er sagen musste, dass der Künstler seine Heimat nie gesehen und nur aus der Fantasie erschaffen habe.

Am anderen Tage durfte er Gasthörer sein in einem Kollegium. Das genoss er, denn er hatte sich diese Art Leben niemals vorstellen können und keiner hatte ihm davon berichten können! In der Stadt traf er mehrfach Händler von seinem Schiff, die mit ihren Umsätzen prahlten. Er konnte ihnen nichts entgegensetzen, denn an der Gelehrsamkeit konnten sie keinen Wert erkennen.

An seinem letzten Tag hier war er noch einmal Mittagsgast im Hause des Professors. Er lernte dessen jungen Söhne, seine Tochter und sein demnächst erwachsenes Patenkind Annegrit Pleskow kennen, die ihm wohl gefiel. Diesmal sprach er über den Reiz gedruckter Bücher: über die Bibel im Hause seiner Eltern, aus der täglich gelesen wurde, und über die ersten Druckseiten von Battista Agneses Kartenwerk im Schwarzhäupterhaus. Das fand allgemeinen Anklang, und er schwor sich, von nun an bei Themen zu bleiben, über die er Bescheid wusste und die niemand kränken konnten. Herzlich verabschiedete er sich am Abend auch von Lina, der Tochter des Professors, und dessen Mündel Annegrit und hoffte, sie wiederzusehen. Er ermutigte sie, mit dem Schreiben und Lesen fortzufahren, weil schon seine Großmutter dies gekonnt und täglich praktiziert hätte. Da wunderten sich die Mädchen, denn von einer solchen Frau hatten sie noch nie gehört.

Am nächsten Morgen stachen sie in See in Richtung Kopenhagen und Göteborg. Auf dieser Fahrt erlebte er seinen ersten Seesturm. Es war ihm kaum möglich, an Handel zu denken. Zurückgeworfen war er auf sein Lager und die Gedanken an das Gesehene und Gehörte, in dem auch Annegrit eine nicht unerhebliche Rolle spielte.

In Amsterdam lud er erstmals seinen Honig aus und verkaufte ihn mit Gewinn, da in diesem sumpfigen Lande nichts wuchs, was Bienen in Honig verwandeln konnten. Von der Leinewand verkaufte er nur wenig, weil sie hier nicht hoch im Kurs stand. Er hoffte auf neue Handelsplätze, wo diese weniger wohlfeil sei. Der Handel war schwierig, weil Amsterdam nicht zur Hanse gehörte und hier vielerlei zu erledigen war mit Zoll und Papieren, Ein- und Ausfuhrgenehmigungen. Die meisten seiner früheren Mitreisenden hatten ihre Reise spätestens in Göteborg beendet, sie wollten die sicheren Hansehäfen nicht verlassen. Nach vollendeten Geschäften würden sie auf einer anderen Kogge zurückkehren. Ihm war das Fremde und Schwierige gerade recht, um seine Kenntnis von der Welt zu erweitern.

Auf einem Markt sah er einen Künstler, der Kupferstiche feilbot mit der Ansicht von Amsterdam. An eine solche konnte er sich aus dem Weltenweisheitsbuch nicht erinnern und kaufte sie. Meister Cornelis zeichnete und gravierte aufs Feinste und Ewert sah erstmals, wie ein Druck vonstattenging. Er war beeindruckt und bat ihn, bei einer späteren Gelegenheit eine Ansicht seiner Heimatstadt in Kupfer zu stechen, sobald er nach seiner Rückkehr einen Künstler fände, der eine Ansicht anfertigen würde. Auch wolle er dafür Sorge tragen, dass die Druckkunst in Riga verbreitet werden könne. In ihm regte sich das Gewissen, dass er sich bisher nicht weiter um den Verkauf seiner Waren gekümmert hatte, aber die Welt hatte ihn gänzlich eingenommen, alles andere musste warten. Er hoffte, seine Stunde käme noch.

Er fand ein Schiff, das ihn und seine Waren nach Portugal über England mitnahm. Nach dem kurzen Weg durch die Sudersee liefen sie in Rotterdam ein, wo er wieder nicht handelte, sondern sich die reiche Stadt und den bislang größten aller Häfen besah und sich erzählen ließ von den Schwierigkeiten mit den Spaniern. Zu handeln lag nicht in seinem Interesse – bei allem Respekt vor dem Herrn Vater. Das Geld war in allen Ländern, durch die er kam, verschieden; aber dennoch kein Handelsproblem, denn nach altem römischen Recht wurden die Münzen überall aus Gold oder Silber geschlagen. Wie sie auch hießen oder wessen Bildnis sie trugen, meist entstanden aus einem Pfund Silber zweihundertvierzig Denare oder Pfennige, deren zwölf einen Schilling oder Solidus ergaben. Ein Pfund zählte zwanzig Schilling. Aus einem Pfund Gold wurden zweiundsiebzig Gulden oder Florenus geprägt, deren jeder vierzig Denare wert war. Wo der Umtausch sich als schwierig erwies, konnte eine Apothekerwaage Abhilfe schaffen: Das Gewicht des edlen Metalls bestimmte den Wert und die Umrechung in die jeweilige Landeswährung. Schillinge und andere große Währungen wurden in Gold geschlagen, Denare und kleinere Münzen in Silber. Sechs Pfund Silber galten dabei als halbes Pfund Gold. Dies galt auch in England, auf den Weg dorthin kreuzten sie bald den Kanal.

Sie erreichten den Hafen von Yarmouth. Dieser war erbärmlich, gemessen an dem von Rotterdam, nur Fischereiboote lagen hier, es roch nach verdorbenem Fisch und es war kein Quartier im Ort zu finden. Das Schiff wollte nur zwei Tage liegen, ehe die Reise nach London weiterging. Erstmals begegnete er den steinernen Zeugnissen, die die Römer in anderen Ländern hinterlassen hatten und von denen er schon in der Heimat gehört hatte. Er besichtigte die Reste der beiden römischen Kastelle. Von einem waren nur noch die Grundmauern zu sehen. Die Menschen hatten ihre Häuser aus den von den Römern oder vielleicht auch von ihren Vorfahren für die Römer behauenen Steinen errichtet und begonnen, eine Hafenmauer zu bauen.

In London endlich konnte er sich einquartieren und eine Pause einlegen. Zahllose Segelschiffe passierten die Themse bis zur steinernen London-Brücke, machten vor dem Tower fest, wie hier die Festung genannt wurde. Mit günstigstem Gewinn verkaufte er seine Leinewandballen, denn dieses Land der Schafe schien dem Flachs nicht hold zu sein. Fast bereute er, dass er einen Teil schon in Amsterdam versetzt hatte zu einem schlechteren Preis. Ohne Ware, aber mit dicker Börse begab er sich in die Stadt, deren Sprache er nur einmal bisher gehört hatte. Er erfuhr von dem großen Streit um den Parlamentarier Thomas Cromwell, den die Protestanten liebten und den die Katholiken für den Abgesandten des Teufels hielten, weil er intrigierte gegen Mönche und Priesterschaft. Er machte der Kirche ihren Landbesitz streitig. Ein Protestant! Als junger Mann war dieser Tuchhändler gewesen wie er. Was für eine Karriere! Freundschaft mit dem König, Siegelbewahrer und Ehestifter für diesen, Förderer des Parlaments. An dessen umstrittener Person studierte Ewert Macht und Ohnmacht des neuen Beratungsgremiums des Königs. In den baltischen Staaten regierten die deutschen Hochmeister wie Könige, beraten nur von der Ritterschaft, der sie entsprossen waren. Sie verteidigten ihre Besitzungen und kämpften gegen die Litauer, die wilden Tataren und die Nachbarkönige. Sie bauten immer besser befestigte Burgen. Wenige Vertraute, meist aus den Kreisen der Kriegermönche, umgaben sie, und über ihre Entscheidungen erfuhren selbst die Stadtoberen erst spät und ohne darauf Einfluss nehmen zu können. Die Städter hätten den Rittern schnell ihren Rang abgelaufen, denn jene waren meist ungebildet: Krieg, Pferde und Vergnügen waren oft ihre einzige Bildung. Macht bedurfte keiner Beschäftigung als der kriegerischen, des Reitens und Fechtens. Undenkbar, dass Gelehrte wie Cromwell Einfluss nehmen konnten auf die Politik. Wie gut, dass er die Welt sehen und ihre Gebräuche kennenlernen konnte, die ihm bislang unbekannt waren!

Er bedauerte es, selbst nach mehreren Wochen von dieser Sprache so wenig zu verstehen, dass ihm trotz mancher hilfreicher Menschen viel entging. Er schrieb Briefe nach Riga, Greifswald und Rostock, um den Gebildeten zu erklären, wie wichtig es für sie als Deutsche sei, westliche Sprachen zu lernen außer Latein und dem Kauderwelsch der Dienstboten. Es konnte nicht den Pastoren überlassen bleiben, sprachgewandt zu sein, die Zukunft würde vielsprachig werden.

Nachdem er diese aufstrebende Stadt ausführlich angesehen hatte, reiste er in das Kings College nach Cambridge und fand dort wieder eine Universität vor. Ein langer, edler Steinbau schmiegte sich an die himmelstrebende Kirche, deren zahlreichen kleinen Türme, wie hier üblich, den einen großen der heimatlichen Kirchen ersetzten. Oft hatte er dies hier schon mit Befremden gesehen. Rundum war kein hoch ummauerter Garten, wie es in der Heimat zu erwarten gewesen wäre an einer Stätte, an der edle Menschen lebten, sondern nur kurzes Gras, das bis ans Ufer des Flusses Cam reichte. Auf ihm sah er die lernende Jugend auf flachen Booten fahren. Im Seminar gab er seine Empfehlungsschreiben ab und wurde vom Rektor zum Bleiben eingeladen. Dieser zeigte ihm die langen Flure und die Kammern der Studenten. Die meisten lebten zu dreien in ihren Kammern, die ganz Vornehmen allein. Dreimal des Tages strebten alle in die Seminarkirche, die licht war wegen ihres riesigen Fensters an der Schmalseite. Die meisten der jungen Männer formten sich zu einem Chor, wie er noch keinen erlebt hatte, und sangen lateinische Verse aus der Bibel. Das verstand er besser als ihr zwischen den Zähnen hinaus gefauchtes Englisch. Waren sie auf dem Boot wild gewesen und im Gespräch mit ihren Professoren devot, so waren sie jetzt engelgleich in ihren Chormänteln. Welch eine Wandlung ein Mensch dank des Willens vollziehen kann! An sich selbst hatte er eine solche Eigenschaft noch nicht bemerkt, er schien immer derselbe zu sein. Doch vielleicht fände auch er seine anderen Gesichter, wenn er hier sein dürfte zum Lernen.

Der Schatz des Collegs waren die prächtigen Bücher. Er war glücklich, für würdig befunden worden zu sein, sie zu sehen und in ihnen blättern zu dürfen. Mit roter und goldener Tinte waren Initialen gemalt, wie er noch keine gesehen hatte. Die Handschrift des Kopisten schien ihm nicht menschlich zu sein, so zart und gleichmäßig bot sich ihm der Text dar.

Voll von Eindrücken, Gesprächen und Wissen schiffte er sich kurz danach fast ohne Lasten nach Porto und Lissabon ein.

In Porto begegneten ihm erstmals die Gebäude der Mauren, die hier bis vor 300 Jahren geherrscht und überall in der bergigen Stadt ihre Gebäude hinterlassen hatten. Mitten zwischen ihren Bädern und kühn gewölbten Moscheen stand seit zweihundert Jahren der Dom vor einer Silhouette von Bergen, wie es rund um das baltische Meer keine gab. Die höchste Erhebung, die er bisher bestiegen hatte, war der

Burgberg von Threyden / Thuraida auf dem Hügel über dem Gaujafluss.

Größer wurde die Pracht noch in Lissabon, wo er Gebäude mit den geometrischen Mustern der Araber bewundern konnte. Die Säulen und Kapitelle der großen Kirchen wiesen auf die Tempel der Römer hin, die vor den Mauren hier geherrscht hatten und die die Baumeister verbaut hatten. War Lissabon denn nicht von einem Erdbeben zerstört worden? Als Ewert die Stadt sah, war sie heil, sie wurde erst zwei Jahre später, 1531, vom einströmenden Meereswasser nach dem Beben zerstört.

Hier und zuvor in Porto sah er erstmals blauweiße Bilder, auf dünne Platten gemalt, die ihm gefielen. Am liebsten hätte er eine ganze Wand gekauft, doch wie hätte er sie über viele Schiffsrouten nach Hause bringen sollen? Erstmals war ihm seine Kleidung eine Last, denn es wurde weder tagsüber noch nachts kalt. Er schwitzte, schlief schwer und konnte sich nicht daran gewöhnen.

Die Sprache war ihm noch fremder als in England. Anfangs erschrak er, weil ihn kein Wort an bereits Gehörtes erinnerte. Er nahm im belebten Hafen einen Mann zu sich, der wundersamerweise Deutsch verstand und ihm erklärte, was er in der bergigen Stadt sah und worüber gesprochen wurde. Dieser machte ihn auch auf lateinische Wörter aufmerksam, die er schon bald aus dem Sprachfluss heraushören konnte. Danach fühlte er sich weniger fremd. In Lissabon wurde nicht über Religion gesprochen, sie wurde ausgeübt, allenthalben. Die Katholiken hatten große Kirchen, eine prächtiger als die andere. Es gab Klosterschulen und Klöster, und in einem davon war eben eine Verwandte des Königshauses gestorben. Eine prächtige Prozession begleitete ihren Sarg durch die Stadt zur Sé, zur Kathedrale, in der sie bestattet wurde. Wie prachtvoll hier im Süden alles war, nicht vergleichbar mit den nüchternen Riten des Nordens! Ewert folge der Prozession im Abstand und wunderte sich über

Mönche und Nonnen; Kleidung, Musik und Gefolgschaft, aber auch über die Palmen am Wege und die Früchte, die feilgeboten wurden.

Doch schon am nächsten Tag lief sein Schiff wieder aus, und nun kam er in einen gänzlich unbekannten Hafen, von dem er zuvor noch nie erzählen gehört hatte: Sanlúcar de Barrameda. Die Hanse hatte ab Amsterdam keinen Einfluss mehr. Keinen der hiesigen Namen hatte er zuvor auf einer Karte gesehen. Ein Schauer überlief ihn wie in seiner Kindheit, wenn er Münzen fremder Länder in seinen heißen Händen spürte. Er war noch lange nicht in Damaskus, Indien oder China, und dennoch hatte er die bekannte Welt verlassen. Der Hafen war klein, heiß und ungesund. Dennoch war hier vor dreißig Jahren Kolumbus zu einer neuen Amerikafahrt aufgebrochen und vor wenigen Jahren Magellan zur Weltumseglung. Ihre Schiffe waren mit großem Erfolg zurückgekommen. Drei Jahre lang war Magellans Schiff um die Welt gesegelt und in unbekannten Ländern und auf Inseln gewesen. Das machte Ewert klar, dass er selbst schon fast ein Jahr unterwegs war. Er hoffte, dass einst eine Kogge mit ihm an Bord in Riga einliefe und er das Tagebuch, das er führte, würde vorstellen können.

Vorerst wollte Ewert jedoch nach Tanger, nach Afrika! Da aber demnächst kein Schiff dahin auslief, schloss er sich einer Flussfahrt auf dem Guadalquivir an, die ihn nach Sevilla und Cordoba brachte, wo er die Stätten der früher hier lebenden Mauren studieren konnte. Er war begeistert. Hier waren es kleine Kirchen, Synagogen und Moscheen, die seine Aufmerksamkeit erregten. Sie waren alle von gleicher quadratischer Bauart. Innen hatten sie vor den Wänden steinerne Muster einer Art, wie er noch nie gesehen hatte, blau-goldene, gekuppelte Decken, die ihm wie der Sternenhimmel schienen, und zarte Säulen, die diese Himmel trugen. Die alten Moscheen waren, seit die Mauren vertrieben waren, als Ställe genutzt oder als Lager. In einem stapelten sich gegerbte Leder aufeinander. Der Besitzer ließ ihn für ein kleines Geldstück hineinschauen. Da er hier keinen Dolmetscher gefunden hatte, war es ihm nicht möglich, sich zu verständigen.

In der riesigen Mezquita verirrte er sich fast in deren Säulenwald, ehe er den Bauplatz der katholischen Kirche darin fand. Die arabische Moschee beglückte ihn mit ihren geschmückten Toren, aus denen den Armen früh und abends Essen gereicht wurde, und ihren Brunnen im Inneren, aus denen Mensch und Vieh sich laben konnten gegen die große Hitze. Auf dem Markt, auf dem arme Leute in fremder Tracht handelten, erwarb er mehrere arabische Bücher, die aus der letzten Herrschaftszeit hier wohlfeil waren, weil keiner sie lesen konnte. Leider hatte er keine Sprache für Nachfragen und Verhandlungen, vielleicht kaufte er deshalb auch zu teuer. Ihm kam es nicht so vor. Auch hebräische Schriften konnte er erwerben und fremde Musikinstrumente, die seine Mutter Anna begeistern würden, falls sie, so Gott wollte, bei seiner Rückkehr noch lebte! Er kaufte eine reichverzierte arabische Knickhalslaute und ließ sich zeigen, wie sie zu stimmen sei. Auch hörte er den Ud-Spielern am Abend zu und schwankte dabei zwischen dem Heimweh nach der ganz anderen Lautenmusik seiner Mutter und weiterem Fernweh nach noch fremderen Rhythmen und Tönen. Wie schade, dass es keine Möglichkeit gab, diese Musik für sie mitzunehmen! Solche Musik hatte sie nie gehört. Vielleicht würde die Mutter, was er hier hörte, für die Klänge der Hölle halten, vielleicht daran Gefallen finden: Da war er sich nicht sicher. Er staunte, wie alt diese Stadt war, mehr als tausend Jahre! Sie hatte den Römern gehört und den Byzantinern, dann den Arabern. Seneca hatte hier gelebt und mehr als tausend Jahre später Maimonides, Philosophen, deren Namen er immerhin gehört hatte und deren Werke er vielleicht einst lesen würde! Die ganze Welt hatte sich hier versammelt, und auch er stand jetzt hier. Wenn ihn seine Eltern und Freunde und Annegrit doch nur sehen könnten!

Ach, Annegrit. Die kannte keine Philosophen und kein Latein. Er hatte nur einmal mit ihr gesprochen, und so wusste er nicht, was für sie wichtig war – außer dem Essensplan der nächsten Tage. Sicher hatte sie ihn, Ewert, längst vergessen.

Als er wieder in Sanlúcar de Barrameda ankam, fuhr nach wenigen Tagen ein Schiff nach Tanger. Er würde Afrika sehen! Natürlich hatte er Skrupel, denn immer fremder würden ihm die Sprachen werden. Dort würde er keine lateinischen Wörter mehr im Gehörten ausmachen können, das Übersetzerglück von Porto würde sich nicht wiederholen. Aber er musste Afrika sehen!

Bei gutem, aber heißem Wind waren sie nach zwei Tagen dort angelangt. Hier endlich ließ er sich einheimische weiße Kleidung herstellen, weil selbst seine dünnsten Hemden und Jacken unerträglich warm waren. Er erkannte sich kaum wieder mit dem fremden Tuch auf dem Kopf, statt seines Hutes, und gänzlich ungegürtet. Er hatte das ungute Gefühl, nackt zu sein. Gut war es, dass ihn niemand aus seiner Familie sah! Ein ebenso erschreckender Gedanke war es ihm, vielleicht kein Mann zu sein, sondern eine Frau in langen Kleidern. Nur Frauen und Pastoren trugen lose Kleider und sonderbare Kopfbedeckungen! Beide waren eine gänzlich andere Art von Menschen, denen er in seiner bisherigen Jungenhaftigkeit nicht zugeneigt war. Nun wurde ein erwachsener Südländer aus ihm, eine dritte bislang unbekannte Menschengattung im Gewand!

Er schwankte zwischen dem Wunsch, in Afrika zu bleiben und hier die Menschen vieler Völker zu studieren, ihre Sprachen und Schriften, Kleider und Werkzeuge, und dem Wunsch zu fliehen vor der brennenden Sonne und dem Sand, den der Wind vor sich hertrieb. Die Stadt Tanger, die schäbig wirkte ohne Dächer und ohne Fluss, war doch viel älter als alle anderen, die er bisher gesehen hatte. Die Römer, deren Castell-Ruinen er in England bewundert hatte, waren hier die zweite oder dritte Besatzungsmacht gewesen. Zuvor hatte alle Welt an dieser Stadt gearbeitet, die ursprünglich von Menschen aus Carthago gegründet worden war. Aus dem Lateinunterricht erinnerte er sich an *Ceterum censeo Carthaginem esse delendam!*[10] Das war ihm so unendlich fern erschienen, dass er es nicht für wahr und wichtig genommen hatte. Nun stand er fast dort! Es stand ihm frei, ein Schiff zu nehmen, das ihn über Tunis und die Ruinen von Carthago nach Palermo auf Sizilien, nach Neapel, Rom und Marseille bringen würde. Das ganze Mittelmeer mit allen Städten könnte er sehen, die Orte aus seinem Lateinunterricht oder gar das Heilige Land!

Leider musste er darauf verzichten. Wäre er frei gewesen, ohne väterlichen Auftrag, ohne die Notwendigkeit, den Lebensunterhalt durch Handel zu verdienen, wäre er sofort weitergereist. Kein Mensch konnte frei sein, jeder war gebunden in das Netz von Familie, Amt und Pflicht. Jeder andere Gedanke erschien ihm ketzerisch, auch wenn seine Sehnsucht ihn weitertrieb. Denn einerseits wollte er seinen Handelsgewinn nicht verringern, andererseits hielt er die Hitze nicht aus. Täglich erging es ihm übler. England und Afrika hatte er gesehen, durch den Kontakt zu Juden und Arabern hatte er vom Kontinent Asien genascht, Menschen mit weißer, brauner und schwarzer Haut gesehen. Es hatte ihn erstaunt, dass die schwarzen Menschen aussahen wie die dunklen Karyatiden im Schwarzhäupterhaus in Riga! Wer hatte sie gekannt, wer war es, der ihre Bildnisse so erschaffen konnte? Was ihm bislang ein seltsamer Name von fremden Kaufleuten gewesen war, wurde plötzlich ein lebendiger Teil seiner Welt. Er hatte Affen und Dromedare, von denen

---

10 Cato der Ältere, ca. 200 v. Chr.: *Im Übrigen meine ich, dass Karthago zerstört werden muss!*

zu Hause keiner etwas wusste, bewundert. Drei Meere hatte er befahren außer der baltischen See, deren graues Wasser ihm vertraut war, wenn er daran dachte. Das Mittelmeer hatte er nicht befahren. Aber er hatte gesehen, wo es hinter der Meerenge begann. Seine Hand war von Mittelmeerwasser umströmt gewesen, und sein Auge hatte den schroffen Felsen mit dem arabischen Namen Al Gibral gesehen, der den Übergang der Meere markierte.

Die Heimfahrt nutzte er, um Ungeziefer abzuschütteln und gesünder zu werden – was mit der zunehmenden Kühle ein Leichtes für ihn war – und um seine Aufzeichnungen über die gehörten Sprachen zu vervollständigen. Auch studierte er die Münzen, die er überall mitgenommen hatte, und ließ sich von mitreisenden Arabern in deren Sprache und Schrift einführen. Sie sagten ihm, dass seine handgeschriebenen Bücher zwei heilige Korane, eine Sammlung Hadithe und die Lebensbeschreibungen Mohammeds waren. Einen Koran und die Hadithe tauschte er bei einem seiner Mitreisenden ein gegen die *Reise des Sehnsüchtigen um die Horizonte zu durchqueren* des arabischen Entdeckers Muhammad ibn Abd Allah ibn Idris al Idrisi. Auf einer Wiedergabe der von diesem verfertigten Weltkarte fand Ewert den Vermerk der Stadt Reval: ريفال! Er konnte es nicht fassen! Warum nur Reval und nicht auch Riga? War der Forscher mit dem unaussprechlichen Namen da nicht entlanggekommen? Er, Ewert, kam sich so weitgereist vor wie niemand vor ihm, und nun erfuhr er, dass andere schon vor mehreren hundert Jahren in die Gegenrichtung gereist waren und das baltische Meer vermessen und seine Häfen und Städte gezeichnet hatten! Warum hatte er bisher nichts gezeichnet? Er würde es versuchen. Vorerst begann er mit einigen Pflanzen mit hohen, starken Blütenstängeln, die er gesehen hatte. In jedem Hafen, den er auf der Rückfahrt anlief, versuchte er sich nun an der Ansicht des sichtbaren Teils der Stadt oder der Burgen und Befestigungen.

Er hatte in großem Maße Spezereien gekauft wie Pfeffer und Ingwer, dazu Feigen, Rosinen, Reis und Safran. In Portugal kaufte er süßen Wein, in England üppige Schaffelle und gesponnene Wolle der feinsten Sorte. Im Wesentlichen nahm er dieselben Routen wie auf seiner Hinfahrt, nur dass die Übergänge zwischen den Segelschiffen oft ungünstig waren. Er lernte mit Antwerpen die größte Stadt der Welt kennen. Von dort kam er über den Winter wegen der stürmischen See nicht weiter. Also nahm er Quartier dort für einige Monate und lernte die Stadt kennen mit der Druckerei Plantin und den Werkstätten der vielen Künstler. Er ließ sich malen und kaufte zwei weitere lateinische Bücher: ein gedrucktes, farbig illustriertes Stundenbuch und eins über die Arzneikunde, das ihm die Ärzte von Riga abkaufen würden. Den mühseligen Weg über das Land nach Amsterdam lehnte er ab, er war es nicht gewöhnt, sich mehr als eine Tagereise einem Pferd anzuvertrauen. Er hätte die Möglichkeit gehabt, seine Waren hier gegen Diamanten einzutauschen, die leicht zu transportieren wären, aber das wollte er nicht. Denn ob er für diese Steine in Riga Abnehmer finden würde, war zu ungewiss!

Während er sich mittels vieler Umstiege von Schiff zu Schiff der Heimat näherte, verfehlten seine Briefe ihre Wirkung nicht. In Rostock und Greifswald diskutierten Gelehrte über die Nachrichten von seiner Reise und die Bedeutung des Erlernens fremder Sprachen. Auf Annegrit und Lina – wie auch auf ihre älteren Brüder – hatte sein Brief einen gewaltigen Eindruck gemacht. Nie zuvor hatten sie einen so vielfach gesiegelten und über so viele Stationen gereisten Brief gesehen. „Royal Mail" war als Erstes auf den beschmutzten Umschlag geschrieben, dazu die Siegel der Hafenmeister und die Signets der Postläufer. Die Diskussionen in der Familie über Bildung führten dazu, dass die Mädchen sich die Teilnahme am Unterricht der Brüder erstritten. Als Ewert im September 1538 in ihrem Hause Station machte, ein weltgewandter, dunkler Herr in fremdartiger, prächtiger Kleidung, erkannten sie ihn kaum wieder. Mehrere Tage folgte er der Einladung. Diesmal war es ihm ein Kleines, den Herren Studiosi von seiner Reise zu berichten, besonders vom englischen Parlament und von der Stadt Antwerpen mit ihrer Druckkunst, mit Diamanthandel und Börse.

Kurz vor seiner Abreise erbat er Annegrits Hand vom Professor, denn sie gefiel ihm nun noch besser als in ihrer Kinderzeit, sie war eine junge Frau geworden. Sie vereinbarten, dass sie ihm in einem Jahr nach Riga folgen solle, wenn er seine Reise beendet und seine Geschäfte getätigt hätte. Annegrit war still, als ihr Vater sie rief und ihr das Verlöbnis antrug. Ihr Gebet war erhört worden. Sie hatte sich nicht einmal Lina anvertraut, weil diese zu gern erzählte, nicht unterscheidend zwischen Nachricht und Geheimnis, und war deshalb doppelt froh, dass dieser kluge und weltgereiste Mann mit einem prallen Ledersäckchen voll fremder Münzen mit den Schriften und Ziffern verschiedener Länder sich für sie interessierte. Das Jahr verging ihr im Fluge mit der Arbeit an ihrer Aussteuer.

Ewerts Eltern lebten noch. Sein Vater missbilligte erst die leichte Last, mit der Ewert kam. Doch schon bald staunte er, was die wenigen Kisten mit den Spezereien und trockenen Früchten für Werte beinhalteten. Ewert hatte seinen Erbteil mit nur wenig Handel vervielfältigt. Einen besonders hohen Gewinn erzielte er durch den Verkauf des lateinischen Medizinbuches an die Ärzteschaft der Stadt. Er kaufte davon das Gut Neuenmühlen außerhalb der Stadt und ließ dort ein Steinhaus errichten statt des vorigen hölzernen, denn im Stadthaus lebten wieder viele Menschen. Ein Raum in Neuenmühlen galt seinen Sammlungen und Büchern, hier zeigte er Freunden und Verwandten die unverkäuflichen Schätze: die Bücher, Pflanzen und Münzen. Hier hingen sein Porträt und der Stich der Stadt Amsterdam in prächtigen Rahmen.

Seine älteste Schwester lebte jetzt mit Mann und Kindern gegenüber dem Haus der Eltern und zwei seiner verwitweten Tanten bei ihnen. Sie wollten nach dem Tod ihrer Männer nicht weit entfernt auf den Gütern von deren Familien leben, sondern in der Stadt, wo die Chance einer Wiederverheiratung größer war. *Frau Musica* lernte mit Freude den Ud zu spielen, wollte sich allerdings an die ihr vorgesungenen fremden Melodien und Rhythmen nicht gewöhnen und spielte ihn deshalb wie eine gewöhnliche Laute. Dennoch schwangen in dieser Musik einige der zu Hause ungewöhnlichen Vierteltöne mit, die ihn so an die südlichen Länder erinnerten.

Ein Jahr später empfing die Familie Annegrit Pleskow am Hafen. Wie einst Ewerts Groß- und Nebelmutter kam sie mit dem Schiff, ein gutes Zeichen. Schon nach zwei Wochen fanden das symbolische Beilager im Familienkreis und die Eintragung ins Domregister statt. Annegrit brachte zwei slawische Dienstmädchen mit, die kochen würden und deren Sprache sie verstand. Ewert hatte sich zur Hochzeit eine vielfach geschlitzte Heerpauke-Hose anfertigen und den langen Bart und das Haar nach neuester Mode stutzen lassen. Sein Barett trug lange Federn. Annegrit trug wenig Schmuck, aber viel Pelzbesatz an den üppigen geschlitzten Ärmeln – eine Referenz an ihre neue Heimat wie die Bernsteinkette, die ihr Haar netzartig umfing.

Als ein weiteres Jahr später der kleine Heinrich geboren wurde, starb bald darauf Ewerts Vater Heinrich im gesegneten Alter von 65 Jahren.

Ewert sprach häufig mit seinem Schwager Johann Fucheri über den Handel und die Welt, von der auch dieser auf seiner Reise von Deutschland her auf dem Landweg manches gesehen hatte. Er stieg nicht in dessen Handel ein, dazu hatte er keine Neigung. Ewert ließ Neuenmühlen von lettischen Bauern bewirtschaften, die ehemalige Mühle wieder herstellen und in Dienst nehmen und wurde Berater der Großen Gilde. Er war einer der ersten Gutsherren, denen der zuvor kaum genutzte landwirtschaftliche Reichtum des Landes zugutekam, denn in diese Zeit fielen der mehrfach verlängerte Frieden mit Russland und der auf Umwegen eintreffende Goldsegen Amerikas.

Schon kurz nach seines Vaters Tod fragten die Gildemeister ihn, ob er Bürgermeister der Stadt werden wolle, denn in den schweren Zeiten des Nordischen Krieges nach 1558 war es wichtig, einen weltgewandten Mann zu haben. Schweden und Dänemark, Litauen, Polen und der Zar kämpften unter schrecklichen Opfern an Menschen, Tieren und Städten um die Herrschaft im Ostseeraum. Viele Männer waren tot oder verwundet. Es war nicht einfach, einen zu finden, der Bürgermeister sein wollte in einer Zeit, in der nicht deutlich war, wer im Lande herrschte und welche Gesetze galten. Von 1559 bis 1562 war Gotthard Kettler der letzte Ordensmeister des Deutschen Ordens in der Rigaer Burg. Danach erklärte er seinen Übertritt zum reformatorischen Glauben. Damit löste er den deutschen Ordensstaat endgültig auf. Er blieb Herzog von Kurland und Semgallen und herrschte nur noch über ein vergleichsweise kleines Reich. Die Esten im Norden unterwarfen sich den Schweden, um deren Hilfe gegen die Russen willen. Die Litauer im Süden schlossen sich eng an Polen an gegen die Gefahr, die von den Truppen Iwans des Schrecklichen, des ersten russischen Zaren, ausging. Die Stadt Riga war von 1561–1581 eine freie, aber schwer befestigte Stadt, regiert von Ewert Goette bis zu seinem Tod 1574. Er stand dem Rat vor, verhandelte mit den Gilden und signierte Briefe an den Kaiser des Heiligen Römischen Reiches Deutscher Nation, der es jedoch als außerhalb seiner Macht und Pflicht erklärte, der kleinen, freien Stadt militärisch zu helfen. Ewert Goette hatte ein intensives Leben: Mit seiner Frau Annegrit hatte er ab 1540 viele Söhne und Töchter, von denen die meisten erwachsen wurden, später bekamen sie

Enkelkinder. Annegrit nahm erst das Leben auf dem Gut und später die repräsentativen Pflichten der Bürgermeisterin resolut und klug in die Hand. Als 1558 der Krieg begann, hatte Ewert seine Bauern bewaffnet, so dass sie den marodierenden russischen Truppen widerstehen konnten wie nur auf wenigen Gütern im Umkreis, auf denen sich die Besitzer vergeblich mit gesammelten Steinen zur Wehr zu setzen versuchten und wo die Häuser und Felder brannten – und oft genug auch ihre Bewohner.

Die Familie kam vergleichsweise heil durch diese harten Zeiten. Was ihnen jedoch unerklärlicherweise fehlte, war die goldene Repräsentationskette des Bürgermeisters, die ihm verliehen worden war, was die Sache schlimm machte, denn sie war nicht sein Eigentum. Es hatte keinen Überfall, keinen Einbruch gegeben und dennoch lag sie nicht in der Truhe beim Amtsstaat. Sein Glück war es, dass er das Amt kurz vor seinem Tod direkt an seinen Sohn Heinrich weitergeben konnte, so dass ihm – sowohl wegen der Familiennachfolge als auch wegen der in der Kriegsnot rundum nicht stattfindenden Feier – keiner unangenehme Fragen stellte. Annegrit, die seine Amtstracht pflegte, war es völlig unerklärlich, wo die auffällige Kette hingekommen sein konnte. Sie ordnete eine Suche in den Räumen des Personals an, die zu keinem Ergebnis führte.

Wenn er verzweifelt war ob der Geschichten, in die er nun in voller Verantwortung in diesem unsäglich grausamen Kriege geraten war, erzählte ihm Annegrit abends zum Trost von seiner Reise. Längst kannte sie alle seine Stationen und Erlebnisse auswendig, die Namen seiner einstigen Begleiter und Dolmetscher und die der Tiere und Pflanzen. Für sie alle, auch für die Kinder, war Ewerts Reise das Wunder, das zu ihrer Zeit nicht vorstellbar war.

Das Wunder, das seine Zeit hervorbrachte, sah er wegen der schlechten Wegeverhältnisse im Kriege und der nur selten verkehrenden Schiffe nach Norden nicht mehr: den

Turm der Olaikirche in Reval, über den das ganze Baltikum sprach. Er war zu weit weg. Er sei höher als der Turm zu Babel, sagten die Spötter und verstanden sich gegenseitig in ihrer Rede, denn die Sprachen waren nicht vermischt worden durch dieses anmaßende Werk. Wahrscheinlich lag es daran, dass dort sowieso jeder mindestens Estnisch, Russisch und Deutsch verstand. Er sei das höchste Bauwerk der Welt, meinten die Ehrfürchtigen, es gäbe weltweit kein anderes von 125 Metern Höhe, nicht einmal Kolumbus oder Vasco da Gama hätten von einem solchen berichtet. Aber der Turm war der nördlichsten Stadt würdig, die im 12. Jahrhundert der arabische Gelehrte Al Idrisi besucht und in seiner Sprache beschrieben und in eine Karte in Silber graviert hatte! Mit dem Gedanken an diese Großen wanderte die Fantasie zurück zu Vaters früherer Reise. Er hatte dort gestanden, wo die Weltumsegler aufgebrochen und angekommen waren, nahe an jenem Ort, in dem der Mann, der das Baltikum für die arabische Welt entdeckt hatte, geboren worden war. Ihr Mann hatte sie gemacht, die Reise. Sie alle machten sie immer wieder im Geiste.

Ewerts Traum, noch einmal zur See zu fahren und diesmal das Mittelmeer und seine Städte zu sehen, ging nicht in Erfüllung. Seine in Auftrag gegebenen Skizzen von Rigas Stadtsilhouette hatten den holländischen Kupferstecher Cornelis Anthonisz nicht mehr erreicht. Ewert sah keinen Stich seiner Stadt mehr (erst 1646 stach Matthäus Merian die Silhouette von Riga in Kupfer und 1652 die von Reval und Narva).

Ewert erlebte auch das Ende des fünfundzwanzig Jahre währenden Livländischen Krieges nicht mehr. Er starb lebenssatt und ging hoffnungsvoll auf die *Reise des Sehnsüchtigen, der die Horizonte durchquert.*

Jekaterina Chochlowa (1564–1634) und Heinrich Goette (1540–1614)

Annegrits und Ewerts ältester Sohn Heinrich, genannt nach seinem Großvater, reiste auch, wenn auch nicht so weit wie sein Vater und nicht wegen Neugier, Bildung und Handel. Als Sohn des früheren Bürgermeisters reiste er mit einer Delegation der Freien Hansestadt Riga und vielen weiteren Gesandten dem siebenbürgisch-polnischen König Stephan Báthory entgegen, um sich an den von ihm gewünschten Verhandlungen über den Besitz und die Verwaltung der bis dahin geteilten baltischen Länder zu beteiligen. Moskau verfügte über die nördliche Hälfte des ehemaligen livländischen Ordensstaates: Dem Zaren gehörten Estland und Livland außer Reval. Der Süden des alten Ordens gehörte Polen.

Nach seines Vaters, des Bürgermeisters, Tod und dem Ende des Krieges reiste er als ehrenwerter Bürger und Erbe des noch nicht neu besetzten Amtes auch durch das verwüstete Land nach Reval, in die zweite Stadt des Baltikums, die die Russen nicht hatten erobern können. Er war beteiligt an Verhandlungen über das neue Erstarken des Handels auf der Ostsee und auf dem wieder herzustellenden Landwege. Doch was für eine traurige Reise war das! Die Dörfer waren zerstört, die Menschen tot und oft nicht bestattet, kein Hund bellte, kein Vieh stand auf den Weiden. Es sah aus, als ob dieses tote Land nie wieder würde Frucht tragen und abgeerntet werden können. Er stand fassungslos vor dem selbst als Ruine noch wunderbaren Dom von Dorpat, in dessen seit über zwanzig Jahren leerer und bilderloser Mitte Bäume und Säulen vereint klagend in den Himmel ragten: die Bäume erzählten von der vor 350 Jahren geschändeten Festung Tharbatum der Liven, die Säulen von dem niedergebrannten

Dom, der einst den Aposteln Petrus und Paulus gewidmet war. Heinrich reiste 1580 den Schweden als Abgesandter seiner Stadt entgegen, den Siegern, die Estland und Ingermanland eroberten. Das ist das Land, auf dem 120 Jahre später der Grundstein für die Stadt Petersburg gelegt wurde. In seinen unruhigen Träumen, die er nachts in einem der wenigen heilen Holzhäuser der einstigen Hansestadt Dorpat hatte, überfielen ihn Bilder von Bränden. Nicht, dass ihn das gewundert hätte, denn sie alle hatten Schaden genommen an ihren Seelen durch diesen langen Krieg. Aber er sah nicht nur Brände und aus Holzhäusern leckende Flammen, er sah auch einen Aufbau ungeheuren Ausmaßes! Er sah eine weiße, steinerne Stadt entstehen an der Stelle einer vertrauten hölzernen.

Über das Elend, das er auf der Reise sah, und die Schwierigkeiten in den Verhandlungen – denn wer sollte die zerstörten Straßen und Dörfer wieder aufbauen? – konnten ihn weder die erzählte Erinnerung an Vaters Reise zu glücklichen Zeiten noch die in der Familie niemals versiegte Erzählung von der Reise der Nebelmutter trösten. Sie reiste in Reichtum und Schönheit – auch wenn sie das nicht hatten wissen können –, er aber in Not und Zerstörung hinein, in Verhandlungen mit Eroberern.

Längst waren seine Brüder und Schwestern verheiratet und hatten Kinder. Er hatte Verantwortung für die Stadt übernehmen müssen, so dass er nie Zeit gehabt hatte für ein Privatleben. Jetzt, als er schon über vierzig Jahre alt war, hatte er Raum, sein Leben zu bedenken.

Aus Ingermanland brachte er sich eine Frau mit, ein Mädchen fast noch. Er hatte sie in Dorpat als Gast der Familie gefunden, die ihm und einigen der Offiziellen seiner Delegatio Quartier gab. Niemand wusste etwas von ihrer Familie und ihrer Geschichte, und sie erzählte nichts. Er nannte sie Jacka, was aber wohl kein eigentlicher Name war. Seine Eheschließung mit ihr fand 1581 im Familienkreis in Neuenmühlen statt. Sie behauptete, evangelisch zu sein, weshalb die Ehe im Dom eingetragen wurde. Es gab nicht mehr viele evangelische Kirchen in Riga, weil seit der Unterordnung unter den litauisch-polnischen König viele Kirchen wieder katholisch geworden waren. Eine Familie oder Paten schien sie nicht zu haben, jedenfalls wurde niemand von ihrer Seite zur Hochzeit geladen. Falls sie Verwandte hatte, dann war denen wohl keine Reise möglich: ohne Straßen, ohne Unterkunft und Nahrung. Im Kriege und danach reiste niemand um der Hochzeit eines Waisenmädchens willen. Alles um sie blieb geheimnisvoll. Ihr dunkles Kleid war streng, der Kragen eines weißen Hemdes umschloss ihren Hals wie bei der Tracht einer Witwe. Ihre Haube war ebenfalls weiß. Sie sprach Deutsch und Russisch, so dass sie sich als einzige der Familie mit dem inzwischen uralten slawischen Dienstmädchen ihrer Schwiegermutter Annegrit verständigen konnte. Diese wurde ihre ergebene Freundin. Da diese keine weitere Sprache sprach, war es der Familie nicht möglich, Jackas Geheimnis – falls es eins gab – auch nur einen Spalt weit zu lüften. Niemand sah Jacka lachen. Sie war verschlossen und wurde auch nicht wahrgenommen, wenn sie im Zimmer war. Vielleicht war sie eine Kriegswaise?

Kurz nach der Hochzeit von Heinrich und Jacka starb Mutter Annegrit an einer inneren Krankheit, gegen die ihr weder Arzt noch Aderlass helfen konnten. Sie erlebte ihre Enkel nicht mehr. Ihr Mann Ewerdt überlebte sie um viele Jahre.

1582 wurde in Polen-Litauen der Gregorianische Kalender eingeführt, Heinrich sorgte unter den Ratsherren mit dafür, dass Riga bei der alten, russischen Zählung blieb: julianisch. Im Westen und in Litauen war es – trotz aller sonstigen Freundschaft – fortan stets elf Tage eher. Die Familie munkelte, dies sei seine Brautgabe an die doch wohl eigentlich russische Jacka. Vielleicht hieß sie eigentlich Jekatharina?

Es bestätigte sich nicht, konnte aber auch nicht widerlegt werden. Da der Klatsch keine Nahrung erhielt, versiegte er.

Sie bekamen zwei Söhne zu einer Zeit, als alle Schwägerinnen immer wieder abwechselnd schwanger waren: 1584, im Jahr der Kalenderreform, wurde ein junger Ewerdt in Riga im Haus von Heinrichs Familie geboren und 1585 Valentin, der Jüngere, auf Gut Neuenmühlen. Das war gewachsen und um ein Pastorat, Fischteiche, Wehre, Reusen und eine ganze Fischwirtschaft erweitert worden. Als die Kinder größer geworden waren, nahm Jacka ihre Aufgaben als Bürgermeisterin wahr. Sie fuhr in die Stadt, ging zu Empfängen und in die Gilde. Ihre Kleidung blieb schlicht, sie trug manchmal Bernstein, aber niemals Gold wie früher ihre Schwiegermutter. Einmal verschwand der Ring einer Schwägerin. Das Personal munkelte, dass diesen nur Jacka haben könne. Er wurde weder bei den Dienstboten noch bei ihr gefunden, so dass der Verlust irgendwann als Unvorsichtigkeit oder als Tribut an die nimmersatten Hausgeister abgetan wurde.

Die Nichten und Neffen bevölkerten die Kinderetage und sommers den Garten. Ihren Mann schien sie glücklich zu machen. Seine Lasten fielen von ihm ab. Als sich das Jahrhundert wendete, atmeten alle auf. Denn vom letzten waren ihnen vorwiegend der Krieg und seine jahrelangen Folgen in der Erinnerung. Die lange freundliche Zeit davor verschwand im Dunkel der Geschichte.

Als Heinrich 1614 amts- und verhandlungssatt in Neuenmühlen starb, zog sich Jacka aus der Familie, die ihr fremd geblieben war, zurück. Ihr wortgewandter Sohn Ewerdt diente im Rigaer Schloss und nahm Wohnung im großelterlichen Haus bei seinen Cousins. Auch Jacka lebte viele Jahre lang dort. Er lernte Diplomatie und Politik bei Wilhelm Kettler, dem neuen Herzog von Kurland, der seine Dienste schätzte. Auch Valentin war erwachsen, er bewirtschaftete Neuenmühlen, dessen Bewohner allmählich an verschiedene Orte zogen. Er vergrößerte es durch Zukäufe von Nachbarland. Das war billig zu haben nach dem entvölkernden Krieg. Schwierig war nur der Kauf neuer Bauern.

Justyna Wessel (1603–1697) und Ewerdt Goette jr. (1584–1654)

Justyna wurde als dritte Tochter litauisch-polnischer Eltern in Šiauliai geboren, wo seit 1579 der polnische Storch nach gewonnenen Kämpfen das Nest des deutschen Raben[11] bewohnte. Doch davon wusste sie nichts. Als sie nahezu erwachsen war, verkaufte ihre Familie das Haus und zog mit allen Kindern nach Riga, da ihr Vater eine Stellung beim Herzog Kettler erhielt, vielleicht um dem Storch auch hier ein Nest zu ermöglichen. Die Geschwister bekamen einen deutschen Lehrer. Die neue Sprache ging allen schwer von den Lippen – außer Justyna.

Auf einem diplomatischen Empfang durfte sie ihre Mutter vertreten, die sich gegen die neue Sprache wehrte und deshalb nicht in der Öffentlichkeit auftrat. Justyna war nicht schüchtern. Ewerdt, der ihren Vater und die Geschichte ihrer Familie kannte, sprach sie russisch an. Sie stutzte kurz und lachte. Später sprachen sie deutsch miteinander, weil Ewerdts Russisch ungeübt war. Sie tanzten eine Pavane und eine Gaillarde miteinander, danach deutsche Tänze.

Wenige Monate später sprach Ewerdt mit ihrem Vater über einen Heiratsantrag. Dieser hatte erst Bedenken, da seine Frau die zweite Tochter vor der dritten verheiraten wollte, verstand dann aber, dass Ewerdt nicht mehr lange warten wollte. Er hatte, wie sein Vater, stets gearbeitet und war vierzig Jahre alt, als er begann, sich um sein eigenes Leben zu kümmern. Also freite er bei ihren Eltern um sie. Auf der Hochzeitsfeierlichkeit trug sie einen unglaublichen, sich mehrfach überlappenden Spitzenkragen über einem Kleid, das so steif gepolstert war, dass sie weder das Brautbett be-

---

11 Symboltiere der Länder

steigen noch die Galliarde mit ihm tanzen konnte. Ein Diener hob sie wie eine Puppe auf das Bett, so dass sie ihn unter Tränen anlächelte. Seine lustige Justyna, was hatten sie mit ihr gemacht! Nicht, dass ihr mit ihrem Familiennamen *Wessel*, was in slawischen Sprachen *fröhlich* heißt, die Fröhlichkeit abhandengekommen war! War das der Preis dafür, dass er eine evangelische Eintragung ihrer Hochzeit gefordert hatte? Er hoffte es nicht und würde diese Mode, die hier fernab von den wichtigen Städten des Deutschen Reiches sowieso niemand kannte, abschaffen. Er brauchte eine fröhliche Frau! Genau das schätzte er so sehr an ihr, das war ihm ein Omen für die Ehe gewesen!

Kurz nach der Hochzeit kaufte er die beiden Güter Klein Oegishof und Sarnow in der Nähe von Reval und ließ auf einem der Anwesen ein hölzernes Wohnhaus bauen, denn der Herzog hatte ihn nach Reval beordert als einen der Vertreter der Freien Hansestadt Riga. Dieser Zustand änderte sich zwar schon einige Monate später, als 1621 der schwedische König Gustav Adolph II. in Riga landete und die Stadt sich nach nur wenigen Wochen der Belagerung ergeben musste. In Klein Oegishof hatte der Herzog ihm die Stellung eines Arrendators, eines nicht-erblichen, aber für Land und Bauernschaft verantwortlichen Gutsbesitzers, angetragen. Justyna war glücklich, merkte aber bald, dass sie ein Stadtmensch war und dass sie die jahreszeitlichen Abläufe auf dem Gut und die Gespräche mit den Pächterfrauen nicht befriedigten. Der landwirtschaftliche Betrieb auf den Gütern benötigte sie nicht. Sie aber brauchte Menschen um sich herum, ihre beiden großen Familien, Geschwister und Cousinen; Musik, Tanz und Gespräche, sie vermisste die Einladungen zu Festen. Wen hätte sie nach Sarnow einladen sollen außer dem Pastor?

Da Ewerdt ihre Einsamkeit spürte und seine Stellung in der Stadt sofort nach dem Friedensschluss zwischen Schweden und Polen vom schwedischen König bestätigt wurde, kaufte er das Kronsgut Wrangelshof, fünfundzwanzig Werst[12] südlich von Dorpat. Von hier aus konnten sie in zwei Tagereisen in die Stadt fahren und am gesellschaftlichen Leben teilnehmen, bis ihre Zwillinge, die Söhne Johann und Leonhard, geboren wurden. Hier gaben sie kleinere Empfänge, hier waren sie glücklich. Anfangs fuhren sie regelmäßig nach Sarnow und Oegishof. Schon bald hatte Ewerdt den Eindruck, dass der Verwalter ihn betrog. Von Jahr zu Jahr wurden die Einnahmen aus den Verkäufen von Getreide, Mehl, Milch, Käse, Leinwand und Obst schlechter, obwohl die Ernten reicher wurden und die Preise stabil blieben. Noch vor zehn Jahren hätte er den Verwalter auspeitschen oder hängen lassen, was das Strafmaß war seit Jahrhunderten. Seit die Schweden an der Macht waren und den Provinzen ihr Sozialsystem aufgezwungen hatten, war das nicht mehr üblich. Die Angestellten gehörten den Herren nicht mehr, es gab keine Machtmittel gegen sie. Für Gerichtsprozesse in der Stadt hatte kurz nach dem verheerenden Krieg keiner Zeit und Kraft, auch hätten für alle solchen Vorfälle die Gerichte des Landes nicht ausgereicht.

Als ihr drittes Kind unterwegs war, wurde Justyna die Reise aufs Gut beschwerlich. Sie konnten nicht häufig genug zur Kontrolle erscheinen. So verkaufte er die Güter und erwarb ein Haus in Reval in der Innenstadt. Justyna war eine Zeit lang glücklich, doch schon bald langweilte sie sich wieder. Ihr beweglicher Geist benötigte Aufgaben, die größer waren als die Erziehung der Kinder und die Überwachung des Hauswesens. Ihre Mutter schickte ihr mit einem Brief ein Traktat über die möglichen Krankheiten der Kinder und ihre Heilung. Das interessierte sie so sehr, dass sie den Arzt der Familie bat, Abendlesungen zu halten, in denen sie und andere Interessierte mehr über die Wirkung der Säfte

12 Russisches Längenmaß, ca. 1,068 Kilometer

im Körper, wie sie einst der Arzt Galen[13] beschrieben hatte, erfuhren. Doktor Galen hatte von Blut, schwarzer und gelber Galle und von Schleim gesprochen. Doch außer dem Schleim war die Gallenflüssigkeit nur selten und bei Erbrechen zu beobachten.

Sie schuf nach längerer Beobachtung der Frauen und ihrer Kinder eine eigene nützliche Einteilung der Körperflüssigkeiten: Vier Säfte waren an den Körperfunktionen beteiligt: zwei weibliche und zwei allgemein-menschliche. Der edle Herr Galen hatte wohl nur Männer behandelt und nicht dem Werden der Kinder zugesehen! Die weiblichen Säfte waren ihrer Meinung nach Fruchtwasser und Muttermilch, die allen Menschen gemeinsamen Blut und Tränen, obgleich auch diese bei Frauen reichlicher flossen als bei Männern. Wie konnte es sein, dass Männer so viel weniger davon besaßen und dennoch komplette Menschen waren? Vielleicht konnte man ihren Samen als Ersatz für das Fruchtwasser gelten lassen, nur für die Milch hatten sie tatsächlich keinen. Darüber dachte sie lange nach, ohne zu einer Antwort zu kommen. Warum wussten die meisten Frauen das alles nicht, interessierten sich nicht dafür?

Inzwischen war sie wieder schwanger und beobachtete das Ausbleiben des Blutes, das Brodeln der Säfte in ihrem Körper beim Heranwachsen des Kindes bis zur Geburt und danach das Einschießen der Milch. Hatten ihre Hitzewallungen am Beginn der Wehen etwas mit der Hitze in der Brust zu tun, wenn ihr Neugeborenes zu lange schlief oder zu wenig trank? Was machte die Wärme mit ihr? Hatte diese Wärme etwas mit dem Fieber bei Krankheiten zu tun? Gab es außer den verschiedenen Säften auch verschiedene Erhitzungen? Bei einem fiebernden Säugling wurde der Oberkopf

---

13 Galenos von Pergamon, 1. Jahrhundert n. Chr.: Seine Vier-Säfte-Lehre spielte in der Medizin bis ins 19. Jahrhundert eine führende Rolle.

am heißesten, bei einem kranken Fünfjährigen der obere Rücken.

Als sie wieder genesen war und die Amme ihr das Kind abnahm, ging sie immer öfter mit der Hebamme in die Häuser und lernte viel über Schwangerschaft und Geburt, über Stillen und Krankheiten, über Kräuter und Salben. Auf ihren Wegen sah sie, wie die Menschen lebten in ihren Häusern aus Holz und Lehm, selten aus Ziegeln. Sie stand in großen Stuben, in denen drei Generationen zusammen lebten und sich ein gemeinsames Bett teilten. Sie stand in Holzhäusern, in denen das Vieh mit den Menschen wohnte und die Kinder noch nie gewaschen worden waren, und sie erlebte, wie junge, starke Frauen starben, weil niemand Hilfe geholt hatte aus Angst vor den Kosten. Sie sah Frauen, die ausgelaugt waren von zwanzig Geburten, und andere, die sich wünschten schwanger zu werden und es nicht werden konnten, und wieder andere, die mit einem Windei[14] schwanger waren, ohne etwas gebären zu können. In jedem Fall war es ein Unglück, von dem sie zuvor noch nie gehört hatte. Justyna hielt Säuglinge im Arm, die eine Stunde später starben, obgleich die Mütter um ihr Leben beteten, und andere, die überleben würden wie all ihre sechzehn Geschwister, obwohl die Familie keine sechs Kinder ernähren konnte und um ihren Tod betete. Justyna sah, dass die Welt schlecht eingerichtet war, wenn die Menschen nicht wussten, wie sie dem Leben begegnen konnten, und sie dachte viel darüber nach. Mit manchen Müttern teilte sie ihr Wissen über Schwangerschaft und Geburt, andere lachten sie aus vor Bitterkeit und konnten nicht glauben, dass sie Anteil haben sollten an ihrem Schicksal.

Auch Justyna konnte ihr Schicksal nicht selbst lenken, sie war abhängig von ihrem Mann, er wiederum war abhängig von Johann Skytte, dem Gouverneur von Livland. Der war

14 Scheinschwangerschaft oder Mole

zufrieden mit Ewerdts Diensten und entsandte ihn, nicht zuletzt, weil er Russisch sprach, nach Ingermanland, was seit 1617 schwedisch und ein Zankapfel war. Denn Russland hatte, seit es diesen Landstrich an Schweden verloren hatte, seinen Zugang zur Ostsee verloren. Schweden besaß fast die ganze Ostsee und alle Länder um sie herum: das heutige Finnland, Estland, seit 1621 Livland, Pruzzen und Vorpommern. Es wurde gemunkelt, die Russen hätten Schuld daran, dass der stolze Olai-Kirchturm in Reval eines Nachts brannte. Die Schweden sollten sie nicht haben, die höchste Kirche der Welt. Aber die Ursache des Brandes war nicht zu beweisen. Der schwedische König Gustav Adolph II., dem alle schon seit Jahren untertan waren, stiftete kurz vor dem Ende seines Lebens die erste baltische Universität, die *Academia Gustaviana* in Dorpat. Zuvor waren neue Gymnasien eingerichtet worden in Riga, Dorpat und Reval, aber keine Fürstenschule mehr, wie die Ritter sie verlangt hatten. Die Zwillinge waren ein Jahr lang dort am Gymnasium unterrichtet worden und sollten später in Dorpat studieren. Das hätte ihren Urgroßvater gefreut. Zur feierlichen Umwidmung der alten Jesuitenschule in eine Universität reiste Ewerdt 1632 dorthin. Es war eine willkommene Gelegenheit, diplomatische Gespräche mit Johann Skytte zu führen.

Auf dem Rückweg brachte er Post aus Riga mit, die ihm übergeben worden war: ein Päckchen. Seine Schwester Mathilda schrieb ihm, dass das Haus der Ururgroßeltern, gebaut 1472, so schlecht geworden sei, dass es komplett umgebaut und renoviert werden müsse. Immerhin hätten drei bis fünf Generationen ständig darin gelebt, mit dem Personal seien das wohl bei 75 Personen gewesen, die teilweise ihr ganzes Leben darin verbracht hätten. Ihrer Zählung nach waren 35 Kinder der Familie darin geboren worden. Die Toten zähle sie nicht, um deren Geister nicht zu erwecken. Sie hatten also alles ausgeräumt und weggeworfen außer wenigen Stücken. Hier sei einiges Schriftwerk, sie wisse nicht von wem, denn es stehe kein Name darunter. Er könne den Trödel zur Erinnerung an die Rigaer Familie behalten oder wegwerfen, sie wolle ihm nicht vorgreifen. Justyna und Ewerdt konnten nichts über die Herkunft dieser Papiere herausfinden, aber sie behielten die Blätter, die sie nicht einmal Andenken nennen konnten – jetzt, wo ihr Lebensweg sie weiter von ihren Heimaten wegführte. Eins war eine mehrfach vorgenommene lateinische Abschrift der Sintflutgeschichte aus dem Alten Testament, teils mit Schreibfehlern, das andere ein kurzes Gedicht in einer fremden Sprache.

Ewerdt wurde 1647 Amtmann in der schnell wachsenden, ingermanländischen Siedlung Hiätameki. Schweren Herzens verkauften sie ihr Stadthaus in Reval, behielten nur das abgelegene Gütchen Wrangelshof und ließen es von einem Arrendator verwalten. Die estnischen Angestellten benannten es mit dem für manche Deutsche schwer auszusprechenden Namen Väike-Prangli. Was niemand wissen konnte war, dass es zweihundert Jahre später der Geburtsort einer Frau sein würde, die sich durch ihr Malen einen Namen machte.[15] Dort saßen ihr alle Notabeln Modell.

Justyna packte mit den Dienerinnen und Köchinnen unter Tränen, denn wieder einmal war sie gezwungen, in die Provinz zu ziehen. Das hieß, auf Freundschaften zu verzichten, auf Geselligkeiten und Musik, auf die Kontakte zu den Gebildeten der Stadt. Mehr als zehn Jahre lang waren Ewerdt und sie oft bei den Empfängen und Feiern der Gilde gewesen. Hier trafen sie sowohl auf die Handelsleute als auch auf die Geistlichkeit, neuerdings auch auf die Professoren des Revaler Gymnasiums und die Leute aus der drei Jahre später errichteten zugehörigen Druckerei. Hier war die Sprache zu gleichen Teilen Deutsch und Estnisch, Gildemitglieder gab es aus beiden Völkern. Diese Sprache blieb für Justyna ein Rätsel, denn sie ähnelte weder dem Polnischen noch dem

15 Julie Wilhelmine Hagen-Schwarz (1824–1902), Malerin

Schwedischen. Sehr gelacht hatten sie über ein deutsches Lobgedicht über die estnische Sprache, auch wenn sie den Inhalt nicht teilen konnte:

Ehstnisch redet man im Lande
Ehstnisch redet man am Strande
Ehstnisch redt man in den Mauren
Ehstnisch reden auch die Bauren
Ehstnisch reden Edelleute
Die Gelährten gleichfalls heute.
Ehstnisch reden auch die Damen
Ehstnisch – die aus Deutschland kamen …“[16]

Solche Erinnerungen an Begegnungen und an Sprache nahm sie mit, an ihnen würde sie sich nun lange wärmen müssen.

Johann und Leonhard, beide zwanzig Jahre alt, wurden zum Studium nach Dorpat verabschiedet. Tochter Sophia, heiratsreif mit ihren siebzehn Jahren, wurde in ein Damenstift, ein ehemaliges Nonnenkloster, gegeben, um ins städtische Leben aufgenommen zu werden und nicht in der Provinz zu altern. Für ihre Brüder und Schwestern bedeutete es, auf ihre gewohnten Lehrer zu verzichten und statt Schwedisch im Alltag nun Russisch sprechen zu müssen, was sie zwar verstanden, aber nicht zu sprechen gewohnt waren. Polnisch und russisch waren die Kinderlieder gewesen, die ihre Mutter ihnen vorgesungen hatte – aber waren das Sprachen, in denen erwachsene Menschen über ihre Angelegenheiten reden konnten? Das würde sich zeigen.

Justyna rechnete nicht damit, in ein komfortables Haus ziehen zu können – in einem Ort namens Hiätameki, von dem ihr noch nie zuvor jemand gesprochen hatte. Als sie den Namen erstmals hörte, hatte sie ihn für einen Scherz gehal-

16 Reiner Brockmanns, 1636: Auszug aus einem Hochzeitsgedicht

ten. Bald darauf ließ sie alle Truhen und großen, hölzernen Kisten packen: Pelz-, Woll- und Federdecken, Leinenlaken und Tischtücher, Tafelzeug in Silber und Ton, Küchengerät in Eisen und Kupfer, Amtskleidung für ihren Mann und sie, Kinderkleidung für alle Altersstufen und Kleidung für die Dienerschaft. Zum Erstaunen des Personals nahm sie auch die kleinste Kinderkleidung mit, denn noch war es nicht ausgeschlossen, dass sie wieder ein Kind bekam, auch wenn sie keins mehr ersehnte. Sieben Lebende waren genug, um den Fortbestand der Familie zu sichern. Direkt in ihre Obhut in ihren Wagen kam die Kiepe mit dem wertvollen böhmischen Glas, das sie in Reval hatte kaufen können und das immer bewundert wurde auf ihrer Tafel! Jedes Stück wurde einzeln in nasses Stroh verpackt. Das Stroh musste weich bleiben, um das Glas nicht zu beschädigen und wurde deshalb täglich begossen, auch wenn es dadurch streng roch. Dazu ihre Schriften über die Säfte im Menschen und die Kräuter und alles, was sie aufgeschrieben vom Wissen der Hebamme und des Arztes. Als Letztes wurden die Lebensmittel eingepackt für die vielen Menschen auf der langen Reise. Denn nur bis Narva konnten sie sicher sein, Lebensmittel kaufen zu können. Ihr Mann ließ die Wagen herrichten: die beiden eigenen und drei geliehene. Er mietete Kutscher und Handpferde dazu und kaufte Waffen. Denn sie wussten nicht, ob sie in der russischen Ebene und den tiefen, teils wenig gebahnten Wäldern Wölfen, Bären und heimatlosen Menschen begegnen würden. Ihr Auszug geschah auf fünf hochbeladenen Wagen mit insgesamt fünfzehn Personen, es war ein Schauspiel für die ganze Stadt. Ein Spalier von Menschen stand da und einige folgten ihnen vom Wohnhaus bis hinter das östliche Tor.

Am neunten Tag endlich sahen sie die Hermannsfeste und erreichten die angrenzende Siedlung Narva, wo sie die erste längere Ruhepause einlegten. Zuvor waren sie in den Windmühlen eingekehrt, deren Müller stets die Reisenden beherbergten und verköstigten für geringes Geld. Ohne diese gastlichen Plätze wäre die Reise lebensbedrohlich gewesen, denn im Wald konnte niemand sicher sein vor Tieren, Menschen und Irrlichten. Die russische Festung Iwangorod grüßte jenseits des Flusses, der sie im Knick umfloss, brodelnd und strömend. Es wurden Lebensmittel gekauft, die Kinderwäsche gereinigt und Pferde und Menschen ruhten. Die beiden jüngeren Kinder fieberten.

Nach einer Woche wurde der Zug auf mehreren Fähren übergesetzt, die an eisernen Ketten liefen. Dazu mussten die hohen Kutschen abgeladen, die Truhen und Kisten einzeln gehoben und getragen und auf der anderen Seite wieder aufgeladen und festgezurrt werden. Das dauerte einen aufregenden Tag lang, die Kinder waren begeistert. Curt, der älteste Junge nach Johann und Leonhard, konnte sich nützlich machen und zeigen, dass er fast erwachsen war und sah, welche Kiste wohin passte. Er bewachte das Gepäck, denn wie leicht verschwand eine Kiste, wenn die Träger unbewacht waren! Nun dauerte die Reise noch sieben weitere Tage: vorbei an tiefen Mooren und durch endlose, nach Wacholder duftende Wälder bis zur jeweils nächsten Mühle, in der es Obdach gab und in der sie vom Läufer gemeldet waren. Es gab keine bedrohlichen Situationen, auch wenn sie nachts oft von unbekannten und beängstigenden Geräuschen geweckt wurden. Doch stets fanden sie die Wache bereit.

Wie froh waren Ewerdt und Justyna, dass das Haus für sie bereitet war und sie darin ankommen konnten. Es war aus Holzbohlen gebaut und geteert, das Dach war aus Schilf. Es hatte ausreichend Zimmer und eine große Küche. Hinter dem Haus gab es ein Häuschen mit einer Sauna. Dienstpersonal stand bereit und half den Erschöpften, die Wagen abzuladen, so dass schon nach wenigen Tagen die gemieteten Diener, Pferde und Wagen umkehren konnten.

Justyna gelang es, das Haus heimatlich zu gestalten: *gleich einem Vogel zu nisten*, wie sie sagte. Für die Kinder war das zum Haus gehörige weite Land eine Einladung zu Abenteuern. Es war nicht schnell an die Wiederaufnahme des Unterrichts zu denken – zumal sich kein Hofmeister fand in dieser einsamen Gegend. Das Städtchen Hietamäki entstand, wo bis vor kurzer Zeit ein Weiler war. Überall wurden Häuser neu gebaut, einige Straßen befestigt. Ein Platz mit Bäumen wurde angelegt, was Justyna veranlasste, eine Birkenallee auf das Haus hin pflanzen zu lassen. Birken wachsen schnell. Die, die direkt im Schutz des Hauses wuchsen, waren schneller groß. Sie liebte es, mit ihnen zu sprechen, sobald sie aus der Haustür trat. Sie nannte sie heimlich nach ihren Kindern: Josefatta, Jacob, Sophie, Curt und Ernestine; die nächsten nach ihren Schwestern, ihren unbekannten Schwägern, Nichten und Neffen, die ferneren dann nach Ewerdts Familie. So hatte sie sie alle um sich versammelt und konnte immer wieder mit jemandem ein kleines Gespräch führen – wie früher in Reval, wenn sie den einen oder die andere auf dem Markt oder in einer Straße getroffen hatte.

Die Sauna hatten sie noch nicht in Besitz genommen, sie war ihnen unheimlich. Die finnischen Landarbeiter behaupteten, darin würden Gott und die Geister wohnen, und das Bad sei ihr Gottesdienst. Das war sowohl den orthodoxen Russen am Ort, die gerade eine Kirche mit blauer Kuppel errichteten, als auch dem evangelischen Ewerdt und der katholischen Justyna zu heikel. Im ersten Winter jedoch, als alle Öfen nicht ausreichten, um die extreme Kälte draußen in die innen nötige Wärme zu verwandeln, blieb ihnen nichts übrig, als die Sauna heizen zu lassen – trotz der möglichen Anwesenheit heidnischer Geister.

Ewerdt hatte reichlich Arbeit. Er stellte sich meist brieflich, manchmal persönlich bei den entfernten Verantwortlichen vor und übernahm die Aufsicht über die Herstellung geregelter Postwege, die Anbindung der entstehenden Fernstraßen, die Bestellung von Ärzten, Lehrern und Richtern für diese dünn besiedelte Gegend und die Errichtung von Amtsgebäuden. Er schuf ein Rentamt zur Eintreibung der Steuern von den Anwohnenden und Handelstreibenden und überwachte die Ausgabe der Mittel für öffentliche Zwecke. Auch musste er die Streitigkeiten darüber mit den Bojaren austragen, die weder gewillt waren, auf Steuern zu verzichten noch die kurländischen und schwedischen Behörden anzuerkennen. Er versuchte sich darin, Dolmetscher für alle Amtshandlungen zu finden, damit Gespräche möglich wurden mit den Woten, Ingriern und unterschiedliche Dialekte sprechenden Finnen. Das hatte die zuvor hier herrschenden Russen nicht interessiert. Er verwaltete auch die Insel Kronstatt und veranlasste dort gemäß der Handelstradition seiner Familie den Bau eines befestigten Hafens mit einem Speichergebäude.

Justyna fuhr oft mit ihm über das Land, um die schwangeren Frauen zu besuchen. Die Familien hier wohnten so weit auseinander, dass sie oft keinen Kontakt miteinander hatten. Einen Arzt hatte es hier noch nie gegeben. Auf den Gehöften wohnten nicht viele Familien, da das Land sumpfig und wenig ertragreich war. Im Sommer waren die Frauen meist allein mit ihren Kindern, die Männer waren mit den Tieren auf den Feldern oder zum Holzschlagen im Wald und kamen nicht jeden Abend nach Hause. Ihre Kinder bekamen sie meist allein. Nicht immer war eine Mutter oder Schwester zur Stelle, um zu helfen. Immer öfter war Justyna zur Stelle. Oft bedauerte sie, keine Hebamme und dennoch hier die einzige Autorität zu sein. Im Gegensatz zu Reval feindete sie hier niemand an, keiner interessierte sich in diesem weiten Land für das Schicksal der jungen Frauen. Sie starben oft an den Geburten wie ihre Männer unter stürzenden Baumriesen oder durch die Tritte wild gewordener Ochsen. Auch die Traurigkeit der zu langen Winter forderte Tribut. Niemand weinte lange um sie. So war eben das Leben, das kurze Leben.

Justyna trauerte um die sechzehnjährige Marjuschka, die heute bei der Geburt ihres ersten Kindes in der vom abendlichen Heizen noch warmen Sauna verblutet war. Die Geister hatten das Kind begrüßen sollen, nun konnten sie zwei Seelen zu den anderen tragen. In der Sauna wusch sie die Toten, wie sie auch das Baby dort gewaschen hätte. Allmählich verstand sie, dass dies der Ort der Geister und Götter war, der Ort für Eingang ins und Ausgang aus dem Leben. Sie hatte Marjuschka nicht helfen können. Das Kind lag auf dem Steiß und drehte sich trotz aller Versuche nicht. Sie war wütend auf Marjuschkas zu oft betrunkenen Gregory, der gesagt hatte, sie sei eine Hexe und schuld daran. Sie war wehmütig, weil der Sommer sich im September schon wieder verabschiedete, ohne dass es Blumen gegeben hatte. Das Rot der Moorbeeren und das Graugelb der Moorgräser auf schwankendem Grunde reichten ihr nicht als Farben des Herbstes, sie sehnte sich nach Šiauliai und nach Riga, wo es auf den Märkten Blumen gab und eine Fülle an Obst. Die Märkte hier waren vor allem Vieh- und Holzmärkte, gerade dass sie ergänzen konnte, was im Haushalt verbraucht worden war. Das herbstliche Goldgelb ihrer Birken war ihr ein kleiner Trost. Aber insgeheim wusste sie, dass sie hier nicht den Rest ihres Lebens verbringen wollte.

Der Wunsch, weg zu können aus Hietamäki, ging schneller in Erfüllung, als ihr lieb war. Sie waren gerade sieben Jahre da, als Ewerdt auf der Heimfahrt von einer Inspektion einen Unfall hatte. Sein Wagen schleuderte, wohl beim Überholen eines Ochsenkarrens, auf der frisch überfrorenen Straße aus einer Kurve und kippte um. So starb er 1654 allein unter einem weiten Himmel zwischen fernen Horizonten, eingeklemmt unter dem geborstenen Kasten seiner Kutsche. Nach der kleinen Beerdigung – wen hätte sie hierher standesgemäß einladen sollen? – war ihr Maß voll. Sie wollte weg, nach Hause. Sie schrieb Briefe nach Riga und Reval. Die Antworten hoben ihre Stimmung nicht. Ihre Eltern lebten nicht mehr, von ihren Schwestern war eine in Polen und eine in Litauen verheiratet. Jede eine Lebensreise entfernt von ihr und jede in einem anderen Provinzort. Ewerdts Bruder Valentin kannte sie kaum, sie hatte ihn einmal vor und einmal auf ihrer Hochzeit gesehen. Sie würde nach Wrangelshöfchen ziehen und sich um Sophies Verheiratung kümmern. Auch hoffte sie, ihren beiden erwachsenen Söhnen als gelehrten Männern zu begegnen. So konnte sie es vermeiden, an Trauriges zu denken.

In der Herbstnacht, in der sie diesen Entschluss gefasst hatte, geschah etwas Eigenartiges. Ingrische Leute hatten davon gesprochen, aber sie hatte es noch nie erlebt: das Nordlicht. Erst erschreckte es sie. Sie fühlte ihre verworrenen Gedanken an den Nachthimmel gemalt, für jeden sichtbar. Die schwankenden Schleier über ihr zeigten das Hin und Her ihres Überlegens. Einmal überwog die Sehnsucht nach ihren erwachsenen Kindern, ein andermal die Bequemlichkeit. Es wäre auch möglich hier zu bleiben, wo alle sie kannten und wo ihre Dienste angesehen waren. Einerseits wollte sie wieder einmal bei früheren Freunden sitzen oder in der Olaikirche der Musik lauschen, die sie hier so schmerzlich entbehrt hatte. Andererseits fühlte sie ihr Alter, das mit einer Reisemüdigkeit einherging. Die wabernden Farben schienen das zu verraten. Nachdem sie lange am Fenster dem Schauspiel zugesehen hatte, schlief der Himmel ein und nahm sein gewöhnliches tiefes Schwarz an.

Der Umzug war erst nach dem Winter möglich. Sie planten die Abreise für Ende April 1655. Über den Winter reduzierte sie den Haushalt, verkaufte die meiste Kinderkleidung und manche Möbel. Zuletzt verkaufte sie das Haus mit Gewinn, denn seit Hietamäki ein Städtchen geworden war, wollten viele Leute hierher ziehen. An Lichtmess stellte sie nur die Kinderfrau, die Köchin, die Wäschefrau und den Kutscher wieder ein. Alle anderen würden ihr nicht nach Reval folgen.

Allein brauchte sie kaum Personal. Curt war alt genug, den zweiten Wagen zu führen. Sie mietete einen dritten Wagen mit Kutscher dazu und zwei bewaffnete Wachen. Der Rückweg erfolgte zu zehnt in drei Wagen. Außer der großen Kutsche waren die Wagen jetzt leichter und moderner, sie waren einen Tag kürzer unterwegs. Auch waren dank Ewerdts Wirken die Straßen bis Narva als solche zu erkennen. Nur von einer Sache wurde ihr der Abschied hart: von ihren sechzig Birken, die noch kein Grün zeigten, als ihr Wagen letztmals durch die längst hochgewachsene Allee rollte.

Die Ankunft in Wrangelshof war unspektakulär nach fast acht Jahren Abwesenheit. Sie wurden dank eines voraus gesendeten Briefes erwartet. Der Verwalter hatte das Haus aufräumen lassen. Dennoch sah es nach jahrelangem Unbewohntsein schäbig aus – es war nicht groß genug, dass die Verwalterfamilie dort ständig hätte wohnen können. Sie würde das Dach reparieren lassen müssen. Auf den Feldern hatte die Frühlingsarbeit begonnen. In der Siedlung gab es nur noch wenige bekannte Gesichter, einige Bauern waren weggezogen, als die Schweden die Schollenpflicht aufgehoben hatten. Zwei schwedische Familien waren zugezogen, bearbeiteten Landstücke und leisteten Spanndienste. Die alte Köchin war gestorben, eine junge Frau war eingestellt worden.

Justyna gestaltete das Gut wieder nach ihren Vorstellungen. Sie ließ einen Staudengarten anlegen mit Blumen, die noch diesen Sommer blühen sollten. Wie groß war ihre Sehnsucht nach Blumen! Schon nach einer Woche stellte sich Besuch ein: Leonhard! Er hatte sein Studium als Arzt beendet und arbeitete in Weißenstein. Sie konnte ihm viele medizinische Fragen stellen, auf die sie schon lange Antwort suchte, und er fand ihr Wissen um die Krankheiten und Schwangerschaften der Frauen erstaunlich. Als er wieder abreiste, versprach er, schon bald wiederzukommen und ihr seine Verlobte vorzustellen.

Johann ließ sich für bald danach anmelden, sobald er sein Geschäft einmal verlassen konnte. Er hatte zwei Jahre studiert und danach die Universität verlassen, um sich gemäß der Tradition seiner Vorfahren als Ostseekaufmann in Reval niederzulassen. Als nach den letzten Frühlingsstürmen alle Schiffe mit seinen und fremden Waren ausgelaufen waren, schloss er für kurze Zeit seinen Revaler Speicher und kam im eigenen Wagen. Er erzählte von der Stadt Reval, auch dass der Olai-Kirchturm höher als zuvor aufgebaut und die Kirche nach langem Ruinendasein wieder geweiht worden war, und vom erneuerten Hafen. Hinter Johann saßen in fröhlicher Unterhaltung seine Schwester Sophie und eine andere Frau: die ihm seit einem Jahr angetraute estnische Tuuli Oom, die schwanger war. Justyna war gerührt über die tatkräftigen Menschen, die aus ihren Kindern geworden waren. Die jüngeren Geschwister kannten die älteren kaum mehr. Johann wusste zu berichten, dass ein ihm befreundeter Kaufmann vorgesprochen habe um Sophies willen.

Eben erzählte Justyna noch von ihrem geliebten Ewerdt, den von ihm konzipierten Gebäuden und Straßen im Norden, dem Rentamt und den Anerkennungen des Herzogs, schon bemerkte sie, wie er, der ihr so nah war, seinen daheim gebliebenen Kindern fremd geworden war in den sieben Jahren. Ganz selbstverständlich handelten sie an seiner statt: in Wrangelshöfchen, in ihren Berufen, in der Arbeit und für den Fortbestand der Familie. Welche Aufgaben blieben ihr?

Nach einigen arbeitsamen und einigen fröhlichen Tagen reiste sie mit Sophie nach Reval. Endlich ging sie wieder durch ihre geliebte Stadt! Ihr früheres Haus war bewohnt. Aber sie fand zwei schmale Häuser, die zum Verkauf standen und die für sie und ihre beiden jüngsten Kinder Jacob und Josefatta reichen würden. Curt sollte ab Herbst auf die Universität nach Dorpat gehen, und Ernestine würde den Platz von Sophie im Stift einnehmen, sobald diese heiratete. Entscheidungen zu fällen, fiel ihr leicht, vielleicht brachte das ihre medizinische Tätigkeit mit sich. Sie kaufte das Haus in Marktnähe. Der Erlös für das Haus in Hietamäki ermöglichte ihr ein sorgloses Stadtleben, unabhängig von den Einkünften aus Wrangelshof, das sie beim Notarius zu gleichen Teilen ihren beiden ältesten Söhnen überschrieb.

Der Herbst brachte viele Veränderungen: Leonhard ließ sein Zusammenleben mit Karla registrieren, der Handelsherr Friedrich von Delwig bekannte sich zu seiner Anfrage nach Sophie. Karla brachte in Weißenstein eine Tochter zur Welt, Curt wechselte auf die Universität und Ernestine ins Stift. Der Winter verging mit Arbeiten im neuen Haus und mit Besuchen. Wie hatte Justyna diese vermisst!

Das Jahr 1656 brachte Unglück. Die Russen marschierten in Livland ein und eroberten große Landesteile. Sie verlachten die schwedischen Gesetze und führten die Leibeigenschaft und die alleinige Gerichtsbarkeit durch die Gutsbesitzer wieder ein. Viele Bauern wehrten sich, es kam zu blutigen Aufständen. Von Riga hörte sie, dass die Russen es wieder nicht hatten einnehmen können und nach einigen Wochen verärgert abziehen mussten. Aber wie würde es in Neuenmühlen vor den Toren Rigas aussehen? Nachrichten gab es keine, das ehrwürdige Marienburger Postsystem[17] funktionierte durch den Krieg nicht mehr.

Nach einem Semester kam Curt aus Dorpat zurück. Die Russen hatten das Städtchen erobert und die schwedische Universität geschlossen. Curt konnte nur entkommen, weil er sich in Kleidung und Sprache als Russe getarnt hatte und seinen Geburtsort mit Hiätmeki im russischen Ingermanland angegeben hatte, wohin er zurückwolle, um gegen die Schweden zu kämpfen. In Reval stieg er ins Handelsgeschäft seines Bruders Johann ein, dessen Frau zum zweiten Mal schwanger war. Die einjährige Maria wurde sein Patenkind.

17 Marienburg/Malbork, heute Polen, Sitz der Hochmeister des Deutschen Ordens

Die Geschäfte liefen nicht gut, nichtbaltische Handelspartner hatten Angst, ihre Waren könnten im Krieg ihre Adressaten nicht erreichen. Aber das war weniger schlimm als die Nachricht, dass sich die Pest ausbreitete! Die Russen mussten sie mitgebracht haben! Manche sagten, es sei die Rache gewesen, dass sie Riga nicht bekamen.

Es war keine 200 Jahre her, dass die Pest letztmals die Stadt entvölkert hatte. Schon 1481 hatte sie gewütet in der damals von Flüchtlingen überfüllten Stadt. Wie heute waren es damals die Russen, die auf dem Weg waren, Livland zu erobern. Viele Bauern und Menschen aus den kleinen Städten flohen hinter die sicheren Tore der Stadt – und fanden darin den Tod. Mehr als dreißig Jahre hatte es gedauert, bis es wieder sichere Handelswege durch das Land gab, zum Beispiel ins 190 Werst entfernte Dorpat. Aber das wussten Justyna und ihre Kinder nur aus Erzählungen. Ihre Familien waren damals in Riga und in Polen gewesen und hatten nichts geahnt von der Verzweiflung, die hier herrschte. Inzwischen hatte sich Reval erholt, wieder lebten fast siebentausend Menschen hier. Die schwedische Regierung hatte nach dem anfänglichen Plündern im Krieg viel für die Sicherheit der Bewohner getan. Viele Häuser waren erneuert worden, mancher der Stadt- oder Gildeverwaltung gehörende Holzbau war einem Steinhaus gewichen, um die Brandgefahr zu senken. Die meisten hatten Arbeit und Auskommen. Doch solches Glück währte nie lange. Auf einmal waren die Stadttore geschlossen. Nur noch Wagen mit Lebensmitteln bekamen Einlass. Hinaus wurden die Menschen gelassen, die aufs Land fliehen wollten. Aber sie wussten, dass ihnen der Rückweg abgeschnitten sein würde. Im Hospital waren keine Besuche mehr gestattet, damit die schwärzlich anlaufenden Beulen der ersten Kranken nicht übergriffen auf gesunde Menschen. Der Hafen wurde geschlossen, alle ankommenden Schiffe wurden draußen auf der Reede festgehalten oder bekamen schon auf der Höhe der Inseln Signale, dass kein Einlaufen in den Revaler Hafen möglich sei. Alle diese Maßnahmen halfen nur wenig. Die Pest breitete sich aus. Menschen starben. In der ersten Woche wenige, dann immer mehr. Wer Fensterläden hatte, ließ sie geschlossen, die Tür öffnete nur, wer nach Lebensmitteln zu gehen hatte. *Aus einigen Häusern jedoch drang Stöhnen.* Anfangs *waren bei solchen Gelegenheiten oft Gaffer zu sehen, die auf der Straße standen und horchten. Aber* allmählich *schien sich jedes Herz verhärtet zu haben, und alle schritten oder lebten an den Klagen vorbei, als wären sie die natürliche Sprache der Menschen. Die Zusammenstöße an den Toren … schufen eine dumpfe Aufregung. … Patrouillen durchstreiften die Stadt. In den menschenleeren … Straßen erklang oft Hufklappern auf dem Pflaster, dann erschienen die Wachen und ritten zwischen den Reihen geschlossener Fenster hindurch.*[18]

Justyna hatte Lebensmittel für mehrere Wochen. Natürlich fehlte es an Milch und Gemüse, aber diese waren die Angst der Straße nicht wert. Zumal es sowieso kaum frische Waren vom Lande gab, weil die Stadttore geschlossen blieben. Einmal klopfte es, Curt kam. Besonders die Kinder freuten sich über die Abwechslung. Doch was für Nachrichten brachte er! Wendula todkrank und die kleine Maria gestern gestorben! Johann verzweifelt. Friedrich von Delwig und Sophie packten, um die Stadt zu verlassen. Sie wollten nach Wrangelshof, ehe es zu spät war. Wie es dort aussah, wussten sie nicht, aber im Geschäft war sowieso nichts zu tun. Alle Speicher waren verschlossen. Curt wollte nicht bleiben. Seine Anwesenheit hätte Jacob und Josefatta gut getan. Er aber meinte, Johann benötige ihn dringender. Auch wollte er sich der Gilde zur Verfügung stellen, denn viele städtische Aufgaben konnten krankheitshalber nicht mehr verrichtet werden.

---

18 Albert Camus, 1947: *Die Pest*

In der zweiten Woche hielt Justyna es nicht länger im Hause aus, sie ging in der Abenddämmerung an die Tür des Damenstiftes. Sie musste wissen, wie es Ernestine ging. Was sie erfuhr, war niederschmetternd. Ernestine lebte noch, war aber zu schwach, um sich am Fenster zu zeigen. Justyna gab der Torwächterin die fingerlange Stoffpuppe aus Hietamäki, die sie in der Manteltasche trug. Etwas anderes hatte sie nicht bei sich, was Ernestine erkannt und niemand gestohlen hätte. Das komplette Personal und alle Damen waren krank, die meisten schon tot. Jeden Morgen holte ein flacher Wagen die Särge mit den Toten der letzten Nacht ab und brachte sie zum Friedhof. Es gab keine würdigen Beerdigungen mehr, denn alle Pastoren waren selbst der Pest erlegen. Nur Diakon Koch von der Heiligengeistkirche und Pastor Gydeberg von der schwedischen Michaeliskirche überlebten. Unmöglich konnten sie alle bestatten. Die Totenglocken läuteten fast Tag und Nacht, aber es fanden nur tägliche Bittgottesdienste statt, keine Einzelbeerdigungen. Eine Woche später gab es keine Särge mehr, die Toten wurden, in Tücher gewickelt, aus den Häusern getragen. Auf dem Heimweg begegneten Justyna betrunkene Männer und Frauen. *Niemand lacht, außer den Betrunkenen, und die lachen zu viel.*[19] Aus den Nachbarhäusern wurden in den nächsten Tagen viele Freunde und Kinder getragen. Kein Haus, in dem noch alle Einwohner lebten, an jeder Tür waren Kreidekreuze, die die Zahl der Toten anzeigten.

Jeden Morgen ging Justyna zum Stift, um zu sehen, ob Ernestine unter den Toten war. Schon am dritten Tag sah sie den ihr bekannten dicken rotblonden Zopf unter einem der Tücher heraushängen. Wie oft im Leben hatte sie diesen Zopf geflochten! Josefatta stand nun nicht mehr aus dem Bett auf, so traurig war sie um ihre Lieblingsschwester. Justyna zwang sie, zum Bittgottesdienst mitzukommen, damit

---

19 Albert Camus, 1947: *Die Pest*

sie den Lebenswillen behielt. Jacob war nicht zum Mitkommen zu bewegen. Einmal, als sie zurückkamen, bemerkten sie auf seiner Haut den grauen Schimmer, der die Krankheit ankündigte, ehe Beulen zu sehen waren. Curt kam, er holte seine Mutter zu den Frauen, deren Entbindung bevorstand. Keine Hebamme lebte mehr, kein Arzt hatte Zeit für sie. Er meinte, die Zeit für Gottesdienste sei vorbei, jetzt müsse gehandelt werden. ... *wohl gab es Beichtstühle in der Kirche, doch in keinem ein Priester; sie waren gestorben, lagen im Hospital, waren geflohen, fürchteten Ansteckung. Die Kirche war leer, hohl klangen ... Schritte im Steingewölbe ...*[20]

Justyna hatte Einwände, aber die nützten ihr nichts. Schließlich sagte sie ja. Sie musste mitten im Tod für das Leben sorgen. Das war recht, denn sie war alt. Wenn sie sich ansteckte, war es weniger schlimm. Sie würde sowieso bald die Ewigkeit sehen. Sie hatte sofort mehr Arbeit, als sie bewältigen konnte. Nur noch kurz konnte sie sich abends um Jacob und Josefatta kümmern, so erschöpft war sie stets. Diese ihre beiden Jüngsten erhielten nur noch ein notdürftiges Begräbnis, bei dem sie nicht dabei sein durfte. Kein Angehöriger durfte dabei sein. Inzwischen ohne Tränen, malte sie zwei Kreidekreuze auf ihre Tür. Fünf Tote in der eigenen Familie, davon drei ihrer sieben Kinder. Ihre Klage mischte sich mit der aller Familien, in die sie kam. Ihr Gefühl klammerte sich an jedes Kind, dem sie auf die Welt verhalf. Das Leben würde weitergehen. Stand nicht schon in der Bibel, dass Gottes Segen auf einem Volk liegt, solange Kinder geboren werden? Sie hoffte für Leonhard, Karla und ihr Töchterchen und für Sophie und Friedrich. Hoffentlich war Sophie schwanger! Denn was war, wenn die Pest ganze Familien ausrottete? Sie kannte schon einige Häuser, die leer standen, in denen keiner mehr lebte und die Blutlinie fortführte, niemand die letzten Kreidekreuze auf die

20 Hermann Hesse, 1930: *Narziss und Goldmund*

Türen zeichnen und das Erbe antreten würde. Justyna war mutig geworden, sie mied keinen Ort der Stadt mehr. An ihrem Leben lag nichts. Sie ging zu Johann und Curt, die ihren Schmerz mit Arbeit besiegten. Fast alle Positionen, an denen etwas entschieden werden musste, waren unbesetzt. Ungelernte Helfer, die die Toten zu den tiefsten der Ehgräben[21] fuhren und sie anzündeten, weil die Friedhöfe übervoll waren, gab es genug. Menschen, die entschieden, was zu tun sei, waren knapp. Sie ermutigte ihre Söhne und erzählte ihnen vom Vater, vom Groß- und Urgroßvater, die das Fällen von Entscheidungen nie gescheut hatten.

So sorgten sie zusammen mit anderen für Lebensmittel, für die Gründung von Waisenhäusern und die Versorgung der Kinder, für die Reinigung der Brunnen und Straßen und für das systematische Töten der Ratten.

---

21 Gräben für Kloake und Abwässer

Die Pest

Die ganze Gegend, das ganze weite Land stand unter einer Wolke von Tod, unter einem Schleier von Grauen, Angst und Seelenverfinsterung, und das Schlimmste waren nicht die ausgestorbenen Häuser, die an der Kette verhungerten und verwesenden Hunde, die unbegraben liegenden Toten, die bettelnden Kinder, die Massengräber vor den Städten. Das Schlimmste waren die Lebenden, die unter der Last von Schrecken und Todesangst ihre Augen und Seelen verloren zu haben schienen. Wunderliche und grausige Dinge bekam der Wanderer überall zu hören und zu sehen. Eltern hatten die Kinder und Gatten ihre Frauen verlassen, wenn sie krank geworden waren. Die Pestknechte und Spitalbüttel herrschten wie Henker, sie raubten in den leergestorbenen Häusern, ließen nach ihrer Willkür bald die Leichen unbeerdigt, bald rissen sie die Sterbenden, noch eh sie ausgeatmet hatten, aus den Betten und auf die Leichenkarren. Geängstigte Flüchtlinge irrten einsam umher, verwildert, jede Berührung mit Menschen meidend, von Todesfurcht gejagt. Andere taten sich in aufgepeitschter, erschreckter Lebenslust zusammen, hielten Zechgelage und feierten Tanz- und Liebesfeste, bei denen der Tod die Fiedel strich. Verwahrlost, trauernd oder lästernd, mit irren Augen hockten andere vor den Friedhöfen oder vor ihren entvölkerten Häusern.[22]

Nach zwölf Wochen waren alle erschöpft. Sie kannten keinen Sonntag mehr und keinen Feierabend und bemerkten deshalb kaum, wie sich die Krankheit zurückzog. Sie fand keine Opfer mehr. Wer jetzt noch lebte, schien sich nicht anzustecken. Als der Herbst kam und es kalt wurde, starb als

22 Hermann Hesse, 1930: *Narziss und Goldmund*

Letztes die Pest. Aber die Arbeit hörte nicht auf, denn die im Sommer nicht getane musste nachgeholt werden. Es war Holz zu holen, um den Winter zu überstehen; es mussten Korn und lagerfähiges Gemüse vom Lande gekauft werden. Die Fischerboote mussten in Ordnung gebracht werden, damit die Bevölkerung – keine tausend Personen mehr – ernährt werden konnte. Allenthalben wurde die Verzweiflung mit Arbeit betäubt.

Im Spätherbst endlich fuhren Johann und Curt nach Wrangelshöfchen. Sie fanden Friedrich und Sophie gesund und konnten den Wagen voll Lebensmittel laden. Die beiden würden erst im nächsten Sommer wieder in die Stadt kommen, denn hier hatten sie Holz und Ernährung, Fülle.

Von Leonhard und Karla gab es keine Nachrichten. Die Postwege waren wieder einmal zerstört, die Postboten tot, die Pferde vom Ziehen der Leichenwagen bei schlechtem Futter ausgelaugt. Sophie wollte Curt, Johann und die Mutter am liebsten nachholen, aber sie kamen nicht. Auf dem Lande hätten sie während der Winterruhe zu viel Zeit, um über ihre Verluste nachzudenken. In der Stadt wurden sie gebraucht. Im Frühling würde der Hafen wieder geöffnet werden, und sie würden die Speicher aufschließen, die Menschen benötigten vieles. Der Handel würde wieder beginnen.

Eines der ersten Schiffe, das im März 1657 in den Hafen einlief, kam mit einem Umweg über Windau / Ventspils in Kurland aus Riga. Es brachte Handelsware und Post aus Neuenmühlen. Onkel Valentins Kinder schrieben, Vater Valentin und die Mutter seien wohlauf. Das Gut sei während der Belagerung Rigas durch die Russen niedergebrannt, inzwischen aber wieder aufgebaut worden. Alle Kinder Valentins hatten mit ihren Familien den Schrecken überstanden. Nun sei aber nicht Auskommen für alle auf dem kleinen Gut, deshalb hatten sich fünf von ihnen mit ihren Familien beim Herzog von Kurland um die Ausreise nach Great

Courland Bay[23] in die Karibische See beworben. Dort wollten sie ihre Fähigkeiten zum Landbau unter Beweis stellen. Nun haben sie vom Pestilenzschrecken in Reval gehört und gedacht, falls jemand von der Familie am Leben sei und wolle, könne er sich an dem Aufbruch beteiligen. Denn einerseits haben sie Urgroßvater Ewert als Vorbild, der vor mehr als einhundert Jahren die Welt bereist habe, andererseits könne dort Landbau und Seehandel auf das Geeignetste verbunden werden.

Seit drei Jahren werde die Stadt aus der Kolonie mit Kaffee, Kakao, Rohrzucker und Rum beliefert. Die wohlhabenden Herren rauchten Tabak, die Kleider der Frauen seien mit Indigo viel tiefer blau gefärbt als mit Waid, weil diese Farbe schon nach wenigen Wäschen ihre Stärke verliere. Kurzum: Es sei eine gute Chance, reich zu werden, die Welt kennen zu lernen und die Familie zusammenzubringen.

23 Das heutige Tobago

Anna Magdalena Porteus (1678–1717) und Johann Goette (1627–1705)

Johann entschloss sich sofort, denn er hatte nichts zu verlieren außer seiner Traurigkeit. Er machte sein Testament, vererbte darin Geschäft und Speicher an Curt und seinen Schwager Friedrich, verabschiedete sich von seiner Mutter und bestieg das Schiff nach Kurland. Er ließ den größten Teil der Waren, die seit neun Monaten unverkauft in seinem Speicher lagen, verladen und packte persönliche Dinge ein, darunter ein fehlerhaftes Manuskript der Sintflutgeschichte. Es würde ihn auf See vor zu stürmischem Wasser beschützen.

Von Windau legte das kurische Schiff mit hundert Soldaten und vierzig Familien, darunter sechs mit dem Familiennamen Goette, ab. Die Mannschaft erzählte ihnen das Unglaublichste von Churland Bay: von bunten Vögeln und Schildkröten, von mehrere hundert Meter hohen Bergen. Das war wohl das größte Wunder, denn niemand von ihnen hatte je einen Berg gesehen, der höher war als der Schlossberg von Reval oder der Domhügel von Dorpat. Sie erzählten auch, dass seit dem Kauf der Insel vom englischen Lord von Warwick immer Ärger war mit den Holländern und Franzosen, die ihnen die Rechtmäßigkeit ihres Besitzes streitig machten.

Kurland, beherrscht von Jakob Kettler, dem Enkel des letzten Deutschordensmeisters Gotthard Kettler, war reich! Es gehörte zwar seit dem Livländischen Krieg zu Polen, verfügte aber über 200 eigene von Holländern gebaute Schiffe, und sein Herrscher versuchte, Macht und Ansehen anzusammeln. Er wollte sein Land den Großmächten seiner Zeit an die Seite stellen. Es sollte ebenfalls Großmacht werden, doch eine solche war ohne Kolonien undenkbar. Sie waren ein Statussymbol. Kurland war winzig und hatte zu wenige Arbeitskräfte, die es entbehren konnte. Deshalb waren die ersten 212 Siedler von 1639 ehemalige kurische Gefängnisinsassen. Von ihnen hieß es, sie seien von Tobago vertrieben oder von den Einheimischen erschlagen worden.

Die Holländer hatten gleichzeitig mit weit über tausend Personen eine Kolonie errichtet, und die Franzosen mit 550 Menschen eine zweite. Zwölf Jahre später war der nächste Versuch gestartet worden. Vor zwei Jahren war Kapitän Mollens mit 80 Familien dort gelandet. Sie hatten nun schon mehr Erfahrung als die Erstlinge, hatten das Land verteilt und lieferten jetzt regelmäßig die begehrten Getränke wie Rum oder Kaffee und Gewürze wie Pfeffer, Vanille oder Chili in die Heimat, mit bestem Gewinn. Allerdings seien viele der Siedler am Gelben Fieber erkrankt und andere zu schwach für die Arbeit, manche vertrügen Tätigkeiten in der Sonne nicht. Viele seien mit dem letzten Schiff zurückgekehrt und sollten nun durch die neuen Siedler ersetzt werden. Mit der Karibik hätten sie eine gute Wahl getroffen, immerhin hätte Kolumbus persönlich dieses Land entdeckt. Die Siedler in Westafrika haben es schwerer: Das Klima auf St. Andrew's Island[24] im Gambiafluss sei ungesünder und die Früchte nicht transportierbar. Die afrikanischen Einwohner lebten vom Verkauf von Eben- und Teakholz. Auch die Goldsuche sei aussichtsreich, allerdings im und am Fluss von den zahlreichen Krokodilen behindert. Überhaupt gebe es dort alle Arten Großwild, was immer wieder Opfer fordere, weil es den Geschmack der Weißen besonders schätze. Die Krokodile würden die Schwarzen nicht anfallen. Es gäbe ein Fort dort, die Jacobs-Festung, und eine stabile Regierung und einen lebhaften Sklavenhandel mit der neuen

---

24 Heute Kunta Kinteh-Island, Weltkulturerbe

Welt, aber das Leben in Neukurland sei so anstrengend, dass kein anderes Volk ihnen das Land streitig mache. Das sei kein gutes Zeichen.

Johann und seine Cousins lasen auf der Schifffahrt das Reisetagebuch des Urgroßvaters Ewert. Fast vollzogen sie seine Reise nach! Danzig, Rostock, Kopenhagen, Yarmouth, Bordeaux, Porto, Lissabon. Ihre Route war zwar noch nicht wesentlich von seiner verschieden, aber sie fuhren andere Häfen an: Casablanca und die Insel Madeira vor Afrika. Hier war Gambia nicht mehr weit, aber die Erzählungen hatten sie erschreckt, lieber wollten sie in die lächelnde Karibik, auf die Insel, die Kolumbus *Bella Forma* genannt hatte.

Je weiter sie nach Süden kamen, desto mehr erkannten sie aus Ewerts Zeichnungen wieder: Palmen und Agaven, die er gezeichnet hatte; schlanke braune und schwarze Männer und Frauen, die Lasten auf den Köpfen und farbenfreudige Gewänder trugen; an der Küste Nordafrikas identifizierten sie Leute nach Urgroßvaters Zeichnungen als Araber. In Funchal legten sie eine Woche Pause ein. Die Besatzung belud das Schiff mit Lebensmitteln. Sie gingen in die Kathedrale mit der Palmenholzdecke, um für Reise und Schiff zu bitten und für den überstandenen Teil zu danken.

Mit ihren Familien auf der Insel angekommen, reisten sie weiter nach Libau Bay, denn in Great Courland Bay war alles Land schon verteilt. Hier war inzwischen ein Fort entstanden. Sie konnten Land kaufen. Auf einigen Grundstücken standen die Häuser ihrer Vorgänger bezugsfertig. An zentraler Stelle ließen sie sich ein großes Familienhaus bauen. Dies ähnelte in keiner Hinsicht den Häusern, die sie aus der Heimat kannten: Es hatte keine Öfen, keine Fenster, keinerlei Zierrat und stand auf Pfählen, um seine Bewohner vor giftigem Getier zu schützen. Anfangs war das Leben schwierig, sie mussten Pflanzen und Tiere kennenlernen. Insekten belästigten sie, Ungeziefer fraß das eben Gepflanzte und alles Papier im Haus, auch die uralte fehlerhafte Abschrift der Sintflutgeschichte, die sie auf dem Ozean beschützt hatte. Für die Kinder gab es keine Lehrer. Sie sahen so braun aus, dass ihre Mütter sich um sie ängstigten. Aber sie waren kräftig, denn sie bewegten sich ständig im Freien. Die Mütter versuchten, ihnen das Nötigste beizubringen, doch oft reichte ihre Bildung nicht aus. Ein holländischer Lehrer sollte engagiert werden.

Das Land brachte mehrere Ernten im Jahr hervor, und schon nach einigen Monaten stellte sich der Erfolg ein. Indianische Feldarbeiter waren billig zu haben. Jedes deutsche oder holländische Schiff, das in Richtung Heimat fuhr, nahm Handelsgut mit. Die Frauen züchteten in Volieren bunte Vögel. Diese waren zu Hause singend in Vogelbauern begehrt. Dunkle Männer fertigten Vogelkäfige an. Aber auch Federn für Hüte und Kleider ließen sich gut verkaufen. Das Leben begann paradiesisch zu werden.

Doch dann plötzlich: Holländer überfielen eine deutsche Siedlung, die sie in Nieuw Walcheren umbenannten. Der zweite Inselverwalter in nur vier Jahren trat zurück, ein dritter wurde gewählt. Die Verhandlungen mit den Franzosen scheiterten, diese erklärten den Holländern ihre Sympathie. Kriegsähnliche Zustände entstanden, Überfälle auf Höfe, Scharmützel. Spanische und portugiesische Schiffe weigerten sich, deutsche Waren mitzunehmen und zu verkaufen. Eines Nachts waren Felder verwüstet und ein Zuckerrohrgöpel[25] verbrannt. Die Arbeitsmänner forderten das Dreifache an Lohn für ihre Tätigkeiten. Ein Schiff lieferte Kanonen für das holländische Fort, das auf einer Anhöhe stand. Einige Siedler verkauften ihre Häuser, Speicher und Mühlen zu einem schlechten Preis an die Holländer und flohen. Das nächste deutsche Schiff nahm sie mit.

---

25 Mit dem eselbetriebenen Göpel wurde die Melasse aus dem Zuckerrohr gepresst.

Johann blieb. Was sollte er in Reval, wo seine Liebe begraben lag? Johann trieb weiter Handel innerhalb der Insel, verkaufte den Familienbesitz mit Gewinn und ließ sich ein Stadthaus am Hafen bauen. Dann unterstützte er den kurländischen Verwalter, der wegen seiner einheimischen Frau Santander geblieben war und nichts zu befürchten hatte. Allein bereiste und vermaß Johann die Insel, zeichnete Pflanzen, Tiere und Felsformationen und schrieb auf, wie die Einheimischen Holz, Früchte und Tiere verarbeiteten. Viele Handlungen der Einheimischen waren geeigneter als das, was Fremde im Landbau hier überstürzt und ohne Vorbildung über dieses Klima begonnen hatten.

Immer wieder schaute er an der früheren Siedlung vorbei, in deren Häusern jetzt Franzosen lebten, die sich im tropischen Landbau versuchten. In einem bescheidenen und nach jeder Regenzeit übler aussehenden kleinen Anbau besuchte er Frau Wittiger. Sie war die einzige baltische Deutsche, die nicht mit einem der Schiffe in die Heimat zurückgefahren war. Niemand konnte sie dazu bewegen, denn sie hatte ihre beiden Söhne hier verloren und begraben. Der etwa Zwölfjährige war vor drei Jahren bei einem Unfall in den Bergen umgekommen, der Kleinere in einem tropischen Gewitter. Sie hatte darüber den Verstand verloren, lag tagelang ohne Essen und Trinken auf den Gräbern und schrie. Die Einheimischen machten einen Bogen um sie und meinten, sie sei von den Geistern der Toten besessen. Weder ihr Mann noch ihre Angehörigen konnten sie bewegen, die Kindergräber allein zu lassen. So musste ihr Mann sie mit einem einheimischen Dienstboten, den er auf zehn Jahre im Voraus bezahlte, zurücklassen. Der sorgte dafür, dass sie aß und trank. Johann sah sie ab und zu am Friedhof, immer öfter an den unglaublichsten Plätzen dieser Insel umherirren, den Diener im Gefolge. Johann sprach mit ihr, in letzter Zeit war sie weniger verwirrt, sie kam ihm nicht mehr krank vor. Sollte das wirklich nur die übermächtige Trauer gewesen sein, die ihre Vernunft gänzlich bezwungen hatte? Oder hatte ihr Diener ihr die rauscherzeugende Medizin der Insulaner verabreicht? Er wusste es nicht, aber es galt ihm als Pflicht, den Kontakt zur einzigen Landsmännin nicht abreißen zu lassen und sie ihrem Schicksal auszuliefern. Hatte nicht schon ihre Familie sie in der Not verlassen?

Johann lernte ausreichend Holländisch, um bei einem neu befreundeten Kaufmann tätig sein zu können. Als der letzte deutsche Verwalter bei einem Hurrikan ums Leben kam, übernahm er dessen Posten für zwei Jahre. Erst 1666 verließ er, gemeinsam mit Renata Wittiger, die unterwegs ihren Namen ablegte, um in Riga in ein Kloster zu gehen, die Insel. Im Gepäck hatte er Käfige mit lebenden Papageien, Federschmuck, getrocknete Schlangen, Schmuck, wie ihn die Männer der Insel herstellten aus Muscheln und trockenen Früchten, fein geschliffene Muscheln mit bildlichen Darstellungen und einige Möbel aus exotischem Holz. All dies hatte er der Wunderkammer des Herzogs zugedacht. Falls dieser noch sammelte, würde er ihn dafür mehr belohnen als für sein Durchhalten im Sinne Kurlands.

Doch in was für ein Land kam er!

Vor sechs Jahren hatte es in Oliva bei Danzig einen Friedensvertrag zwischen den Schweden und den Polen gegeben, ein Jahr später einen zwischen den Schweden und den Russen. Doch was hatten diese Verträge gebracht? Keinen Frieden! Viel Macht hatte nun der Regentschaftsrat, der den Kind-König Karl XI. nicht achtete und seine eigene Politik machte. Die Russen hatten Einfluss erhalten und nach langer Zeit in den von ihnen verwalteten Gebieten die Leibeigenschaft wieder eingeführt. Lettgallische, semgallische, estnische und sogar schwedische Bauern fürchteten um ihre Freiheit. Einige flohen nach Süden.

Mehr als zehn Jahre lang lebte Johann in Riga und Neuenmühlen bei seinen Cousins, denen er gutes Geld als Erlös aus ihren überseeischen Besitzungen auszahlen konnte.

Sie kauften damit ihre Neumühl'schen Bauern, weil sie Gut, Mühle und Fischteiche allein niemals hätten bewirtschaften können. Zu zahlen war im Handelsgeld an der Ostsee, den Albertus-Reichsthalern, welche in den Niederlanden für die gesamte Hanse geprägt wurden. Einer davon war drei Albertusgulden wert oder achtzehn Sechser, diese zu je fünf Groschen. Eine Übernachtung in einem Landkrug mit Abendessen, Getränken und Frühstück betrug einen halben Albertus-Reichsthaler, die Jahresmiete für ein Haus ohne Garten 130. Wirklich teuer waren die Bauern und anderen Angestellten! Ein Koch kostete 350 Albertusthaler jährlich, ein Bauer mit Familie einmalig etwa zweihundert, eine erprobte Magd einhundert, ein Botenjunge zwanzig. Der Neubau einer Getreidemühle hätte 1.200 gekostet, der einer Papiermühle 900, der eines Kruges 800 und der eines Wirtsgesindes mit Nebengebäuden 400 Albertusthaler. Sie waren froh, dass Gut und Mühlen vorhanden waren und wenig Schaden genommen hatten. Für die Anschaffung des Personals waren Johanns mitgebrachten Reichtümer die Grundlage. Für die Bauern wiederum war Zugehörigkeit ein gewisser Schutz.

Johann hatte auch eine in Kupfer gestochene Karte erworben, die ihm den Weg wies: *La Courlande douché et Semigalle autrefois de la Livonie* aus dem Jahr 1659, gearbeitet in Paris. Auf ihr war sogar ihr *Niewmuel* abgebildet. Johann hatte die Vision, ein Welthandelsgeschäft aufzubauen, Strecken, die weiter als die der Hanse waren, regelmäßig zu befahren und dort Waren zu erwerben.

1679 reiste er auf dem Landweg nach Reval. Noch immer war ein großer Teil des Landes wüst. Oftmals war das einzige Essen, das seine Diener auftreiben konnten, das estnische Kama, bestehend aus Roggen-, Gersten-, Hafer- und Erbsenmehl, oft gemischt mit dem Pulver aus grauen oder schwarzen Bohnen – auch mit Wasser verquirlt war es eine trockene Speise, selbst wenn sie im besten Fall statt mit Wasser mit Kefir und Zucker aufgewertet wurde – den es in dieser Nachkriegszeit meist nicht gab.

Die Universität Dorpat war noch geschlossen. In Weißenstein fand er seinen Bruder Leonhard mit Karla und den Kindern wohlauf. Sie waren froh, über ihn Nachricht aus der Heimat zu erhalten, und waren traurig über den vielfachen Tod in der Familie. Von der Pest hatten sie gehört, nach Weißenstein war sie dank der Gnade des Höchsten nicht gekommen. Am meisten waren sie erstaunt über seine Reise und sein politisches Handeln.

Als er nach zwölf Wochen abreiste, nahm er des Bruders ältesten Kinder, eine Tochter und einen Sohn, mit, damit sie in der Stadt eine Ausbildung erhielten.

Als Erstes ließ er am Haus seiner Mutter halten, die ihre beiden fast erwachsenen Enkel erstmals sah und glücklich war über seine Heimkehr. Sie ließ Zimmer richten für alle. Wenn er durch die Stadt ging, sah er keine Kreidekreuze mehr an den Türen. Alle Häuser waren bewohnt, die Bevölkerung schien gewachsen zu sein. In Nachpestzeiten wurden stets viele Kinder geboren. Überall hörten sie die Geräusche der Kleinen. Curt traf er im Speicher an, über Bergen von Rechnungen und Hafenpapieren. Ein bübisches Gefühl wehte ihn an und bewog ihn, Curt holländisch anzusprechen. Sein Bruder antwortete zu seinem Erstaunen holländisch, jedenfalls die ersten Höflichkeitssätze, dann deutsch; er hätte den feinen, fremden Herren nicht erkannt, hätte dieser sich nicht zu erkennen gegeben. Zusammen gingen sie in den Hafen zu Friedrich, der ebenfalls stutzte. Das Wohlgefühl von Familie stellte sich ein. Abends stellte Curt ihn seiner Frau vor. Er hatte ein Haus in der Nähe des nördlichen Tores gekauft und ging von dort täglich den kurzen Weg zum Hafen.

Nach wenigen Tagen im Hause seiner Mutter und am Grab seiner Frau nahm er Gespräche mit der Gilde und im Rathaus auf und traf andere Händler. Er besuchte Sophie und ihre fünf Kinder in Wrangelshof. Das Älteste war erwachsen, für das Jüngste, das erst wenige Tage alt war, stand er Pate. Er half ihr bei den Nachweisen, das Gut Wrangelshof betreffend, denn der nunmehr erwachsene König Karl XI. hatte eine Güterreduktion angeordnet: Jeder Gutsherr oder Arrendator musste nachweisen, wie lange dieses schon im Familienbesitz war, ob es gekauft, als Lehen, als Mitgift oder geschenkt in die Familie gekommen war. Fremde Vermesser kamen und überprüften die Grenzen der Güter, maßen die Wälder und Raine aus und beurteilten die Bodenqualität. Aus Fläche und Qualitätsangaben wurde ein neues Maß ermittelt: der schwedische *Haken*, von dem niemand zuvor gehört hatte. Wären diese Maßnahmen angekündigt gewesen, hätten sie sich überlegen können, wie das Land wertlos darzustellen sei, aber dazu kamen der Beschluss und die schwedischen Beamten zu plötzlich. Der Staat holte seinen Besitz zurück, was einen Aufstand der Ritter und niederen Besitzenden nach sich zog. Vorerst machte es viel Arbeit, alle Besitzurkunden zu sichern, abzuschreiben und apostillieren zu lassen. Auch Wrangelshof wurde eingeteilt in Hofesland, was Friedrich, Sophie und ihren Kindern weiterhin gehörte, und Bauernland, was ihnen zuvor gehört hatte. Die Wälder fielen an den Staat und mussten zur Bewirtschaftung gepachtet werden. Die Bauern unterstanden ihnen nicht mehr. Was sie an Waren an den Hof lieferten, wurde in estnischer Sprache in Wackenbücher eingetragen und durch schwedische Beamte kontrolliert. Karl XI., der *der Bauernkönig* genannt wurde, war dabei, die deutschen Herren, besonders den Adel, zu verärgern und auszuhungern. Wrangelshof war ein kleines Gut und nicht so betroffen wie andere Güter, deren Herren verarmten.

Johann nahm Leonhards Kinder anfangs überall hin mit, damit sie die Stadt und die Familie kennenlernten. Ruth blieb danach bei ihrer Großmutter Justynia. Die befand, dass es für die Tochter eines Arztes richtig sei, Hebamme zu werden, und dass Ruths Ausbildung der letzte Teil ihres Lebenswerkes sein solle. Immerhin hatte sie das ungewöhnliche Alter von 77 Jahren erreicht. Justyna ging seit einiger Zeit nicht mehr zu Entbindungen, längst hatten jüngere Frauen, die sie ausgebildet hatte, die Aufgabe übernommen. Aber mit Ruth machte sie sich noch einige Male auf, um sie in die Praxis einzuweisen.

Johann, der junge Namensvetter seines bewunderten Onkels, ging zu seinen Onkeln Curt und Friedrich ins Kontor, um Kaufmann zu werden. Er genoss das bewegte Leben, wenn im Hafen Schiffe ein- und ausliefen. Johann senior baute mit Curt das Handelsgeschäft um. Sie waren die ersten, die im Norden regelmäßig Kolonialwaren anboten, sie holten englische, französische und holländisch-spanische Frachtschiffe in die Ostseeprovinzen.

Als Johann Junior das Geschäft beherrschte, fuhr er erst zu seinen Eltern, um seine beiden Brüder zu holen, damit sie langfristig das Geschäft übernehmen könnten. Danach fuhr er nach Riga, um dort die Familienniederlassung zu stärken. Auch ein Sohn von Friedrich und Sophie lernte bei Curt. Sophie und Friedrich beschlossen, das Landleben hinter sich zu lassen. Sie setzten einen Neffen Friedrichs als Arrendator ein, denn dieser war der estnischen Sprache in mehreren ihrer Dialekte mächtig und könnte besser mit den Bauern verhandeln. Diese weigerten sich, seit ihre Söhne in ihrer Muttersprache unterrichtet wurden und das Neue Testament ins Estnische übersetzt war, mit der Herrschaft deutsch zu reden.

Friedrich von Delwig verabschiedete sich aus dem Geschäft. Er suchte einen ruhigen Posten für sein Alter und baute einen kleinen Handelsstützpunkt des Familienunternehmens an der Narvamündung, zehn Kilometer vor den Festungen, in einem Ort, der später einmal Hungerburg genannt wurde, auf. Narva gefiel ihm und seiner Frau Sophie nicht mehr. Seit der Umgestaltung der schwedischen Stadt zur Festung nach den Plänen Erik Dahlbergs und der Vereinigung mit dem vormals russischen Iwangorod vor fast fünfzig Jahren war die Gemütlichkeit dahin. Die einzige positive Veränderung brachte das schöne neue Rathaus des Architekten Teuffel aus Lübeck. Schon bei den Russen war Narva gewachsen, denn als einziger russischer Ostseehafen hatte es eine große Bedeutung erlangt. Er kaufte ein Holzhaus für sich, die beiden bei ihnen gebliebenen Töchter und Mutter Justyna. Irina würde wohl immer bei ihnen bleiben. Die andere, Jucunda, heiratete 1694.

Auf der Hochzeit lernte Johann Jucundas vierzehnjährige Freundin Magdalena Porteus aus einer bedeutenden Narvaer Familie kennen. Der Gedanke an sie verließ ihn nicht mehr, denn seine Ehe mit Tuuli war kurz gewesen und lange her. Als Jucunda und ihre Freundin keine Kinder mehr waren, begehrte er Magdalena zur Frau. 1696 wurde die Ehe im Kirchenbuch registriert. Von einer Feier ist nichts überliefert. Nach der Eheschließung zog Johann ins prosperierende Narva, dessen Einwohnerschaft in den letzten einhundert Jahren von 600 auf 4000 gewachsen war. Längst passten die Einwohner nicht mehr ins Innere der Festungsmauern. Er überließ das Revaler Hauptgeschäft Curt und Leonhards Söhnen.

Justyna hätte nie gedacht, noch einmal in Richtung Hietamäki zu fahren! Sie lebte noch 17 Jahre bei ihrer Tochter Sophie und ihrem Schwiegersohn Friedrich von Delwig und starb am 30. Dezember 1697, als Sophie und Friedrich selbst schon alte Leute waren. Ihre letzten Sätze sagte sie auf Polnisch, wahrscheinlich war sie in ihre Kindheit zurückgekehrt. Sie setzten ihr einen Grabstein an der Kirchenmauer. Wenige Tage nach ihrem Tod brachte Magdalena das Mädchen Anna Dorothea zur Welt. Eins kommt, eins geht, sagten die Frauen von Narva, die nicht wussten, dass die Uralte einmal eine bekannte Hebamme gewesen war. Sonst hätten sie wahrscheinlich gesagt, sie hätte schon zu viele Säuglinge im Arm gehalten …

Regelmäßig kamen Küstenschiffe mit Waren, die Friedrich nach Russland verkaufte. Die Russen hatten in dem Krieg, der der Pest vorausging, Ingermanland zurückerobert. Im November 1700 hatte der Zar vergebens versucht, Narva einzunehmen, 1704 war es ihm im zweiten Anlauf gelungen. Dass 1707 ein großer Teil der Einwohner aus Narva ins Zarenreich deportiert und dort acht Jahre lang gefangen gehalten wurde, wusste die Familie nicht. Dort verlief nun die Grenze im Fluss zwischen den beiden Festungen, deren eine Johann an das grobschlächtige Fort von Courland Bay erinnerte – nur dass der Himmel darüber nie so blau war wie der dortige.

Er überlebte seine Mutter um acht Jahre und erlebte noch, dass Dorothea ihre Milchzähne verlor. Manchmal dachte er darüber nach, ob seine erste Tochter ihr geähnelt hätte, wäre sie so alt geworden. Dann hätte er Enkelkinder, jedes älter als Dorothea.

Mein Urahn

Ich möchte einem meiner Ahnen in der Abendstille seiner Stube begegnen – ganz intim, ganz nahe, hautgeruchnah, atemnah, streichelnah. Wie noch jung oder schon alt ist er, mein Urvater? Erkenne ich mich *in dem anderen*? Vielleicht sind unsere Stimmen *so* überraschend, aufregend ähnlich, als würde ich mich selber sprechen hören. Vielleicht würde man einen meiner Urväter und mich am Telefon verwechseln können. Wagten wir diese Selbstbegegnung, Selbsterkundung? Ich träume mich zurück. Da steht er. Jetzt hebt und wendet er den Kopf (was für eine typische Bewegung!), macht große Augen (auch das erkenne ich!), das Haar fällt ihm in die Stirn – dieses Haar! Ist es schon grau oder noch in einer Farbe, die gar mir überkommen ist, die mein Schopf trägt oder trug? Wer ist es also? Die Hand, die jetzt das Haar aus der Stirn streicht – ist es meine Hand, die ihn berühren, das Haar fühlen möchte? Oder ist es natürlich seine Hand in einer spontanen Geste: meiner *so* ähnlich?

Magdalena Goette (1678–1717)

Nach Johanns Tod blieb die kindlich-zarte Magdalena mit ihrer Tochter Dorothea nicht in Narva. Ihre Familie stammte aus Riga und wohnte, wie die Goettes, deren Namen sie nun trug, erst seit dreißig Jahren in Estland. Ihre Freundin Jucunda hatte nach Schweden geheiratet, die würde sie nicht wiedersehen. Magdalena war wohlhabend dank ihrer günstigen Eheschließung, auch wenn sie über das Vermögen nicht verfügen konnte. Einerseits steckte es im Handelsgeschäft und andererseits verwaltete es ihr Vormund. Sie mochte nicht mit ihrer alten Schwägerin Sophie und deren Mann Friedrich und der kränklichen Tochter am Tisch sitzen und sich Vorwürfe über das Benehmen ihrer kleinen Dorothea anhören. Sie löste mit der Billigung des Vormundes ihren Haushalt auf, entließ die Köchin und ging bei der nächsten Gelegenheit mit Kind, Kindermädchen und Habseligkeiten an Bord eines Schiffes.

In Reval regelten sie und ihr Vormund alles beim Notar. Sie zog ins leerstehende Haus ihrer Schwiegermutter Justyna. Ihre angeheiratete Base Ruth, die zuletzt hier wohnte, hatte einen Mann von einem Gut auf der Insel Saremaa geheiratet. Sie kannte sie nicht. Das Haus war alt und bescheiden. Magdalena ließ es neu bemalen. Justyna hätte es gefallen, dass die nächste Generation in ihrem Haus nistete. Magdalena hoffte, in der Stadt am Leben der jungen Leute teilnehmen und zu Konzerten und Bällen gehen zu können. Aber das war schwierig für eine grüne Witwe. Sie brauchte Einladungen. Weil keiner sie kannte, fehlten die ihr einerseits; andererseits war sie häufig krank. Sie hatte auf Hilfe aus der Familie gehofft, aber in dieser Familie wurde nur gearbeitet. Immer ging es um Schiffe, Güter, Länder, Handelspartner – nie um das Vergnügen. Magdalena entschädigte sich und ihre Tochter mit Kleidern: für die Kleine aus Damast, für sie aus Seidenbrokat, geschmückt mit brabanter Spitze oder mit Rüschen, Schleifen oder Silberstickerei. Barbiere und Schneider kamen und gingen. Ein Zimmer gehörte den Reifröcken, Panieren und Krinolinen. In ihrem Ankleidezimmer gab es ein Regal voller Hüte. Wenn sie und ihre Tochter spazieren gingen, schauten viele Frauen und Männer ihnen nach. Allmählich ergab sich für sie ein gesellschaftliches Leben, das über die Einladungen zu der Familie hinausging.

Dorothea, die Tochter, hatte nur die nötigste Mädchenbildung erhalten, ihre Mutter hatte Lesen und Schreiben für unwichtig erachtet. Die vornehmen Familien holten sich französische Gouvernanten, die die Pariser Mode und Sprache mitbrachten. Aber die Handelshäuser waren weit davon entfernt. Für die Knaben waren 1690 das städtische Gymnasium und die Universität in Dorpat wieder eröffnet worden. Mutter Magdalena, inzwischen 38 Jahre alt, hatte selbst in Narva bei ihrem Kindermädchen gelernt und dabei nichts entbehrt. Warum sollte sie ihrer Tochter langen Unterricht antun?

Im Frühling 1716 stellte der Notarius ihr nach einer Musik seinen jungen Rigaer Kollegen, den Advokaten Martin Krause, vor. Der sprach wohlwollend mit Magdalena und Dorothea und war den ganzen Sommer in der Stadt. Beiden Frauen glühten die Wangen, wenn sie von ihm sprachen, was nicht selten vorkam. Er trug einen blonden Backenbart und flanierte vor ihrem Hause. Seinen Bart zu sehen war eine seltene Freude, da der russische Zar schon vor fast zwanzig Jahren den russischen Beamten das Tragen von Bärten hatte verbieten lassen. Der Zar war mit seinen Reglements in ihre Nähe gerückt. 1703 war in Ingermanland seine neue Stadt St. Petersburg gegründet worden und schon 1712 groß genug, um die neue Hauptstadt Russlands zu sein. Er war eine ständige Beunruhigung. Ein Zar in Moskau war ein ferner

Feind, irgendwo in der russischen Einöde. Jetzt war Narva nicht nur von den Russen erobert, sondern fast ein Vorort von St. Petersburg geworden. Die Geschäfte dort florierten, eine steinerne Brücke wurde gebaut für den zunehmenden Verkehr, statt der durch die Strömung gefährdeten Pontons, die jeden Herbst weichen mussten, um nicht vom Eis zerstört zu werden. Die abrasierten Bärte und kahlen Kinnpartien auch der Nichtrussen schienen Magdalena der Preis für die einträgliche Nachbarschaft.

Martin Krause war noch unschlüssig, ob er die Mutter oder die Tochter mehr begehrte, als Magdalena wieder erkrankte und den ganzen Sommer lang nicht am Leben in den Kirchen, auf den Plätzen und in den Gärten teilnahm. Oft, wenn es Erlebenswertes gab, lag sie krank: Einmal hatte sie innere Schmerzen, einmal Frauenleiden, einmal heftigen Kopfschmerz. Magdalena war unpässlich.

Im Herbst bat Martin Krause ihren Onkel Curt um Dorothea und darum, sie nach Riga mitnehmen zu dürfen. Vor dem Winter reiste er ab, denn er hatte Pflichten am Hofgericht. Im April, nach dem Eisgang, sollte Dorothea ihm mit einer Familienabordnung per Schiff folgen. Sie begannen zu packen. Dorothea erhielt Tanz- und Gesellschaftsunterricht und versuchte sich schmollend in französischen Sätzen, wie sie Mode geworden waren. Mutter und Tochter kauften eine reiche Aussteuer und füllten damit die Kisten. Doch Ende März 1718, als die Reise nahte, wurde Magdalena so krank, dass der Arzt um ihr Leben fürchtete. Es war ihr unmöglich, ihre Tochter in die Stadt ihrer Vorfahren, die sie gern einmal gesehen hätte, in ihr neues Leben zu begleiten. Sie war stolz auf die Heirat, die sie durch ihre Selbstlosigkeit arrangiert hatte. Dorothea ging, bekleidet mit schwarzem Brokat mit vielfach gefälteltem Mühlsteinkragen und einem hohen Hut, geleitet von ihrem in Libau Bay geborenen Cousin Wulfhard, ohne ihre Mutter den langen, ebenen Weg in die Rigaer Petrikirche – wo ihr Bräutigam, ganz in

Schwarz und ebenfalls mit einem ungeheuren Kragen geschmückt, sie erwartete. Außer dem Kragen trug Dorothea keinen Schmuck. Der Kasten mit den Erbstücken beider Familien musste in Reval vergessen worden sein. Sie konnte es sich nicht vorstellen, aber der Schmuck blieb verschwunden. In der Kirche gab Martin ihr einen goldenen Ring – als Ersatz für das Vergessene. Dennoch ging es ihr immer wieder durch den Kopf, dass ihr etwas fehlte: etwas Wichtiges.

Als der Wagen sie in Reval zum Hafen abholte, hatte sie nicht damit gerechnet, ihre Mutter nie wiederzusehen.

Ehe diese jedoch starb, hatte die ein sonderbares Erlebnis, welches sie in einem verstörten Brief ihrer Tochter nach Riga berichtete. Eines Abends, als es ihr wieder einmal etwas besser ging, spazierte sie allein am Hafen, wie sie es oft mit Dorothea getan hatte. Sie beobachtete ein trotz der Windstille zielstrebig einlaufendes Segelschiff. Es sah ungewöhnlich aus: mit dunklem Rumpf und in der Abendsonne golden scheinenden Segeln. Als der Abend sank, sah sie flackernde Elmsfeuer an allen Masten und Rahen. Es ankerte außerhalb des Hafens und ließ ein Beiboot zu Wasser, welches direkt auf sie zuhielt.

Sie musste geträumt haben! Denn plötzlich, es war schon dunkel, eine Zeit, in der sie sonst längst zu Hause war und zu Abend aß, hörte sie neben sich die Ruderschläge und das Geräusch von um die Poller geschlagenen Seilen. Eine Stimme rief sie mit Namen an und streckte ihr ein Päckchen entgegen. Zögernd nahm sie es an sich. Sie konnte den Überbringer kaum erkennen. Seine Lampe beleuchtete nur seine Hand und das Päckchen, nicht aber sein Gesicht. Seine Stimme war ein fremdartiges Säuseln, eine Sprache, welche sie nicht kannte. Mehr wusste sie es innerlich, als dass sie den Auftrag verstanden hatte: Sie sollte die enthaltenen Briefe, welche die Geisterhand ihr übergeben hatte, zustellen.

Am nächsten Morgen öffnete sie neugierig das Paket. Wirklich waren Briefe darin, alle adressiert an Menschen in Reval. In was für einer Sprache mochte der Überbringer ihr das geflüstert haben, dass sie es gewusst hatte? Manche Umschläge bestanden aus dickem braunen oder grauem Papier, manche waren bedeckt mit sonderbaren alten Siegeln. Einige Schriften las sie leicht, andere waren schwer zu entziffern. Keiner der Adressaten war ihr bekannt. Das mochte daran liegen, dass sie noch nicht lange in dieser Stadt lebte. Drei nahm sie an sich, welche gleich in der Nachbarschaft zu übergeben waren. Auf ihr Klopfen an den Häusern meinten die Bewohner entweder, von dieser Person noch nie gehört zu haben, oder aber, der Empfänger sei ihr Urahn, schon vor über einhundert Jahren verstorben. Niemand mochte die Briefe berühren oder gar an sich nehmen. Am nächsten Tag machte sie, beunruhigt, eine neue Spazierrunde, sie hatte keine anderen Pflichten auf der Welt, jetzt, wo ihre Tochter so weit weg war. Eine Uralte traf sie, die den Brief dankbar annahm. Sie meinte, er könne sowohl an ihre Mutter als auch an sie gerichtet sein, die Mutter hätte geheißen wie sie. Nun würde die Mutter sie wohl in die Ewigkeit holen.

Alle anderen Empfänger erwiesen sich als verstorben, die meisten während der Pest. Die Hausbewohner zuckten zurück und berührten die Briefe nicht. Ein Mann, geholt von der Dienerin, fragte sie nach dem Schiff, welches die Briefe gebracht habe. Sie konnte nur sagen, dass es gestern Abend auf der Reede gelegen und ein Boot gesandt habe. Kopfschüttelnd wendete der Mann sich in sein Haus zurück: Gestern habe kein Schiff angelegt, es sei Flaute gewesen. Sie würde sich wohl im Datum irren? Auch er nahm den seinem Haus zugedachten Brief nicht an.

Für den nächsten Abend meldete sie sich beim Pastor an. Er empfing sie in seiner Arbeitsstube zwischen den gelehrten Büchern und hörte sich erbleichend ihre Geschichte an. Sofort rief er seine Magd und trug ihr auf, ein Feuer im Ofen zu machen, obgleich es Mai und recht warm war. Der Ofen zog deshalb schlecht, aber er duldete keinen Widerspruch.

Als das Feuer endlich brannte, wies er Magdalena harsch an, den Briefstoß sofort dort hineinzuwerfen. Sie erschrak und wollte sich sträuben. Er zeigte ihr seine strengste Seite, damit sie sofort gehorchte. Als die Briefe, von ihrer Hand hineingeworfen, endlich mit viel Funkenschlag brannten, sagte er: „Der *Fliegende Holländer* kündet immer Unglück. Niemals darf angenommen werden, was er überbringt! Man erkennt ihn daran, dass er selbst bei Windstille segeln kann und das sogar rückwärts."

Kurz danach erhob Magdalena sich nicht mehr von ihrem Krankenlager und starb Anfang September 1717 bei ihren Eltern in Narva mit 39 Jahren. Für das Revaler Haus waren diese Bewohnerinnen nur eine Episode.

Eine Nebenlinie: Hedwig Maria Erasmi (1682–1744) und Jonas Glanstroem (1675–1718)

Am Hafen landeten regelmäßig schwedische Soldaten. Das Militär, das Reval besetzt hielt, kam und ging. Kommandant Pattkull, der regierende Revaler Stadtobere, stand ihm, dem königlich-schwedischen Rent- und Proviantmeister und vielen anderen schwedischen Bediensteten und Söldnern vor. Die meisten von ihnen sprachen kaum Deutsch, trotz ihrer langen Zeit in Reval.

Schwedische Zeiten waren gute Zeiten: keine Leibeigenschaft, freier Handel, Zugriff der Hanse. Die Schweden gründeten Bildungsinstitute erst in Reval und dann in Dorpat 1630 ein Gymnasium, 1632 die erste Universität des Landes dort. Diese war nach einem Russeneinfall 1656 in die Stadt Pernau verlegt worden, doch bald musste sie auch dort für über dreißig Jahre geschlossen werden.

In Reval selbst gab es kaum Plünderungen, hier war die schwedische Präsenz stärker: Königliche Truppen und Verwaltung ermöglichten den Bürgern ein vergleichsweise ruhiges Leben. Außerhalb hingegen war das Land geplagt von ständigen Überfällen und Machtwechseln. Immer wieder lieferten sich die Russen Scharmützel mit den Schweden, die sich mit Polen-Litauen verbündet hatten, und eroberten Gebiete zurück. 1710 gab es in Dorpat nur noch einundzwanzig Einwohner. Eine Inspektion notierte nur vier ungeplünderte Häuser. In dieser Zeit war das Land kaum lebensfähig, die Gewerke konnten nicht ausgeführt werden. Zahlreiche eilige Briefwechsel gingen nach Deutschland, um Einwanderer anzuwerben. Viele kamen, die meisten aus Sachsen und Thüringen, einige aus dem Norden Deutschlands. Neue, unbekannte Namen mischten sich zwischen die der verbliebenen baltischen Familien. Viele, die kamen, waren Akademiker, sogenannte *Literaten*. Sie legten den Grund für das Bildungsbürgertum. Die Verteilung der Bürgerschaft in den Städten veränderte sich. Gab es zuvor neben dem Adel die Kaufmannschaft mit ihren Gilden, den Rat und die Handwerker, so gab es nun eine große Zahl an Menschen, die keiner der bisherigen Gruppen zuzuordnen waren.

Für die Einwohner nicht nur von Narva, sondern von vielen kleinen Städten bedeuteten diese politischen Veränderungen nicht nur eine Fülle lokaler Kriege, sondern auch Plünderungen, Stadtbrände, ausfallende Ernten durch Verwüstungen und auf den Märkten eine häufige Umstellung aller Maße, Gewichte und der Währung von einem Herrscher zum anderen. Das führte zu Teuerungen. Die Gefängnisse waren gefüllt mit Kleinkriminellen, Parteigängern der Russen, betrügerischen Beamten und anderen, die staatspolitisch auffällig geworden waren oder oft das Chaos für Plünderungen genutzt hatten.

Der Rent- und Proviantmeister Jonas Glanstroem hatte in der Stadt Reval eine Frau gefunden und am 1. Januar 1701 Hedwig Maria Erasmi geheiratet. Die Eheurkunde sagte, er heiratete in der schwedischen Kirche Revals *ein teutsches Mädel*. Das war der Erwähnung wert, denn er war wohl Schwede. 1704 wurde ihr einziges Kind, der Sohn Jonas, fast genau am vierten Hochzeitstag geboren.

Als wieder einmal die Russen die Stadt belagerten, musste Kommandant Pattkull ihnen diese 1710 übergeben, sonst hätte es Krieg gegeben, denn die Russen waren in der Überzahl und scheuten den Krieg nicht. Die Schweden gerieten für ein Jahr in russische Gefangenschaft. Das war das übliche Maß bei einer feindlichen Übernahme ohne Gewalt. Nach ihrer Entlassung fuhren die meisten des ehemaligen Bataillons mit dem nächstmöglichen Schiff nach Karlskrona oder Ystad – nach Hause. Jonas Glanstroem blieb, war inzwischen hier zu Hause. Er verbesserte seine Deutsch- und Russischkenntnisse und arbeitete als Schwedischlehrer bis zu seinem frühen Tod.

Eine andere Nebenlinie: Anton Thor Helle (1683–1748) und Maria Elisabeth von Oldecop (1701–1762)

Am Ende des 17. Jahrhunderts brach eine Hungersnot über Estland herein und es folgten viele Krankheiten. Ein Massensterben begann. Kurz danach wurden die Folgen des Nordischen Krieges spürbar: Wichtige Gebäude wie das Brigittenkloster nordöstlich Revals und der Dom von Dorpat wurden zerstört. Das demütigte die Bevölkerung. Einfache Zeiten waren es nicht, für alle war das Leben ein Kampf.

Am heftigsten bemerkten die Stimmung im Volk die Pastoren und vielleicht die Lehrer: diejenigen, die sich intensiv mit Sprache befassten. Sie spürten, dass – außerhalb von Zerstörung und Politik – etwas gärte im Lande. Die estnische und die lettische Bevölkerung wachten auf und wollten ihre Sprachen auch schreiben. Warum sollte jedes Dokument auf Deutsch verfasst sein, dass Menschen, die nie oder nur sehr kurze Zeit zur Schule gegangen waren, es nicht verstanden? Warum waren die Geburtsurkunden und die Testamente, so sie einen Hof zu vererben hatten, auf Deutsch ausgefertigt? Warum predigen manche Pastoren auf Deutsch, obwohl auf dem Lande 90 Prozent ihrer Zuhörer kein Deutsch verstanden? Gut, wenn die Dörfler katholisch waren und in Reval in die katholische Kirche kamen, verstanden sie auch nichts vom Latein der Liturgie. Aber da hörten sie die Musik, rochen den Weihrauch, sahen die bunten Gewänder und die flackernden Kerzen, und die kleinen Messdiener waren Kinder aus dem Volk. Wenn die Menschen auf eine Behörde gingen, um einen Pachtvertrag zu schließen, sich für die

Armee zu melden oder von ihr freizukaufen, waren bis vor Kurzem alle Papiere auf Schwedisch auszufertigen gewesen, nun auf Russisch. Das war etwas für Gelehrte und Studierte, nicht für die einfachen Bürger und die Ungebildeten. Die Menschen wollten ihre Sprachen hören, lesen und schreiben.

Die Pastoren waren schon lange von der schwedischen Herrschaft auf die *Neuordnung der kirchlichen Verhältnisse* verpflichtet worden, hatten aber nur wenig davon umgesetzt: seit 1585 im estländischen und ab 1621 im livländischen Gebiet. Revisoren waren da gewesen, meist nicht nur einmal, und hatten Notizen gemacht über das Gemeindeleben. Was fand statt? Gottesdienste, Krankenbesuche, Tauf- und Trauerfeiern, Weitergabe von hoheitlichen Entscheidungen, Zusammenarbeit mit den Gutsbesitzern, Durchsetzung des Rechtes? Bis zu welcher Klasse wurden die Kinder zur Schule geschickt? Hing es von den einzelnen Pastoren und ihren Fähigkeiten ab, was stattfand, oder wurde die Ordnung der Kirche gewahrt? Wurden Pastoren als Hilfsjustiz des Grundbesitzers benutzt?

Die Pfarr-Visitationsprotokolle fielen meist negativ aus. Die schwedische Kirche war entsetzt über Unordnung und Vetternwirtschaft, Bestechlichkeit, Faulheit und Tatenlosigkeit. Die Kirchenleitung beschloss und setzte bei der regionalen Regierung durch, dass es eine Grundlage geben müsse für ein *protestantisches Kirchen- und Gemeindeleben.* Dies würde aufgrund der Protokolle verabschiedet und hätte Gesetzesrang. Es könne nicht sein, dass die Bauern ganzer Landstriche nicht lesen und schreiben lernten und im ganzen Leben nichts von Gottes Wort gehört hätten, weil der Pastor sich nicht bequeme, in ihrer Sprache mit ihnen zu sprechen und sie in ihren abgelegenen Waldhufen zu besuchen.

Nun war Estland nach dem Nordischen Krieg an Russland verloren gegangen, da stockten die Reformen und ihre Durchsetzung hing wieder von Einzelnen ab: vom Konsistorium und den Pastoren, die Estnisch sprachen und predigten, die begeistert waren von der Idee, der Landessprache zur Geltung zu verhelfen.

Bis ein Gesetz verabschiedet war und seine Ausführung beschlossen wurde, konnten bei wechselnden Machthabern Jahrzehnte vergehen. In Livland ging es etwas schneller, dass sich Menschen verdient machten um eine Schriftsprache, die Kinder und Erwachsene lernen konnten, in der Urkunden ausgefertigt wurden und in der sie die Heilige Schrift lesen konnten. Allerdings kam auch hier der Anstoß aus dem Ausland. Pastor Ernst Glück, der in Wittenberg und Leipzig studierte hatte, übersetzte ab 1689 das Neue Testament ins Lettische, danach das Alte Testament. Für jede fertige Übersetzung eines biblischen Buches pflanzte er eine Eiche neben seinem Haus, ein Zeichen für das Wachstum an Wissen und Geist in der Bevölkerung. Er errichtete drei ländliche Schulen, in denen alle, die das wollten, Männer wie Weiber, unentgeltlich das Schreiben und Lesen lernen konnten und mit dem Inhalt des Glaubens bekannt gemacht wurden. Er führte einen breiten Briefwechsel mit August Hermann Francke in Halle, warb Lehrer und Pastoren und sammelte Spenden für sein Bildungsprojekt.

Ob Pastor Anton Thor Helle in St. Jürgens, keine zwanzig Werst südlich von Reval, vom deutschen Pastor in Livland gehört hatte, oder ob sein Anstoß das neue Kirchengesetz war, was ihn verpflichtete, so zu predigen, dass die Menschen vom Inhalt etwas verstanden und dass sich bei ihnen Wissen auch über die Welt und ihre Einrichtungen ansammelte, ist nicht bekannt. Als Dreißigjähriger übernahm er sein Amt als Pastor in St. Jürgens. Zuvor war er als Sohn wohlhabender Kaufleute in Reval zur Schule gegangen, hatte in Kiel studiert und an einer Schule die estnische Sprache unterrichtet. Nun übernahm er diese traurige dezimierte Gemeinde, in der Gewalt an der Tagesordnung war, und versuchte, den Menschen Mut zu spenden und Wissen zu vermitteln. Dort blieb er nicht lange, denn schon bald sprachen sich seine vielseitigen Fähigkeiten herum. 1713 heiratete er, bald danach wurde er erst zum außerordentlichen, dann zum ordentlichen Assessor des Konsistoriums von Estland ernannt. Als seine Frau starb, lebte er mit seiner Tochter und einer Magd allein. Als einsamer Mann übernahm er den Aufbau einer Schule für die Ausbildung von Küstern. Erst 1725 heiratete Thor Helle wieder, diesmal die einzige Tochter des Revaler Bürgermeisters, Maria Elisabeth Oldecop, mit der er fünf Söhne bekam.

Der schwedische Staat lobte eine hohe Prämie aus für eine brauchbare Übersetzung der Bibel ins Estnische, das Kuratorium war gebeten worden. Mehrere bewarben sich, Thor Helle war nicht der Einzige, der schon etwas vorzuweisen hatte. Aber seine *Kurtzgefaszte Anweisung zur Ehstnischen Sprache* war wohl das bedeutendste Pfand für seine Bewerbung. Auch Pastor Heinrich Gustleff, der Pastor von Kullamaa, der Dompastor Albert Anton Vierorth und Pastor Christoph Wrede bewarben sich. Selbst der neu gegründete Bibelübersetzungsausschuss konnte nicht alle Streitfragen klären. Auf deren Konferenz in Reval gerieten die Übersetzer in Streitigkeiten. Sollte die Bibel wörtlich übersetzt werden, dann wüsste das ungebildete Volk so viel wie zuvor, oder sollte sie nacherzählt werden? Sollte das aus dem Altgriechischen übersetzte Neue Testament so verwendet oder noch einmal neu übersetzt werden, damit es sprachlich zum Alten Testament passt? Anton Thor Helle bekam den Zuschlag für die Neuübersetzung des fehlenden Teils aus dem Hebräischen.

Fragen waren auch, welcher estnische Dialekt verwendet werden sollte: Südestnisch oder das Nordwestestnische, in dem sich grammatikalisch ein Einfluss der deutschen Sprache bemerkbar machte? Sollten typisch hebräische Satzglieder wie das übliche *siehe*, als Ankündigung eines göttlichen Wortes oder einer Erscheinung, die in europäischen Sprachen nicht üblich waren, verwendet werden? Die estnische

Sprache, zugeschnitten auf den Bedarf der Bauern, besaß nicht genügend Wörter, um dem hebräischen Original gerecht zu werden. Wie konnten bisher unbekannte Redewendungen übersetzt werden? Wie sollte er den Unterschied zwischen einem Königreich und dem Reich Gottes Menschen erklären, die nie unter einem König gelebt hatten? Was war wichtiger, der Text oder der Sinn? Die Übersetzung fiel ihm zwar leicht, aber das begonnene Werk war seiner Meinung nach unzulänglich und musste teils Satz für Satz mit den einstigen Mitbewerbern, den jetzigen Kollegen des Ausschusses, besprochen werden. Er war kein Luther, dass er die Probleme des Wüstenvolkes vor Tausenden von Jahren auf die Probleme seines Wald- und Wasservolkes übertragen konnte. Eine Sprache zu sprechen und zu hören, was Menschen einem darin erzählten, war etwas anderes, als darin göttliche Ideen und ethische Probleme auszudrücken. Hier ging es nicht nur um Übersetzung, hier ging es um eine Übertragung in eine andere Welt, die nicht einmal seine eigene war. Mitunter hatte er Schwierigkeiten, seinen Übersetzungsprinzipien gerecht zu werden. Dennoch vollendete er 1737 die estnische Bibel und hatte damit eine nahezu einheitliche estnische Literatursprache geschaffen. Seine Sprache wurde zur Norm aller literarischen Bemühungen, seine Schreibweise siegte über die alte, regional bisher unterschiedliche Rechtschreibung und machte – was er nicht wissen konnte – aus einer Fülle kleiner benachbarter Volks- und Sprachgruppen ein gemeinsames Volk.

Vor der Vollendung des Werkes machte sich der Ausschuss Gedanken, wie der Druck zu finanzieren sei. Mindestens fünftausend Taler wurden benötigt. Graf Zinzendorf, mit dem die Revaler Pietisten in Verbindung standen, kam aus Herrnhut in Sachsen und unternahm 1736 eine Missionsreise nach Riga, Reval, in kleine estnische Ortschaften und natürlich nach St. Jürgens/Jüri. Er diskutierte und begutachtete das Werk mit dem Kollegium und spendete zweihundert Taler. Außerdem sammelte er Spenden für den Druck: Erst bei den Geistlichen und Edelleuten, dann bei den kleineren Gutsbesitzern. Er gab Subskriptionslisten herum. Danach deckten die eingenommenen Spenden fast die Hälfte der Kosten. General von Bohn übernahm den fehlenden Rest, damit man beginnen konnte. Die Bedingungen: Der Preis der Bauernausgabe durfte die Druckkosten von fünfundsiebzig Kopeken pro Exemplar nicht übersteigen und er wurde zum Besitzer der unverkauften Exemplare. Estnische Bauern kauften damals noch keine Bücher, konnten meist nicht lesen und waren noch der Fronarbeit unterworfen. Die preiswerten Exemplare gingen an Dorfschullehrer, Kirchenälteste, Müller und Mitglieder des Gemeindegerichts. Die Einkünfte aus dem Verkauf flossen an von Bohn zurück. Insgesamt wurden 6015 Exemplare in vier Qualitäten gedruckt: 5400 Exemplare auf halbweißem Papier, 500 Stück auf gewöhnlichem weißen Papier, einhundert auf großen Bogen und fünfzehn auf extragroßen Bogen Medianpapier. Letztere wurden an die großzügigen Spender verschenkt sowie an die St. Petersburger Akademie der Wissenschaften, die Francke'sche Stiftung in Halle, die Dombibliothek in Reval und an Graf Zinzendorf. Die Satz- und Druckarbeiten in der Revaler Druckerei von Jacob Johann Köhler dauerten knapp zwei Jahre!

Seine Pfarrstelle und Schule hatte Thor Helle weitergeführt, mit seiner Frau Maria hatte er die Kinder erzogen. Er hatte seine Schwester nach dem Tod seiner Eltern an Nikolaus Nottbeck verheiratet, mit dem sie mehrere Kinder hatte. Sie erlebte die Fertigstellung des großen gemeinsamen Werkes nicht mehr, während er sich noch neun volle Jahre an seinem Werk erfreuen konnte. 1740 übernahm er die Leitung der Gemeinde von Kose / Kosch, nach nicht langer Zeit wurde er Propst im Nachbarkirchspiel Harju / Harrien. Seine Frau und seine Kinder folgten ihm in die Provinz, die ihm einerseits vertraut, andererseits aber ein wildes Waldland war.

Nach der Bibel erarbeitete er die erste estnische Grammatik, Lehrbücher und einen Bibelkommentar. Er veröffentlichte seine anderen Bücher in Halle und starb 1743 an einem Schlaganfall. Menschen aus den Gemeinden, der Schule und der Kirchenleitung trauerten um ihn, ganz besonders aber die *Literaten* an verschiedenen Orten des Landes. Ihnen hatte er eine eigene Sprache geschenkt.

Dorothea Goette (1698–1744) und Martin Krause (1687–1754)

Dorothea fand sich nach dem überstandenen Schrecken über den Tod ihrer Mutter schnell in das neue Leben, sie war gesund, fröhlich und genoss die Gesellschaft. Ihr Mann stellte sie den Angestellten des Gerichtes und ihren Gattinnen vor. Sie liebte den vornehmen Umgang, scherzte gern, plauderte angenehm und war elegant. Viele Menschen waren ihr gewogen.

Martin war ein fleißiger Advokat. Er wurde mit immer schwierigeren Fällen, deren Bedeutung über die Grenzen der Stadt hinausreichten, betraut. Er galt als unbestechlich, sie lernte die Bedeutungen von Verschwiegenheit und von Verantwortung für das Leben anderer kennen. Ihre Mutter hatte gern geschwatzt und nur wenige Pflichten gehabt durch ihre Witwenschaft nach reicher Heirat. Für Dorothea, allein von der Mutter erzogen, war Verantwortung neu, sie war beeindruckt. Martin vertraute ihr und fragte sie nach ihrer Meinung. Sie lernte das Recht kennen und den Unterschied zwischen *sich im Recht fühlen* und *Recht haben*. Das war für sie eine nicht nur angenehme Wissenserweiterung, es war ein schmerzlicher Prozess. Denn es bedeutete oft den Abschied von der Plauderei. Über Personen zu reden, zum Beispiel über die Kettlers in der Nachbarschaft, deren drei Theologen-Söhne im gleichen Jahr drei Schwestern geheiratet hatten, als gäbe es keine anderen Frauen auf der Welt, konnte ernsthafte Folgen haben! War das Plaudern früher in Reval mit der Mutter, später in Riga mit Freundinnen und Bekannten folgenlos gewesen, wenn sie von dem Gelächter über die menschlichen Schwächen absah, so hatte jetzt jedes Wort Bedeutung.

Noch ehe sie sich diese Lebensart ganz angeeignet hatte, wurde sie schwanger. 1720, 1721 und 1724 bekam sie je eine

Tochter, von denen zwei starben. Emilia, die zweite, lebte. Martin war ein Jahr zuvor vom Gericht ins Schloss gewechselt. Zur Einübung in seine neuen Pflichten wurde er für kurze Zeit Ratssekretär, dann *Ältester Ratssekretär*, oder, wie es in den Freien Reichsstädten hieß, Protonotarius. 1727 und 1731 bekam sie je einen Sohn und 1733 eine Tochter, diese, Johanna, überlebte. Die Knaben waren zum Kummer ihres Mannes, der auf einen Stammhalter hoffte, nicht lebenskräftig genug. 1735 meldete sich Margaretha, ein weiteres Töchterchen, an und 1737 endlich der kräftig schreiende Martin Johann, den sie voll Hoffnung nach ihrem Mann und ihrem Vater nannte.

Jetzt musste ein großes Haus her und viel mehr Personal. Das war kein Problem, da Martin in der Gunst des Herzogs von Kurland und Semgallen weit oben stand: gut angesehen und verdienend. Vier Kinder zu ernähren, eine große Küche zu führen, ein stets für Gäste offenes Haus zu haben, das waren leichte Aufgaben für ihn und schwere für Dorothea. War die Butter frisch? War die Wäscherin ehrlich? Oder waren die fehlenden Kinderkleider nicht kaputt, sondern gestohlen? Sollte sie gar selbst den Schaden besichtigen, ob er sich nicht reparieren ließ? War der Wintervorrat an Holz und Lampenöl ausreichend? Waren die älteren Töchter fleißig? Kamen sie in das Alter, wo eine standesgemäße Erzieherin ins Haus genommen werden sollte? Sollte eine französische Mademoiselle angestellt werden? Sollten sie noch andere Inhalte erlernen, als der Hofmeister vermitteln konnte? Die Älteste war schon heiratsfähig. Sollte sie sich in der Gesellschaft für sie umsehen? Welche Einladungen sollte sie ihr arrangieren oder anzunehmen gestatten? Was sollte auf den Speiseplan für den Abend, an dem die Familie von Seidlitz zu Gast kam? Worüber sollte gesprochen werden?

Die letzte Frage hätte sie sich früher nie gestellt! Sie hätte mit den Damen über die französische Mode geplaudert, sobald sich die Herren in den Rauchsalon zurückgezogen hätten: die großen Spitzenkragen, die Herren und Damen trugen; die modischen Hüftpolster unter den großen Reifröcken und dass die steifen Formen der dunklen Kleider vom Anfang des Jahrhunderts in Vergessenheit gerieten. Für Dorothea war diese breite Mode nach acht Geburten bequem. Das Korsett war nicht mehr so eng wie in ihrer Jugend, ihre üppigen Körperformen machten Tournüren überflüssig. Die Kleider wurden pastellfarben, sogar rote Roben wurden getragen.

Früher hätte sie mit den Damen über andere Familien und deren Kinder geredet. Heute wusste sie, dass selbst ihr Gespräch wichtig war. Sie war beauftragt zu fragen, was die von Seidlitz'schen Damen über die Kontakte ihrer Gatten und Brüder zu den russischen Beamten wussten. Sie musste auf liebenswürdige Art herausfinden, wie die Qualität von deren Beziehungen zur Ritterschaft war. Würden sie ihre ererbten Güter in der Nähe von Dorpat bewirtschaften oder verkaufen? An wen? Plauderei wurde zur Aufgabe.

Martins Lebenskreis war weiter gewachsen. Er umfasste inzwischen die Leitung der gesamten Schriftführung des Schlosses: der staatlichen wie privaten Dokumente des Herzogs. Ob Kauf- und Pachtverträge, Einstellungen und Entlassungen von Landesbeamten oder die Steuerbescheide für die Reeder – alle amtlichen Schriftstücke hatte er nach der Ausstellung durch die Schlosskanzlei zu kontrollieren und die meisten zu unterzeichnen. Auch die private Post des Herzogs, seine Einladungen und Glückwunschschreiben an Verwandte, seine Bestellungen bei Handwerkern und Künstlern, seine Rechnungen und Patenbriefe setzte Martin auf oder kontrollierte die Schreiber. Durch seine Hände gingen die Gesuche und beigefügten Architekturzeichnungen des hochfahrenden kurländischen Ernst Johann von Biron, der sich eine französische Sommerresidenz bauen ließ. Der italienische Architekt Graf Rastrelli wurde in Martins Kabinett empfangen und erhielt wenig später den Auftrag für ein ähnliches, aber bescheideneres Schloss in Mitau, einer

Kleinstadt fünfzig Werst südlich von Riga, fast im Niemandsland.

1740 bekam Dorothea einen weiteren Sohn: Bartholomäus. Wieder einmal zog eine Amme ins Haus. Emilia heiratete nach kurzer Brautzeit einen Herrn namens Bornewasser. Johanna war nun die älteste. Sie trauerte um die Gemeinschaft mit ihrer erwachsenen Schwester. Ihre Mutter verstand sie nicht mehr. Sie selbst hatte ohne Geschwister auskommen müssen. Warum machte Johanna erst einen Aufstand und schloss sich dann tagelang in ihrem Zimmer ein? Sie verweigerte den Unterricht und die französischen Tage, die immer donnerstags stattfanden. Sie aß kaum. Der Doktor konnte nichts feststellen. Er ließ Dorothea wissen, dass sie eine kleine Dame geworden sei und nun die Gesellschaft ihrer Mutter mehr benötige als die des Personals. Nach anfänglichem Sträuben auf beiden Seiten entstand für eine kurze, aber intensive Zeit ein Kontakt zwischen Mutter und Tochter. Dorothea führte die Kleine in die Kunst des Plauderns ein, obwohl die Erziehung der Tochter ihrem Stand nicht entsprach. Sie erzählte ihr von ihrer Mädchenzeit in Reval, der Stadt, in der die Schiffe fast bis an die Stadtmauer kamen und von dort beobachtet werden konnten. Sie sprach zu Johanna über ihre frühesten Erinnerungen an Narva mit seinen hässlichen Festungen, wo sie gelebt hatte bis zu ihrem achten Lebensjahr.

Doch noch ehe Johanna einem Mann versprochen war, endete die Gemeinschaft von Mutter und Tochter. Die Mutter hatte die Tochter aufgeklärt über das Wesen der Ehe und der Schwangerschaft, denn sie trug selbst wieder ein Kind in sich. Doch noch ehe Johanna alles Wissen aufgesaugt hatte, starb im November 1744 die Mutter im Kindbett nach der neunten Entbindung. Johanna, die so gehofft hatte, Geburt und Babypflege mitzuerleben, versank in Trauer. Auch das Baby konnte nicht leben. Sie musste auf die letzte Aufklärung wie auf eine baldige Heirat verzichten und, obwohl sie sich als trauernd und schwach erlebte, alle Funktionen der Hausmutter übernehmen: die Trauerfeier ausrichten lassen, die Trauergarderobe für alle bestellen, alle gesellschaftlichen Ereignisse absagen, sich mit den Dienstboten besprechen, die gern unkontrollierte Situationen für kleine Übergriffe nutzten. Sie musste für die kleinen Geschwister denken und das Geld verwalten: Sie war überfordert.

Martin kümmerte sich nicht um häusliche Angelegenheiten. Sie waren nicht seine Aufgabe. Er hatte Staatspflichten. Er bemerkte, wie sehr Dorothea ihm fehlte. Er konnte nicht leben ohne eine tat- und entscheidungskräftige Frau. Nach Ablauf des Trauerjahres heiratete er Ottilia Wossilat, eine der ledigen Schwestern des Prokuristen, die er seit vielen Jahren kannte. Er bat den Herzog um eine Reduzierung seiner Aufgaben. Der wollte davon zunächst nichts wissen, später bot er ihm eine Diplomatenstelle in der groß gewordenen russischen Stadt Narva an. Es schmerzte ihn, sein Amt und seinen Rigaer Kreis zu verlassen. Aber es war das Beste so, denn sein altes Leben konnte er ohne Dorothea nicht fortsetzen. Ottilia war dem großen Hausstand nicht gewachsen, in den sie kam. Im ersten Jahr ihrer Ehe verheiratete sie Johanna und gab die elfjährige Margaretha in ein Damenstift zur Erziehung. Der Haushalt wurde reduziert, ein Teil der Dienerschaft entlassen. Der sechsjährige Bartholomäus wurde ins Haus der erwachsenen Schwester Emilia gegeben und würde zusammen mit deren Kindern heranwachsen.

1748 zogen Martin, Ottilia und der elfjährige Jungherr Johann nach Narva. Sie erzählte dem Jungen von seinem Großvater Johann, der nach seiner Stellung in Courland Bay in der Karibik erst in Reval und dann in Narva ein Handelsgeschäft mit seinem Schwager aufgebaut hatte. Johann war gespannt, ob er in Narva Verwandte kennenlernen würde, immerhin waren seine Mutter und Großmutter in dieser Stadt geboren und aufgewachsen. Ottilia kannte Martins und Dorotheas Stammbaum inzwischen so gut wie ihren eigenen. Es gab Ehen, in denen sich die Familien schon einmal, meist vor langer Zeit, getroffen hatten. Ob es das Handelshaus Goette noch gab? Die dortigen Verwandten müssten Cousins von ihm sein! Sie verbrachten die lange Reise mit den vielen Stationen mit solchen Gesprächen.

Das erste Mal traf er in Dorpat auf Angehörige namens Goette: die Nachfahren Leonhards, des Zwillingsbruders seines Großvaters. Sie wohnten einige Tage im Hause eines seiner Onkel neben der Universität. Dieser war Professor für Medizin, seine Söhne studierten Medizin und neue Sternenkunde nach dem berühmten Domherren Niklas Koppernigk aus Frauenburg, der vor zweihundert Jahren seine neue Lehre von Natur, Welt und Weltall begründet hatte, die erst heute recht verstanden wurde. Der Onkel ging mit ihnen an die Universität und zeigte Martin und Johann stolz in einer klaren Nacht das große Astrolabium und wie es bedient wurde. Es hatte im Versteck die böse Zeit der Schließung der Universität durch die Russen und der Verfolgung des Wissens überstanden.

Johanns Tante Laine war die größte Frau, die er jemals gesehen hatte. Sie war größer als ihr Mann. Auch seine Cousinen waren größer als er, obgleich jünger. Johann war stolz, nach seinem Großvater genannt worden zu sein, und wollte werden wie er. Ottilia und Laine verstanden sich schnell, nur über die Kinderfrage sprachen sie nicht, denn Laine spürte, dass Ottilia mit der großen Familie fremder Kinder überfordert worden war.

In Narva angekommen, begann eine Zeit der Familienbesuche. Das Handelsunternehmen blühte auch im Russischen Reich, Enkel von Sophie und Friedrich sowie Leonhard und Karla betrieben es mit ihren Familien. Vater Martin war so eingespannt gewesen in seine Arbeit beim Fürsten und in seiner eigenen großen Familie, dass er seine fernere Familie in Riga, die Handelssippe, kaum anders als durch amtliche Dokumente wahrgenommen hatte. Über das Ausmaß des

Handelsnetzwerkes war es sich nie klar geworden. Jetzt, da er sich mit den Verhältnissen der Stadt Narva und des neuen Gouvernements St. Petersburg vertraut machte, erfuhr er von der Größe des Unternehmens. Eine Niederlassung war in der aufstrebenden Stadt St. Petersburg entstanden, eine in Helsinki und eine auf der Festung Sveaburg vor Helsinki. Dort wurde ein Teil der russischen Armee mit Gütern versorgt. Seit die Russen 1743 von dort abgezogen waren, war der Handel zurückgegangen. Auch hier waren die Kriegsfolgen zu spüren, Menschen fehlten zur Arbeit. Martin bewunderte in Narva die modernen Speicheranlagen, die Kräne zum Entladen der Schiffe, die Teppich- und Gewürzlager. Kaum ein Land, aus dem nicht Waren ankamen. Selbst aus der ehemaligen Kolonie Neukurland lieferten die Holländer wieder Waren, mehr als fünfzig Jahre nach dem endgültigen Verlust dieses Eilandes waren wieder Handelsbeziehungen möglich. Aus dem beschaulichen Städtchen der Kindheit seiner Frau Dorothea hatte sich Narva zu einer völlig anderen russischen Stadt entwickelt. Das schnelle Wachstum des nahen St. Petersburg, keine fünfzig Jahre nach seiner Gründung, hatte es schon fast 100 000 Einwohner, ließ auch Narva an Bedeutung gewinnen. Sechstausend Einwohner hatten inzwischen ihren Bürgereid geleistet. Unter Martins Leitung wurde die Höhe des zu erbringenden Bürgergeldes errechnet. Er brachte seine diplomatischen Kenntnisse in alle äußeren Angelegenheiten ein und war bald ein wichtiger Mann im Rat, der auch zur inneren Ordnung befragt wurde.

Einen völlig unerwarteten Aufschwung nahm die – oft fehlende – Ordnung im Lande durch den Besuch des deutschen Predigers Zinzendorf im Jahr 1736. Er kam über Berlin und Königsberg, besuchte Riga, kleinere Städte und Reval und predigte in gut gefüllten Kirchen. Seine Person und Botschaft wurden nicht nur vom Adel aufgenommen, sondern auch von Geistlichen und Bürgern. Sein Wirken öffnete das Feld für eine neue Glaubensordnung der Brüdergemeine in den nächsten Jahrzehnten, welche die alte Ordnung, in welcher Gutsherren wie Pastoren einerseits das Züchtigungsrecht über ihre Untertanen hatten und ausübten, andererseits aber seit dem großen nordischen Krieg die Sitten immer schlechter wurden, ablöste. Zinzendorf arbeitete einen *livländischen Plan* aus, worin die Herrnhuter Brüdergemeine anbot, Helfer für die überlasteten lutherischen Pfarrer zu senden. Das Land war teilweise verwüstet, die Gutshöfe und Pastorate verbrannt, die Kirchen Ruinen – wie sollten sie allein ihren Pflichten nachkommen?

Die Brüder, die als Helfer kamen, arbeiteten unter dem Volk als Ärzte, Lehrer oder Handwerker und kümmerten sich in ihrer freien Zeit um den Glauben der Letten und Esten. Sie teilten deren bescheidenes Leben, gewannen damit ihr Vertrauen – obwohl sie anfangs als Deutsche gehasst, verhöhnt und geschmäht wurden. Sie brachen den alten Hass der Esten und Letten gegenüber allem Deutschen, da sie die einheimische Bevölkerung ernstnahmen. Dankbar nahm der Rat solche Hilfen von außen an, die die Ordnung im Land wieder herzustellen halfen.

Trotz all dieser Schwierigkeiten forderte Martin die Arbeit nicht so sehr wie die beim Herzog. Auch war er froh, nicht täglich die Orte zu sehen, an denen er mit Dorothea glücklich war. Nach Emilia, Johanna, Margaretha und Bartholomäus sehnte er sich in dem Maße, wie es sich für einen Herren seines Alters geziemte. Er hätte gern mehr gewusst von ihnen, als die Briefe vermittelten.

1750 und 1752 wurden sein Sohn und seine Tochter aus zweiter Ehe geboren. Es war wie am Anfang seiner Ehe mit Dorothea: Der Sohn konnte nicht leben, nur die Tochter. Hedwig Helene wurde am 24. April 1752 in Narva getauft. Ottilia war als Mutter ausgeglichener als zuvor. Sie interessierte sich nun auch für die Erziehung des inzwischen fünfzehnjährigen Martin Johann. Durch ihre eigenen Säuglinge hatte sie Kinder wahrzunehmen gelernt. Johann sollte demnächst beginnen, in Dorpat die Rechte zu studieren, wollte aber lieber zur See gehen wie sein Großvater. Doch Kurland hatte keine Kolonien mehr in Übersee, diese hatten dem Land kein Glück gebracht.

Johann Krause jr. (1737–1782)

Johann ähnelte seinem Vater, er war gewandt, klug und höflich. Sein Vater ermöglichte ihm als seinem einzigen erwachsenen Sohn eine Bildungsreise. Allerdings nicht, um planlos durch die Welt zu fahren und der gottlosen Neugier zu frönen, sondern mit klaren Aufträgen: St. Petersburg sehen und als Hauptstadt verstehen lernen, die Petersburger Palais-Baustellen des Architekten Rastrelli, den der Vater in Riga gekannt hatte, besichtigen. Weiterhin galt es, die dortige Akademie der Wissenschaften zu besuchen und ein gehobenes Russisch zu erlernen. Das volkstümliche Russisch verstand jeder in Narva. Johann sprach es noch kaum, da er nicht lange hier gelebt hatte. Feines Sprechen und Schreiben in dieser Sprache verstanden nur wenige.

Danach sollte er an die über 300 Jahre alte Universität Greifswald gehen und ein Semester studieren, ehe er sich im weniger großen und nur lokal berühmten Dorpat einschrieb. Die deutsche Sprache zu fördern, war dem Vater wichtig. Sie sprachen sie in der Familie, aber in Narva hatte sie kaum Bedeutung. Er befürchtete, das Deutsch könnte in der Familie versanden, und das würde einer Anstellung im diplomatischen Dienst langfristig schaden. Auf dem Rückweg sollte Johann in Riga Halt machen und seine Schwestern und Schwäger, den Bruder, die Verwandten, das Gut Neuenmühlen, die Schwager und früheren Mitarbeiter des Vaters aufsuchen.

Johann war angetan von diesem Plan. Ausgestattet mit zahlreichen Empfehlungsschreiben, ging er am 2. April 1754 an Bord eines Schiffes nach St. Petersburg. Erstmals trug er eine Samthose über weißen Seidenstrümpfen, einen ausgestellten Brokatmantel aus brauner Seide, einen dreieckigen Hut und eine Perücke. Erwachsen fühlte er sich in diesem

Moment; klein in jenem, als er erstmals keinen Küstenstreifen mehr sehen konnte. Dies war nur das Baltische Meer, das als winzig galt unter den Meeren der Welt. Es war ausreichend groß, dass er seekrank wurde, Heimweh verspürte und die Sprachen der Menschen am anderen Ufer ihm fremd waren. Er dachte an die ihm wohlbekannten Aufzeichnungen des Großvaters, dessen Namen er trug. Er war froh, dass diese Reise trotz des Sturmes nur einen Tag dauerte, und voll Bewunderung für seinen Großvater, dessen Reiseaufzeichnungen jedenfalls von seiner Hinfahrt nichts enthielten außer Freude an neuen Landstrichen und Fernweh. Nein, dazu war er nicht geboren! Er litt.

Wenn er zurückblickte, hatte sein Leben aus Trennungen bestanden. Als er sieben Jahre alt war, starb seine Mutter mit dem erwarteten Kind. Danach büßte er seine Geschwister ein. Johanna heiratete, Bartholomäus kam in die Familie seiner ältesten Schwester, die er nie richtig kennengelernt hatte. Seine geliebte Schwester Margi wurde den Damen zur Erziehung gegeben, von wo sie jedes Jahr einen Brief an den Vater und eine Stickerei an die Stiefmutter schickte. Sicher war sie längst selbst eine fremde Dame – und nicht mehr seine Schwester. Ihr gemeinsames Kindermädchen wurde entlassen und die Wohnung aufgelöst. Seine Altersgenossen vom Unterricht beim Hofmeister sah er nie wieder. In Narva war er allein mit seiner Stiefmutter, die sich nicht für ihn interessierte. Sein Vater war auch hier wenig zu Hause, eigentlich kannte er ihn kaum. Das Baby Helene blieb ihm fremd, er war zu alt, um ihm ein Bruder zu sein. Seine einzigen nahen Menschen waren seine Cousins im Handelshaus, mit denen er bislang gelernt hatte. Doch sie kannten niemanden von denen, die seinem Herzen nahe waren. Überhaupt spielten für sie Gefühle keine Rolle, sie gingen im Handelsgeschäft ihrer Väter und in ihren künftigen Rollen auf.

Seine Trauer mischte sich mit einer Vorfreude darauf, in einem Jahr oder zweien Riga wiederzusehen und alle, die er dort liebte. Es war eine sonderbare Mischung von Heimweh nach Riga, Sehnsucht nach der Welt des Großvaters und Seekrankheit, die ihn hart im Griff hielt. Wer war er? Wer wollte, wer sollte er werden? Konnte er die väterlichen Aufträge erfüllen?

In St. Petersburg nahm er Logis in einem Gasthaus zusammen mit einem jungen Mann aus Reval, Jacob Heinrich Schleppgesell. Er hatte ihn auf der Reise kennengelernt. Ihm war es unterwegs ebenfalls nicht gut gegangen, so dass sie einander zum Trost wurden. Gemeinsam durchwanderten sie die Stadt, betrachteten die Baustellen der Paläste, die der Zar an beiden sumpfigen Newa-Ufern erbauen ließ, und die Fassaden derer, die schon bewohnt waren. Die ehemalige Schiffslandungsstelle war nicht mehr zu erkennen, die Reste vom alten Dorf Nyen und der Festung Nyenschanz konnten sie nicht finden, auch nicht Hietamäki, in dem seine Großeltern gelebt hatten. Krieg und Bautätigkeit hatten alles vernichtet. Beidseits des Flusses standen prächtige, dreistöckige Steinhäuser, so weit ihre Augen reichten. Kirchtürme zeigten die Zueignung der Stadt zum Apostel Simon Petrus. Ein Schiffsverkehr herrschte, wie er ihn aus Narva nicht kannte. Unzählige große und kleine Segelschiffe zeigten ihm, dass hier ein bedeutender Hafen entstanden war: sowohl für die Flussschifffahrt in Russland als auch für das Baltische Meer. Petersburg hatte damals noch keine Brücken. Die erste Brücke wurde einhundert Jahre nach Johanns Besuch gebaut. Weil die Stadt maximal vier Meter über dem Meeresspiegel lag, war sie häufig überschwemmt. Deshalb galt der Bau von Brücken im Newa-Delta als unmöglich.

Bauten im Sumpf! Das war ein typisches Projekt für einen Zaren, der sich ewigen Ruhm sichern und Schloss und Stadt in die Unendlichkeit hinauslaufen lassen wollte als Ornament, als Augenschmaus. Ein vergrößerter Nachbau der Grachtenstadt Amsterdam sollte diese Stadt werden, die Zar Peter kannte und verehrte, aber mit italienischer

Pracht. Zahlreiche italienische Architekten (auch Venedig sollte eine Wasserstadt sein!) und tausende leibeigene Arbeiter waren auf den Baustellen tätig, gerade jetzt im Frühling, wo der Boden noch teilweise gefroren war, aber zu tauen begann. Unter großen Schwierigkeiten wurden Holzstämme als Pfähle in den eben auftauenden Boden gerammt, auf denen die nächsten Gebäude errichtet wurden. Die Holzstämme würden im Laufe der Jahrhunderte steinhart werden im Wasser unter Luftabschluss. Die Flucht der Arbeiter vor der zu großen Anstrengung bei schlechter Versorgung stand unter Strafe. Dennoch taten es viele. Sie verließen die Stadt heimlich, ehe sie an Entkräftung oder an der Ruhr starben. Immer mehr Arbeiter wurden aus der Weite Russlands geholt, denn zum Jahresbeginn wollten viele der Zwangsverpflichteten nach Hause, um die Arbeit auf den Feldern ihrer Herren aufzunehmen.

Einer, der über oder neben die Architekten gesetzt war und an Kaisers statt dem Stadtbau vorstand, war ein gewisser Christoph von Werestschinski. Johann und Jacob hatten ihn kennengelernt auf einem Fest und hatten einen spannenden Austausch, weil er Sachen über den Stadtbau wusste, die ihnen bisher niemand hatte erklären können. So lange sie nicht wussten, wer er war, verkehrten sie jugendlich-locker mit ihm. Er schien das zu genießen. Einmal nahm er sie in sein Haus zu seiner Frau mit, die schwanger war und deshalb nicht mehr in Gesellschaft ging. Einmal waren sie gemeinsam in der Stadt und erlebten, wie hochgestellte Höflinge des Zaren sich tief vor ihm verneigten. Das beunruhigte sie. Bei ihrem nächsten Besuch wollten sie ihn fragen, welche Position er eigentlich bekleidete. Aber da trafen sie nur seine Frau, tief verzweifelt, und einige Dienstboten an. Christoph war am Sumpffieber erkrankt.

Die Familien, die hier bauen ließen, zögerten oft mit dem Einzug. Es wurde gemunkelt, dass auf jeden Pfahl im Boden ein Toter käme, mehr, als es gewesen seien beim Turmbau zu Babel. Viele Menschen fürchteten deshalb, dass es in den Häusern spuken würde, wenn sie die Stadt in Besitz nähmen.

Petersburg war die größte Stadt, die Johann bisher gesehen hatte, Riga war winzig dagegen. Hier gab es Polizei und Feuerwehr, die Hauptstraßen waren entweder Kanäle, oder sie wurden vor den Marmorpalästen mit Bäumen bepflanzt. Allmählich entwickelten die Einwohner, die von überall aus dem Russischen Reich gekommen waren, einen Gemeinschaftssinn. Der Adel arrangierte sich damit, hier zu residieren statt im altmodischen, bequemen Moskau. Die Straßenbeleuchtung mit den Reihen von Öllaternen war die Attraktion der Winternächte und ermöglichte es, im Dunkeln unterwegs zu sein. Im Sommer brannten sie nicht, da war es lange hell, und im Winter wurden die Lampen zwei Nächte vor, während und zwei Nächte nach Vollmond nicht entzündet.

Die seit vierzehn Jahren herrschende Zarin Elisabeth hatte Künstler aus der ganzen Welt nach Petersburg geholt und ließ unendlich und prächtig immer weiter bauen: Winterpalast und Kloster. Rastrelli baute, nachdem er seine Tätigkeiten in Livland beendet hatte, den Palast für ihre Mutter Katharina I.

Johann ging im großstädtischen Leben und den damit verbundenen Vergnügungen auf. Bald fühlte er seine Einsamkeit nicht mehr und besuchte mit Heinrich in jenem Sommer die öffentlichen Feste, die der Adel gab. Seit dem riesigen Erfolg von Mozarts Oper *La Clemenza di Tito* zur Krönung der Zarin Elisabeth von Russland 1741 hörten die Opernaufführungen, Rossturniere, Militäraufmärsche, Feuerwerke, Bälle, Umzüge, Ballette, Seeschlacht-Aufführungen auf den Kanälen, Tierhatzen vor den Toren der Stadt, Komödien, Tragödien und lebenden Bilder nicht mehr auf. An den Umzügen auf den Straßen und Plätzen sowie den Kahnpartien auf den Kanälen durfte jedermann teilnehmen, der würdig gekleidet war, keinen Alkohol getrunken hatte und sich ruhig benahm. Ganz Europa, oder doch alle europäischen Höfe, vergaß seine Traurigkeit und Zerrissenheit in solchen Festen, aber Petersburg konnte wohl als die Hauptstadt derselben gelten! Was konnten Florenz, Dresden, Paris, Salzburg, Dijon, Wien und München bieten, was Petersburg nicht größer, prächtiger, besser erleuchtet, von bedeutenderen Künstlern ausgestaltet und für eine größere Menschenmenge gehabt hätte? In Italien ging die Mode solcher Lustbarkeiten schon wieder ihrem Ende entgegen; in den deutschsprachigen Ländern waren sie nie für die Öffentlichkeit, sondern immer nur für den Adel da gewesen.

Johann war voller Bewunderung für Bauten und Feste und überlegte, ob er nicht versuchen sollte, Architekt zu werden. Hier könnte er jahrelang Aufträge erhalten, nachdem er sich die nötigen Kenntnisse angeeignet hätte. Aber was sollte er in Narva bauen? Er kam von einer Uferbastion, einer von den Dänen errichteten und nun den Russen gehörenden Feste. Seine Familie hatte ihn nicht ausgesandt, damit er seinen Launen nachging, sondern damit er lernte, wie er Familie und Stadt dienen konnte. Sein Vater, der Ratsherr, erwartete von ihm, dass er ihm nachfolge ins politische Amt zum Wohle der Stadt und des livländischen Herren, dessen Gesandter er war.

Johann und Heinrich erlebten die Blütezeit aller Herrlichkeiten trotz ihrer beschränkten Mittel. Waren ihre Familien zu Hause wohlhabend oder gar reich gewesen, hier galt das nichts. Es wäre möglich gewesen, unendlich viel Geld auszugeben, und ab und zu unterlief es ihnen, ihr monatliches Budget zu überziehen – aber nicht im bedenklichen Maße. Dann lebten sie wieder eine Weile von den Einladungen bekannter Familien oder vom Haferbrei. Diese Mahlzeiten schadeten ihnen nicht, denn ihre eigentliche Nahrung waren Überraschung und Kultur, Tanz und Musik! Es wurde tagsüber gefeiert und, ungehörige und verlockende Neuerung: auch nachts. Die Paläste waren im Obergeschoss alle leer: Sie hatten Säle für Empfänge und riesige Feste. Die Wände waren bemalt mit Szenen aus der Mythologie, sie begegneten in diesen Räumen Odysseus und den Sirenen, in anderen Palästen russischen Bojaren vor der Hütte eines Einsiedlers. Wieder hatte Johann das Gefühl, erwachsen und gleichzeitig noch Kind zu sein: Groß war, dass eins seiner Schreiben ihm diese Türen öffnete und er die Pracht sehen durfte; kindlich, dass er als Mensch vom Land, der von Weltgeschichte bisher wenig gehört hatte, ihr hier gegenüberstand: Wer war er?

Am Ende des Sommers begannen die Vorlesungen an der Akademie. Er schrieb sich als Student ein und hörte jeden der sechs ständigen Professoren. Anfangs wagte er nicht, Fragen zu stellen. Alle anderen Herren – inzwischen besuchten über einhundert Studenten die ehrenvolle Einrichtung – schienen ihm weiser und weltläufiger, ihr Latein schien ihm besser zu sein. Er hörte außer russischer Geschichte Vorlesungen über europäische Sprachen, über Politik, Wirtschaft und Militärwesen, aber auch über Philosophie. Gäste nahmen Vorlesungen als Vorwand, um die neue Stadt zu besuchen: Der Königsberger Professor Kant stellte sein neues Buch *Allgemeine Naturgeschichte und Theorie des Himmels* vor. Ein Geologieprofessor erläuterte das Zerstörung bringende Erdbeben von Lissabon. Hier konnte er sich erstmals einbringen, denn er kannte Aufbau, Gebäude und Zeichnungen dieser Stadt aus den Aufzeichnungen seines Vorfahren, der dort Station gemacht hatte. Sein Russisch war bald besser als das mancher Einheimischer, die verschiedene Dialekte sprachen.

Im Winter zog er mit Freund Heinrich aus dem schäbigen Gasthaus ins Dachgeschoss eines neu errichteten Hauses, das bis zur Ankunft der Familie im kommenden Sommer vermietet wurde. Der Bau war noch feucht und deshalb wenig einladend, aber die Öfen waren besser als die im Gasthaus und der Preis mäßig.

Im Frühling, um die Zeit seines Geburtstages, ging sein Aufenthalt dort zu Ende. Johann hatte schon vor Wochen eine Passage nach Greifswald gebucht, nun schwankte er zwischen dem Bleiben – jetzt, da er hier nicht mehr fremd war und ihn ein Sommer voller Feste, Einweihungen und Bootspartien lockte – und seinem väterlichen Auftrag, die älteste Universität des Ostseeraumes zu besuchen. Dort würde er sein Deutsch aufbessern und das Herkunftsland der Familien kennenlernen. Beides ging nicht, die Pflicht siegte in seinen Entschlüssen.

Heinrich hatte ebenfalls Aufträge seiner Familie zu erfüllen, aber diese banden ihn – den Glücklichen – noch einige Zeit an Petersburg.

Diesmal war die Einsamkeit auf dem Schiff kleiner, er litt nicht mehr: nicht nur, weil er keinen Sturm erlebte, sondern auch, weil er die Ziele vieler Menschen verstand. Die Sprachen und Dialekte waren ihm vertraut, außer dem kruden Finnisch, das sich nicht einmal mit Buchstaben schreiben ließ und nur mündlich weitergegeben wurde. Der Handel war ihm von Kind auf vertraut, aber die Menschen sprachen nur zum kleinen Teil über Geschäfte. Sie redeten über die Stadt, die Paläste und Feste, die Baustellen und die Erwägung, eine Brücke zu bauen. Sie sprachen über die Lehrer an der Akademie, wobei er selbst sogar gefragt wurde als richtiger Studiosus. Gespräche drehten sich um die Unterschiede zwischen Moskau und St. Petersburg und über die Notwendigkeit der Modernisierung der Armee. Fast jedes Thema, das er verfolgen konnte, war ihm vertraut. Rasch verging ihm die Fahrt dank dieser neuen Erfahrung. Er war nicht mehr der Junge aus der Provinzstadt, dem umkämpften Grenzposten zwischen Russland und Schweden mit seinen klobigen Burgen. Er war ein Mann, der ein Stückchen von der Welt kannte – wie sein verehrter Vater. Hose, Weste und Rock waren längst verkauft als zu kleinstädtisch. Der Brabanter Spitzenkragen wirkte vielfach besser auf Samt.

Nach Greifswald reiste er, nunmehr standesgemäß mit einem russischen Burschen, der seine Wäsche und sein Gepäck versorgte, in die Vergangenheit, denn hier war es elf Tage früher. Hätte er ein Tagebuch geführt, hätte er in diesem sowohl das Ablegen des Schiffes in St. Petersburg als auch die Ankunft in Greifswald am 27. April 1755 vermerken müssen. Auf dem Schiff fielen alle aus der Zeit, das hatten ihm Reisende, die oft hier unterwegs waren, bereits erzählt. Das Schiff flog dahin zwischen Ländern und Horizonten, zwischen Tagen, die bei der Fahrt nicht vergingen; alle lebten zwischen Nebel und Wasser, zwischen Leben und Tod. Das machte Johann diese schwankende Situation deutlich. Was ist das Leben? Was ist eine Seereise? Was macht sie aus einem Menschen?

In Greifswald fuhr er gemeinsam mit anderen Passagieren in einer Kutsche zur Marienkirche, um für die Bewahrung auf See zu danken. Er fragte nach dem Kloster Eldena, in dem sein Vorfahr Ewert Goette vor mehr als 150 Jahren für seine Ankunft gedankt hatte und das, in Ölfarbe gemalt, eins der wenigen Stücke seiner Kindheit war, das auf dem Umzug nach Narva mitgenommen worden war. Er war enttäuscht zu hören, dass das Kloster abgerissen und dass die Steine für den Bau der Universität verwendet worden seien. Die Ruine sei einsturzgefährdet und deshalb nicht zu besichtigen.

Sein Empfehlungsschreiben ermöglichte ihm einen erfreulichen Empfang in einem hohen, schmalen Backsteinhaus am Markt. Die Schwester eines Rigaer Diplomaten in der Kanzlei des Herzogs von Kurland hatte hierher geheiratet und war der Familie Krause aus ihrer Jugend gut bekannt. Sie empfing den Sohn von ihres Vaters Förderer erfreut und ließ ihm sofort ein Zimmer richten, in dem er bleiben könne, solange sein Sinn danach stehe. Johann erstaunte diese Herzlichkeit.

In den nächsten Tagen machte er Antrittsbesuche, lieferte Briefe ab und studierte die Stadt. Es verblüfften ihn die gotischen Häuser und die der Renaissance, in denen seit Jahrhunderten die Professoren zu wohnen pflegten, die Universitätsbibliothek und der vor wenigen Jahren vom Architekten Mayer fertiggestellte Neubau des Hauptgebäudes der Universität. Die schwedische Regierung förderte die Lehranstalt wie der russische Zar den Bau seiner Prunkstadt. Er lief zu den Toren der Stadt hinaus in die Ebene und sah die Fischerhäuser. Das Plattdeutsch konnte er nicht verstehen, weil es anders klang als das Rigaer Deutsch, das mit dem gerollten R der Lettgallen und Litauer gesprochen wurde. Er wurde in verschiedene Familien eingeführt und erhielt Gelegenheit, vom prächtig entstandenen und weiterhin entstehenden St. Petersburg zu erzählen. Im Gegenzug zeigten sie ihm die Schönheiten ihrer Stadt, aber auch die Schäden, die vom Nordischen Krieg geblieben waren. Die aus dem Baltikum stammenden Familien sprachen deutsch, die aus dem Hinterland stammenden schwedisch. Den Schweden gehörte das Land seit über hundert Jahren.

Dank seiner Beziehungen war er Gast bei verschiedenen Familien des Rates und wurde eingeladen nach Stralsund. Das war eine anstrengende Reise, die er jedoch nicht bereute. Er sah die Stadt mit der riesigen Kirche in der Stadtmitte. Das Kirchenschiff war höher, als er es von der Olaikirche in Reval wusste. Oben im Turm, noch über dem Glockenstuhl, stand das Laufrad, mit dem einst die Glocken im Turm hochgezogen worden waren. Sechs oder acht Männer hatten dort durch ihr Gehen die Kraft erzeugt, um die Winde zu drehen und die Glocken am Seil zu heben. Sein Gastgeber war ein Reeder, der sich auf sein Altenteil zurückgezogen hatte. Johann kam sich ungeschützt vor ohne Begleitbrief und wusste nicht, ob sein Vater diese Reise billigen würde –

aber er konnte ihn nicht fragen. In diesem Haus sprachen alle Deutsch, vom Reeder bis zur letzten Hausangestellten. Das rechtfertigte seinen Entschluss, einige Tage zu bleiben, und er bemerkte, dass der Gastgeber ihm seine jüngste Tochter anempfahl. Allerdings hatte Johann bislang noch nie mit Töchtern gesprochen und war abgeneigt. Sicher hatte seine Familie zu Hause eine Ehe für ihn ins Auge gefasst und wäre unfroh, wenn er sich hier ungefragt binden würde. Die Reederstochter schien ihm außerdem zu alt, sie war fast so alt wie er.

Ausgestattet mit mehreren Empfehlungsschreiben, deren Entstehung in zweifarbiger Tinte und mit vielfachen ehrwürdigen Initialen und Siegeln er beiwohnen konnte, verließ er die Stadt, ohne ein Versprechen gegeben zu haben.

Im Frühsommer begab er sich zur Universität, schrieb sich in die Rolle ein und hörte Vorlesungen in fein gesetztem Latein: Medizin, Jura, Philosophie und Theologie. Letzteres schien ihm von Menschen nicht erfahrbar, erregte aber gerade deshalb seine Ehrfurcht. Wozu diente es, Aussagen über Gott zu treffen? Nützte das dem Pastor, der das Landvolk erziehen sollte? Die Denkgebäude kamen ihm vor wie die Himmelsetagen voll Engel und goldgerahmter Heiliger auf russischen Ikonostasen: ergreifend, aber für das Leben nicht verwendbar. Er nutzte die Zeit, die er darauf nicht verwendete, für das Studium des römischen Rechts.

Im späten Herbst verließ er Greifswald, nachdem er sich brieflich in Riga angekündigt hatte und auch seinem Vater Bericht gegeben hatte von der Erfüllung der ihm bestimmten Pläne. Seine Reise verzögerte sich, weil das Schiff nach einem Kampf mit Wind und Wasser unweit des Rigaer Hafens im Nebel festlag und die Suche nach der Hafeneinfahrt nicht riskierte. Johann meinte, es sei, damit die elf geschenkten Tage vergehen konnten, damit er wieder in der östlichen Zeit ankam. So konnte er den Kampf mit seinen Gefühlen austragen. Ihn ängstigten nicht Nebel und Wasser, aber vielerlei Gedanken um Heimat und Fremde, Kindheit und Mannheit, Weiberehe und Männerfreundschaft, Studium und Hofpflicht. Morgens sah er die Stadtsilhouette vor einem rötlichen Himmel auftauchen: den Dom und St. Petri, das Schloss am Ufer, in dem sein Vater gedient hatte, als er selbst noch ein Kind war. Bald würde er vertrautes Pflaster treten. Würde es ihm noch vertraut sein?

Noch gab es in Riga die alte Stadtverfassung, die die Macht auf die drei Stände beschränkte: den Magistrat, die Große und die Kleine Gilde. Die Bürgerschaft hatte bis dahin und noch weitere dreißig Jahre lang nichts zu sagen. Erst danach erhielt sie Rechte und unterschied die Bürger in besitzliche (d. h. Haus und Grund besitzende) Einwohner, Kaufleute (gegliedert in drei Gilden), Handwerker, Fremde und handeltreibende Gäste aus anderen Städten, namhafte Bürger (die aufgrund ihres Namens oder Ansehens in die Bürgerschaft aufgenommen worden waren) und Beisassen.

Ein Wagen mit zwei unruhigen Braunen brachte ihn nach Neuenmühlen. An das Gut konnte er sich kaum erinnern, es kam ihm jetzt viel kleiner vor. Es wäre ihm angenehm gewesen, nicht in zu kurzer Zeit allen Geschwistern und Erinnerungen zu begegnen. Doch waren alle gekommen, um ihn zu empfangen. Seine älteste Schwester Emilia Bornewasser war eine ältere Dame, die er nicht erkannt hätte. Als Zeichen der Trauer um ihren Mann trug sie eine große Haube mit breiten Seidenbändern, die sie außerhalb des Hauses vor ihrem Mund knotete als Zeichen, dass sie nicht angesprochen werden sollte und, falls doch, nicht antworten würde. So wirkte sie fast wie eine der Toten, die auf alten Familiengemälden abgebildet waren: anwesend, aber unfähig zu sprechen durch den zugebundenen Mund. Ihr Ziehsohn, sein jüngerer Bruder Bartholomäus und ihre vier Kinder benahmen sich elegant wie die vornehmen Bürger St. Petersburgs, sie sprachen miteinander Französisch, wovon Johann nur wenig verstand. Bartholomäus und ihre beiden Ältesten waren bald heiratsfähig, die Familie knüpfte schon Kontakte zu geeigneten Familien. Seine Schwestern Johanna und Margaretha glichen einander mehr als in seiner Erinnerung. Sie hatten im Abstand von zwei Jahren Zwillingsbrüder geheiratet und wohnten gemeinsam auf deren Familiengut mit eigener Brennerei in der Nähe. Johanna hatte eine Amme dabei, die ihren Sohn Wiegart versorgte, Margaretha war in der Hoffnung auf ihr erstes Kind. Johann ging auf in der Familie. Wie lange hatte er dieses Gefühl nicht mehr gehabt! Zwar waren sie ihm alle fremd geworden, aber sie sprachen seine Sprache, sein Deutsch. Von seinen Schwestern ließ er sich aus seiner Kindheit erzählen, von der Mutter und den toten Geschwistern, von den väterlichen Tanten und Onkeln, von den ehemaligen Mitarbeitern des Vaters auf dem Schloss. Er hörte vom politischen Leben in Riga und von den Wirrungen der letzten Jahre, die ihm als Kind nicht bewusst gewesen waren.

Über den Winter blieb er in Neuenmühlen bei seinen Verwandten. Oft fuhr er in die Stadt, schaute die Baustellen und die neuen Häuser an, sah die Straße, in der er als Kind gewohnt hatte, machte seine Aufwartung in den Häusern, für die er Greifswalder Empfehlungsschreiben bei sich hatte. Einige bemühten sich, ihn mit geeigneten Töchtern bekanntzumachen, aber er blieb abgeneigt. Er interessierte sich für die Verwaltung des Gutes Neuenmühlen und erlernte die Buchführung.

Die Ehen ihrer Schwestern verdrossen Emilia erheblich, jedenfalls die von Margaretha. Johann konnte nicht leicht herausfinden, worin das Problem bestand; denn beide Ehen schienen ihm glücklich. Auch war Emilia selbst wohlhabend durch ihren verstorbenen Mann, weshalb es sich nicht um Eifersucht handeln konnte. Ob sie wohl einem Aberglauben, wie das Personal ihn manchmal verbreitete, aufsaß? Erst in seinem letzten Gespräch mit ihr vor seiner Abreise konnte er den Grund auf einem Spaziergang durch die Allee erfahren.

„Emilia, warum grollst du Johanna und Margaretha über ihre Verheiratung? Meinst du nicht, dass es gut ist, dass beide uns ehrenwerte Schwager und schon einen Erben gebracht haben?"

Erst antwortete ihm Stille, dann knotete Emilia ihre Trauerbänder langsam auf und sprach: „Ich grolle nicht, liebster Bruder! Ich bin froh, beide glücklich zu sehen!"

„Nein, Schwester, deine Freude ist nicht ungetrübt. Das spüre ich und ich bin nicht der Einzige. Margaretha ist betrübt ob deiner Ablehnung."

„Mit ihr hatte ich gesprochen vor ihrer Verlobung und sie gebeten, den Antrag zu überdenken, was sie aber nicht tat. Sie wollte gern einen großen gemeinsamen Hausstand mit Johanna und ihres Mannes Eltern gründen und dieses Gut bewirtschaften."

„Doch sag mir, Emilia, was sprach gegen diesen Wunsch? Für mich klingt er vernünftig."

„Das wirst du, Johann, nicht verstehen. Es geht dabei um die Zukunft der Familie, nicht um Gegenwärtiges."

„Die Zukunft liegt in Wiegart, der eben seine ersten Schritte tut, und in Margarethas Kind, das noch in ihr schläft, aber auch in deinen Kindern, Emilia!"

„Es fällt mir schwer dies zu sagen, Johann. Es klingt vermessen. Aber dir, als unserem Familienvorstand in Vaters Abwesenheit, werde ich es sagen." Johann stellte verwundert fest, dass sich eine Träne aus ihrem Augenwinkel löste. Das machte ihn vorsichtig, denn die bisherige Vorrede hatte er für das Zeugnis einer unbedeutenden Eigenheit gehalten. Es schien wichtiger zu sein, als er glaubte. Seine vernünftige älteste Schwester, die den Tod ihres Mannes verkraftet und die Trennung von der Familie als Kind kraftvoll umgesetzt hatte, kämpfte mit den Tränen? „Es ist doch zweierlei", meinte sie: „Die lebende Familie, die heute glücklich oder unglücklich ist, die am Hofe dient oder in der Schiffsgesellschaft, die kauft und verkauft, Güter bewirtschaftet, Bier braut und ihre Kinder erzieht und verheiratet und …", hier seufzte sie, „die ewige Familie, die ebenfalls in Ordnung sein muss."

Johann war verwirrt. Was meinte sie mit der „ewigen Familie"?

„Schau in die Bibel, Johann! Kennst du die Geschlechtsregister? Im 1. Buch Mose, ganz vorn, findest du sie im fünften Kapitel. Wir können von Adam und Eva bis zu Noah und später bis zu Jesus nachlesen, wer alles zu ihrer Familie gehörte. In einem so fernen Land haben die Menschen die ewige Bedeutung von Familie gekannt. Um bedeutende Menschen oder gar einen Gott hervorzubringen, muss eine Familie in Ordnung sein, sie muss wissen, wer zu ihr gehört und was ihre Vorfahren geleistet haben. Wohin der Samen gefallen ist." Johann hatte immer noch nicht verstanden, worin das Problem bestand.

„Sag, Emilia", fragte er vorsichtig, „meinst du, unsere Familie könne nichts Großes leisten, weil unser Stammbaum nur sieben Generationen lang ist, ehe er im Dunkel Holsteinscher Güter verschwindet, von denen die Nebelmutter mit dem Schiff kam?"

Er musste sie wieder falsch verstanden haben, denn nun bahnte sich die Träne tatsächlich den Weg durch die weiße Puderschicht auf ihrem Gesicht: „Nicht die Vergangenen bekümmern mich, Bruder, die taten recht, sondern unsere Schwestern! Verstehst du es denn nicht?"

„Nein, Emilia", musste er erwidern, „ich verstehe es nicht. Verzeih mir."

„Jeder Mensch hat zwei Eltern und vier Großeltern, auch wenn die wenigsten von uns diese kennenlernen. Dadurch unterscheiden wir uns. Geschwister haben gleiche Eltern und Großeltern, aber Cousins und Cousinen nicht. Sie sind nahe verwandt, einander oft sehr ähnlich, aber dennoch verschieden. Sie haben verschiedene Eltern, ein gemeinsames Großelternpaar und ein verschiedenes."

Johann blieb an einer der verzweigten Eichen stehen. „Zeig es mir an diesem Baum, Emilia! Er ist wie ein Familienstammbaum, auch wenn das Wort irreführt. Denn die Vorfahren sind nicht der Stamm, aus dem ihre Kinder als Äste sprießen, sondern die vielfältigen Äste. Je zwei dünne Zweige vereinen sich zu einem Ästchen, zwei solche zu einem Ast und zuletzt stehe ich hier als der Stamm, dem kein Sturm etwas anhaben kann. Meine späteren Kinder sind dort, wo der Baum wurzelt."

Emilia deutete seufzend mit der Hand im Lederhandschuh vage auf den Baum. „So ist es, Bruder, und doch auch nicht", meinte sie. „Nimm doch einfach Klein-Wiegart und Margarethas kommendes Kind, nennen wir es einmal Klein-Marie. Sie haben verschiedene Eltern, nicht wahr? Da diese aber Geschwister sind, haben sie zwei gemeinsame Großelternpaare. Unser verehrter Vater Martin und unsere geliebte verstorbene Mutter Dorothea sind ihre Großeltern über ihre Mütter. Ihre jeweils anderen Großeltern über ihre Väter sind Jonas und Amalie Hunnius, die Eltern unserer Schwäger."

„Das sind ehrenwerte und wohlhabende Menschen, Emilia!"

„Ja, doch denk einmal in die Vergangenheit, lieber Bruder. Cousin und Cousine haben vier gemeinsame Großeltern, acht gemeinsame Urgroßeltern … Das ist Ahnenschwund! Dem Baum, den du mir hier zeigtest, fehlt die Hälfte seiner Ahnenkrone!" Ein tiefer Trauerseufzer entrang sich ihrem Herzen und eine weitere Träne bahnte sich nun über die andere Wange ihren Weg durch den Puder wie ein Frühlingsbach, der ein lehmiges Ufer erodiert. „Würdest du diesem wunderbar gewachsenen und noch jungen Baum ohne Not die Hälfte seiner Krone abhacken? Dies tat Margaretha. Weshalb ich sie aufzuhalten versuchte! Auch Bartholomäus schaute nach einer Hunnius-Tochter, aber für ihn habe ich eine Partie in Bauska arrangiert, in die er gewilligt hat." Ein verhallt jubelnder Liebesseufzer tänzelte hinter ihren Lippen.

„Aber Emilia! Es ist keine Sünde, wenn mehrere Brüder Schwestern aus anderen Familien heiraten. Das ist kein Inzest! Gehst du nicht zu weit in deiner ewigen Familienordnung?"

„Nein, Johann!", meinte sie, mitleidsseufzend.[26] „Das ist, was ich meinte, als ich sagte, niemand könne mich verstehen. Ich meinte nicht, dass du die Rechnung nicht verstündest, sondern den Beweggrund! Wir sollen das Ewige suchen statt des angenehmen Momentes der Zuneigung. Die biblischen Väter haben es uns vorgelebt."

„Liebe Emilia", Johann schaute ihr kurz in die Augen und küsste ehrfurchtsvoll ihre Hand im eleganten Handschuh, „ich danke dir für alle mütterliche Sorge um unsere Geschwister, die so jung waren, als uns das Unglück von Mutters Tod ereilte, und für die Ausbildung, die du allen gegeben hast für ihr Leben. Nun mindere dein Sorgen. Was nun kommt – und besonders das Ewige –, liegt allein in Gottes Macht." Sie erschrak über diese Geste, denn sie war nicht höhergestellt als ihr Bruder. Dann nahm sie sie als Dank für ihre Arbeit und als Anerkennung ihres Denkens in Stammbäumen, den *arbres généalogiques* an. Schnell verknotete sie die lose hängenden Enden ihrer Trauerhaube miteinander und das hieß, dass das Gespräch nun und vermutlich für immer beendet sei.

Als die Kälte wich, aber das Tauwetter noch nicht so heftig eingesetzt hatte, dass ein Schlitten nicht mehr fahren konnte, verabschiedete Johann sich nach Norden, denn es war

---

26 Antoine Beaudeau de Somaize, 1660: *Le Dictionnaire des Précieuses (Das Buch der Seufzer).* Es unterscheidet zwischen je zwölf verschiedenen Liebes-, Freundschafts-, Trauer-, Eifersuchts- sowie Mitleids- und Unsicherheitsseufzern.

Zeit, nach Narva zurückzukehren. Er hatte noch mehrere Stationen auf Gütern und in Pastoraten vor sich, ehe er es erreichte. Der Empfang des jungen Herren und Diplomaten wurde öffentlich gefeiert in Kirche und Stadt, die Familie war zufrieden über das Aufgehen ihrer Pläne. Eingeladen war auch Cornelius Johannes Govinius mit Gattin und allen Kindern, der Arrendator des benachbarten Gutes Wasahof. Seine erwachsene Tochter Elisabeth war ausgewählt worden für Johann und war froh, dass er, obgleich schon 19-jährig, keine vorzeitigen Entscheidungen in Riga oder in der Ferne getroffen hatte.

Elisabeth Govinius (1738–1822) und Johann Krause jr. (1737–1782)

Elisabeth wollte zum Empfang nicht mitkommen. Sie war ein Landmädchen, auf einem Beigut des Wasahofs zu Hause. Zwar war sie in Narva geboren und hatte dort ihre Kindheit verlebt, aber seit sie zehn Jahre alt war, hatte ihr Vater die Stelle als Arrendator inne, und sie lebte zwischen Wald, Moor und Ostsee. Dies kam ihrer ungestümen Natur zupasse. Als Kind hatte sie im Sommer auf den Wiesen gelegen, in den Bäumen gesessen und pfeifen können wie jeder Vogel, der in ihrem Umfeld lebte. Sie war im Herbst über die abgeernteten Felder gestreift bis an den Rand des Moores, über dem an dunklen Nachmittagen die blauen Lämpchen der Elfen glühten. Sie half freiwillig in Garten und Haus und bei der Erziehung ihrer Geschwister. Einen Hofmeister konnte oder wollte sich die Familie nicht leisten. Der moorige Boden des Gutes brachte nur mäßigen Ertrag. Im Herbst ging sie ins Moor und pflückte körbeweise roter Moosbeeren. Auf Grund der häuslichen Knappheit gab es nur wenig Mitgift für sie.

Ihr Vater Cornelius und Johanns Vater Martin hatten in Martins ersten Jahren in Narva zusammen im Rat gesessen. Das brachte ihnen jedoch keine Reichtümer ein. Cornelius hatte einst Martin in die Amtsgeschäfte eingeführt. Er war Martins Familie sehr verbunden, denn er hatte einst an der von Goettes in Narva gestifteten Schule gelernt und den Anfang der Seehandelsausbildung hier absolviert. Dort konnte er die ersten Vergrößerungsgläser, Kompasse und Landkarten ansehen und dadurch starke Eindrücke von der Wissenschaft erhalten.

Elisabeth, ständig beschäftigt im Garten, hätte die Tage gern mit ihrer russischen Milchschwester Mascha verbracht.

Ihre Eltern bestanden darauf, dass sie mitfuhr. Sie ahnte, dass es um eine Eheanbahnung für sie ging – die sie nicht wollte. Sie hatte auf dem Gut Aufgaben, die sie gern erledigte, und sehnte sich nicht nach der Stadt. Dies war sicher wieder eine Gesellschaft, in der Deutsch gesprochen wurde – das sie ein wenig verstand, aber nicht sprach. Mit der Mutter und den Dienstboten auf dem Gut sprach sie russisch. Vaters Vorfahren waren deutsch, aber auch er selbst sprach nach seiner langen Zeit im Rat von Narva immer russisch. Das einzige Deutsche, das Elisabeth außer den Grabsteinen der Altvorderen einfiel, war die Knabenschule, an der ihr Vater gelernt hatte. Davon hatte er ihr mehrfach erzählt.

In zwei Wagen erreichten sie Narva. Nachdem die Pferde ausgespannt und die Gepäckstücke in das Gästezimmer getragen waren, gingen sie zu Tisch. Ihr gegenüber saß Johann, der weitgereiste Sohn der Gastgeber, den sie offensichtlich kennenlernen sollte. Sie war erleichtert, dass er sie russisch ansprach, statt im befürchteten Deutsch. Das machte ihn sympathisch. Allerdings trug er – wie ihr Vater – eine Perücke, die ihn würdig aussehen ließ und sein Alter verbarg. Sie versuchte sich vorzustellen, wie er sich auf dem Vorplatz ihres Gutes ausnehmen würde, sollte er sie einmal besuchen. Nein, der Vergleich fiel nicht günstig aus. Sie sah sich in ihrem schlichten Kleid: gefältelter Rock mit engem Bund, ein dünnes, weißes Leinenhemd mit Ausschnitt und darüber ein lockeres, bequemes Mieder aus Bahnen genäht, mit farbigen Bändern gestrafft. Eine einfache Haube versteckte ihre lose aufgewickelten Haare. Sie war keine Dame und beschloss, nie eine zu werden! Ihn sah sie in seiner jetzigen Kleidung daneben stehen: weißer Anzug mit rotem Kragen, Schärpe, weiße Seidenstrümpfe, Lackschuhe mit großen Schnallen, Perücke. Sie schüttelte die Fantasie ab und versteckte ihre Hände, die im Sommer und Herbst auch durch Waschen nicht sauber wurden und die gerade heute von den ersten Blaubeeren eingefärbt waren. Nein, das war kein Mann für sie, das war ein Herr. Sie wollte überhaupt keinen Mann! Es stand ihr nicht zu, dies ihrer Familie zu sagen, weil das Gut wenig Ertrag brachte und die Eltern sie sicher gern an einem anderen Ort gesehen hätten. Er war höflich und brachte sie zum Staunen mit seinen Petersburger Geschichten, dennoch waren ihr Maschas Geistergeschichten lieber. Hätte Mascha ihr so etwas wie Johann erzählt, sie wäre ihr um den Hals gefallen und hätte lachend im Gras neben ihr gelegen. Mit einem Mann im weißen Anzug war das nicht möglich!

Erschrocken war sie über die Kleidung von Johanns Stiefmutter ganz oben am Tisch. Sie trug ein fast weißes französisches Kleid, bestickt mit Blumen, das oben so eng war, dass sie kaum atmen konnte unter dem Mieder, das aus Eisen sein musste und ihre Brüste unnatürlich hob. Der Rock war so weit, dass er für fünf Kleider gereicht hätte. Statt eigener Haare trug Johanns Stiefmutter eine hohe Perücke mit Schleifen und Blumen darin. Das hatte Elisabeth noch nie gesehen. Perücken passten in ihrer Vorstellung nur zu Herren.

Sie selbst trug heute zehn gebauschte Unterröcke wie die estnische Kinderfrau Jaanika im Winter, um die nötige Rockweite zu erzeugen. Darüber lag glatt der Blumenrock. Ihre weißen Lederschuhe hatten erstmals Absätze, weshalb sie nur am kleinen Spaziergang, zu dem nach dem Essen eingeladen wurde, teilnahm und nicht die neue Treppe unter die Bastion abstieg zum Ufer des Narvaflusses, zu dem sich die befreundeten Väter Martin Goette und Cornelius Govinius auf den Weg machten. Sie gingen in mehreren Paaren vor das Stadttor zu der Stelle, von der ein Blick auf das freie Land geworfen werden konnte, ohne dass die Ziegelmauern der Festung den Blick verstellten. Das Kindermädchen der kleinen Hedwig Helene nahm diese und Elisabeths kleine Geschwister und ging mit allen Kindern an einer anderen Stelle vor die Mauer. Elisabeth verbarg, so oft es ging, ihre

Hände in den weiten Ärmeln. Sie stand mit Johann auf dem äußeren Festungswall, und er erzählte ihr angesichts der kleinen Schiffe unten auf dem wilden Wasser des sonderbar geknickten Narvaflusses von seinen Fahrten auf der Ostsee und von den verschwindenden Tagen auf der Fahrt nach Greifswald. Diese Geschichte bewegte sie besonders. Wie konnten Tage verschwinden? Wo waren sie hin? Sie mussten an einem anderen Ort sein als an jenem, an dem die gelebten Tage aufbewahrt wurden. Denn diese verschwanden für immer, jene nur während einer Reise: Er hatte sie auf der Rückfahrt zurückerhalten!

Elisabeth war zufrieden, dass in der nächsten Zeit kein Heiratsantrag für sie kam. Entweder war sie zu arm, oder sie hatte ihn verschreckt mit ihrer Moormär von der versenkten goldenen Frau, der die Estinnen zu Mittsommer opferten. Ihr war es recht! Sie holte mit Mascha und den Bauern das Heu, kochte Johannis-, Moos- und Blaubeeren ein, setzte Obstwein und Moorbeerschnaps an, kochte Borschtsch, fütterte die Hühner, kochte Flusskrebse und schnitt im Herbst tagelang Äpfel, um sie in Ringen zu trocknen. Zwischendurch brach und kämmte sie mit den Bäuerinnen Flachs. Das war eine schreckliche Arbeit, bei der sie sich die Finger mehr ruinierte als mit dem Saft der Blaubeeren. Den geglätteten Flachs danach zu spinnen, das tat sie gern! Er war ihr lieber als die fettige Wolle der Schafe. Womit hätte sie sich in der Stadt beschäftigen sollen? Sticken war keine Arbeit für sie. Spinnen könnte sie auch in einem vornehmen Haus, in dem die Dienerschaft die meiste Arbeit verrichtete.

Johann zeigte sich dankbar über die Bekanntschaft und ließ sich mögliche Konsequenzen aus dem Besuch offen. Er äußerte seinem Vater gegenüber, er würde sich vorerst lieber in die Geschäfte des Rates einarbeiten, um dort Praxis zu gewinnen, dem Entstehen eigenen familiären Lebens wolle er gern Zeit lassen. Der Vater war es zufrieden und drang nicht in ihn.

So vergingen einige Jahre. Narva wuchs. Eine Aufgabe des Rates war es, die Zugezogenen oder teilweise nur kurzzeitig Zugezogenen zu registrieren, in die Stadtbürgerschaft aufzunehmen, ihnen Bleiberechtsurkunden auszustellen und je nach Vermögen Bauplätze oder leer stehende Häuser zuzuweisen, den Bürgerpfennig zu kassieren für die Einbürgerung und diesen überhaupt erst festzusetzen. Bürgergeld wurde nicht mehr berechnet nach den Angaben der Zuziehenden über ihr Vermögen, denn diese waren bewusst oder unbewusst oft nicht korrekt. Sie vergaßen ihre Güter und Häuser in der Ferne oder sie betrogen, weil sie aus diesen Besitztümern kein Bares herausziehen konnten, es aber hier hätten bezahlen müssen. Also hatte Johann sich mit seinen Ältesten ein neues System erdacht, das die Größe der Familie berücksichtigte, aber auch die ausgeübten Berufe und die daraus am Ort möglicherweise zu erzielenden Einkünfte. Der Gerichts- und Regimentsschreiber aus Stockholm hatte dank seiner Sprachen- und Amtskenntnis wohl bessere Chancen, das Leben seiner Familie angenehm zu gestalten, als der frühere Militärgeistliche der österbottnischen Truppen und der Bader, der hier viel Konkurrenz hatte, der ehemalige Kapitän und der Töpfer aus Meißen, den die Nachahmung einer chinesischen Erfindung dort sein Handwerk gekostet hatte. Sogar die sehr kleinen Häuser im ehemaligen Hakelwerk unterhalb der Festung waren verkauft oder vermietet, viele wurden ausgebaut und mit großen russischen Öfen bequem gemacht für die größer werdenden Familien. Selbst die Fischersiedlung an der Ostsee, zehn Werst von der Stadt, erhielt Zuzug von Handwerkern: Leinewebern, Schreinern, Schustern.

Es gab nicht nur Zuzug, es verließen auch manche Narva nach kurzer Zeit: zu mehrjährigen Studienreisen in die Niederlande beispielsweise, wie sie für Männer aus guten Familien üblich waren. Es gingen auch die mit den Berufen, die hier in der Gegend der Holzhäuser nicht, im entstehenden Petersburg aber viel gebraucht wurden wie die Steinmetze und Maurermeister, Bildschnitzer und Kürschner. Letztere hatten hier wenige Aufträge, weil es nicht so viele reiche Familien gab, die regelmäßig arbeiten ließen. Sie zogen meist nach kurzer Zeit weiter ins kalte Russische Reich, hoch im Norden, wo viel mehr Menschen, auch die mit mittleren Einkommen, auf Pelze angewiesen waren. Sie kamen aus ganz Europa, würden wir heute sagen. Von den Vornehmen und Gebildeten zogen einige fort, weil es keine Freimaurerloge gab, der sie hätten beitreten können. Der Dubbert kam aus Dobbertin in Mecklenburg; der Weinschenk Wiler schrieb und sprach sich holländisch Wijler, weil er von dort kam, obwohl seine Vorfahren aus Stockholm stammten; als elterliche Herkünfte waren Lübeck, Finnland, Riga, Husum, Görlitz, Söderköping in Östergötland, Frankfurt an der Oder, Skvarits in Ingermanland, Aberdeen in Schottland oder Lohr in Franken nicht selten. Die Vorfahren des Andreas Falkovius waren schon vor hundert Jahren hier gewesen und als Bürger registriert, hatten ihr Bürgergeld gezahlt, das sie ihm nun kein zweites Mal abnehmen konnten, auch wenn er es nicht wusste. Sein Vorfahr Andreas, der sich damals zwar Foscovius nannte, aber die gleichen Ahnen angab wie er auf seinen Papieren, war hier Gerichtsschreiber gewesen. Ebenso ging es dem Frederik Hagen, dessen Urahn Gerd von Haven hier 1649 das Goldschmiede-Amt begründet hatte. Er wusste nicht, dass die Urenkelin seines Vorfahr hier noch als alte Frau lebte. Freilich hieß sie anders, wie es den Töchtern eben ergeht, wenn sie verheiratet werden, so dass sie in jeder Generation andere Namen tragen und dennoch die Nachfahren ihrer nach Narva eingewanderten Ahnen sind. Die Schreibweise vieler Namen, die durch so vielsprachige Münder und Ohren gewandert waren, war oft das Hauptproblem: Der Hinrich Pommers hieß in seinen Papieren Pomreß, Johannes Arpenbeck war der Enkel jenes Hans Arffenbeck, der dem Herzog Friedrich von Schleswig-Holstein auf seiner Persienreise gedolmetscht hatte. Er wies sich aus durch einen persischen Siegelring, der die Nachfahrenschaft glaubhaft machte, da es keine Dokumente gab. Die russisch geschriebene Anna Christiana Matwarna war eigentlich die Tochter des latinisierten Schweden Mattwaens, schrieb sich deutsch aber einfach *Mattweg*. Caspar Thiel oder Thielen nannte sich auch Thylle. Morian – Murjahn – Muriahm; der lettische Winzling Pyckematts – niederdeutsch Pikemass – russisch Puike, Maz – deutsch Pyk, Matthias – schwedisch Pyka, Matz … Wer sollte Ordnung in die Bücher bringen, wenn nicht Johann, der Polyglotte?

Die Kapitäne waren für viele Länder auf See gewesen, nicht selten waren Zuzüge aus Schottland, aus den fernen Ländern Russlands, aus Spanien und Portugal. Die Schweden und die Deutschen waren nicht nur an ihrer Sprache, sondern auch daran, dass sie schon seit Jahrhunderten ihre Namen und manchmal sogar ihre Berufe latinisiert hatten, erkennbar: Foscovius, Micigeus, Duncanus, Molitor, Borromeus, Gnospelius, Fabricius, Cisnerus, Lipsius … Vaters Freund Govinius war selbst einer von denen. Das wunderte hier niemanden. Wobei das Lateinische nicht ihr Vorrecht war. Als Berufe gaben sie an: Kondukteur, Reepschläger,[27] Barbier, Kaufmann, Capellan, Kronbaumeister, Kronbediensteter, Notarius, Kompanieprediger, früherer Stadtleutnant oder *Translator des Collegiums*. Dies alles wurde sorgsam geprüft in die Vergangenheit und Gegenwart und floss ein in die Berechnung des Bürgergeldes, das binnen eines Jahres für die Ansiedlung zu zahlen war. Manche mussten auch noch Urkunden nachreichen, wenn sie ihre Geburt und Herkunft nicht beweisen konnten. Aber bleiben konnten alle, die das wollten, denn sie mehrten Ansehen und Größe der kleinen Stadt.

---

27 Seiler

Die Geschäfte der Familie gediehen, Besuch aus Neuenmühlen, Reval und Dorpat reiste an und nach einigen Wochen wieder ab, Freund Jacob kam aus Reval und blieb lange Zeit und wurde vom Vater als Ratslehrling akzeptiert. Das war die seligste Zeit für Johann. Nach acht Monaten musste der Jungherr Jacob jedoch zurück in seine Ehe, die seine Familie ihm arrangiert hatte. Die Familie wuchs in Form der erwachsen werdenden Halbschwester Helene.

Als Johann dreiunddreißig Jahre alt wurde und den Posten eines Pronotarius von Narva angetragen bekam, freite er um Elisabeth, die längst nicht mehr mit einer Anfrage gerechnet hatte. Da sie keine anderen Angebote erhalten hatte, sagte sie zu. Gegen den Willen von Johanns Stiefmutter Ottilie, die ein standesgemäßes Fest für alle Angehörigen des Rates und der Gilde wollte, gab es eine schlichte Familientrauung durch den Pastor von Vaivara auf dem Gut, auf dem Vater Govinius Arrendator war. Sie beschlossen für die Trauung, was es nicht geben konnte: eine evangelische Haustrauung in russischer Sprache. Der Pastor, der Elisabeth schon getauft hatte, tat, was es zuvor nie gegeben hatte. Die Russen ließen sich orthodox trauen mit hohen Kronen auf ihren Köpfen und im Hintergrund den Teufel bespuckenden Priestern und die Deutschen in schlichten Herrnhuter Kirchen, die Schweden evangelisch-hochkirchlich in den Städten. Die Esten mussten oft weit reisen zu einer katholischen Kirche. Wobei die meisten von ihnen auf diese Reise verzichteten und an Mittsommer auf einem Platz im Walde ohne Priester heirateten und irgendwann, mitunter Jahre später, wenn einmal ein Priester in der Nähe war, die Ehe und die Kinder nachträglich ins Kirchenbuch eintragen ließen. Freund Johann und Elisabeths Pate Wulf von Manteuffel wurden Trauzeugen. Die Feier fand am Rande des blühenden Moores auf dem Hof statt. Elisabeth trug ein vollkommen eigenes Kleid – das Leinen hatte sie selbst gesponnen, gewebt, gebleicht und farbig umsäumt – und zum

Ärger der Stiefmutter keine Perücke, Johann war nur zum Traugottesdienst städtisch-feierlich gekleidet mit einem riesigen Spitzenkragen auf samtener Jacke. Danach gewandete er sich in seine russische Festtracht, die er einst in St. Petersburg getragen hatte und die hier immer noch Aufsehen erregte.

Ein Jahr später wurde in Narva der kleine Johann Martin geboren, als einziges Kind aus der Verbindung der beiden. Das Kind wurde im Gut des Moordorfes aufgezogen und anfangs von seiner Mutter Elisabeth unterrichtet. Stiefmutter Ottilie war nicht zufrieden damit, dass Elisabeth nur zeitweise in der Stadt lebte, sich nur selten wie eine Dame der Gesellschaft kleidete und meist auf dem elterlichen Gut bei ihrem Sohn Martin und ihren Eltern blieb, aber sie lenkte ihren Ehrgeiz nun auf das Fortkommen und die möglichen Verbindungen ihrer Tochter Helene. Oh, wie stolz sie gewesen wäre, hätte sie erfahren können, dass diese einzige Tochter durch ihre Hochzeit 1772 die Stammmutter der großen Familie von Seidlitz wurde mit unzähligen Nachkommen! Ihr Traum von Macht und Vielfalt erfüllte sich, doch sie konnte nur den kleinsten Teil davon miterleben, denn es waren viele Generationen nötig, um die Pracht und Fülle der von Seidlitz'schen Familie vom Gut Sottküll zu entfalten.

Unspektakulär und somit kaum sichtbar in der Öffentlichkeit begann im Januar 1744 die Reise der Prinzessin Sophie Auguste Friederike von Anhalt-Zerbst. Sie hatte keine Vorstellung von der kommenden Macht und Pracht, welche sie erwartete. Ihr Gefolge brachte sie aus Anhalt über Berlin und ihren Herkunftsort Stettin nach Reval. Nur wenige Nächte ruhte sie in Reval im Schloss auf dem Domberg, ehe die Fahrt sie über Narva und Sankt Petersburg nach Moskau führte. Niemand in der Stadt Narva, die seit 1721 Teil des Russischen Reiches war, weder Mutter Ottilie noch Johann, Elisabeth oder der kleine Martin, merkte auf, als der Zug der wappengeschmückten Kutschen mit einer blassen

Vierzehnjährigen vorbeikam, die mit ihrem Cousin zweiten Grades, dem Thronfolger Peter Fjodorowitsch, verlobt war und nicht von ihrem Buch aufschaute. Sie hatte eben begonnen, Russisch zu lernen. Das faszinierte sie mehr als die langweilige Landschaft draußen. Ein Jahr später heiratete sie ihren Cousin, welcher der erste Zar der Romanow-Dynastie wurde. Als spätere Zarin hieß sie Katharina, genannt die Große. Zwanzig Jahre später begleitete sie ein gewisser Kammerjunker Potemkin bei ihren Inspektionsreisen durch Neurussland in die von ihr gestifteten deutschen Siedlungen. Das erregte den Neid mancher russischen Adligen. Sie brachten zu seinem Schaden die Legende in den Umlauf, er habe sie mit Dorfattrappen, potemkinschen Dörfern, getäuscht, um ihr die fortgeschrittene Besiedlung der neuen Gebiete vorzuspiegeln. In Wahrheit waren die Dörfer für den Besuch der deutschen Zarin herausgeputzt worden. Das hätte 1744 auch Narva gut getan, aber es fand nicht statt. Vermutlich hat sie die Siedlungen, die – bis auf das Hakelwerk – in den weiten Umfassungsmauern der Hermannsfeste und der Burg Iwangorod gelegen waren, nicht einmal wahrgenommen. Falls sie kurz hinausgeschaut hat, als die Kutsche über die Brücke rumpelte, hat sie die ragenden Mauern von Iwangorod gesehen oder den wildschäumenden Narvafluss, der – aus ihrer Perspektive gesehen – links hinter der Festung auftauchte.

Als Zehnjähriger musste Martin Krause den Tod seines Vaters betrauern. Die Beerdigung war für ihn überwältigend feierlich in Anwesenheit der Großväter Martin und Cornelius, ihrer Frauen und des gesamten Rates. In einer langen Prozession von Kutschen mit schwarzen Pferden wurde der Sarg zum Friedhof gebracht.

Martin wurde danach auf einem Schiff nach Reval geschickt, um bei der Goette-Familie zu wohnen und dort das einst von der Familie gestiftete Gymnasium zu besuchen. Johann hatte im späten Frühling eine Erkältung verschleppt, sich geweigert, zum Arzt zu gehen und seine Arbeit liegenzulassen, und hatte weiter regelmäßig im kalten Ratssaal der Hermannsfeste gesessen bei allen Entscheidungen, bis die Erkältung sich zu einer Lungenentzündung ausgeweitet hatte. Im hohen Fieber des Sommers, als alle anderen unter einem blauen Sommerhimmel ihre Lust fanden, verlor er Tage im Nebel und fühlte sein Schiff in einer Hafeneinfahrt festliegen. Er wartete vergeblich darauf, Lebenstage zurückzuerhalten, und erlag dem Fieber im September.

Gerdrutha Boustedt (1779–1821) und Martin Krause (1773–1852)

Der Großvater nahm Martin auf einem Schiff mit, denn er wollte in Reval einigen Geschäften nachgehen. In ihrem Gepäck befand sich eine Truhe mit Kleidern und Büchern, die Martin in der Schule benötigen würde. Sein Großvater flößte ihm Respekt ein! Martin war als Dorfkind aufgewachsen, sprach mit Mutter und Tante Mascha russisch, mit dem Gesinde estnisch, nur mit seiner Großmutter Othilie ein wenig deutsch. An sie musste er sich nie wenden, außer zu den üblichen Grüßen, Kratzfüßen und Handküssen, wenn er nach Narva kam. Nun erlebte er seinen Großvater deutsch und mit den Professoren des Gymnasiums lateinisch sprechend, was er längst hätte lernen sollen. Da ihn niemand gezwungen hatte, hatte er das Lernen wenn möglich vermieden. Er war stattdessen geritten und hatte seinem Großvater Govinius bei der Verwaltung des Gutes geholfen. Er hatte mit jagen dürfen, wusste alles über Entwässerungsgräben und wie der Torf vom Rande des Moores gestochen wurde und trocknete und auch, wie er das Moor selbst im wasserreichen Frühling fast gefahrlos überquerte. Nun schämte er sich seines fehlenden Wissens wegen und fasste viele gute Vorsätze.

Das Deutsche hatte er schnell aufgeholt bei den Onkeln, Tanten und Cousins Goette, die ihn neben der Schule im Kontor helfen hießen und begeistert waren ob seines guten Rechnens. Ihm nützte seine Erfahrung als Helfer in der Gutsverwaltung. Sie nahmen ihn im Sommer auf den Schiffen mit entlang der Küste, wenn sie Ware von den Inseln und Gütern kauften. Dort war sein Estnisch nützlich, das die Städtischen weniger gut sprachen. Mit fünfzehn war er überzeugt, nach Ablegen seiner Schulprüfungen in den Goette'schen Überseehandel einsteigen zu können, anstatt in Dorpat die Universität zu besuchen. Doch sein Großvater Martin sagte ihm eine gute Karriere voraus, wenn er Jura studieren würde, und versprach, seinen Einfluss für ihn als seinen bisher einzigen Enkel geltend zu machen. Er führte ihm vor Augen, wie sein Vater so gehorsam seinen Weg durch die Ostseeländer genommen hatte, wie er es ihm vorgezeichnet hatte, und dadurch zeitig zu Würden gekommen war.

So geschah es. Martin vervollkommnete sein Latein, studierte Jura, erlebte an der Universität die Jahrhundertwende mit einer Studentenfeier – derer er sich später schämte – im Fackelschein. Sofort danach erhielt er eine Stelle im Rat zu Reval, in der Stadt, die ihm Heimat geworden war. Aus dem benachbarten Stift für junge Damen vom Lande war ihm bei Goettes eine Gutstochter aus Brunnthal im Kirchspiel Kosch, unweit von Reval, vorgestellt worden, die ihm gefiel. Er wurde bei ihrer Familie vorstellig und war erfreut, dass diese kaum anders lebte als seine Mutter. Nur dass die Tochter im Gegensatz zu ihm zahlreiche jüngere Geschwister hatte, die im Haushalt mitwirkten. Gerade einmal Gerdrutha, die rotblonde Älteste, konnte das Stift besuchen. Sie war sechs Jahre jünger als er. Seine Mutter freute sich so sehr, dass sie erstmals in Narva das Schiff bestieg, nach Reval fuhr und sich nach Kosch kutschieren ließ, um die Familie der Schwiegertochter und diese kennenzulernen. So heirateten im Juni 1801 in Reval in der deutschen Nikolaikirche Johann Martin Krause und Margarethe Gerdrutha Anna Boustedt, die damit ihren Platz im Stift für ihre nächste Schwester Renate frei machte. Mit dem von seinem Vater ererbten Vermögen konnte Martin ein Haus an der Stadtmauer erwerben und mit Gerdrutha einen Hausstand begründen. Die Heirat war die Bedingung für seinen Einstieg in die Große Gilde von Reval, den sein Großvater ihm vorbereitet hatte. Dank seines universitären Titels und seiner geschäftlichen Gewandtheit stieg er schnell in den Stand eines Ältermanns auf.

Gerdrutha war in der ersten Zeit der Ehe unglücklich. Sie war bisher nie allein gewesen! Sie stammte aus einer großen, lebhaften Familie, in der jede und jeder zahlreiche Pflichten hatte. Ihre beiden Jahre im Damenstift waren anders gewesen, aber sie hatte ebenfalls einen geregelten Tagesablauf und Pflichten gehabt. Die jungen Damen hatten Unterricht in Religion, Haushalts- und Dienstbotenführung, Schneiderkunst, Musizieren, Schön- und Briefeschreiben und Zeichnen. Es gab Ausflüge, Tanzstunden, Teestunden, Termine mit Schneidern und Haarkünstlern und im Winter Bälle. Jeder Tag begann mit einer Andacht und jeder Sonntag war bis zum Tee der geistlichen Bildung und Predigtbesprechung gewidmet, ehe die jungen Frauen sich ans langwierige Ankleiden, Frisieren und Pudern begaben. Plötzlich war Gerdrutha mit ihrer Zofe und der Köchin allein. Martin, der ihr und ihren Eltern gefiel und schnell in höchste Ämter aufsteigen würde und sie mitnehmen würde in die beste Gesellschaft, verließ gegen elf nach dem Frühstück das Haus und kehrte selten vor Mitternacht zurück.

Inzwischen gab es in Reval eine Stadtbeleuchtung aus Öllampen und diese verlängerte das geschäftliche Leben, das zuvor im Winter nur auf die wenigen Tagesstunden ausgedehnt war, in die Abendstunden. In St. Petersburg war schon seit 1721 die Straßenbeleuchtung während der ersten Nachtstunden üblich. Fast achtzig Jahre hatte es seitdem gedauert, bis Reval, Riga und Dorpat beleuchtet waren. Vor etwa jedem fünften Haus wurde Walöl verbrannt, welches hell leuchtete, aber grässlich stank. Ein Illuminationsamt sorgte dafür, dass die Lichter rechtzeitig wieder gelöscht und sparsam verwendet wurden.

Gerdrutha verwünschte das Licht! Im Sommer hatte auch sie als Kind ihren Vater kaum gesehen, weil er die Zeit des

Lichtes auskostete, um in benachbarte Dörfer zu fahren, die Feldarbeit und die Lagerung der Ernte zu überwachen und vieles andere. Im Winter, wenn es schon um zwei oder drei Uhr dunkel wurde, gab es lange Stunden der Familienzeit, in der alle miteinander sprachen und spielten, aßen und Handarbeiten machten. Das künstliche Licht machte aus dem ersten Winter ihrer Ehe einen endlos langen Sommertag, an dem sie ohne Martin auskommen musste. Sie konnte sich tagsüber gut beschäftigen: Sie ging auf den Markt und in die Läden, in die Kirchen und zu verheirateten Freundinnen aus dem Stift, sie besuchte mit Kutscher und Zofe ihre Eltern und wurde Patin für die ersten Kinder der Freundinnen. Aber die Abende erschienen ihr furchtbar lang. Sie schrieb in ihrer zierlichen Schrift Briefe an Martins Mutter und Großeltern, an ihre Schwestern und Verwandten, an ihre Paten und Martins Familie in Weißenstein und Riga. Das war ihm noch nie in den Sinn gekommen. Doch er gab ihr Recht. Da seine Mutter so ländlich lebte und zusammen mit dem Personal wirtschaftete, Überschuhe aus Stroh trug wie die Bauern und kaum gesellschaftliche Pflichten wahrnahm, hatte er es sich nicht vorstellen können, dass seine Frau sich mit Briefeschreiben beschäftigen würde. Seine Stiefgroßmutter hatte dies sicher getan, er würde sie beim nächsten Treffen danach fragen und sie mit seiner Frau bekannt machen. Bei der Hochzeit war zu wenig Zeit gewesen, als dass sich die Familien genauer kennenlernen konnten. Ihr Schreiben führte zu einem neuen Zusammenhalt in der Familie, wie es ihn durch den unendlich großen Abstand zwischen seiner Mutter Elisabeth und seiner Stiefgroßmutter Ottilie in seiner Lebenszeit noch nie gegeben hatte. Er wünschte sich, dass Gerdrutha auch seine Tante Helene von Seidlitz, die schon mehrere Kinder hatte und auf dem riesigen Gut ihrer Schwiegereltern lebte, wo sie kaum in den Haushalt und die Erziehung eingreifen musste, bald kennenlernen würde.

Daraus wurde vorerst nichts, denn Gerdrutha war sofort nach der Hochzeit schwanger und anfangs unwohl. Danach verlor sie ihre mädchenhafte Schlankheit und es schickte sich nicht mehr, Besuche zu machen. Am 18. Februar 1802 wurde ihnen eine Tochter geboren, Elisabeth Helene Krause. In der Taufe am dritten Lebenstag erhielt sie die Namen von Martins Mutter, ihrer Großmutter und der vornehmen Patin Helene von Seidlitz, die ihr ein großes russisches Goldstück in einen handbestickten Beutel einnähte, der allseits bewundert wurde wegen der Stickerei und des Inhalts.

Nun langweilte sich Gerdrutha nicht mehr, sie hatte ein Kind! Sie lehnte die angebotenen Ammen ab und stillte das Kind selbst, was ihre Schwiegermutter und Mutter befürworteten, die Patin und die vornehmen Goette-Damen aber nicht wissen durften. Letzteren war natürlich nichts lange zu verheimlichen, da in einer kleinen Stadt wie Reval nichts geheim blieb. Was hatte sie zu verlieren? Ihre durch das Stillen viel zu dünn gewordene Figur rundete sich schon bald vom nächsten Kind, Henriette Marie. Bei der dritten Tochter, Renate Dorothea, drohte Martin ihr scherzhaft, dass sie ausziehen müssten, wenn das Haus zu klein würde für alle Kinder und Angestellten. Ein reichliches Jahr darauf wurde Martin der ersehnte Sohn geboren, Jacob Frederic.

Helene war inzwischen ein großes Mädchen geworden. Sie kümmerte sich zusammen mit der Kinderfrau um die kleinen Schwestern. Sie spielte nicht mit der als Fürstin mit geschmücktem Hut und schleppendem Kleid herausgeputzten Puppe, die die Patin ihr geschenkt hatte, die echten Kinder waren ihr lieber. Wäre sie ein Junge gewesen, hätten die Eltern sie jetzt, wo ihre Zähne zu wackeln begannen, in die Schule gegeben. Als Mädchen hatte sie im Hause Arbeit und in der Stadt und sogar außerhalb der Mauer Freiheit. Von ihren Cousins lernte sie Lesen und Schreiben. Das machte ihr Freude. Sie kannten einen Sandstreifen unweit des Strandes, den das Meer immer wieder glatt strich, der wurde ihre Tafel. Manchmal setzte sie ihre nackten Füße neben die Tapsen der estnischen Fischerkinder, die dort die lustigen Fußabdrücke mit sechs Zehen an jedem Fuß hinterlassen hatten. Fußabdrücke waren auch Buchstaben: Jeder schrieb sie ein wenig anders, egal, wie viel Mühe die Kinder sich gaben. Aber sie galten alle gleich viel.

Gern war sie bei den Großeltern im ländlichen Kosch, wo ihr zwar die kleinen Schwestern fehlten, sie aber bei den Tieren im Stall sein und reiten lernen durfte. Ihre jungen Tanten unterrichteten sie in vielem, und von den Gutskindern lernte sie Estnisch. Ihre Eltern bemerkten es erst, als Martins Mutter Elisabeth da war, um den kleinen Jacob über die Taufe zu halten und alle ihre neuen Enkelkinder zu sehen. Sie sprach mit Martin Russisch und mit Gerdrutha eine krude Mischung aus wenig Deutsch und viel Estnisch, weil sie des Deutschen nicht mächtig war. Helene bestaunte die Großmutter, die so anders war als alle Frauen, die sie kannte: Sie trug ihre natürlichen Haare wie ein Kind oder wie die Mutter, wenn sie zu Bett ging; sie hatte Hände wie eine Bäuerin, die sie lehrten, Blumenkränze zu winden und zu spinnen; sie kannte die Eigenschaften aller Pflanzen. Sie wusste, welche als Medizin gesammelt und getrocknet werden konnten. Die Namen kannte sie freilich nur auf Russisch. Das fand Helene spannend, denn in der Stadt sprach außer einigen Ammen, Kinderfrauen und Wäscherinnen niemand anders als deutsch.

Als Helene zehn Jahre alt war, stellte der Vater eine Gouvernante ein, eine französische Adlige, die seit Jahren auf der Flucht vor der Revolution unterwegs war und eine Stellung für ihren Lebensunterhalt suchte. Mademoiselle Adelaide lebte jedoch nicht lange bei ihnen, denn nun kam ihr der verhasste Landesvater gefährlich nahe: Napoleon war über fast ganz Europa hergefallen und hatte 1812 auf dem Weg nach Russland eine Spur von Unheil durch die Landschaft gezogen, zum Glück war er nur an dessen südlichem

Rand durch das Baltikum gekommen. Das beschäftigte die Menschen im Norden! Erstmals in der Geschichte weitete sich der Blick vom unmittelbaren Umfeld von Gut und Stadt auf ganz Europa! Als Napoleons Truppen vom katholischen Wilna nach Norden abbogen auf das südöstlich von Riga gelegene Dünaburg zu statt ostwärts nach Russland, wie erwartet worden war, begannen viele Gutsbesitzer in Livland, Kurland und Letgallen ihre Höfe zu sichern, ihre Töchter zu verstecken und die Wertsachen zu vergraben. Aber viel Zeit war nicht, denn es war Juni und das Heu musste eingeholt werden und alle Arbeiter waren auf den Feldern beschäftigt. Aus Dünaburg wurde ein Damenstift, in dem mehrere entfernte Verwandte lebten, die ihnen dies in verzweifelten Briefen mitteilten, nach Riga verlegt, aber die Angst in der Provinz war umsonst gewesen.

In Riga hatte der Generalleutnant Magnus Gustav von Essen in einer Julinacht die Vorstädte anzünden lassen, um ein freies Schussfeld zu bekommen und den französischen Truppen keine Deckung zu bieten. Mehr als siebenhundert Häuser brannten ab. Die Damen hatten aus ihren Fenstern den Stau der Karren der binnen einem Tag umgesiedelten Armen und der Möbelwägen der Wohlhabenden gesehen, die nicht schnell genug in die Innenstadt kommen konnten. Die Feuersbrunst sahen sie am Horizont und hörten die saugende und schmatzende Stimme des Feuers, das die Holzhäuser, drei eilig entwidmete hölzerne Kirchen, die winzigen Läden, den Vorstadtmarkt, aber auch eine große Anzahl neuer stattlicher Holzhäuser von wohlhabenden Menschen, die an der entstehenden Ausfallstraße gebaut hatten, und alle Luft verschlang. Das gerettete Kirchengerät lagerte, wie sie später erfuhren, in einem ehemaligen katholischen Kloster, das seit der Reformation verschlossen war, in der Altstadt. Die Menschen hatten bei Verwandten unterkommen müssen oder waren aufs Land geflüchtet auf die Güter, aus denen sie einst gekommen waren, um Arbeit in der Stadt zu finden. Die Wohlhabenderen waren später aus der Feuer-Assekuranz der Stadtkasse für ihr verbranntes Eigentum entschädigt worden. Von den Stadtarmen wurden keine Anträge gestellt, weil sie ihren Besitz kaum als solchen bezeichnen und beziffern konnten. Eine Anzahl der von ihren Strohsäcken nicht mehr aufstehenden Alten, derer, die keinen Boten mehr hören konnten, und der unbehüteten Kinder waren ums Leben gekommen. Im und vor dem Dom hatte es Dankgottesdienste dafür gegeben, dass Napoleon die Stadt verschont hatte. Eine Gruppe russischer Eiferer hatte gefordert, dass der Stadtkommandant von Essen bestraft werden solle für sein vielfach tödliches und für die Vorstädte so schädliches Eingehen auf ein Gerücht, aber damit hatten sie keinen Erfolg. Die Russen waren keine einflussreiche Gruppe: sie machten nur ein Sechstel der Bevölkerung aus im Gegensatz zu einem Viertel Letten und der Hälfte deutscher Einwohner.

Als die Damen nach einem Monat verstört zurückkamen, war Napoleon weder in Riga noch in Dünaburg gewesen, aber aus den Häusern war manches gestohlen worden. Es fehlte mehr, als die Soldaten der Grande Armée mitgenommen hätten, vor allem der unter den Dielenbrettern versteckte Goldschmuck. Das war grässlich, aber nicht aufzuklären, denn die Häuser waren verschlossen gewesen. Der Schmuck war der Notgroschen der Damen. Er wurde selten getragen, war aber Teil der Aussteuer und konnte in Notzeiten versetzt werden. Wer sollte sich unbemerkt Zutritt verschafft haben? Von all diesen Schrecken, von Diebstahl und Betrug erfuhr Helenes Familie im Norden Estlands erst aus später eintreffenden Briefen der Rigaer Verwandten.

Der Beginn von Helenes und ihrer Geschwister Unterricht zögerte sich hinaus, weil die Familie mit allen fünf Kindern zuvor nach Narva reiste zur Hochzeit im von Seidlitz'schen Hause. Drei der erwachsenen Kinder heirateten gleichzeitig, zwei Söhne und eine Tochter. Wegen der weiten Wege, der schlechten Straßen mit den häufigen Überfällen verarmter Menschen und des Wunsches nach einem tage- und nächtelangen Fest mit allem standesgemäßen Pomp hatten sich die Familien auf diese Großhochzeit geeinigt. Martin trug, wie die meisten Herren, einen Rock aus Samt wie der russische Zar Alexander I. und eine seidene Schärpe. Spitzenkragen waren aus der Mode gekommen, sie wirkten nicht gut unter den Perücken der Herren und wichen seidenen Tüchern. Danach wurden Herrenperücken unmodern, und die vornehmen Männer zeigten wieder eigenes Haar. Gerdrutha trug einen Hut, der üppig mit Blumen und Federn dekoriert war. Ein modernes Korsett statt des Mieders konnte sie in ihrem Zustand nicht mehr tragen, aber sie hatte ein freizügiges Dekolleté mit kleinen Schleifen am Ausschnitt. Eine Hochzeit wie die der drei von Seidlitz'schen Paare hatte es in Narva nie zuvor gegeben. Die soldatischen Freunde des einen Bräutigams bildeten in ihren gleichen, Uniform genannten mit hohen Schulterstücken verzierten Samtanzügen ein langes Spalier, durch das alle Paare zur Kirche schritten. Nein, das hatte niemand zuvor gesehen: Soldaten in der einheitlichen Tracht ihres Königs. So etwas hatte bisher nur Napoleons Armee vorgelebt.

Kaum war das Goette'sche Schiff wieder in Reval angekommen, kam Gerdrutha zum sechsten Mal nieder, und das Haus wurde nun zu eng. Bescheiden wurde die Taufe von Julius Alexander in der Olaikirche gefeiert. Gerdrutha stillte diesmal nicht selbst, sie war erschöpft von den Geburten und dem jahrelangen fast ununterbrochenen Stillen. Martin erhielt ein Gut in der Nähe von Reval zur Verwaltung für seine groß gewordene Familie: Er wurde nebenberuflich Arrendator von Gut Habern, wo seine Familie nun viel Raum in Haus und Gärten bewohnte. Ihm war es unangenehm still in der Stadt. Hatte er sich so sehr an den ständigen Kinderlärm gewöhnt und daran, dass die Kinder das einzige Thema bei Tisch waren? Das fiel ihm erst jetzt auf.

Seine Frau erholte sich langsam. Sie musste nichts für das Gut tun, sie konnte sich um die Bildung der Kinder kümmern. Gerdrutha hatte die französische Gouvernante entlassen, diese hatte nicht mit klugen Kindern, die vieles konnten, ohne zur Schule gegangen zu sein, gerechnet. Ihr Lehrstoff war zu schmal und zu damenhaft; Helene, Marie und Dorothea lernten nichts bei ihr. Gerdrutha bemerkte, wie die Mädchen kicherten und den französischen Tonfall nachahmten, auch geziert auf Zehenspitzen zum Pferdestall stolzierten, so dass Mademoiselle Adelaide es von ihrem Fenster aus sehen musste – sie, die das Reiten und alle anderen körperlichen Bewegungen wegen ihrer Reifröcke verabscheute und immer in Seidenstrümpfen, Absatzschuhen und mit Perücke herumlief. Jacob würde entweder seine Schwestern oder die feinen Damen verachten lernen, wenn das so weiterging.

Also entließ Gerdrutha Adelaide – die keine hiesige Sprache sprach und selbst das Deutsche nur radebrach – und stellte einen jungen Mann als Hauslehrer ein, Felix Christoph von Willert. Er war 24 Jahre alt und hatte das Studium an der Universität Dorpat mit Auszeichnung bestanden. Allerdings verschaffte ihm dieser Abschluss keinen angemessenen Platz im Leben. Als Arzt oder Pastor hätte er sofort in fürstliche Dienste treten können, aber als Philosoph war es schwer, außerhalb einer Schule eine Stellung zu finden. So suchte er nach einer Hauslehrerstelle in der Ritterschaft. Da er diese nicht fand, unterrichtete er jetzt hier in der Provinz, wo es keine Schulen gab, die drei Töchter und Jacob. Da er selbst von einem Gut kam, wusste er, was Kinder zur Bildung benötigen. Er sprach deutsch, estnisch und lateinisch, was den Anforderungen des familiären Lebens entsprach. Er setzte voraus, dass die Kinder lesen und schreiben konnten. Er sah, dass sie klug, aber wild waren, und bändigte sie, indem er morgens mit ihnen ausritt, ehe er sie im Schreiben, Rechnen, im deutschen Ausdruck, in Latein und später auch in Rhetorik, Literatur, Religion, Botanik und Arzneikunde unterrichtete. Wenn Vater Martin kam, um seine Gutspflichten zu erfüllen, fiel der Unterricht stets eine Woche lang aus, und Christoph von Willert ging dem Ratsherrn zur Hand. Er half, die Bücher zu führen, zahlte die Löhne an die Bediensteten, maß die Abgaben der Bauern. Er unterstützte Gerdrutha mit den Bestellungen für den Haushalt und war bald unentbehrlich in allen Angelegenheiten. So konnte sie sich auf ihre anderen Aufgaben konzentrieren: die Mamsell kontrollieren, die Speisepläne erstellen, die Kleider der wachsenden Mädchen anfertigen lassen, die beiden Kleinen Editha und Alexander unterrichten. Gerdrutha war auf Habers (die Esten nennen es Haabersti), wo sie alle glücklich waren, weitere drei Male schwanger, aber es wurden Fehlgeburten. Helene, die zum jungen Mädchen wurde, hatte alles beobachtet, konnte aber ihre Mutter nicht fragen, das schickte sich nicht. Sie war aus dem Alter heraus, in dem sie unbeschwert plapperte, und Herrn von Willert konnte sie nicht nach Frauensachen fragen. Die Amme antwortete ihr ausweichend, indem sie sagte, dass sie schon genug Kinder seien und dass sie nicht trauern solle, die Mutter sei nicht mehr gesund genug für weitere Kinder. Dies war ihr ein Rätsel.

Als Jacob zum Vater in die Stadt geschickt wurde, um die letzten Schuljahre am Gymnasium zu verbringen und sich auf das Studium vorzubereiten, nahm die Mutter Christoph von Willerts Bruder Johann Christian aufs Gut. So war der ältere Bruder entlastet von den vielen Funktionen, die er inzwischen ausübte, und sie gab dem Jüngeren die Chance, sich in Gutsangelegenheiten einzuarbeiten. Für Helene, die zur jungen Dame reifte, war er nicht der neue Gutshelfer des Vaters, sondern der Mann, von dem sie einst einen Antrag zu erhalten hoffte. Ihre Mutter Gerdrutha sah und verstand das. Sie weihte sie und ihre beiden nächsten Schwestern ein in die weiblichen Künste: Kleiden und Pudern, Frisieren,

Wangenrot, Lippenrot und Duftwässer, Verwendung von Haarteilen und Perücken; Tanzen und mit Männern scherzen, ohne dass es missverständlich wurde, Avancen höflich abweisen oder züchtig annehmen. Außerdem gab es die Künste der Haushaltsführung: die Auswahl und Führung des Personals, der Ablauf des Haushaltsjahres von Lichtmess bis Weihnacht im Einklang mit Saat, Wachstum, Ernte und Verarbeitung des Geernteten. Es gab die Aufsichtspflichten über den Haushalt und die religiösen Pflichten in den Festvorbereitungen: Was war für eine Taufe oder eine Hochzeit zu beachten? Was für eine Beerdigung? Wie war mit dem Pastor umzugehen, welche Lieder waren zu wählen? Wer war einzuladen und wo unterzubringen? Wie weit reichte Familie? Der Hauptlehrstoff hieß *Taktgefühl.* Wie sorgte eine Jungfrau und spätere Ehefrau dafür, dass niemand im Hause zu wenig Beachtung geschenkt wurde, dass alle sich in ihren Stand fanden, dass Männer und Frauen in ihre Aufgaben hineinwuchsen? Was war, wenn Schwestern unverheiratet blieben und im Haushalt wohnten? Wie viele solche Krippenreiterinnen vertrug ein Haushalt? Womit konnten sie beschäftigt werden, damit sie sich nicht dem Personal gleichgestellt fühlten? Später einmal Herrin sein bedeutete, verantwortlich zu sein für das Wohlgefühl aller: das der Alten und Uralten, der Kinder und ihrer Ammen, der Unverheirateten und der Eheleute. Alle brauchten angemessene Kleider für alle Jahreszeiten und die Feiern, auch das Personal. Dieses aber benötigte Aufsicht, Anregung im Winter und Hilfe in den Zeiten schwerer Arbeit. Die Männer mussten die Zeiten wissen für Ernte, Torf und Holz, für Markt und Handel, für das Trockenlegen des Moores, um wieder ein Stück urbar zu machen. Es musste literweise Pflaumenlikör hergestellt werden für die zahlreichen Besucher, die traditionell mit Kaffee und Likör begrüßt wurden und nicht nur einige Stunden oder einen Abend blieben, sondern manchmal auch Wochen oder Monate. Verarmte

Verwandte hatten mitunter keine eigenen Wohnungen, sie wohnten reihum auf den Gütern der Verwandtschaft. Das waren die eigentlichen Krippenreiter, nicht die unverheirateten Damen, die ihre Pflichten hatten in den Haushalten. Die Frauen mussten die Zeiten der Seelen kennen, das Trösten und Maßregeln, das Auf- und Verblühen der Generationen. Die Mädchen schrieben Briefe und hatten Cousinen und Freundinnen auf entlegenen Gütern und in den Städten, an denen sie Konversation lernten und ihre Schrift verbesserten. Ihr Leben fand schriftlich statt, Schreiben war ihnen Elixier.

Der Unterricht war noch nicht beendet, da war Gerdrutha wieder schwanger und konnte die nun achtzehnjährige Helene teilhaben lassen am Geschehen. Bewusst erlebte Helene alle Phasen der Schwangerschaft mit, bis sie Mutter Gerdrutha, der es gegen Ende der Schwangerschaft nicht gut ging, im Schlitten nach Reval ins Stadthaus kutschierte, um einen Arzt zu konsultieren. Trotz der Betreuung von Arzt und Hebamme starb Gerdrutha an der Geburt ihres siebten Kindes nach der zehnten oder elften Schwangerschaft. Helene war die gesamte Zeit dabei gewesen und einerseits zerrissen von der Aufregung, andererseits versteinert. Das Gewaltsame der Geburt hatte die Empfindsame zutiefst erschreckt: die Gewalt des körperlichen Prozesses, das Aufbäumen, die ärztlichen Eingriffe und danach die Gewalt und die Stille des Todes. Von den Tieren des Gutes wusste sie, dass eine Geburt nichts Leichtes ist, aber die Mutter schreien zu hören und ihr kein Trost sein zu können, das hatte sie nicht erwartet.

Sie hätte nach der Beerdigung im Schlitten nach Hause fahren und die mütterlichen Pflichten auf dem Gut übernehmen müssen, doch sie konnte es nicht. Sie lag krank im Stadthaus, der Vater bestellte die jüngere Schwester zur Pflege und befahl der Dienerschaft, sie zu versorgen. Helene lag im dunklen Zimmer. Sie redete mit keinem, aß kaum, konnte nicht sagen, woran sie dachte. Sie blutete alle vier Wochen und glaubte zu sterben wie die Mutter, die verblutet war. Sie nahm sich nicht der Pflege des kleinen Gert Benjamin an, das konnte sie nicht, für ihn warb der Vater eine Amme. Wochen später sagte Helene zur Amme, sie hielte das Blut für den Schatten der mütterlichen Geburt. Da musste die Amme lachen und ihr danach noch einige Sachen über Frauen, Männer und Blut erzählen. Viele Gespräche, viel Abgeholtwerden von Freundinnen und viel Bewegung am Strand waren nötig, um die junge Frau der Welt wiederzugeben.

Mitten in ihrer Trauer kamen ihre beiden Schwestern in die Stadt und luden die Widerstrebende und den Vater in die große kastenartige Kutsche, die sonst nur selten verwendet wurde, und sie fuhren die Tagereise nach Narva, von wo sie die Nachricht vom Tod der Großmutter Elisabeth erreicht hatte. Diese Reise, dem Tod einer weiteren geliebten Person entgegen, heilte sie. Doch sie verwurzelte den vielfachen Tod in ihren Gefühlen. Das Leben würde nie mehr so unbeschwert sein wie zuvor. Sie war erwachsen geworden.

Ihr Vater überlebte die Mutter um 31 Jahre. Er übte sein Amt als Ältermann der Großen Gilde in Reval aus und kam regelmäßig auf das Gut Habers, auch wenn er die Tätigkeiten des Arrendators längst ausüben ließ.

Helene Krause (1802–1847) und Christian von Willert (1805–1880)

Wegen seiner vielen Ämter war der Vater froh, dass seine erwachsene und der Welt wiedergegebene Tochter Helene einen Teil seiner Pflichten auf dem Gut übernahm und ein Hauslehrer seine Kinder unterrichtete. Unter Helenes Leitung wuchs das Gut. Wie wir uns ein solch reiches Gut in jener Zeit im Norden vorstellen müssen, erzählt uns Selma Lagerlöf, die zwar fünfzig Jahre später, aber weniger als 400 Kilometer vom Gut Habers entfernt lebte und schrieb. Ihre Heldin, die noch kein großes Gut gesehen hatte, „wollte wissen, was in all diesen großen Gebäuden war. Da ging er geduldig mit ihr in die Milchkammer und in den Eiskeller, in den Weinkeller und in den Kartoffelkeller. Er nahm alles der Reihe nach durch und zeigte ihr die Speisekammer und die Holzkammer und den Wagenschuppen und die Rollkammer. Dann führte er sie durch den Stall der Arbeitspferde und durch den der Wagenpferde, er ließ sie die Sattelkammer und das Bedienstetenzimmer sehen und die Knechtestube und die Werkstatt. Sie war … verwirrt von all diesen Räumen, die [der Besitzer für] nötig gefunden hatte, in seinem Hause einzurichten, aber ihr Herz glühte vor Entzücken bei dem Gedanken, wie herrlich es sein musste, über all das zu walten … so dass sie gar nicht müde wurde, obgleich sie auch die Schafställe und die Schweineställe durchwanderten und zu den Hühnern und zu den Kaninchen hineinguckten. Sie untersuchte gewissenhaft die Webekammer und die Molkerei, die Räucherkammer und die Schmiede, alles in wachsender Begeisterung. Dann gingen sie über große Dachböden, Trockenböden für Wäsche und Trockenböden für Holz, Heuböden und Böden für trockenes Laub, das die Schafe zu fressen bekommen … Aber den tiefsten Eindruck machte ihr das große Bräuhaus und die zwei niedlichen Backstuben mit dem weiten Ofen und den großen Tischen."[28]

Helene kannte dies alles seit ihrer frühesten Kindheit, auch wenn der Anfang auf Gut Habers bescheiden gewesen war und viele dieser Gebäude erst nach und nach dazugebaut worden waren.

Dennoch fand Helene immer wieder Zeit, ihren Vater in Reval im Stadthaus und ihre Mutter auf dem Friedhof zu besuchen. Sie war Zeugin, als im Juli der Olai-Kirchturm brannte und die Menschen das Kirchengerät und die wertvollen Bücher retteten. Der Brand war so gewaltig, dass er jenseits der Ostsee im heutigen Finnland zu sehen war! Das wurde ihr aber erst viel später erzählt.

Noch im gleichen Jahr, Helene war neunzehn Jahre alt, nahm ihr Vater sie von Reval kommend im Schlitten erstmals mit in die Welt, das heißt nach Riga. Dort hatte er Geschäfte und hoffte, dass sie unterwegs so viele neue Eindrücke erhielte, dass sie der Welt wieder ganz zurückgegeben werden würde. Er musste die Ältermänner der Großen Gilde Rigas und einige Bibliothekare besuchen, mit denen er korrespondiert hatte wegen Handschriften, die Stadt Reval und die hiesigen Gilden betreffend. Die Dokumente würde er in tagelanger Arbeit kopieren, die in den Buchsammlungen und bei den Händlern vorhandenen für die Stadt kaufen. Seine Tochter hatte eine exzellente Handschrift und kostete nichts, beides im Gegensatz zu angeworbenen Kopisten. Außerdem musste sie in die Gesellschaft eingeführt werden, warum also nicht in Riga. Er wählte für die Reise den Winter. Pferdeschlitten waren bei weitem schnellere Fortbewegungsmittel als Kutschen im Sommer, die auf die Qualität der Sommerwege und Straßen und möglicherweise

28 Selma Lagerlöf, 1894: *Das Flaumvögelchen. In: „Unsichtbare Bande. Erzählungen."*

auf die Beseitigung umgestürzter Bäume angewiesen waren. Außerdem war der November eine geeignete Zeit, sowohl um in Bücherstuben zu kopieren als auch um Besuche zu machen. Weihnachten wären sie zurück.

Helene war aufgeregt. Sie war dabei, als der Schlitten vollgepackt wurde: In Bärenpelze geschlagene Unterbetten waren die erste Schicht, dann mehrere Lagen wollene Decken, dann die nächtelang im Backofen durchgeheizten Steine, ebenfalls in Decken, dann die Paudel[29] mit dem Proviant für die Menschen und die Hafersäcke und das Heu für die Pferde, als würden sie bis Riga keine Rast machen können und keinen Menschen antreffen. Die ledernen Seiten des großen Schlittens waren frisch mit Fett eingerieben worden, damit sie nicht brachen bei der Kälte. Dann kamen Federkissen an die Seiten, damit von dort keine Kälte eindrang in das Gehäuse, das dadurch eng wurde. Helene liebte die Kälte, aber es war ein Unterschied, ob sie im Winter in mehrere Tücher gewickelt durch die Apfelgärten in die benachbarten Gebäude oder Stallungen ging und ihr Atem dabei Figuren in die Luft zeichnete oder ob sie mehrere ganze Tage nur durch Pelze und Decken von den minus vierzig Grad getrennt verbringen würde. Der Vater und sie kleideten sich in viele Lagen Wäsche, besonders die Beine waren empfindlich: erst gegen die Hitze der Steine, nach deren Abkühlen gegen die Kälte von unten.

Ihre erste Station war das Pfarrhaus von Ampel / Ambla, fünfzig Werst entfernt von ihrem Gut. Pastor August Glanstroem war ein entfernter Cousin des Vaters und hatte ihnen und den Pferden Rast zugesagt. Das Letzte, was aufgeladen wurde, war der Kompass in seiner verzierten Kiste, der ihnen die Richtung zeigen musste im markierungslosen Weiß der Felder. An ihm hing ihr Leben. Ehrfürchtig strich ihr behandschuhter Finger über das Ornament des Kastens: Ein

29 Estnisch für Speisekörbe mit Deckel

Ding, von Menschen aus Holz und Eisen gefertigt, hatte die Macht eines Gottes über sie. Vor Gottes Werken hatte sie Respekt, nun auch vor denen der Menschen.

Vater erzählte ihr, dass der Pastor, bei dem sie wohnen würden, und seine Frau bereits Schicksalsschläge erlebt hatten. Als junger Pastor, drei Jahre nach seinem Abschluss an der Universität, war August Glanstroem über die Felder geritten, um die Kranken in seiner Gemeinde zu besuchen. Dabei war er auf dem Pferd sitzend vom Blitz getroffen worden. Das Pferd kam wankend ohne ihn zu Hause an. Seine Frau führte es in den Stall und fuhr mit dem zweiten Pferd im Wagen aus und fand ihn bewusstlos auf dem Feld liegend. Er lebte, aber er brauchte ein ganzes Jahr, ehe er wieder auf der Kanzel stehen konnte. Er konnte sich nicht erinnern, warum er als geübter Reiter vom Pferd gestürzt war. Seine letzte Erinnerung galt dem Abschied von seiner Frau Sophie am Pfarrhaus, bei dem er ihr beschrieben hatte, in welcher Reihenfolge er die Besuche plante. Auf seiner Schulter- und Rückenhaut konnten seine Frau und der Doktor sehen, was passiert war: Ein rosa Blitz mit vielen Verästelungen zeigte sich wie ein Kainsmal und verblasste nie völlig. Außerdem war er schwerhörig geworden und konnte den Ton nicht mehr sicher halten, wenn er die Liturgie sang. Seine Gemeinde störte das offenbar wenig, aber seine Frau trauerte um seinen sicheren Gesang. Helene war verstört von dieser Geschichte und versprach ihrem Vater, mit Onkel August (der eigentlich nicht ihr Onkel war, den sie aber so nannte, weil er einerseits fremd, andererseits vertraut und vierzehn Jahre älter war) laut zu sprechen und notfalls ihre Worte – sollte er sie etwas fragen – geduldig zu wiederholen. Sie wusste, was taktvoll war.

Unterwegs sah sie nicht viel von der Landschaft, weil sie anders als auf kurzen Winterfahrten das Verdeck geschlossen hielten, um die Wärme im Innenraum zu speichern. Teilweise war ihr so warm, dass sie am liebsten einige Schichten abgelegt hätte, doch das verbot der Vater ihr: Erfroren waren schon viele im Winter, an zu großer Wärme im Schlitten war noch niemand gestorben. So schlief sie viel und schaute zwischendurch aus der kleinen Luke in den Schnee, der in Mengen auf die längst dicht bedeckte Erde fiel.

In Ampel angekommen, sah Helene eine Petroleumlampe im Fenster des Pfarrhauses stehen. Glanstroems warteten auf sie. Sie legten Schicht um Schicht ihre Kleidung ab, die Pferde wurden vom Pfarrknecht versorgt. Die Hausfrau hatte mit der Köchin ein Essen bereitet, und der Gutsbesitzer von Wrangell, dem das Pastorat gehörte, war mit seiner Gattin gekommen. Besuche aus der Stadt waren hier selten. Der kleine Sohn Ludwig hatte bereits gegessen und wurde zu Bett gebracht, die Erwachsenen setzten sich zu sechst an den Tisch. Das Mahl begann mit Fischen, die die in der Umgebung von Ampel wohnenden Russen aus dem aufgeschlagenen Eis der Teiche angelten. Die Balten hatten für die Angellöcher sogar ein eigenes Wort: Wacken. Dann gab es ein Kartoffelgericht und eine riesige Kohlpirogge mit Speck, die in Streifen geschnitten wurde. Dazu gab es Wein, auch für Helene, die zu Hause noch Tochter war und hier als erwachsene Frau galt.

Sie merkte August Glanstroem nichts an. Er sah aus und sprach wie andere Menschen, er verstand ihren Vater und den Gutsherrn, wenn sie sprachen. Bei dem Gedanken daran, seinen Rücken mit dem Blitz sehen zu wollen, errötete sie, denn sie hatte noch von keinem Mann (außer bei ihrem Bruder, der noch kein Mann war) den Rücken gesehen, das war ein ungehöriger Gedanke, der ihren Sinn nur leise streifte. Während des Essens hörte sie, wie die abgekühlten Steine aus ihrem Schlitten hereingetragen und in den Ofen geschoben wurden für den übernächsten Tag. Zum Nachtisch gab es gebackene Äpfel in Sahnesauce. Nachts lag sie lange wach zwischen den dicken weißen Betten, denn sie hatte tagsüber so viel geschlafen, dass sie jetzt trotz des Weines nicht müde war. Sie stand am vorhanglosen Fenster und schaute ins Dunkle, das keine Zeit erkennen ließ.

Das estnische Mädchen weckte sie früh, als sie auf Strümpfen kommend den Ofen reinigte und heizte. Es war noch genauso dunkel wie beim Ins-Bett-Gehen. Helene hatte mit ihrem Vater, August und Sophie Glanstroem einen wunderbaren Tag. Der Pastor zeigte ihnen das Dorf und die Felder, den baumbestandenen Weg zum Herrenhaus, auf dem noch die Schlittenspuren der letzten Nacht zu sehen waren, als der Gutsherr und seine Frau nach Hause gefahren waren. Er erzählte ihnen die Lebensgeschichten der ihm anvertrauten Dörfler und Helene war oft den Tränen nah. Was es für Schicksale gab! Ihr eindrucksfähiges Herz schmerzte bei jedem toten Vater, jeder blinden alten Frau, jedem krumm gewachsenen Kind und jedem an der Halsbräune verstorbenen Geschwisterchen. Nach dem Mittag, in der kurzen Zeit des letzten Lichtes, wurden ihnen Pferde gesattelt, damit sie etwas Bewegung hätten, ehe sie morgen wieder stundenlang würden im Schlitten still sitzen müssen. Vater und Tochter jagten vergnügt wie lange nicht über die verschneiten Felder. Am frühen Nachmittag waren sie wieder im Pastorat und genossen die herzliche Gesellschaft der Verwandten. Das war gut, denn draußen hob mit dem Dunkelwerden ein für den Winter ungewöhnlich starker Wind an und eins der seltenen Wintergewitter entlud sich, was den Pastor unruhig machte. Wintergewitter waren meist schnell vorbei, sie kamen von der Ostsee und zogen ins Landesinnere. Aber für ihn bedeutete Gewitter etwas anderes: Es war der Punkt seiner größten Angst und seiner schlimmsten Erinnerung. Er zog sich in seine Studierstube zurück und ließ Frau, Kind und Gäste für eine halbe Stunde allein. Sie füllten den dunklen Nachmittag mit Spielen und Gesprächen, bis das Kindermädchen den zweijährigen Ludwig in einen anderen Raum brachte. Dann saß der Pastor wieder bei ihnen. Die Petroleumlampe brannte. Da schwebte ein leuchtender Ball lautlos ins Zimmer. Er musste durchs Schlüsselloch gekommen sein, denn kein Fenster und keine Tür waren bei diesem Wetter offen! Er flog grünlich leuchtend von der Tür auf die Wand neben dem Fenster zu, kreuzte den Kronleuchter, ohne sich in ihm zu verheddern, wurde erst bläulich und dann weiß. Von der Wand stieß er sich ab, flog – wieder grünlich werdend – an die Decke. Von dort fiel er verblassend abwärts auf die geöffnet für das Gespräch über die morgige Predigt bereitliegenden Bücher. Der Hausherr schrie auf und warf sich – Bücher und Papiere vor dem Feuer retten wollend – auf den bedrohten Tisch, aber der sonderbar-stille Blitz war verschwunden, ohne Brandflecken zu hinterlassen. Sophie sprang auf und umarmte ihren Mann heftig. Dieser gab kein Lebenszeichen von sich, er lag schlaff auf den Manuskripten. Sie schickte ins Doktorat, aber bis sich der Arzt angekleidet hatte und sein Schlitten für die Fahrt präpariert war, konnte es dauern. Inzwischen gelang es ihr, ihren Mann zu wecken, und sie führte den nun Bebenden in sein Bett. Doch er war nicht ansprechbar und das blieb lange so. Leise unterhielten Helene und sie sich, denn es war erst Nachmittag. Ihr Gespräch stockte immer wieder, wenn Sophie zu ihm schaute. Er lag sprachlos und schaute verängstigt: kein Lebenszeichen, das zur Freude Anlass gab. Als nachts der Arzt kam und ihn entkleidete, sah er, dass die alten Blitznarben auf seiner Haut rot und feurig waren wie frisch erworben.

Als Helene und ihr Vater Martin früh abreisten, schliefen alle im Hause noch. Die estnische Köchin hatte eingeheizt und ihnen Frühstück gemacht und den Paudel vollgepackt für die lange Reise, ihr Mann Kurtis trug auf einem Blech die heißen Steine in den Schlitten und wickelte sie ein. Gern hätten sie sich verabschiedet und für die Gastfreundschaft bedankt, aber im Zimmer des Ehepaares war es still. Sicher schliefen sie nach dem aufregenden Abend.

„Hoffentlich schläft er sich gesund“, meinte Helene, die schon mehr Schockierendes erlebt hatte als die meisten Neunzehnjährigen.

„Er wird“, meinte ihr Vater. „Es ist ihm nichts passiert außer dem Schrecken. Keinem von uns wäre etwas passiert, auch nicht, wenn die Kugel durch uns hindurchgeschwebt wäre. Wobei sie das nicht getan hätte, sie hätte sich von uns abgestoßen wie von der Wand.“

Helene staunte: „Woher weiß mein Vater das?“

> Bis wann eigentlich im 19. Jahrhundert blieb man distanziert beim Sie und sprach gar in der dritten Person auch zu den allernächsten Verwandten? Etwa so: Der Urenkel erlaubt sich mit allem Respekt, die hochverehrte Frau Urgroßmutter höflichst zu begrüßen … – wobei man seine Linke ans Herz legt und, alles aus einem Schritt Abstand, ihr die Rechte entgegenhält, die sie gütig flüchtig berührt.

„Man nennt es Kugelblitz. Es ist selten, nicht gefährlich und folgt meist den Gewittern draußen, bevorzugt den seltenen Wintergewittern. In der Enzyklopädie ist ein Stich davon. Ich zeige ihn dir zu Hause. Menschen, die Erfahrungen mit Blitzen haben, sind gefährdet, weil sie die Verwandtschaft zwischen beiden spüren.“

„Ich hätte den Ball nicht für einen Blitz gehalten, er war langsam! Die Farben stimmten, auch in ihrem Wechsel. Aber das Tempo! Es war, als schwebte ein Engel ins Zimmer, nicht als würde ein Stein geworfen!“

„Das hast du gut beobachtet! Die meisten Menschen wissen nichts von den Farben der Blitze, weil sie nicht hinschauen in ihrer Angst. Aber es ist gut, dass meine Tochter hinschaut und Auskunft geben kann, so wünsche ich das. Sei furchtlos! Aber sprich nicht im gleichen Atemzug von Engeln. Was wir glauben, das können wir nicht beobachten und sollten es deshalb nicht miteinander vermischen. An Kugelblitze musst du nicht glauben, weil du sie sehen kannst – im Gegensatz zu den Engeln."

Ihre Reise führte sie nach Dorpat oder, wie die Städter sagten, Dörpt, wo sie bei dem früheren Professor ihres Vaters Gottlob Benjamin Jäsche und seiner Gattin Wohnung nahmen. Professor Jäsche unterrichtete Dogmatik, christliche Moral und Philosophie. Meist war er als Gelehrter in seiner Studierstube tätig. Helene war voll Ehrfurcht, sie hatte noch nie einen Professor gesehen. Im Alltag hatte sie in Habers mit Händlern, Bauern und Torfstechern, in der Stadt mit Verkäufern, den Gattinnen von Vaters Ältermännern und dem Pastor zu tun. Einen richtigen Professor konnte sie sich nicht vorstellen. Er erwies sich als freundlicher alter Herr, der sie wohlwollend behandelte und nicht von oben herab, wie sie befürchtet hatte. Hier saßen sie nicht am Familientisch, denn die Kinder der Familie waren erwachsen und über das Land verstreut verheiratet. Während Vater und der Professor in einer Gaststätte nahe der Universität ehemalige Studenten trafen, saß Helene bei dessen Frau und ihren beiden unverheirateten Schwestern. Im Nachhinein ärgerte sie sich über sich selbst, dass sie diesen fremden Menschen gleich die Kugelblitzgeschichte erzählt hatte. Aber diese Begebenheit beschäftigte sie sehr! Helene hatte etwas gesehen, das nur wenige Menschen zu sehen bekommen. Aber jener Abend war in Angst und Sorge geendet um den lieben Pastor Glanstroem und seine Familie! Wie es ihm wohl ging?

Am nächsten Tag lief sie mit der Frau Professor Jäsche im Dunklen durch die Stadt, weil sie den ganzen vorigen Tag im Schlitten gesessen hatte. Sie liefen in den festgefahrenen Schlittenspuren auf den Berg, wo sie die Domruine sehen konnte. Von oben schauten sie auf die riesige Baustelle dieser Stadt, die 1775 in einem tragischen Feuer untergegangen war und seit Jahren neu und nun in Stein wieder aufgebaut wurde. Das Rathaus war 1789 vom aus Rostock stammenden Bartholomäus Walther als Erstes fertiggestellt worden. Nun folgten teils durch ihn, teils durch andere Architekten die Universität mit ihrem ovalen weißen Saal und dem Säulenportal, die Gebäude um den Markt und viele weitere Bürgerhäuser. Überall wurde Frau Professor Jäsche gegrüßt und angesprochen. Das hatte Helene in einer Stadt von über achttausend Einwohnern nicht erwartet.

Als Frau Jäsche und Helene im Hause ankamen, saßen die Männer am Frühstückstisch, lachend trotz ihrer heftigen Kopfschmerzen. Helene dachte, dass dies die Nachwirkungen des Kugelblitzes seien, doch darüber lachten die beiden Männer maßlos. Die Frau Professor brachte ihnen starken Kaffee und kalte Kompressen für die Köpfe und schickte sie allein zurück ins Studierzimmer, wo es schnell wieder still wurde. So ging das noch einige Tage und Abende. Helene lernte, dass geistreiche Gespräche viel mit geistigen Getränken zu tun hatten. So aufgeräumt hatte sie ihren Vater seit ihrer Kindheit nicht mehr erlebt. Vielleicht half ihm die Reise, über Mutters Tod hinwegzukommen. Wobei auch hier der Tod einer große Rolle spielte: Die Männer trauerten um zwei beliebte Professoren, den Geschichtsprofessor Georg von Pöschmann und Johann Ludwig Müthel, den angesehenen Professor des livländischen und estnischen Provinzialrechtes. Beide waren 1812 verstorben. Ihre Gräber jedoch waren unter den Schneebergen nicht auszumachen. In diesen Tagen erlebten Helene und ihr Vater bei Professor Jäsche und seiner Gattin einen *Akademischen Zirkel*. Dieser fand reihum bei den Professoren statt und stand allen gebildeten Bürgern sowie dem Adel offen. Auch die kleine Schar der Studierenden wurde in die Familie eingeladen.

Nach einer Woche hatte der Vater alle Besuche gemacht und Bücher eingesehen und gekauft, nun ging es weiter nach Valga. Hier gab es eine Nacht auf einem Strohsack. Die Pferde wurden gefüttert und gestriegelt. Dies war kaum ein Ort, nur eine Poststation. Ein großes, flaches Holzgebäude war in der Mitte durch eine Wand geteilt in einen größeren Männer- und einen kleineren Frauensaal. In beiden lag eine dicke Schicht Stroh. In die Trennwand war ein riesiger russischer Lehmofen eingelassen. An der Wand lagerten gewaltige Holzscheite, die demnächst den Weg ins Innere des Ofens nehmen würden. An den Außenwänden des Hauses entlang zog sich eine umlaufende Bank, die jetzt im Winter zu kalt war, um darauf zu sitzen, denn die Ritzen zwischen den Bohlen der Holzwand waren nur mit Lehm abgedichtet. Um den Ofen zog sich eine heiße Bank, auf der sich alle abwechselnd wärmten. Dort gab es auch eine hölzerne Treppe, dank derer der Ofen erklommen werden konnte, um auf ihm zu liegen. Im Ofen war ein eisernes Gestell, auf dem die Heizsteine für die Schlitten gestapelt wurden in der Reihenfolge der morgendlichen Abfahrten. Die Wirtin hatte einen Topf Suppe aus grauen Bohnen und Speck vorbereitet, von der alle für wenige Kopeken in groben Keramikschüsseln bekamen. Bemerkenswert war die Ausgewogenheit zwischen Esten, Deutschen, Russen und Lettgallen, zwischen deren Ländern hier die unsichtbare Grenze verlief. Sie spürte keine Rivalitäten, an allen nagten die unzähligen Flöhe. Der Gestank mancher Reisender, die seit Tagen und Nächten nicht aus ihren Kleidern gekommen waren, war für alle eine gleiche Last. Für die nächste Nacht hatten sie Quartier bei Verwandten unterhalb der Burg von Wenden / Cēsis, wo sie heiße Bäder, saubere Laken und gepflegtes Essen erwarteten.

In Riga hatte sie bald die Strapazen der Reise vergessen. Ihr Vater machte mit ihr Besuche bei Bibliothekaren und Händlern und ohne sie bei Ältermännern und in Verwaltungen. In dieser Zeit war sie teils allein, teils mit der Gastgeberin in der Stadt unterwegs. Sie kaufte Teile für ihre Aussteuer und die ihrer Schwestern. Leinen und feine Wäsche hatten sie selbst hergestellt und geerbt, aber Haushaltsgeräte gab es hier in guter Qualität. Da ihr Schlitten groß war, hatten sie kein Problem, Dinge mitzunehmen. Oft traute sie sich nicht allein in die Läden hinein, weil die winzigen Fenster nicht gekennzeichnet waren. War dies eine private Stube oder ein Geschäft? Manchmal ging beides ineinander über, oder ein Laden war nur im Sommer geöffnet, weil im Winter jeder Kunde Schnee, Kälte und Rheumatismus hineingebracht hätte. In Reval waren alle Geschäfte mit dem Namen des Besitzers und oft mit Schmuck an der Hauswand versehen, so dass niemand sich irren konnte, hier schien das nicht üblich. Dort waren alle Geschäfte trotz der Kälte geöffnet.

Die Wirtin konnte ihr alles zeigen und sie einführen in diese neue Welt. Am besten gefiel ihr der Adventsmarkt, der an den Sonnabenden vor den Fastensonntagen aufgebaut wurde. Sie kaufte Bernsteinketten für ihre Schwestern und den hier typischen Strohschmuck für die Fenster, die dann um Weihnachten herum nicht wie schwarze Löcher in der Winternacht wirkten, sondern verzaubert durch das goldene Stroh, das in der Stadt jeden Laternenstrahl und auf dem Land das Licht jeder Schlittenlaterne auffing und reflektierte. Abends packte sie alles aus und strich mit dem Finger über die feinen Stroharbeiten. Wenn sie viel Zeit hätte und nun solche Muster vorlagen, könnte sie das vielleicht auch selbst probieren. Es steckte viel Mühe darin, denn das Stroh musste eingeweicht und gebügelt werden, um glatt genug zu sein zum Bearbeiten.

Höhepunkte ihrer Reise waren ein Lessing'sches Schauspiel und ein Konzert im Theater, das einst Otto Hermann von Vietinghoff gestiftet hatte, und der Ball am Abend vor dem zweiten Advent. Sie war noch nie auf einem Ball gewesen. Ihr Vater führte sie dahin. Sie hatte nicht gewusst, dass er tanzen konnte. Allerdings konnte er eher die alten Tänze, Gigue und Contredanse, die nur noch zum Anfang gespielt wurden. Ein wenig schämte sie sich ihres Vaters als eines zu alten Partners. Aber das war nicht lange nötig, weil sich schon bald zwei junge Männer im Wechsel um sie bemühten: ein Offizier des russischen Heeres und der Sohn eines

Ältermannes, den vermutlich ihr Vater für sie hergebeten hatte. Beide waren eine angenehme Gesellschaft, so dass sie auf die Töchter der Wirtin nicht angewiesen war. Die meisten Tänze fanden sowieso in Gruppen statt und alle hatten daran teil. Sie lernte auch neue Tänze kennen: den lustigen Galopp, den unanständigen Wiener Walzer und den Rheinländer.

Der Rückweg nach Reval glich in allem dem Hinweg. Glücklich waren sie, August Glanstroem auf dem Weg zur Besserung zu finden: zwar noch immer verstört und wortkarg, aber doch gesund. Alle hofften, dass er Weihnachten würde predigen können, aber es bestanden auch allerseits Bedenken. Bei Tisch oder in der abendlichen Familienrunde war er nahezu unverändert, im Gespräch mit ihm spürte Helene ihm sein Leiden an. Er konnte sich nicht an sie und ihren dreitägigen Besuch auf der Reise nach Riga erinnern und nicht an den Kugelblitz. Immer wieder fragte er nach ihrem Namen. Den des Vaters wusste er, da sie sich von früher kannten. Er fragte nach dem Ziel ihrer Reise, als ob sie davon nicht ausführlich berichtet hätten. Ihr Besuch war aus seiner Erinnerung ausgelöscht. Geblieben war bei ihm diese unverständliche Schwäche, die sonst nicht typisch war für ihn als jungen Mann; bei Helene und Sophie hingegen eine große Verbundenheit und Freundschaft, die ein Leben lang und bis in die nächste Generation halten sollte. Später wurde Sophie die Patin von Helenes Tochter Bertha. Davor gab es fast jährliche Besuche in beide Richtungen.

Als im Februar 1832 Johann Christian von Willert, der Bruder ihres früheren Hauslehrers, um sie freite, nicht achtend, dass sie drei Jahre älter war als er, hatten sie viele gemeinsame Aufgaben auf dem Gut, die Trauer um die Mutter und die ihm ausführlich berichteten Erlebnisse ihrer Reise und mehrere Jahre Arbeit nach der Reise miteinander geteilt.

Mit dem französischen Hof, dem Vorbild für alle Pracht der alten Welt, war der höfische Prunk in ganz Europa untergegangen. Zu Helenes Hochzeit war die Mode des Tragens von Reifröcken schon zehn Jahre vorbei. Auf den ländlichen Schlössern hielten sich die alten steifen Menuette und dazugehörigen Kleider und Perücken länger als in den Städten. Als sie in Reval in der schon mehr als zur Hälfte wieder aufgebauten Olaikirche heiratete, befürchtete sie, dass ihre Hochzeit zu einem neuartigen Fest würde. Aber es war nur ein Empfang mit den Mitgliedern der Gilde in Frack und Zylinder und ihren Frauen, die in weichen, fließenden, hochtaillierten Gewändern in allen Farben und mit Schutenhüten promenierten, die nun modern waren. Die Kleider schleiften nicht mehr über die Tanzfläche, sie ließen die Füße frei und zeigten die Seidenschuhe, farblich passend zu den Kleidern.

Eine Tuchmacher- und Bürgerstochter

Mein Urahn … heiratete 1848, sozial angemessen, eine Tuchmacher- und Bürgerstochter der Stadt, die Henriette, Geburtsjahr 1825, das ist dann meine Urgroßmutter. Eine von den vieren, die man hat, eine von zwei Henrietten! Ich träume hier noch eine Generation weiter zurück: Henriette hatte auch eine Mutter, nämlich meine Ururoma Leonhandt, geborene Pleissner. Sie hieß Christliebe, Geburtsjahr 1788, ist also so alt wie … Eichendorff! Soweit hab ich mich jetzt also zurückgeträumt, bis zur Christliebe. Sie war gewiss eine sehr Hübsche und als Tuchmacherstochter gut gekleidet, besonders zur Hochzeit 1808 als blühende Zwanzigjährige. Trotz der durch den Bürgerschreck Napoleon verursachten Zeitnöte (Plünderungen?) hatte man noch Vorrat und Aussteuer. Kam die ganze Stadt gaffen, als es zur Trauung ging – etwa in die Stadtkirche Peter und Paul mit der Silbermann-Orgel? Hattest du, meine Ururoma, eine Schute um den Kopf gebunden, war sie gerade Mode geworden? Ich würde gern im Halbschatten, den die Schute warf, dein Lächeln gesehen haben und dein Augenfunkeln. Was gab's als Kleid? Hattet ihr schon den Begriff KLASSIZISMUS für die überraschend erotische Mode, die mit weichem, hauchdünnem Stoff und weit fließendem Zuschnitt die Naturformen so anmutig betonte, ein wenig durchscheinen ließ? Es war doch die für liebende Augen köstliche Zeit zwischen den Körperverunstaltungen durch Mode des Rokoko und späteren Biedermeier. Würdest du es bestätigen, meine Christliebe? Hattest du das auch so empfunden, ja? Aber ach: Diese schöne Christliebe stirbt schon mit

> 37, sie stirbt an Henriettes Geburt. … Ach Christliebe: Auch für ein Foto bist du zu zeitig gegangen! Wären uns Töchter geschenkt worden, wäre uns gewiss eine schöne Christliebe zugewachsen. Aber das haben wir, und der liebe Gott leider auch, versäumt. Christliebe entzieht sich mir. Hätten wir denn diesen … Namen gewagt?

Die Feier auf dem Gut war ein Glück für sie. Das Fest glich eher einem Mittsommerfest als einer Hochzeit. Die Mitte zwischen den Gutsgebäuden war zur Tanzfläche mit stabilem Bretterboden geworden. Bänke und Tische waren aufgestellt, und auf den umliegenden Wiesen standen die Kutschen, Landauer und Jagdwagen der Verwandten. Die dörfliche Kapelle spielte nachmittags, und in der Nacht kamen die wegen ihrer Musik geliebten, aber wegen ihrer Diebstähle und ihrem oft zutreffenden Handlesen gefürchteten Mustlame[30] mit ihren Geigen und Hackbrettern und spielten zum Tanz. Die Verwandten kamen aus Reval und Narva, aus der nahen Umgebung und sogar von den Inseln Ösel / Saaremaa und Dagö / Hiiumaa.

Nach der Hochzeit blieben Helene und ihr Mann nur noch wenige Tage auf dem Gut. Sie zogen ins Stadthaus nach Reval. Christian übernahm dort die ehrenvolle Stellung als erster Archivar der Gilde. Sein Schwiegervater hatte sie ihm beschafft. Christians Studium verhalf ihm zu den Kenntnissen, die er brauchte, um die Stadt-, Hanse- und Kirchengeschichte niederzulegen und die alten Bücher und Handschriften zu sichten.

Helene wohnte – was sie nie gedacht hätte – trotz der traurigen Erinnerungen an Mutters Ende gern in Reval, lieber als ihre Mutter, die es immer zurück nach Habers gezogen hatte. Sie stattete das Haus modern aus. Teilweise holte sie Weißwäsche von ihrer Ausstattung aus Habers, teilweise

30 Der estnische Ausdruck für *Roma*

kaufte sie dazu, was hier notwendig war. Wie anders war es doch, einen städtischen Haushalt zu führen als einen ländlichen: zwei Schreibpulte, ein Klavier, eine Wanduhr, drei Schränke, zwei Dutzend Stühle, vier Tische, drei Bettstellen, zwei Sofas mit Decken und Kissen, Jalousien und Rouleaus, ein neuer Pferdeschlitten, ein Pferdegeschirr, drei Schlittendecken von Pelz für den Winter, eine Wäscherolle, sechs Tischtücher, drei Dutzend Servietten, drei Paar Bettlaken und allerlei Überzüge dazu, vier Wärmflaschen aus Kupfer, zwei Nachtgeschirre, ein Dutzend Handtücher, ein Dutzend Ess- und Teelöffel von Silber, ein großer Mörser, zwei kleine Dreifüße für die Küche, sechs Bratpfannen, zwei Bratspieße, ein Kessel mit Schöpflöffeln, fünf Töpfe aus Kupfer, zwei Kasserollen aus Eisen mit Deckel und eine aus Kupfer, ein Durchschlag … Für sich drei feine Batistkleider mit Unterkleidern, zwei warme Schultertücher, zwei Schutenhüte und drei Schirme. Für Christian besorgte sie ein halbes Dutzend Hemden und ebenso viele Strümpfe, seidene Tücher, Westen und gestrickte Jacken. Für den Vater kaufte sie Wäsche und ließ für sie alle neue Schuhe arbeiten. In Habers waren sie auch in seit Jahren getragenen Sachen die Herrschaft; in der Stadt, wo nicht jeder jeden kannte, musste der Stand durch angemessene Kleidung dargestellt werden. Bernsteinschmuck hatte sie von der Mutter geerbt und die Eheringe der Großeltern aus Narva hatte der Goldschmied für sie umgearbeitet. Wenn Christian später verdienen würde, könnte er ihr dann etwas schenken. Als Brautgabe hatte er ihr eine zarte Goldkette übergeben, und seine Mutter hatte eine Truhe voll Kinderkleidung aus ihrer Familie schicken lassen.

Sie besuchte monatlich mit Christian den künstlerischen Salon der Frau von Stackelberg, in dem rezitiert, musiziert und gesungen wurde. Diesen *Fruchtbringenden Kreis* gab es schon seit mehreren Jahrzehnten, wechselnd in verschiedenen Salons und Häusern. Jede teilhabende Familie brachte

Beziehungen zu Künstlern und Wissenschaftlern ein und hatte andere Möglichkeiten, sie ins kulturelle Leben der Stadt einzubinden. 1765, lange vor Helenes Geburt, war der Kreis gegründet worden um den damals in Riga weilenden *Collaborator*, also Hilfslehrer und -geistlichen der dortigen Domschule, Johann Gottfried Herder, der so wunderbare Gedichte schrieb und alles über Sprache wusste. Er wurde sowohl von den Königsberger Professoren als auch vom Zaren Peter III. so gerühmt, dass die Gilde versuchte, ihn nach Reval zu bringen. Er sprach über die nordischen Länder sowohl wohlwollend als auch ablehnend: *Livland, du Provinz der Barbarei und des Luxus, der Unwissenheit und eines angemaßten Geschmacks, der Freiheit und der Sklaverei, wie viel wäre in dir zu tun, zu tun um die Barbarei zu zerstören, die Unwissenheit auszurotten, die Kultur und die Freiheit auszubreiten?*[31] Ihn nach Reval zu locken gelang erst 1768, als er längst Pfarradjunkt der deutschen Kirchen Rigas war, aber das vorerst vergebliche Bemühen um ihn hatte einen Kreis von sprachinteressierten Männern und Frauen zusammengeführt, der sich über Jahrzehnte stabil hielt.

Seit 1785 las August von Kotzebue, ein Sekretär des Generalgouverneurs in Sankt Petersburg, immer wieder einmal aus seinen Romanen und Dramen. 1783 war er zum Assessor am Obersten Gerichtshof in Reval berufen worden und lebte in der Stadt. Seine Romane waren sehr bekannt, teilweise auch skandalumwittert: Die *Leiden der Ortenbergischen Familie*, die *Geschichte meines Vaters* sowie seine Dramen las er zuallererst in diesem Kreise vor. Er stammte aus Weimar und hatte in seiner Jugend Goethe gekannt, dessen Theaterstücke mit aufgeführt, was ihn zu einer Berühmtheit werden ließ. Später erwarb er ein kleines Landgut außerhalb Revals,

---

31 In: Gero von Wilpert, 2005: *Deutschbaltische Literaturgeschichte*

auf das er sich zurückzog, wenn seine Werke ihm wieder einmal Ärger einbrachten.

Helene sang im Chor und nahm Gesangsunterricht beim Kantor. Wenn Christian noch über den Büchern saß, ging sie mit einer ihrer anwesenden Schwestern dorthin. Durch die Verbesserung der Straßen war die Fahrt zwischen Reval und Habers kürzer geworden! Mit einer zweispännigen Kutsche und ausgeruhten Pferden dauerte sie weniger als eine Stunde, so dass Besuche leichter wurden und die Familie zusammenrückte.

Helene war gläubig wie fast alle Menschen ihrer Zeit. Jeden zweiten Sonntag kam ein Pastor von Reval nach Habers gefahren, sommers im Wagen, winters im Pferdeschlitten, und hielt einen deutschen Gottesdienst im großen Saal des Gutes. Jeden Abend wurde eine estnische Andacht gehalten für die Landarbeiter und ihre Familien. Wenn sie auf dem Gut waren, hielt Christian die Andacht, sonst der Verwalter. Im Sommer, wenn die Scheunen voll waren, fand diese im Freien statt, in den anderen Jahreszeiten in der immer leerer und geräumiger werdenden großen Scheune. Helenes Herz bebte nicht nur beim evangelischen Gottesdienst, in dessen Tradition sie getauft und aufgewachsen war, sondern gleichermaßen bei allen geistlichen Handlungen. Sie sprach nicht darüber, weil sie dann stets von Tanten und Verwandten ermahnt wurde, nicht vom Glauben abzufallen. Als wäre Gott reformiert oder katholisch! Schon immer hatte sie sich ereifert über das von Bach gesetzte Lied „O Gott, du frommer Gott, du Brunnquell guter Gaben …“. Nein, Gott konnte nicht fromm sein, nicht sich selbst anbeten. Das mussten seine Gläubigen tun. Oft machte sie Besuche in der russischen Kirche, in der es nach Kerzen und Weihrauch roch. Scheinbar hatten hier alle Gläubigen Engelsstimmen! Niemals hörte sie hier das tiefe Geknarz ungeübter Männerstimmen. Einmal setzte sie sich sogar mit ihrer Cousine Renata auf die Frauenseite des Zimmers, das als Synagoge diente, und hörte aufgewühlt die Texte des Alten Testaments in Hebräisch. Wunderbar waren ihr die hebräischen Buchstaben im Raum, deren Formen sich als Verlangen in ihre Seele gruben.

Eine ihrer Vorlieben waren die Schriften der livländischen Baronin Juliane von Krüdener. Leider gab es nur wenig von ihr auf Deutsch, selbst ihren Roman *Valerie* hatte sie französisch geschrieben. Aber dieser war ein Jugendroman, das Einzige, was ins Deutsche übersetzt worden war, und nicht nach Helenes frommem Herzen. Danach hatte sie Bekehrungsschriften und offene Briefwechsel verfasst, die dem sündigen Menschen zeigten, wie er sein Herz wandeln konnte zu Gott hin. *Lettre á Heller, Sur l'education des Princes* und das Gedicht an die Königin Karoline liebte Helene. Französisch war zwar die ganz Europa verbindende Sprache des Adels, wurde aber nicht von allen Bürgern gleich gut verstanden. Frau Juliane von Krüdener hatte als eine der wenigen livländischen Adligen den leibeigenen Bauern ihres Gutes Kosse am Paipussee die Freiheit geschenkt, deren Kindern eine Schule errichtet und allsonntäglich für sie gepredigt. Ach, wie gern hätte sie diese Frau kennengelernt, die ihr mit ihrer Frömmigkeit so aus dem Herzen sprach! Aber die Baronin, die ihr Leben lang herumgezogen war, in der Schweiz und in Paris gelebt hatte, in Deutschland, Italien und Kopenhagen, war, nachdem sie aus der Schweiz hatte fliehen müssen, ins Russische Reich gezogen, zu den deutschen und schweizerischen Siedlern auf die paradiesische und wilde Insel Krim, nach Karasúbasar und Theodosia, wie erzählt wurde, und war dort wahrscheinlich verstorben. Jedenfalls gab es keine Nachrichten mehr von ihr, sie kehrte nie zurück auf ihr Gut Kosse. Helene wäre die Erste gewesen, die sie dort besucht hätte! Hätte sie deren Schriften nur eher kennengelernt, hätte sie sie auf ihrer ersten Reise mit dem Vater besuchen können! Wie gern wäre sie der unbekannten nahen Frommen gefolgt in jenes Inselland. Sehnsucht zog sie zu dieser Frau und ins

Unbekannte, und beides mischte sich in ihr, so dass sie es kaum auseinanderhalten konnte: Fernweh oder Gottesweh? Wahrscheinlich Letzteres, denn der Begriff *Fernweh* war zu ihrer Zeit gänzlich ungebräuchlich.

Es waren keine weiteren Schriften von jener verehrten Juliane bekannt geworden, alles, was ihre Revaler Bekannten von ihr besaßen, hatte Helene mehrfach gelesen und mit ihnen besprochen.

Da sich die heiß erwünschten Kinder nicht einstellten, hatte Helene in der Stadt Zeit; nicht nur für Kunst, Gesang und Lektüre, sondern auch für die weiblichen Handarbeiten. Auf dem Gut war dafür nie Zeit gewesen, jetzt bestickte sie Kragen und Kleiderärmel. Immer öfter lief sie sonntags zur Messe in die katholische St. Peter und Pauls-Kirche. Dort gab es einen jungen dänischen Priester. Der Pomp der Gewänder zu den häufigen Festtagen beeindruckte sie. Zwar verstand sie die lateinische Predigt nicht, aber ihr Herz schlug heftig fordernd in dieser Atmosphäre. Für den nächsten Monat war der Besuch eines Bischofs angekündigt worden, sie wollte ihn erleben und seinen Segen für die ersehnten Kinder erbitten. Sie sprach zu Christian davon, aber er wollte nichts davon wissen, mit ihr zu kommen. Katholisch seien die halb-polnischen Litauer und ein Teil des Arbeitsvolkes, nicht aber die gebildeten Schichten. Er erzählte ihr ausführlich von Bugenhagen und Luther, die aus dem unvernünftigen Kinderglauben des Bauernvolkes an Bilder und Gewänder und den Hokuspokus des Wandels von Wein in Blut eine Religion der Vernunft erwachsener Menschen gesetzt hatten. Sie wagte nicht zu sagen, dass ihr katholische Messen inzwischen auch viel bedeuteten. Christian hatte nichts dagegen, dass sie mit ihrer Cousine teilnahm, sofern sie sich enthielte, auf Gesellschaften über ihre katholischen Anwandlungen zu sprechen. Als der Bischof da war, verpasste sie keinen seiner Gottesdienste. Stets ging sie zum Abendmahl, kniete in unwürdiger Weise mit tief gesenktem Kopf vor dem Bischof, der sich wie ein Gott gebärdete, und küsste seinen Ärmel, wie es sonst nur die Bauern bei ihren Herren taten – falls sie sich nicht nur bis an den Rocksaum wagten. Ihre Cousine wunderte sich. Sie war ebenfalls hingerissen, hätte aber niemals einem Menschen nach der Art des Personals den Ärmel geküsst. Als der Bischof nach zwanzig Tagen abreiste, erlosch Helenes Interesse für die katholischen Gottesdienste so schnell, wie es gekommen war. Christian sah es befriedigt. Helene stickte und sang und war wieder seine fromme, evangelische Frau.

Anlässlich einer Matinee 1838 erlebten sie den Rigaer Kapellmeister Richard Wagner und den Theaterdirektor Holtai. Eine Gesellschaft vermögender Theaterfreunde und reicher Kaufleute hatte sich gegründet, um das alte Vietinghoff'sche Theater zu verbessern, und hatte ihn dorthin geholt. Sie erinnerte sich bestens an die beiden Aufführungen, die sie in Riga gesehen hatte, bei denen sie sich aber stets vor dem Feuer der Fackeln in den Gängen und auf der Bühne gefürchtet hatte. Die Flammen wehten, wenn sich der Vorhang schwungvoll öffnete oder schloss: Wenn dieser nun Feuer finge? Sie war froh, dass das Theater seit ihrem Besuch verbessert worden war. Nun trat Wagner in vielen westlichen Städten des Russischen Reiches auf. Die Damen bedauerten, dass seine Frau ihn nicht begleitete, sie wären gespannt gewesen auf die Dame aus den weiten deutschen Ländern. Er spielte am Piano Auszüge aus zwei im Entstehen begriffenen Opern: den *Feen* und der *Hohen Braut*. Viele aus dem Publikum waren erschrocken über die Gewalt dieser Musik! Schon am Klavier erschütterte sie den Saal und brachte die böhmischen Kronleuchter zum Klingen. Wie wäre es erst, wenn diese Musik in einem großen Theater erklänge, vom ganzen Orchester gespielt? Sie konnten es sich nicht vorstellen und befanden, dass dieser Musik die Gewalt der Revolution anhinge. Er bekam minderen Beifall, weil das Erschrecken vorherrschte, und verließ die Soiree zeitig. Niemand wagte an jenem Abend noch Musik vorzustellen, es hätte nicht gepasst. Die Gesellschaft besprach sich, ein Herr las eine Rigaer Theaterkritik aus einem Journal vor, und der Abend endete in langen Gesprächen über moderne Musik.

Christian bemerkte in seinem Amt die Veränderungen der Zeitläufe schneller als Helene, die nur aus den Salons von wundersamen technischen Neuerungen erfuhr. Christian interessierte sich nicht nur für das Archiv und die Geschäfte der Vergangenheit, sondern auch für die gegenwärtigen und legte Geld an. Als Ehepaar ohne Kinder verbrauchten sie fast nichts von seinen Einnahmen. Zusammen mit seinen Brüdern kaufte er an der Petersburger Birscha[32] erst aus der Ferne durch einen Unterhändler Aktien, ein Jahr später zwei ganze Fabriken, deren Hauptaktionäre sie längst waren. Er erzählte es Helene im Rahmen des Besuches seiner Brüder und ihrer Frauen, als sie sich darüber in ihrem Hause besprachen und eine gute Zeit miteinander hatten. Christian reiste danach selbst nach St. Petersburg, und statt nach wenigen Tagen zurückzukommen, sandte er einen Brief, dass er den Handel erst abschließen könne, wenn er die Fabriken gesehen hätte. War einst sie ohne ihn gereist – wenn auch vor ihrer Ehe –, so reiste jetzt er! Fast zwei Monate war er ungeplantermaßen mit Schiffen und Kutschen unterwegs im teils unwegsamen Russland. In Perm am Ural besichtigte er die neuen Farbenfabriken, die unweit der Kupferschiefersteinbrüche entstanden waren. Er war begeistert und bedauerte, nichts von moderner Alchemie zu verstehen. Er sah, wie aus den Erzbergen Steine zermahlen und gebrannt wurden, um das Kupferoxid zu gewinnen: ein unscheinbarer schwarzer Stoff, mit dem Keramik veredelt werden kann oder Gläser, Emails und Glasuren blau, grün oder rot gefärbt werden. Der Grünspan, der sich an der Luft bildete

---

32 Börse

und dessen Wachstum hier beschleunigt werden konnte, wurde verwendet. Er bildete interessante Kristalle und wurde ebenfalls als Farbstoff für Keramik verwendet. Für seine Schwägerinnen brachte er große dunkelgrüne Kristalle mit, für seine Brüder vielfach mit Lack gesiegelte und mit unendlichen Initialen des Stadtvorstehers von Perm gezierte Besitzurkunden. Helene freute sich an dem ihr geschenkten blauen Vitriol-Kristall, der auf ihrer Fensterbank stand und im Sommer früh das Sonnenlicht brach. Sie durfte ihn nur wenig berühren und musste dafür sorgen, dass er nicht feucht wurde, sonst hätte er sich aufgelöst. Die Katzen leckten sowieso nicht an ihm, die machten einen Bogen darum. Für die Fabriken interessierte sie sich nicht, sie galten ihr als Männerspielzeug. Er ließ sie damit in Ruhe, beobachtete aber aus der Ferne deren Vergrößerung, lenkte deren Absatz an alle wichtigen Porzellanfabriken wie die kaiserliche des Dmitri Iwanowitsch Winogradow in St. Petersburg, aber auch an viele unbekanntere: nach Wolgograd, Omsk, Irkutsk und Wladiwostok. Gebäude nach Gebäude wurde errichtet, neue Öfen gebaut und eine eigene Lorenbahn vom Steinbruch zur Fabrik. Einmal schenkte Christian ihr eine außen komplett grüne Tasse mit orientalischem Dekor und ließ sie raten, was das sei. Sie fiel ihm im Verborgenen ihres Hauses glücklich um den Hals über das besondere Stück. Aber die Beziehung zwischen sich, ihrem Gemahl und der Farbe dieser Tasse erschloss sich ihr nicht. Täglich hätte sie neue technische Erfahrungen machen können, wenn sie gewollt hätte, aber das gehörte nicht zu ihrem Erfahrungskreis als Ehefrau.

An einem anderen Abend im gleichen Jahr erlebten sie im Salon den großartigen deutsch-böhmischen Ritter Franz Anton von Gerstner. Er war seit 1834 Planungsbeauftragter für mehrere Eisenbahnlinien in Russland und hatte für den Zaren Nikolaus I. die erste Eisenbahnstrecke entworfen von St. Petersburg nach Pawlowsk, nachdem er erfolgreich eine Pferde- und eine Dampfeisenbahn in Österreich – von Budweis nach Gmunden über Linz – auf einer schwierigen Bergstrecke gebaut hatte. Der Zar genehmigte den Bau einer Eisenbahn entgegen aller Unkenrufe seiner Minister. Einen solchen Abend fanden vor allem die Herren der Gesellschaft anregend, obgleich auch sie sich nicht vorstellen konnten, was es bedeutete, tausende Tonnen Eisenschienen in England einzukaufen, dort auf das riesige Schiff *Barbara* zu laden und im Militärhafen der Petersburger Insel Kronstadt wieder abzuladen. Die große Lokomotiven-Maschine, von der er Stahlstiche zeigte, sollte bei ihrer Probefahrt in England 72 Meilen in der Stunde, also mehr als einhundert Werst je Stunde gelaufen sein! Auch davon hatten weder die Herren noch die Damen eine Vorstellung. Die Pferdekutschen, mit denen sie üblicherweise reisten, schafften auf guter Straße neun Werst in einer Stunde (Habers war sieben Werst westlich vor Reval). In diesem Tempo zogen die Pferde wochentags die Waggons auf den Schienen von Petersburg nach Pawlowsk und zurück. Aber an den Freitagabenden wurden die Kessel der beiden englischen Maschinen mit Wasser gefüllt und mit polnischer Steinkohle geheizt, so dass am Sonnabend und am Sonntag mehrfach die Bahn mit Dampflok fuhr. Am Rande standen die Bauern und bekreuzigten sich. Manche fielen auf den Staub des Weges vor Entsetzen und Ehrfurcht.

Ritter von Gerstner erzählte vom unerschrockenen Wagenlenker August Nestler aus Reval, der vom Zaren Nikolaus für die erste Fahrt, an der die Zarenfamilie teilnahm, mit einer goldenen Sprungdeckeluhr von einem seiner Hofuhrmacher, Pawel Bure, belohnt wurde. Pawel Bure schuf auch die Bahnhofsuhr des Peterhof-Bahnhofs und die meisten Uhren in den Schlössern der Zarenfamilie. An August Nestler erinnerten sich nur die Älteren, denn er hatte schon als Junge im Streit mit seinem Vater die Stadt verlassen und danach war von ihm nicht mehr die Rede gewesen. Aber sie wussten, dass seine einzige Schwester Anna Dorothea die Frau des Uhrmachers Ludwig Schneider war, der seit 1796 seine Werkstatt auf der Gerichtsstraße hatte und den alle kannten. August wollte den Schiffsbau erlernen, aber sein Vater verbot es ihm. Er war ein Hallodri mit ungünstigen Zeugnissen in den Sprachen und im Fleiß. Sein technisches Interesse hatte er in seinen wenigen Jahren an der Revaler Ritter- und Domschule nicht ausleben können. So verließ er Schule und Stadt 1796 mit sechzehn Jahren in Richtung St. Petersburg. Es gab keine Nachrichten von ihm. Diese war die erste nach fast vierzig Jahren. Die nächste Nachricht zehn Jahre später war die von seinem Tod in der Fremde. Ein Bote gab ein kleines Paket bei der Witwe Anna-Dorothea Schneider, geb. Nestler, ab: sein Testament, die edle goldene Uhr und eine Börse voll Goldstücke. August Nestler war ein reicher Mann geworden, die Befürchtungen seiner Familie über den Tunichtgut hatten sich nicht erfüllt. Von da an existierte der Schatz in der Familie Schneider, wurde weitervererbt vom Vater auf den Sohn.

Ritter von Gerstner gelang es, die Eisenbahnfahrt auch den Damen als großes Vergnügen darzustellen: denn der neue Bahnhof von Pawlowsk gleiche einem englischen Vorbild, dem seit zweihundert Jahren existierenden Vergnügungspark mit Konzerthalle in Vauxhall nahe London. Die Gartenanlage lade zum Spazieren ein und bot den Gästen Bewirtung, Konzerte und im Sommer Feuerwerk. Auch könnten Reisende im Sommer darin wohnen als in einem feinen Gasthaus, je nach Rang, Stand und Geldvermögen. In Anlehnung an das großartige englische Vorbild wurde der Bahnhof von Pawlowsk gestaltet als Musik- und Konzert-Pavillon, in dem bis zu tausend Gäste Platz fanden. Besonders begehrt waren die Sonntage, an denen die berühmtesten Musiker ihrer Zeit auftraten: Beliebt waren die Tanzmusiken des Sohnes von Johann Strauss, aber auch Franz Liszt und die Pianistin Clara Schumann mit ihrem Gemahl. Sie alle spielten oder dirigierten dort ihre Werke. Das im Russischen вокзал (*Woksal*) ausgesprochene Wort *Vauxhall* wurde zur Vokabel für jeglichen russischen *Bahnhof*. Heute ist Vauxhall ein Stadtteil Londons fast ohne Gärten und Parks. In ihm steht das höchste Wohngebäude der Welt zwischen zahlreichen weiteren grün- und türkisschillernden Wolkenkratzern, gut zu sehen von der Tate Gallery aus. Nichts erinnert dort mehr an die Konzertvergnügen und Pferderennen außerhalb der Stadt.

Helene sah sich im Park von Pawlowsk spazierend das grün-weiße Kleid tragen, das sie bestickt hatte. Es war so prächtig, dass sie sich darin sowohl die Gebäude und die Blumenrabatten als auch die schreckliche Lokomotive bewundern sah. Dieser Attraktionen wäre es würdig gewesen! Sie wurde im Salon bewundert, denn niemand hatte ein solches Muster je gesehen, aber der Aufruhr um die gehörte Musik, um den verschollen geglaubten August Nestler oder um die Fahrt mit der Lokomotive des Teufels ließen das von ihr geschaffene Wunder blass erscheinen.

Ihrer Cousine erklärte sie die Herkunft des Musters. Sie hatte dieses kompliziert-verschlungene Bild nicht selbst erfunden! Es war das Kunstwerk einer unbekannten Stickerin vom Ärmel des Bischofs. Beim ersten katholischen Abendmahl hatte sie sich verliebt in jene Stiche! Sie *musste* es aufzeichnen, aber es war schwierig. Fünf unterschiedlich lange und breite Ranken durchwuchsen einander scheinbar wahllos wie in einem Bauerngarten. Bei jedem Ärmelkuss hatte sie wieder ein Stück erfasst. Im Ganzen war es doch ein französischer Park mit regelmäßigen Wiederholungen. Sieben Stiche hoch war der Anfang des Musters, danach vier, dann setzte es aus zugunsten einer weiteren Ranke, die sich von oben herabringelte. Zwanzig nicht standesgemäße Handküsse lang hatte sie gebraucht, um es in seiner Gesamtheit zu erfassen.

Diese Geschichte war so originell, dass sie sich nicht verbergen ließ. Alle Damen kamen, um die Stickerei zu sehen, Helene war der Star eines der ruhigeren Salons. Denn nicht in jedem Monat waren Größen der Zeit anwesend, manchmal sangen die jungen Mädchen der Gesellschaft die Lieder des verstorbenen Komponisten und Arztes Alexis Adolphi aus Wenden oder die des Carl Gottlieb Alt, der Organist im entfernten Pärnau in Estland war. Pärnau war weit von Reval, fast die Hälfte der Strecke nach Riga. Später zog der Organist dorthin und spielte die Domorgel vor Konzertpublikum. Seine Verehrerinnen bekamen da nur noch selten neue Lieder von ihm geschickt.

Kurz nach ihrem 41. Geburtstag bekam Helene das ersehnte und gefürchtete Kind. Ihre erste Geburt glich nicht der furchtbaren letzten ihrer Mutter. Nach wenigen Stunden lag in den Armen ihrer Schwester Renata endlich das Töchterchen Bertha Margaretha, die lang Ersehnte. Eine Generation später, als Französisch ganz und gar zur Modesprache geworden war, hätte das Mädchen Desiree heißen müssen, aber noch galten die bodenständigen Namen: Margaretha, Helene, Augustine, Hermine, Rosina für Mädchen und Herrmann, Friedrich, Christian, Johann oder August für die Jungen der Deutschen; Mirtel oder Polina die Mädchen und Artjom oder Marten die Jungen beim estnischen Personal. Bei den Letten heißen die Jungen Indrikis, Druvis, Dzintars und Ausmis und die Mädchen Liega, Metra, Liksma oder Veldze.

So spät ein erstes Kind zu bekommen war ein Wunder gleich dem der biblischen Sarah und zugleich ein Fluch. Denn es hieß, das Kind nicht mehr aufwachsen zu sehen, bei seiner Hochzeit nicht dabei sein zu können und vielleicht schon nicht bei seiner Konfirmation. Sagte nicht schon das Sprichwort: *Eine alte Mutter haben ist wie keine Mutter haben*? Hatte Sarah doch Dienerschaft gehabt und Abraham Nebenfrauen, die sich gewiss aller Kinder annahmen. Das war in dieser aufgeklärten Zeit den Rittern und Vornehmen vorbehalten. Sie selbst hatten nur eine Köchin und ein Stubenmädchen, sonst machte Helene alles selbst. Für die Wäsche kam einmal im Monat eine Russin für einige Tage ins Haus.

Helene erlebte nicht nur die Taufe ihrer kleinen Bertha mit Sophie aus Ampel als Patin, sondern auch den vierten Geburtstag ihres Mädchens, ehe sie es ihrem geliebten Mann Christian, ihrem Vater Martin und dem lieben Herrgott anvertraute und sich schwer atmend von der Welt verabschiedete: mit Gottesfurcht im Herzen und ohne Menschenfurcht.

Eine Nebenlinie: Ferdinand August Schneider (1796–1864)

Der junge Pastor Schneider bekam nach seinem Studium seine erste Pfarrstelle. Sie würde seine einzige Stelle bleiben, bis ans Lebensende. Er würde in ihr wachsen und froh werden oder verzweifeln und auch an diesem üblen Mut wachsen. Er würde sein Leben mit den Fischern auf der Insel leben und Kontakt halten zu den adligen Gutsbesitzern, denen das Land gehörte. Diese Beziehung zwischen den Pastoren und den Gutsherren war einerseits auf dem Lande das einzige soziale Netz gebildeter Menschen, die einander zum Austausch benötigten, andererseits war sie eine ökonomische Abhängigkeit. Denn die Einnahmen der Pastoren waren seitens der Kirche gering. Sie mussten für ein angenehmes Leben dazuverdienen. Die Amtshandlungen für die Bevölkerung hätten eine solche Quelle sein können, brachten jedoch kaum etwas ein. Wenn die Fischer kein Geld hatten oder ausgeben wollten, warteten sie mit Hochzeit oder Taufe, bis sie sich die Amtshandlung leisten konnten. Paare lebten lange zusammen und hatten Kinder, ehe sie heirateten; Kinder arbeiteten längst in den Häusern der Eltern mit, ehe sie getauft wurden. Nur Beerdigungen waren ein sicherer Zuverdienst.

Die Esten fanden die kirchlichen Feiern nicht wichtig genug. Sie glaubten an Gott, an Jesus Christus, an die kleinen Geister in ihren Häusern, denen sie Schüsselchen mit Essen vor die Tür stellten und für die ihre Kinder kleine Sprüche aufsagten, an heilige Bäume und Steine, an Spuk- und Kraftorte, an die verführenden Irrlichter im Moor und auf dem Friedhof, an die blauen Elmsfeuer der Schiffe. Sie glaubten an die Mutter Maria mit ihrem Kind und daran, dass das Heilige weiblich sei. Über die Reihenfolge dieser Glaubensinhalte war damit nichts gesagt. Wurde ein Unwürdiger auf dem christlichen Friedhof begraben, zeigten sich empörte Elmsfeuer auf der Kirchturmspitze und drohten dem Totengräber. Falls er gewusst hatte, dass der Tote ein Sünder war, und ihm dennoch ein christliches Grab schaufelte, würde er selbst im nächsten Jahr sterben. Übermenschliche Mächte waren überall, und es war manches nötig, um sie zu besänftigen oder zu bannen. Zum Mittsommerfest, also an St. Johanni, wenn es über Nacht nicht ganz dunkel wurde, entzündeten die Esten hohe Holzstöße. Stundenlang wurde gegessen und gesungen, die jungen Menschen tanzten. Wer einen Partner suchte, sprang durch das niederbrennende Feuer und wünschte sich den oder die Richtige. Oder sie sprangen Hand in Hand. War das Feuer bei Sonnenaufgang niedergebrannt und nur noch das Glutbett vorhanden, wurde es für kurze Zeit still. Jemand kehrte die Glut in die Breite. Die Heilerin und ihre Töchter sangen dann andere Lieder für das Feuer. Sie rafften ihre Röcke und traten erst vorsichtig, dann beherzt auf die Glut und tanzten viele Runden darin und das Feuer tat ihren nackten Füßen nichts. Sie sprachen mit dem Feuer, opferten die Angst der Menschen in Form ihrer eigenen Angst und sorgten dafür, dass im nächsten Jahr keine Strohhütte in Flammen aufgehen würde, kein Kind ins Herdfeuer fiele und dass Talg und Petroleum ihre Kraft behielten. All diese Überzeugungen widersprachen einander nicht, sie konnten nebeneinander bestehen. Der Pastor erfuhr nicht alles, aber das meiste. Es bestand keine Notwendigkeit zu verstecken, wie eingebunden und abhängig der Mensch war zwischen Himmel, Meer und Moor.

Es war nicht vorgesehen, dass Menschen ihre Tätigkeit wechselten. Ob einer die Werkstatt oder den Gutshof seines Vaters übernahm, dessen Stelle als Ältermann der Großen

Gilde oder dessen Arbeit als Kutscher oder Knecht, es war seine Lebensaufgabe. Frauen übernahmen die Haushaltung des Mannes, der sie gewählt hatte oder dem sie versprochen worden waren, und die Sorge für die Kinder, die er ihnen schenkte. Ein solcher Platz im Leben war wie ein zu großes Kleidungsstück, in das ein Kind hineinwachsen musste. Niemand fragte, ob es ihm gefalle. Das Kind wuchs hinein. Es gab keine Verantwortung der Vorgesetzten, eine dem Absolventen angemessene Arbeit zu suchen, weil es die Idee nicht gab, dass ein Mensch in ein ihm gemäßes Umfeld gehöre. Manchmal ging die Sehnsucht eines jungen Pfarrers in eine bestimmte Gegend, damit er seine Eltern regelmäßig sehen könne, denn außer mit eigenen Pferden vor Kutsche oder Schlitten waren weite Wege nicht zu bewältigen. Estland war nicht so groß, dass ein gesunder Mensch nicht auch zu Fuß hätte gehen können, aber seine Abwesenheit dauerte lange. Es war auch nicht ungefährlich: Moore und Seen versperrten den Weg, der Wald war teilweise Urwald und Wege weniger zahlreich als Wölfe. War ein Mensch weit von seiner Familie entfernt, so konnten das zehn straffe Tagesmärsche in jeder Richtung sein, und es gab nicht bei jedem Sonnenuntergang ein Gasthaus oder eine Scheune voll Stroh.

Beispiele erzählte Gottfried Seume von seiner Reise, die ihn zwanzig Jahre zuvor von Grimma in Sachsen über das unter türkischer Besatzung stehende Erzherzogtum Österreich bis nach Sizilien brachte. Es wiederfuhr ihm, dass ihn als fremden Wanderer nach langen Tagesmärschen Wirtshäuser abwiesen: „Er möchte noch so viele Dukaten in der Tasche haben und zehren wie ein reicher Erbe; das wäre wider Polizei und die Ehre des Hauses also schritt er ganz trotzig an dem Berge durch die Schlucht hinunter in die Nacht hinein … Die Gegend war nun voll Räuber und Wölfe, wie man … erzählt hatte, … er marschierte also auf gutes Glück geradezu. Ungefähr eine halbe Stunde von dem *Heiligen der schlechten Gastfreundschaft* traf … er wieder ein Wirtshaus, das klein und erbärmlich genug im Mondschein dort stand. Sehr ermüdet und etwas durchfroren trat … er ein und war sehr froh, dass man … ihm zu essen wenn auch kein Bett anbot; denn … sein Lager war unstreitig das beste im ganzen Hause. Es war … ihm lieb, eine gewöhnliche krainische Wirtschaft zu sehen, die dem Ansehen nach noch nicht die schlechteste war und die doch nicht viel besser schien, als man sie bei den Letten und Esten in Kurland und Livland findet. Gleiche Ursachen bringen gleiche Wirkungen."[33] Er wird in der Wirtsstube auf der Holzbank oder auf dem Fußboden, nahe dem erloschenen Ofen, geschlafen haben.

Ferdinand Schneider war zufrieden, dass ihm das Pastorat Keinis auf der Insel Ösel / Saaremaa zugewiesen wurde. Der alte Pfarrer war voriges Jahr aufs Festland gezogen zu seinem Sohn. Seit nach seiner Frau auch die alte Magd verstorben war, konnte er nicht mehr da leben. Die drei anderen Pastoren der Insel versorgten die Gemeinde, doch das war nicht einfach. Die meisten Wege wurden mit dem Boot erledigt, wenn das Wetter es zuließ. Die Kunst war es, im Inselinneren die Häuser und Hütten der Gemeindeglieder zu finden. Das war nur mit Orts- und Personenkenntnis möglich.

Ferdinand heiratete kurz vor seinem Umzug seine Verlobte Henriette Wiek. Seine Eltern hatten sie für seinen ältesten Bruder Friedrich Ludwig ausgesucht. Da dieser jedoch als Maler durchs Land wandern und sich nicht binden wollte, war er es zufrieden. Sie brachte eine stattliche Aussteuer mit, da sie von wohlhabenden Eltern stammte. Gemeinsam richteten sie sich in Keinis ein. Pastorat und Kirche waren klein. Sollten sie einmal viele Kinder bekommen, müssten sie einen Anbau ans Haus machen. Vorerst waren sie allein. Der letzte Pfarrer hatte ihm eine Anzahl gelehrter Bücher

33 Johann Gottfried Seume, 1803: *Spaziergang nach Syrakus im Jahre 1802*

überlassen und einige gezeichnete Pläne der Gegend mit den Hütten der Gemeindeglieder und den Namen derer, die dort wohnten. Außerdem studierten Ferdinand und Henriette in der ersten Zeit die Kirchenbücher, um mit den Namen und Verhältnissen der Familien vertraut zu werden. Sie bemerkten, dass der Pastor schon fast zehn Jahre keine Eintragungen oder keine Amtshandlungen mehr gemacht hatte. Keine Taufen, keine Konfirmationen? Das konnte kaum sein.

Ferdinand begann seinen Dienst mit Besuchen bei den Herren der umliegenden Güter. Meist ging er allein dahin und kam mit einer Einladung für sich und seine Frau zurück. Auch mit dem Arzt der Insel und dessen Frau baute er eine Bekanntschaft auf, in der Deutsch gesprochen wurde. Seine ersten Gottesdienste waren gut besucht, die Menschen wollten ihn kennenlernen. An der Unruhe, die sich bildete, merkte er, dass sie weder sein Estnisch verstanden noch das Deutsch der Liturgie. Hier wurde der Inseldialekt *saarte murre* gesprochen, den er würde lernen müssen. Er selbst stammte aus Reval, wo *keskmurre*, der Hauptstadtdialekt, die Verständigungssprache war. Nach diesem Auftakt wurde die Besucherzahl in der Kirche klein. Also ging er zu den Gemeindegliedern. Er lernte, einen Kahn die Küste entlang zu steuern, und kaufte ein Pferd.

Bei den Besuchen hatte er mehr Probleme als nur die Sprache: Er war so klein, dass er sich als Männchen fühlte gegenüber den Fischern und den Bauern, die ihn überragten. Vom Körperumfang und den Muskeln in den ruderungewohnten Armen war ganz zu schweigen: Sie nahmen ihn nicht ernst. Alle waren mindestens einen Kopf länger als er. Das war ihm weder in Reval noch beim Studium aufgefallen, dass er so klein sei. Bei den hiesigen Menschen war der Unterschied so groß. Ihm blieb nur, sich einen großen Bart stehen zu lassen, sich einen Stock mit Silberknauf und eine Meerschaumpfeife zuzulegen, um würdiger zu wirken. Für eine Autorität war es besonders schwierig, wenn sie klein war und keine Kinder hatte. Henriette bekam keine Kinder. Er sprach deshalb sogar mit dem Arzt, der sie untersuchte, aber nichts finden konnte.

Weil er für die ihm anvertrauten Menschen keine Autorität werden konnte, wurde er ihnen ein Freund, wie es der alte Pastor nie gewesen war. Er taufte ganze Familien, weil er mit ihnen lebte. Besonders im Winter, wenn niemand etwas im Freien tun konnte, kam er zu ihnen und sie zu ihm. Er erzählte ihnen im langen Dunkel der Winternachmittage die Geschichten der Bibel so, dass die Fischer vom See Genezareth mit in ihrer Runde saßen und Netze flickten und sich um die vom Sturm beschädigten Boote sorgten. Zar Peter der Große in St. Petersburg war ihnen so fern wie denen der Kaiser Augustus in Rom, die deutschen Gildeältesten in der Stadt waren für die Bauern und Fischer so unnahbar wie Pilatus für das Hirtenvolk. Kurz: Sie liebten ihren Pastor und ließen ihn in ihr Leben schauen, wie sie es nur selten taten. Sie bedauerten ihn, dass er eine Frau hatte, die kein Kind bekam. Sie zeigten ihm die heiligen Steine an der Landzunge, wo sie im Frühling die Fische vom ersten Fang in Blätter gewickelt hinlegten mit der Bitte um gute und sichere Fischgründe in diesem Jahr. Anfangs mahnte er sie, sie sollten nicht abergläubisch sein, aber es nützte nichts. Er sprach zu Ostern ein Gebet für einen guten Fang und Bewahrung auf See, aber sie winkten ab und sagten, dass Opfer am Stein hätte schon ihren Vorvätern genützt. Das müsse er ihnen schon überlassen, er verstehe nichts vom Wasser. Da er merkte, dass es ihnen nicht an Gottesglauben mangelte, sondern sie eher zu viele verschiedene Sorten davon hatten, ließ er es auf sich beruhen und sorgte nur, an diesen Tagen nicht dort unterwegs zu sein, um nicht ansehen zu müssen, was sie taten. Längst wusste er, dass er die sturen Köpfe, die alles taten wie ihre Vorfahren, sowieso nicht davon abhalten konnte. Er erzählte ihnen von König Sauls Befragung der Totenbeschwörerin und dass in der Bibel stehe, dass dies der falsche Glaube und verboten sei. Sie erwiderten ihm, dass sie so etwas nie machen würden, da dies viel zu gefährlich sei und sie es nicht könnten. Zu anderen Zeiten erzählte er ihnen vom fünften Buch Mose, wo steht, dass niemand *seinen Sohn oder seine Tochter durchs Feuer gehen lasse, oder ein Weissager, oder ein Tagewähler, oder der auf Vogelgeschrey achte, oder ein Zauberer oder Beschwörer, oder Wahrsager, oder Zeichendeuter oder der die Todten frage. Denn wer solches thut, der ist dem Herrn ein Greuel …*[34] Sie verstanden nicht, dass er das Mittsommerfest meinte, das ihr Heiligstes im ganzen Jahr war. Wenn dort die Heilerin durchs Feuer ging, so hatte das nichts mit seinem Gott zu tun, dem wollte sie nichts Böses. Irgendwann musste er es aufgeben, diese frommen Heiden bekehren zu wollen. Er konnte ihre Seelen nur Gott anvertrauen, der großmütiger war als er. Sie vertrauten ihm dafür ihre Sorgen an: um das Überleben in harter Zeit für Mensch und Vieh und um die Gesundheit. Ihre Hauptsorge war, dass sie zu wenig Süßwasser auf der Insel hatten, um das Vieh zu tränken. Grundwasser gab es überall genug, doch es war brackig. Im Norden der Insel auf den Gutshöfen hatten sie Süßwasser, und früher hatte es auch im Süden etwas davon gegeben. Die Vorfahren hatten große Herden, während sie nur ein paar Ziegen halten konnten, die mit wenig hartem Kraut zufrieden waren und sich selbst kümmerten.

Er betete für sie alle und nahm nur, was sie zahlen konnten für eine Hochzeit und eine Beerdigung, und nicht, was er hätte verlangen können.

Der Gutsherr sah diese nahen Beziehungen des Pastors nicht gern, später lernte er sie zu schätzen, denn sie sorgten für Frieden unter der Landbevölkerung.

---

34 Martin Luther: *Die ganze Heilige Schrift des alten und neuen Testamentes.* 5. Mose 18, 10 f. Halle: Cansteinische Bibel-Anstalt 1785

Während Ferdinands Lebenskreis immer größer wurde, ging es Henriette nicht gut. Sie sehnte sich nach Kindern und nach Frauen, mit denen sie reden konnte, nach ihren Schwestern und Freundinnen zu Hause. Zwar schrieb sie Briefe, aber im Sommer nahm das Schiff diese nur wöchentlich zum Festland mit, und im Winter waren sie meist ganz abgeschnitten vom Leben des Landes. Die erste Post kam nach dem Eisgang, wenn das Schiff wieder fahren konnte. In der Zeit der Schneeschmelze lief Henriette manchmal mittags zum Hafen, um zu sehen, ob das Meer nicht schon frei sei. Einmal, es war gegen Mittag ein Sturm aufgekommen, kam sie nicht wieder. Ferdinand suchte sie verzweifelt und befragte alle Leute, doch die wenigen, die etwas wussten, hatten sie alle auf dem Hinweg gesehen. Am anderen Tag, als der Wind sich gelegt hatte, bildeten die Fischer und Dörfler eine Kette beim Suchen, wie sie es zu tun gewohnt waren. Sie fanden sie ertrunken. Es blieb unklar, wie sie an einem so flachen Strand ertrinken konnte. Der heftige Sturm schien sie ins Wasser gedrückt oder zum Straucheln gebracht zu haben.

Zu Henriettens Beerdigung 1824 war die Bevölkerung der halben Insel da. Der Pfarrbruder hielt die Trauerfeier und die Grabrede. Ferdinand brauchte lange, um zu verstehen, dass Henriette nicht wiederkäme. Was er verstand war, dass Wasser sein Schicksal war und er es besänftigen musste. Vielleicht war es das Schicksal vieler in jener Zeit, denn er bekam auch die Nachricht von der verheerenden Flut in St. Petersburg, die nur Wochen zuvor die Stadt verwüstet und so viele Tote gefordert hatte. War es nicht die gleiche baltische See, die sich hier wie da ihre Opfer suchte?

Wasser

Sankt Petersburg wurde auf sumpfigen Boden gegründet. Das Gebiet, in dem die Newa in den Finnischen Meerbusen fließt, war für den Bau einer Stadt nicht geeignet. Peter der Große war von Amsterdams Kanälen erstaunt und wollte sich eine Hauptstadt im europäischen Stil errichten. Immer wieder brachten Überschwemmungen das Transportsystem zum Erliegen, das aufsteigende Wasser beschädigte das Straßenpflaster. In einigen Stadtvierteln mussten die Einwohner Boote als Transportmittel nehmen. Das steigende Wasser wusch die Friedhöfe weg, so dass die Särge über den Straßen schwammen. Die größte Überschwemmung der Stadt gab es 1824, als der Wasserstand auf 4,10 Meter stieg und viele Menschen das Leben kostete.

Zar Alexanders I. Leben war seit einigen Monaten von Schicksalsschlägen überschattet, er litt an Depressionen und teilte damit das Schicksal vieler Einwohner, die deshalb schlecht über den Gründer ihrer Stadt redeten, besonders wenn es stürmisch, regnerisch oder eisig war. Feuchtigkeit und Himmelgrau verursachten allenthalben Leiden. Im Jahr 1824 verlor der Zar seine einzige Tochter. Er erkannte in der Flut eine Strafe Gottes für seine Sünden. Getrieben vom Bedürfnis nach Distanz, Ruhe und Klärung entschied er sich für eine Reise nach Taganrog am Asowschen Meer und auf die Krim. Dort besuchte er die Grabstätte der baltischen Baronin Juliane von Krüdener, die er persönlich gekannt hatte und für eine Heilige hielt. Die Nachricht von ihrem Tod hatte ihn erschüttert.[35]

---

35 Deborah Sommer, 2014: *Juliane von Krüdener. Eine Baronin missioniert Europa*

Alexander Puschkin schrieb 1833 das berühmte Gedicht *Der eherne Reiter* über das Hochwasser. In der geschilderten Überschwemmung der Newa kam auch die Braut eines armen Staatsdieners um. Er gab die Schuld Zar Peter I., der die Stadt am falschen Ort bauen ließ. Er drohte und fluchte dessen Reiterstandbild so lange, bis dieses lebendig wurde und ihn verfolgte.

Immer, wenn Ferdinand eine Beerdigung hielt, ging er anschließend zu Henriettens Grab und wunderte sich, wenn sein Stock mit dem silbernen Knauf in seiner Hand zuckte. Einmal stach er ihn tief in die Erde neben dem Grab, dass er aufrecht stehenblieb, und nahm einen dünnen Ast, der vor seinen Füßen lag, um zu prüfen, ob dieser sich ebenfalls bewegen würde. Er tat es, sogar viel stärker noch, vielleicht weil er leicht war, im Gegensatz zu seinem Prunkstock. Das Ästchen tanzte in seiner Hand, obwohl er diese nicht bewegte. Erstaunt sah er ihm zu. War es Henriettens Geist, der ihn bewegte? Er ließ seinen Stock neben dem Grab stehen und ging in jede Richtung ein paar Schritte. Das Ästchen erwies sich als lebendig. Hier zuckte es stark, dort schwach, anderswo ein klein wenig. Was war das? Er war noch ganz in seinen Gedanken, als es sich hinter ihm räusperte und der Verwalter des Gutes ihn ansprach: „Der Herr Pastor kann mit der Wünschelrute umgehen? Das hätte keiner von uns gedacht!" Erschreckt ließ er den Ast fallen und ergriff seinen Silberstock: „Nein, nein, das war ein Zufall. Ich weiß nichts von einer solchen Rute!"

Lange dachte er zu Hause darüber nach. Warum widerfuhr ihm das? Was wussten die Leute darüber, was er nicht wusste? Er schaute in sein Hauslexikon: *Vollständiges Handbuch praktischer Lebenskenntnisse für alle Stände*. Es war ihm vorigen Sommer von der Post geliefert worden, druckfrisch aus Leipzig vom *Verlag Breitkopf und Härtel*, zusammen mit einer Sendung weiterer Bücher. Ihn hatte zu der großen

Geldausgabe angeregt, dass in der Zeitung gestanden hatte, das Lexikon sei *bestimmt, dem Bedürfniß und der Rathlosigkeit im täglichen Leben abzuhelfen und in allen Fällen Auskunft zu gewähren, welche in häuslichen, gesellschaftlichen und Geschäftsverhältnissen den Beistand kundiger Männer wünschenswert machen.* Hatte er doch bis vor einem Jahr eine kundige und liebevolle Frau sein Eigen genannt, um sich mit ihr zu beraten, war er nun verwitwet. Das Buch verwies im *Band acht* den fraglichen Gegenstand ins Reich des Aberglaubens, dessen er sich als Pastor keinesfalls schuldig machen durfte. Angeblich zeigte die Rute das Gewünschte an. Was aber hatte er sich gewünscht, außer, dass seine geliebte Henriette am Leben wäre? Nicht umsonst hatte sein Silberstock wohl am Grab gezuckt? Hieß das nicht, dass etwas an jenem Missglauben sein musste? Denn er hatte nichts gesucht, es war ihm widerfahren! Endlich fand er außer den Ablehnungen seines sonst so geliebten Lexikons auch positive und wissenschaftliche Zeugnisse für das Gehen mit Wünschelruten. In den Stößen philosophischer Zeitschriften, die ihm sein Vorgänger überlassen hatte, las er einen Artikel aus den 1740er Jahren von dem schwedischen Metallurgen und Bergwerksinspektor Emanuel Swedenborg, der vom *Divinieren* sprach. Ferdinand hatte, trotz seines guten Lateins, nicht sofort verstanden, was dieser meinte: „Divinieren ist nicht mystisch, sondern eine praktische Herangehensweise an die Erforschung der Welt.“ Er bestellte sich beim Verlag dessen beiden Bände „De cultu et amore Dei“[36] und las sie mit Erstaunen. Swedenborgs *Virgula divinatoria* machte die stärksten Ausschläge bei Gold, danach absteigend, aber bis zum Ende wahrnehmbar, bei Kupfer, Eisen, Silber, Zinn, Blei und Kohle. Seine Rute schlug nicht willkürlich aus, sondern nachweisbar und für die Arbeit im Bergwerk verwendbar. Wenn der Naturphilosoph und Theologe dies so offen

---

36 Emanuel Svedenborg, ca. 1760: *De culto et amore Dei*

beschrieb, schien es keine Sünde zu sein. Er war also nicht schuldig. Gott wusste, dass er ihn nicht versuchen wollte, aber er musste vermeiden, dass sich üble Nachrede ihm gegenüber ergab. Dann wiederum las er einen Artikel von Immanuel Kant in Königsberg, der Swedenborg gescholten hatte als *Erzphantasten unter allen Phantasten*[37], der ihn in ein *Schlaraffenland der Metaphysik* verschleppen wolle. Sein Werk bezeichnete Kant als *acht Quartbände voll Unsinn.*

So waren diese Lehren für Ferdinand doch kein Trost, bis er allmählich den Unterschied zwischen mantischer und gelehrter Wissenschaft verstand und den Streit der Philosophien und Glaubensrichtungen, die sich am Unterschied zwischen Erleben und Denken befestigten. Mitten in solchen Gedanken meldete er sich beim Gutsverwalter Karstens, der ihn unvermutet auf dem Kirchhof angetroffen hatte, an. Es wurde ein langer Abend. Der Gutsverwalter erzählte ihm, was er über solche Ruten wusste. Die Leute aus dem Ort, aus dem er kam, nutzten sie, um auf dem Festland im Trockenen Wasser für die Gärten und Felder zu finden. Hier war Wasser allgegenwärtig: rund um die Insel, in den Seen und Tümpeln und als Brackwasser, welches weder Mensch noch Vieh trinken konnten. An einigen Stellen standen Ziehbrunnen, deren langer Arm weit in die Luft stach, wo viele Frauen das Trinkwasser holten. Niemand wusste, warum gerade an diesen Stellen Süßwasser zu schöpfen war. Es kam scheinbar aus einer Tiefe, in welche das flache Meer nicht reichte.

Karstens war zwanzig Jahre älter als Ferdinand, hatte eine fröhliche Frau und viele Kinder. Bei Tisch saß Ferdinand zwischen der ältesten Tochter Charlotte Amalie, die acht Jahre jünger war als er, und der ein weiteres Jahr jüngeren Juliane Eleonore. Diese war vielleicht die hübschere.

---

37 Immanuel Kant, 1766: *Träume eines Geistersehers, erläutert durch die Träume der Metaphysik*

Wohin trieben seine Gedanken? Karstens versprach ihm, keinem etwas zu sagen von der Rute, meinte aber, er solle das bei Nacht in Ruhe an verschiedenen Orten versuchen. Es sei durchaus nicht üblich, eine solche Gabe zu haben. Gott hätte ihm diese nicht verliehen, wenn er sie nicht nutzen solle. Hier auf der Insel würde niemand Anstoß daran nehmen, wenn er es nicht gerade mit den Amtsbrüdern bespräche. Was denen die Knechte und Fischer hinterbrächten, wäre wie nicht gesagt, weil diese die Pfarrkinder nicht als erwachsene Leute betrachteten, sondern als dumme, ungebildete Unterschicht, unendlich unterlegen. Er sei der Einzige hier, der die Menschen ernst nehme.

Als drei Monate später das Trauerjahr herum war, freite Ferdinand um Amalie. Sowohl deren Eltern als auch sie selbst nahmen gern an. Im Sommer wurde geheiratet. Kein Jahr später greinte ein kleiner Friedrich in der Wiege, genannt nach Ferdinands Bruder, den er seit Jahren nicht gesehen hatte und der Pate stand. Ein weiteres Jahr später wurde Sohn Johannes geboren.

Ferdinand übte. Der Ast zuckte nur selten. Er lernte, dass die Rute nicht auf Wasser an sich ansprach, sondern nur auf fließendes Wasser. Die Nähe des bewegten Meeres machte sich nicht in ihr bemerkbar. Weder Wellen noch eine glatte See reizten die Rute, sie blieb am Ufer still in seiner Hand. Das schlechte Gewissen blieb nicht aus und das Gefühl, vom Glauben abgefallen zu sein. Nach seinen nächtlichen Gesprächen mit seiner Frau und mit Gott war da wieder die Neugier. Welchen Zweck hatte diese Gabe?

Als er wieder einmal die Kranken einer Gemeindefamilie besuchte, erzählte ihm die Frau, dass sie täglich einen weiten Weg zum Brunnen hätte und ihr das Wagnis, den verwirrten alten Vater mit den noch kleinen Kindern so lange allein zu lassen, zu groß sei. Sie brauche einen Brunnen am Haus, um den Alten, die Kleinen, Haus und Garten und das Zubereiten des Fanges, wenn der Mann von See kam, zu bewältigen. Sie erzählte, dass es in ihrer Kindheit eine Frau gegeben habe, die mit der Wünschelrute Brunnenplätze finden konnte. Diese sei schon lange tot. Ferdinand dachte nach. Hatte Gott ihn nicht auf diese Insel gesandt, damit er den Gemeindekindern das Leben erleichtere? Das Himmelreich war das eine Ziel, doch hieß es nicht auch, dass dieses schon hier auf Erden beginne? Für diese Frau, die täglich mit schlechtem Gewissen Wasser von weit her schleppte, begann der Himmel nicht auf Erden. Bei der Verabschiedung meinte sie, ob der Herr Pastor ihr denn nicht in der Sache mit dem Trinkwasser helfen könne? Die Leute redeten so dies und das? Er versprach ihr, wiederzukommen und es zu versuchen, sie solle zu keinem darüber sprechen.

Als er eine Woche später wiederkam, versuchte er es. Die Rute blieb still. Es gab kein fließendes Wasser auf ihrem Grundstück. Nicht weit davon, im angrenzenden Wald, erzuckte die Rute eine Stelle. Doch dieses Land gehörte nicht den Fischersleuten, sondern, wie das meiste auf der Insel, dem Gutsbesitzer. Ferdinand versprach, sich zu kümmern, wenn sie es keinem weitersagen würde. Am Wochenende saß er mit Amalie und den Kindern bei seinen Schwiegereltern und sie redeten über die Brunnen. Karstens wollte mit dem Besitzer über eine Anzahl von Brunnen überall auf seinem Land verhandeln. Frisches Wasser allenthalben wäre eine längst überfällige Gabe für den Gemeinnutz. Ferdinands Aufgabe sei es, in allen Dörfern des Kirchspiels unabhängig von der aktuellen Not der Einzelnen nach Süßwasser zu suchen und die Stellen zu markieren. So geschah es. Ferdinand fand, wenn er nachts ausritt, weil er wegen der Kinder, die Zähne bekamen und jammerten, nicht schlafen konnte, an vielen Stellen der Insel Punkte, die er für brunnengeeignet hielt. Da der Besitzer, beseelt von der Idee der Modernisierung seiner Dörfer, zustimmte, erhielt die Insel schon bald ausreichend Süßwasserbrunnen. Alle Punkte, die Ferdinand gefunden hatte, erwiesen sich als geeignet. Da er nun nichts mehr verbergen konnte von seiner Gabe, machte er einen großen Dankgottesdienst. Alle kamen. Nie hatte er eine so volle Kirche gehabt und so viele Menschen rund um die kleine Kirche, denn es passten nicht alle hinein. Sie waren von weit gekommen, um zu erleben, dass der Pastor einer von ihnen war. Er hatte alle Mühe, sie dazu zu bringen, dass sie nicht ihn feierten, sondern Gott als Geber aller Gaben.

Als drei Jahre später Amalie an einem Krebs starb, der sie von innen auffraß, kam ihre Schwester Eleonore zu ihm, um die beiden Kinder aufziehen zu helfen. Er war untröstlich, zerbrach seine Rute als Zeichen, dass er seinen abergläubischen Fehler erkannt hatte, und schwor, sie nie wieder einzusetzen. Nach Ablauf des Trauerjahres heiratete er Eleonore, denn die Kinder brauchten eine Mutter und ihre Gesellschaft war ihm besonders in der Einsamkeit des Winters so notwendig. Beide trauerten sie um die geliebte Amalie. Sie brauchten lange, um den Schmerz zu überwinden und ein richtiges Ehepaar zu werden. Fünf Jahre später wurde ihr Sohn Georg geboren.

Weitere drei Jahre später war Ferdinand August ein Witwer mit drei Kindern, denn Eleonore starb an der Geburt ihres zweiten Kindes und das kleine Mädchen mit ihr. Ferdinand versank für lange Zeit in Trauer. Er stellte eine ältere Frau ein, um für die Kinder zu sorgen. Eigentlich hatte er seine beiden großen Söhne zu seinen Eltern nach Reval schicken wollen, damit sie auf eine gute Schule gehen könnten. Er hatte nicht so viel Zeit für sie, und der hiesige Lehrer unterrichtete nur die ersten vier Klassen in einem gemeinsamen Raum. So konnte aus ihnen nichts werden. Aber er vermochte es nicht, sie wegzugeben. War ihm nicht schon alles genommen worden, was er geliebt hatte? Er haderte mit Gott wie Hiob und schrieb an seinen Bischof um eine andere Stelle.

Lange hörte er nichts von seinem Gesuch. Als er es schon fast vergessen hatte, bekam er eine Einladung nach Reval.

Er fuhr mit allen Kindern hin. Seit diesem Jahr gab es eine wöchentliche Fährverbindung. Bei seiner Familie gesundete er nach und nach von der Melancholie. Den Bischof bekam er nicht zu sehen, aber einen Prälaten des *hochwohllöblichen Konsistoriums.* Dieser bot ihm für vorerst drei Jahre eine Stelle in der Stadt an. So konnte er seine Kinder auf die Ritter- und Domschule schicken, auf die er einst selbst gegangen war, und sie dennoch sehen. Aufgrund seiner *unerschütterlichen Impertinenz* gelang es ihm, diese Ausnahmestelle immer wieder zu verlängern, so dass er den Rest seines Arbeitslebens in der Stadt verbringen konnte.

Als sein jüngster Sohn das fünfte Lebensjahr erreicht hatte, ehelichte Ferdinand August die kinderlose Witwe Constanze Melanie Grubner und hatte mit ihr noch fünf Kinder – drei Töchter und zwei Söhne. Er sah sie alle heranwachsen und heiraten, ehe er das Zeitliche mit dem Ewigen vertauschte.

Der Urahn als Prediger

Der kinderreiche Vater galt als Besitzer und wohlhabend. Wer verwendet hier diese sehr weiten Begriffe? Sicherlich war er kein Grund- und Fabrikbesitzertyp des Frühkapitalismus, er wird wohl in Nachbarschaft der klein und arm gebliebenen Arbeiter einer der Fleißigsten, Unermüdlichsten gewesen sein und hatte am Webstuhl zwei Finger eingebüßt. Ob er wirtschaftliche Einbußen erfuhr, gar Pleite ging? Denn am Ende steht wieder Fabrikarbeiter. Immer bleibt einiges undeutlich.

Eben geriet ein Teil (eingebüßt) aus der Wortfamilie Buße / büßen in den Text. Mit deren geistlicher Wortverwandtschaft soll versucht werden, das fernere, nach Motiv, Haltung, Erscheinung wahrscheinlich strenge Urvater-Schicksal zu kennzeichnen. … Daraus forme ich, male ich das Ahnenbild dieses – jetzt sage ich schon: Gottesmannes! Wessen Gottes? War er ein lutherischer Christ? Er war Henriettes Mann und mein Urgroßvater. Henriette erscheint in diesen Erinnerungen merkwürdig blass. Der doppelte Webstuhlbesitzer war auch – hört, hört! – Vorsteher und Prediger bei der Apostelgemeinde. Wo? Die Benennung bleibt ungenau. In der berühmt-berüchtigten Sektenlandschaft Ostsachsens steht dafür einiges zur Auswahl. Meine Mutter, als Kind dort zu Besuch, erlebte die Gläubigkeit dieser Familie, ein Frömmigkeitsdauerklima: täglich Andachten, Bibelvorlesen, Gebetszeiten. Bei Tische wurde streng an- und abgebetet. *Erst abbeten!*, hieß es fauchend, mit ängstlichem Blick zum Tischvater, mit zornigem Blick zur Kinderschar, wenn die nach dem Essen voreilig aufstehen mochte. Es gab dazu kein Kindergebetlein, wie es meine Mutter daheim sonntags vorm Mittagessen erlebte und im Wechsel mit ihrem Bruder selber sprach, sondern ein tiefernstes, formelreiches, langes, den Kindern unverständliches und quälendes Sprachgebilde aus des Großvaters bartverhangenem Munde. Es wurde sofort eine Mahn- und Bußpredigt, flüsternd, aufseufzend, zerknirscht, Vergebung heischend, die alle im Raum einbezog, auch die Kinder. Das Zu-Bett-Gehen, der Beginn der Nacht stand unter ähnlichem angstmachendem Ritual. Allgemein muss, besonders für Kinder dort auf Besuch, eine daseinsbeklemmende Atmosphäre geherrscht haben. Der Großvater und seine Strafen oder schon die Androhungen wurden gefürchtet. Man durfte in seiner Nähe nicht laut lachen. Auch ihn selber hat meine Mutter nie lachen sehen. Lachen und all die vielen anderen losen, leichtsinnigen Dinge des Lebens erzürnten Gott, der ständig über uns … wachte, aufpasste, alles sah und wusste, wie offensichtlich auch Großvater selber.

Nun meine fragende Vermutung: War ihm das Leben vielleicht eine einzige Bußaktion, ein Abarbeiten von Schuld, eine um der Seelen-Seligkeit nicht zu verpassende Chance der Wiederannäherung an Gott nach verlorener Nähe? An was für einen Gott? Büßte dieser Mann etwas ab, als schicksalhaft Mitbetroffener, etwa aus der Ahnenreihe? Reichte das auslösende Motiv weit zurück, an den Anfang seiner Kindheit oder noch davor, und war dieses schon zur Vorübung jetziger Bußhaltung entartet? Hat er, eines unglücklichen Tages, von den Umständen seiner Herkunft derart erfahren, dass sein Gemüt traumatisiert wurde? In welcher Beziehung stand er zu Frauen überhaupt? Und speziell zu seiner Mutter, meiner Christliebe Zwo? Und zu seiner Frau, meiner Henriette Zwo? Was haben die beiden beigetragen oder mitgetragen an seiner Lebensproblematik?

Was mag er für ein Gottesbild gehabt haben? Etwa ein visionär-erschreckendes, das er bebend anbetete und vor der Gemeinde ausbreitete, verallgemeinerte, ihr aufdrückte? Hat er von Ursünde gepredigt statt von Urvertrauen? Wo wäre ein deutlicher Hinweis? Was darf man vermuten? Wie ist er überhaupt in die Gemeinde, in die Glaubensgemeinschaft (in welche?) berufen, gewählt, erwählt worden? Unter welchen Auszeichnungen, Bewährungen, Vorbildungen? Hat er die Wortverkündigungen gelernt, immer vorbereitet und aufgeschrieben? Ich möchte die Predigtaufzeichnungen meines Urgroßvaters lesen können, aber es gibt keine. Es gab vielleicht keine!? Überkam ihn der flammende und zürnende Geist seines Gottes mitten in der Gemeinschaft, sprach er spontan? Wie unnahbar war er dann? Zum Fürchten herrisch, allein-wissend, allen überlegen, so dass alle anderen gebannt verstummten? Bis zu welchem Ende herrschte das? Er starb Ende Mai 1914. War er fatal ahnungslos angesichts dessen, was wenig später über die Menschheit losbrach, die selbstgeschaffene Hölle des Ersten Weltkrieges? Er besaß tiefe Bibelkenntnis, las dauernd, wusste meine Mutter … Waren es speziell die Drohworte, die er dem schier verlorenen Volk prophetenhaft am Sonntag des Herrn zuschleuderte und bohrend wiederholte?

Wieder wissen wir nichts, und meine kritischen Vermutungen gehen vielleicht zu weit. Offensichtlich genügte ihm und den Mitgläubigen die allgemeine kirchliche Frömmigkeit nicht: liberal, pietistisch, monarchistisch, schon sozialistisch orientiert, theologisch-exegetisch aufgeklärt, trocken, blumig, beredt, naiv-herzlich, warnend, aufrichtend, hinrichtend … Es gab alle geistlichen Spielarten. Aber er und mit ihm die Seinen sahen alles, was Leben ausmachte, anders. Waren sie erleuchtet und erwählt, anders zu leben, radikal anders als das stumpfe Volk? Was sahen sie so radikal anders, brütend in ihren abgeschlossenen Konventikeln? … Leben, Hier-unten-sein-Müssen in diesem unruhigen Fleisch und in dieser gottlosen Welt! Geschah es einzig als Prüfung, Bewährung? War man jederzeit umstellt von Täuschung, Bedrohung, Verführung? Die kleinste Lebensfreude schon war gefährlicher Leichtsinn und Abweichung von der hochgeforderten Bußhaltung. Nach dem sonntäglichen gemeinschaftlichen Gnadenbrot und der wunderbaren Einsegnung zum Büßer gilt für die Woche nur unerbittlicher Fleiß, äußerster Spargeiz, Verzicht auf jegliche unbußfertige Lebensäußerung. Keine Sinnesvergeudung (wie hat er denn die eigene kaum vermeidliche sexuelle Entgleisung bei der Zeugung seiner zehn Kinder überstanden?), keine weltliche Orientierung, nur ernste Wachsamkeit! Man wurde statt über eine Frohe Botschaft über die Anschläge des Bösen informiert. Gehörte zu diesen Anschlägen des Bösen eindeutig die Planung der vielen weltweiten Vernichtungskriege im aufziehenden Jahrhundert? Das wäre dann doch eine erhellende lebenrettende, gar weltverändernde Botschaft gewesen! Man ahnt in den Berichten, den Gerüchten von damals ein irreligiöses Relikt, höchst fragwürdig, scheu umschrieben, das mehr oder weniger heimlich und unheimlich in dieser Sippe / Generation unten im Volk zu finden war: diverse Formen von Aberglaube, vergegenwärtigt in Geschichten, Träumen und Gesichten bei allerlei heimgesuchten Frauen, namentlich genannten Tanten und an bestimmten Orten, mit allerlei kleinem Spuk und dessen unerklärlichen Wiederholungen, ständig anwesend in einer Atmosphäre von Angst, raunenden Warnungen, dunklen Ahnungen, lauernden Drohungen, realisiert, oft personifiziert, sogar satanisiert schon im Schatten hinter einer Tür oder unter einer Treppe, von Kundigen dann mit gemurmelten Sprüchlein, bannenden Bibelspruchkarten, mit versteckten Zeichen erkannt, benannt, besprochen, abgewehrt. Alles immer bußhaft verbunden mit dem Gegenteil von Leben und Frische, Licht, Lust, Wohlgeruch, immer erscheint dessen Reduktion, Perversion, Verkümmerung, Umdüsterung, Dunst, ein abgestandener schlechter Geruch. Nie war es die saftige Nähe, gar heiße Gegenwart des Teufels, sondern überall steckten seine kleinen miesen, feige versteckten, stets fluchbedachten Gespenster, diese kleinkarierten huschenden Produkte seelischer Verkümmerung, geistiger Unfreiheit. Eine schlimme Verquickung von regionalem Aberglauben und einem jämmerlichen Rest von Christentum, missverstanden, missbraucht, völlig abseitig. Von einer verunsicherten Amtskirche geflissentlich übersehen oder geduldet. Ich fürchte: Unserem predigenden Urvater ist dieses perverse Phänomen nicht bewusst gewesen, er hat weder sich noch seine Anhänger davon fern- und abgehalten oder gar befreit, befreien wollen, etwa unter dem bedingungslosen Freiruf Jesu, in der Freiheit eines Christenmenschen die Zeitprobleme mitzugestalten! Im Gegenteil: Sie konnten und wollten wohl das Abgestandene gar nicht loslassen! Es gab / gibt ein Erwähltheitsgefühl in geistlicher Schwüle, in geistigem Dunst. Man verwechselt diese Haltung mit Glaube, Vertrauen, Treue, Existenzsicherung, Geborgenheit, Berufen-Sein. Jetzt frage ich: Wie hätte denn ich dich erlebt, Henriette, die aus diesen Kreisen Überlebende, wenn ich dir begegnet wäre? Hattest du seine strenge Haltung verinnerlicht? Hatte dein Mann dich schon anfänglich als Glaubensschwester geehelicht? Wollte er mit euren vielen Kindern ein neues Volk Gottes stiften? Was ist übriggeblieben von den hochgespannten Erwartungen, wenn es sie gegeben hat?

Bertha von Willert (1843–1920)

„Und so geht es fort in den Geschlechtern: die Hoffnung wächst mit jedem Menschen auf; aber keiner denkt daran, dass er mit jedem Bissen seinem Kinde zugleich ein Stück des eigenen Lebens hingibt, das von demselben bald nicht mehr zu lösen ist. Heil dem, dessen Leben in seines Kindes Hand gesichert ist; aber auch denn noch, welchen von allem, was er einst besessen, nur eine barmherzige Hand geblieben ist …“[38]

Die erwachsene Bertha konnte sich an ihre Mutter Helene von Willert, geb. Krause, nicht erinnern. Sie kannte ihren Vater, den Archivar, und ihren Großvater, den Ältesten der Domgilde und Gutsverwalter von Habers, wo sie bei Tante Renata und ihren Kindern aufgewachsen war. Aber die Maman? Von ihr bewahrte sie ein altmodisches grün-weißes Kleid mit Stehkragen, engen Ärmeln und aufwändiger Stickerei. In Reval gab es Zeichnungen von ihr, Briefentwürfe und Antworten von Freundinnen und Verwandten, Nachschriften der Reden berühmter Männer und Texte heute nicht mehr gesungener Lieder aus vergangenen Salons, die sie besucht hatte, eine Ballkarte aus Riga in einer zarten Elfenbeinhülle und vieles mehr. Das alles bewahrte der Vater in einem Schreibsekretär auf und ließ sie erst, seit sie erwachsen war, einen Blick darauf werfen.

---

38 Theodor Storm, 1878: *Carsten Curator. In: Ausgewählte Novellen, Band 1*

Die Spurentilger

> Überhaupt Briefe, gar Tagebücher unserer Ahnen – intime Äußerungen per Handschrift als sensible Lebensspur von ihnen? Nichts ist überliefert! Es gab freilich, neben meiner / unserer Nachfolgelinie, in diesem schwer überschaubaren Kinderreichtum viele andere Erben, mit denen die Verbindung schon immer fehlte, aber kein nachdenklicher Briefwechsler war dabei, eher waren sie peinliche und prüde Spurentilger von Intim- und Tabu-Sachen aus dem persönlichen Bereich, wobei die Personen unserer Ahnen mit verschwanden, ein unersetzlicher Verlust.

Bertha wuchs auf wie ihre Mutter: als wildes Kind auf dem Gut, das immer weiter wuchs. Manche der Mägde verwöhnten sie, weil sie früh die Mutter verloren hatte. Die meisten nahmen sie hin, wie Dienstleute die Herrschaft eben hinnahmen. Herr- und Dienerschaft lebten in zwei Welten: Jeder hatte seine Tätigkeiten, seine Rechte und Pflichten, seinen Stand und die zugehörigen Leiden und Freuden. So war die Welt von Anbeginn gewesen, das war keinen Gedanken wert. Alte oder tote Mütter und Väter, Stiefmütter und ledige Tanten, Paten, die die Mutterstatt vertraten, ohne eigene Kinder geboren zu haben, gehörten selbstverständlich auf die Güter. Sie hielten ihre Plätze an den nahrhaften Tischen der Familien. Die Dienstmädchen und die Knechte verwendeten manchmal sonntags und bei den Andachten Gedanken daran, die empfindsame Herrschaft kostete diese Selbstverständlichkeit Tränen. Von anderen Gütern waren Lieder bekannt, die dort hinter dem Rücken der Herrschaft estnisch gesungen wurden:

Unsre Hühner legen Eyer, alle für des Deutschen Schüssel;
Schäfchen setzt sein buntes Lämmchen, das auch für des Deutschen Bratspieß;
unsre Kuh ihr erstes Öchslein, das auch für der Deutschen Felder;
Pferdchen setzt ein munt're Füllen, das auch für des Deutschen Schlitten …
Wenn ich los vom Hofe komme, komm ich aus der Hölle wieder,
komm zurück aus Wolfes Rachen, komm zurück aus Löwens Schlunde.[39]

Auf Gut Haabersti / Habern ging es der Bauern- und Dienerschaft vergleichsweise gut, der Verwalter achtete darauf, dass niemand hungerte oder schon in der Jugend an Auszehrung starb. Dennoch legten auch hier die Hühner ihre Eier für der Deutschen Tafel.

Die Töchter stickten Decken und Alphabete. Bertha hasste es, Sprüche zu sticken wie „Geblüht im Sommerwinde, gebleicht auf grüner Au, so liegt es nun im Spinde, als Stolz der deutschen Frau". Das Einzige, was es von ihrer Hand gab, war ein schon im halbfertigen Stadium Empörung hervorrufendes Überhandtuch, das im Ansatz zwei Familien zeigte, eine deutsche und eine estnische: Auf der linken Seite standen die Deutschen von Willerts, Krauses und Goettes: Arrendatoren, Pastoren, Handelsherren und Apotheker. Auf der rechten Seite standen Vornamen, denn in Estland war der Fiskus gerade erst dabei, Familiennamen einzuführen. Die siebente *Seelenrevision* seit Zar Peter I. führte sie 1858 ein. Bisher hießen die Ammen der Familie über Gene-

39 Deborah Sommer, 2014: *Juliane von Krüdener. Eine Baronin missioniert Europa*

rationen hin Ingeborga, Malvīne, Teika und Mirta und die Kutscher und Brauer Arnolds oder Adolfs. Warum sollte sie verschweigen, dass sie in Gartengesprächen herausgefunden hatte, dass die Geburtsdaten beider Familien über Generationen fast identisch waren? Immer wenn einer der jungen Herren heiratete, wurde eine der Landfrauen von einem der Knechte schwanger, so dass bei der Geburt des Herrschaftskindes ihr eigenes gerade acht oder zwölf Wochen alt war und sie zur Amme taugte. Den Herrschaften, die keinerlei Gedanken verloren an das Dienstvolk, das von ihrer Gnade und ihrem Geld zu leben schien, war das bisher nicht aufgefallen.

Bertha, die sich dank ihrer Hauslehrer mehr als üblich für Geschichte interessiert hatte, wusste, dass 1817 die Leibeigenschaft auf den Gütern wieder einmal aufgehoben worden war und die Menschen, die bei ihnen arbeiteten, freie Bauern mit winzigen eigenen Landparzellen waren, welche ihre Familien nicht ernähren konnten. Sie konnten in die Städte ziehen und dort Arbeit suchen oder hätten sogar mehr eigenes Land erwerben können, wenn sie das Geld dafür gehabt hätten. Das hatten sie nicht, da die Landstückchen so klein waren, dass sie gerade den Unterhalt für die Familien und die Pachtsumme in Naturalien und Leistungen erbrachten. Einige zogen fort und arbeiteten auf den Baustellen in den wachsenden Städten oder beim Bau von Straßen, Industriebetrieben und Eisenbahnen: Die Strecke von Reval fünfzig Werst nach Westen zum eisfreien Hafen Paldiski ging nicht weit an Haabersti vorbei. Zwanzig Jahre später hörten vom Gut aus alle, früh und abends, wenn es besonders still war und das Meer nicht brauste, die Lokomotiven pfeifen. Bis vor einhundert Jahren hatte das schwedische Dörfchen Rågervik an den Klippen weniger als dreihundert Einwohner gehabt, plötzlich machte es von sich reden. Zarin Katharina II. hatte es vor achtzig Jahren in Baltijski Port umbenannt und ihm, obwohl kaum sechshundert Einwohner beherbergend, das Stadtrecht verliehen. Die Esten, die den harten Namen schlecht aussprechen konnten, hatten Paldiski daraus gemacht. Nun bedurfte es der Hafenarbeiter sowie der Bauarbeiter für Bahnhof, Garnison und Flottenstützpunkt. Niemand auf Gut Haabersti interessierte sich für diese Vorgänge außerhalb der eigenen Welt, außer Bertha, der Aufbegehrenden.

Es war für sie nicht selbstverständlich, dass die Dienstfamilien ihren Vorfahren und ihrer Familie über so viele Generationen treu geblieben waren, ihre eigenen Familiengründungen denen der Herrschaft angepasst hatten, um immer wieder als Ammen und Arbeiter zur Verfügung zu stehen. Einerseits fand sie diese Tatsache würdig, in ein Überhandtuch gestickt zu werden, andererseits war sie nicht böse, diese Handarbeit wegen des ausgelösten Skandals weglegen zu können und nie wieder einen Stickrahmen in die Hand zu nehmen.

Stattdessen las sie das kürzlich vom Arztpoeten erschienene estnische Nationalepos *Kalevipoeg.*[40] Der riesige Sohn des Riesenvaters Kalev und seiner Gattin Linda, die aus einem Birkenhuhnei geschlüpft war, beeindruckte sie: Er formte die estnische Landschaft durch gewaltige Steinbrocken, die er seinen Feinden entgegenwarf. Er befreite gefangene Mägde aus der Hölle, war manchmal gut und gerecht und ein andermal fluchte er wie ein Holzknecht. Mitunter war er einsichtig, wissend, manchmal stur. Dann führte er Krieg gegen eine Übermacht von Feinden bis zum eigenen bitteren Ende und dem seiner Gefährten.

Sie las es erst in Estnisch, später in der deutschen Übersetzung. Sprachen interessierten Bertha von Kind an, denn in einem vielsprachigen Land wie Russland, in dem sie als Deutsche als Brücke zwischen Ost und West inmitten von Esten lebte, die erwarteten, dass die Herrschaft ihre Sprache

40 Friedrich Reinhold Kreutzwald, 1857 ff.: *Kalevipoeg*

sprach, lag das Thema obenauf. Das Estnische hat acht große Dialekte, das Lettgallische, dessen Sprachraum zweihundert Kilometer von Habern / Haabersti begann, hat drei und die entfernteren Litauer verstehen einander angeblich von einer Stadt zur nächsten nicht, weil jede ihren eigenen Dialekt hat. Dafür sprachen sie oft polnisch, weil immer wieder ein Teil ihres Gebietes oder das ganze Land zu Polen gehört hatte. Im 15. Jahrhundert reichte das Litauische Großfürstentum bis ans Schwarze Meer. Überall im Baltikum lebten Russen unterschiedlicher Dialekte und überall Deutsche. Bis vor drei Generationen beherrschten die Schweden Estland, ihre Sprache wurde als Amtssprache gesprochen. Berthas Vorfahren beherrschten das Schwedische offenbar, sie neidete es ihnen. Von Reval fuhren die Fährschiffe in das nur wenigen Stunden entfernte Helsingfors. Das hatte abwechselnd mehrfach zu Schweden und Russland gehört. Dort sprachen die Leute einen schwedischen Dialekt, für den es keine Schriftsprache gab. Außerdem lebten dort Lappen aus dem hohen Norden, die mit Rentierfellen handelten und manchmal über den Winter in der Stadt blieben. In Reval hörte sie nicht nur das Französisch der Gouvernanten, die mit den ihnen anvertrauten Kindern spazieren gingen, sondern auch das Holländisch, Dänisch, Englisch und Polnisch der Menschen von den Schiffen. Schon als Kind hatte sie sich Wörterlisten angelegt und alle Leute gefragt, zu welcher Sprache diese Wörter gehörten und was sie bedeuteten. Angefangen hatte sie ihre Sammlung mit den lustigen estnischen Zahlen:

üks – kaks – kolm – neli – viis – kuus – seitse – kaheksa – üheksa – kümme.

Ihr Großvater schrieb ihr die lateinischen Zahlen auf:

unum – duo – tri – quattuor – quinque – sex – septem – octo – novem – decem.

Lettisch hießen sie:

viens – divi – trīs – četri – pieci – seši – septiņi – astoņi – deviņi – desmit

und litauisch:
vienas – du – try – keturi – enk – eši – septyni – štuoni – devyni – ešimt.

Ihr Sprachenheft hatte noch freie Seiten, sowohl für die Zahlen als auch für andere besondere Wörter. Sie hoffte, noch viele davon kennenzulernen.

Bertha sorgte dafür, dass das estnische Wochenblatt *Perno Postimees*, der *Postbote*, bestellt wurde und neben den deutschen Journalen im Salon zur Lektüre auslag. Sie wusste nicht, dass vom Personal niemand lesen konnte. Aus diesem *Postboten* erfuhr sie von der Schleifung der Wälle von Riga, die aus einer mittelalterlichen Stadt eine moderne machte, besonders nach dem Brand der rigaischen Vorstädte vor fünfzig Jahren. Sie erfuhr, welch teuren Preis die Bürger bezahlt hatten für diese Modernisierung: 791 Häuser, teils ganz neue, waren verbrannt worden! Niemand wusste, wie viele Leben von Kindern, Kranken und Alten es gekostet hatte, dass die russischen Feuerleger-Mannschaften Befehl hatten, hart zu sein zu denen, die nicht zur Flucht fähig waren. Sie mussten in kürzester Zeit die eine Seite der Stadt niederbrennen, um die andere zu retten. Seitdem wuchsen wieder wilde Vorstädte, die mit der historischen Stadt nichts zu tun hatten. Ohne Wälle bestünde die Chance, Altstadt und Vorstädte zu einem Ganzen zu vereinen, Landstraßen bis an die Brücken zu führen, den Bahnhof und den überdachten Markt zu erweitern. Sie begeisterte sich für die Projekte der Architektur, für Stadt- und Landschaftsplanung. Auch in Reval wuchsen die Vorstädte auf Gut Habern zu. Hier ließen sich keine Mauern schleifen, weil diese den Altstadtberg mit den Palais und Kirchen umschlossen hielten. Gerade einmal im Nordosten zum Meer hin hatte der Bürgermeister Lücken brechen lassen, um die Transporte vom und zum Hafen zu erleichtern und eine breite Straße zu bauen.

Zeitgenossenschaft

Diese Henriette (meine Henriette II) existierte also noch, lebte die ganze Zeit meiner Kleinkindheit in Reichenbach. Sie war eine noch lebende Urgroßmutter, tief aus dem 19. Jahrhundert: im Juli 1845 geboren. Sie war etwas älter als – ich staune! – Gauguin, Liebermann, Seurat, van Gogh, auch Janaček, viel älter als Edison und seine Erfindungen, älter als der geisteskranke Ludwig II. von Bayern und seine Schlösser, auch älter und gewiss lebensklüger als der letzte deutsche Kaiser (aber dazu gehörte wohl nicht viel). Sie hat all die Kerle überlebt – außer Hindenburg und Sigmund Freud. Diese Reihe soll andeuten, was mir entgangen ist an Kontakt mit der Tiefe der Geschichte. Aber was sollte mir entgangen sein, auch wenn ich auf ihrem Schoß hätte sitzen und lauschen können?! Grotesk und jammerschade erscheint es in meinem Kulturliebhaberkopf: Was für ein vielelebenumschließendes Leben! Auch die Frühexpressionisten – Macke und Marc, Schiele und Modigliani, Trakl und Heym, Klabund, auch Rilke – ob sie je von einem gehört, einen gelesen hat? Letztere hätten ihre Söhne sein können! Vielleicht hat sie Löns gelesen, *Natur und Heimat*, oder nicht mal das: Sehr wahrscheinlich gehörte Lesen zu den überflüssigen, verderblichen, unbußfertigen Tätigkeiten. Wie ich aus all dem befürchten muss, was noch zu erfahren ist. Sogar diese blasse Biografie zeigt in ihren acht Jahrzehnten die ungeheure Tristesse deutscher Geschichte (für das *untere* Volk) vor dem und im 20. Jahrhundert …

Ach, meine Henriette zwo, hochverehrte Frau Urgroßmutter, wo sind sie denn die ganze Zeit gewesen, dass ich jetzt, erstmalig und peinlicherweise, erst nach

Ihrem Tode, Frau Urgroßmutter, mal doch noch ein bisschen was von ihnen zum Geburtstag abkriege? Sie hatten wohl nie-nichts von mir gehört? Wie ich nichts von ihnen? Ich war für sie nur einer vom Dutzend oder gar von Dutzenden. Ich als Urenkel in dieser üppigen und fast zuchtlosen Fruchtbarkeit ihrer Nachkommenschaft, ich war nur etwas zum Verwechseln! Für mich aber waren sie – wären sie – absolut einmalig gewesen! Da sind sie extra sooo alt geworden, und wir haben's traurigerweise nicht wahrgenommen, nicht wahrnehmen können, nicht genutzt. Sie haben mich nie auf den Schoß gezogen und mit mir gekuschelt und geflüstert. Wer hat das verhindert? Ist jemand schuld daran, gab es Eifersucht unter Verwandten? Ich hörte davon tuscheln, ohne genau zu verstehen. Sie waren eine phänomenal Überlebende für ihre Zeit, auch statistisch … Sie haben mehrere ihrer zehn Kinder und zwanzig Enkelkinder, ja ganze Kinderfamilien überlebt. Wie das denn? …

Vielleicht waren Henriette zwo und ihr Ehemann Friedrich August Wolf … Man höre diese Vornamen: Mit diesen patri-idiotischen Sachsen konnte man wohl Kriege riskieren! – also dieses Ehepaar war vielleicht sehr froh und dankbar, als Tochter Wilhelmine (das kränkliche Minchen) an den Fabrikarbeiter Franz … abging. Als die beiden aus dem überfüllten Sippenverband der Wolfs in Reichenbach wegzogen, quasi in die Fremde nach Wittgensdorf bei Chemnitz, da hielt sie keiner zurück, da lief ihnen keiner nach, kaum mal besuchsweise, mit freundlichen Ausnahmen …

Ein Jahr nach eurer Silberhochzeit (1897) starben deine Eltern. Sie starben innerhalb weniger Tage, und sie hatten, das ist dem Kirchenbuchführer bemerkenswert, eine gemeinsame Totenfeier und ein gemeinsames Grab.

Aber doch wohl nicht gemeinsamen Sarg? *Bis dass der Tod euch scheide* – warum scheide?! Noch bemerkenswerter für uns: Sie waren hochbetagt, hochbejahrt. Deine Mutter Christliebe – im Gegensatz zu meiner anderen Christliebe – stirbt im 83. und dein Vater im 81. Lebensjahr. Das ist ringsum herausragend und vielleicht ein Zeichen für dieses substanzvolle lange Leben, das sich wiederholte bei dir …

Sag bitte, Henriette: Was war denn Dein Mann / Ehegemahl / Gatte / Ernährer für einer? Die Antwort, wenn sie kommt, die ganze Überlieferung, erscheint mit einer ständigen Redehemmung! Ich suche und versuche diese seine Biografie, strichele Einzelheiten zusammen. Es beginnt mit ein paar Unexaktheiten: Er wird 1842 geboren als voreheliches Kind der erst neunzehnjährigen Christiane Friedericke Schwab oder Schwabe. Na, na, Herr Kirchenbuchführer, was für ein orthografisches Gestolpere! Die bedauernswerte ledige Mutter, wohnhaft in Eich bei Treuen, stammt aus einer ehrenwerten Zimmermannsfamilie: Sie hat mit dem durchaus geständigen Vater Christian Friedrich Wolf, auch Zimmermann, Unzucht getrieben. Die beiden gelten nun als STUPRATORES – die Großbuchstaben ragen aus der sonst so gleichförmigen Schreibschrift des Kirchenbuches hervor (das stachelige Wort meint zu Deutsch Sittenschänder). Echte Liebe zählt da nicht! Sie werden vor der rechtgläubig-deutsch-sittlich-empört-christlichen Gemeinde angeprangert, die markante Notiz mit dem lateinischen Begriff steht abschreckend für alle Ewigkeit im Kirchenbuch … Die beiden werden vom Abendmahl und aus den familiären Kirchenbänken ausgeschlossen. Das Volk passt scheel-schadenfroh-schamhaft auf! Das Beweisstück der Schande, das *arme unschuldige Wurm*, unerbittlich mit der Erbsünde behaftet, durfte aus lauter

Barmherzigkeit getauft werden – selbstverständlich in Abwesenheit der stupratorischen Eltern! Solche Ledigen mit Kind vorm Altar, das fehlte noch! Der Knabe erhält den Namen Friedrich August, also einen hochadlig-hochsittlich verpflichtenden Namen als eine Art Gebot und Garantie auf geordnetes Leben! Haben die stupratorischen Eltern das gewünscht oder kriegen sie es übergezogen? Wie steht es mit dem feudalen Vorbild? Wie sind die beiden wohl anderthalb Jahr durchs Dorf geschlichen, bis sie endlich die christliche Ehe (natürlich streng ohne weißen Schleier und Brautkleid und Glockengeläut, gar ohne Altarkerzen) schließen durften? Es musste eine peinliche Hochzeit in der Stille sein, aber das ganze Dorf guckte andächtig und belustigt zu und überhäufte die beiden mit der spätsommerlichen Blumenpracht dieses 3. September 1843. Der große Duft aus den vielen Sträußen dürfte die ganze Kirche bis zur Orgel hoch ausgefüllt haben! Ach, der arme Kantor hatte wohl nichts davon, er durfte nicht spielen. Aber den Pfarrer hat dieser Lebensduft in seiner Strafpredigt ganz schön irritiert, kann ich mir vorstellen! Der Kirchdiener hatte das Volk nicht fernhalten können oder wollen. Ich hoffe jedenfalls, dass es so war! …

Ein Fehlstart, mein Gott, bei Deinen Schwiegereltern, bei meinen ersten Ururgroßeltern … Einer, der sich schließlich gütig-christlich-sittlich in deren langer Ehe, die fast bis an die Goldene Hochzeit führte, verlor und vergessen wurde. Er, der Stuprator, starb im 70. Lebensjahr, und sie zehn Jahre später im 78. War das ein gesegnetes Alter, oder wollte der Herr sie nicht haben? Es ist nicht, natürlich nicht, geklärt, ob nicht sie, meine schöne Christliebe Johanna Zwo, sie also die stupratora / stupratrix war, die süße Verführerin, die den jungen Mann, der er war, verführte. Oder war es gerade umgekehrt? Er konnte ihr in einem einzigartigen hohen Erlebensmoment nicht widerstehen, durfte gar nicht, aus einem innersten Liebesgeheimnis heraus: er ihr / sie ihm …

Wie viel Glaube und Christentum ist uns überkommen speziell durch diese Sippe und natürlich eingebettet allgemein in die christlich-abendländische Situation im lutherischen Sachsen in der Spätphase des 19. Jahrhunderts. Da ist es neoromantisch-pseudoidyllisch, neupietistisch-lutherisch und kleinstbürgerlich-privatisierend in der Gartenlaube: aber *draußen* in Sachsen keineswegs friedlich-freundlich, sondern politisch-unruhig, tückisch hin-und-her-gezerrt zwischen Fortschritt und Anachronismus; misstrauisch auf der Flucht vor Aufklärung, fortschrittsfeindlich und schließlich sektiererisch verwirrt. In den klarsten Köpfen ist es historisch-materialistisch, technisch-mechanistisch und unglaublich mythosblind, mit einer neuen Welle von Prüderie, Sexpeinlichkeit, Sexfeindlichkeit bis tief ins 20. Jahrhundert, innerhalb dessen sich *Sünde* so einseitig definierte, dass man Chauvinismus, Kapitalismus, Rassismus nicht einbezog ins Schwerstsünden-Register dieser Spätzeit und prompt die totalitären (!) Sündenfälle inszenierte, die wir hinter uns, aber keineswegs überstanden haben und die die Welt generationenlang sterbenskrank machen.
Viel Christentum war also für uns Späte nicht zu übernehmen. So viele Täuschungen, Selbsttäuschungen, Enttäuschungen! Wer hat da was versäumt, falsch eingeleitet, blind-taub weiter getrieben? Wer büßt im Kopf und im Herzen das triste, versäumte, vergeudete Erbe ab? *Wiedergutzumachen* ist nichts. Aber es gibt die frohe Botschaft vom Neuanfang: metanoeite: Neues Denken wäre möglich! Wer macht mit? Hallo Henriette,

meine Ansprech- und Nachdenkensperson! Schweigst du und lässt mich in der Ahnengalerie mit all dem Jammer allein? Filtere ich ein zu schlechtes, gar bösartig-schlechtes Bild heraus …? Ich wusste, ahnte nichts davon, als ich zu stöbern anfing, und bin nun am heftigsten betroffen, herzbetroffen! Hätte ich schönmalen sollen, wie das traditionell und weithin geschieht, ohne Hoffnung auf Erkenntnis und Änderung? Passt unser Ahnengruppenbild nicht ehrlich genau in die Zeitgeschichte, in die Geschichtskatastrophen und in weitere Katastrophen-Entwicklungen?

Sophie Ketteler (1790–1872) und August Glanstroem (1788–1829)

Seit sie erwachsen war, fuhr sie regelmäßig mit ihren Cousinen oder dem Kutscher nach Ampel ins neue Pastorat zu Tante Sophie, ihrer Patin, der Freundin ihrer verstorbenen Mutter. „Die Habern'schen kommen", wurden sie begrüßt. Überall auf den einsam gelegenen Höfen des Baltikums gab es diese ausufernden und heute unvorstellbaren Besuche großer Familien. Sie wurden nicht namentlich benannt, sondern nach den Gütern, von denen sie kamen: die Habern'schen, die Neuenmühl'schen oder die Oegishöf'schen.

Sophies Mann, Pastor August Glanstroem, hatte, wie bereits geschildert, ein sonderbares Schicksal erlitten: Nachdem ihn als jungen Mann auf einem Ritt ein Blitz beinahe erschlagen hatte und einige Jahre danach – in Anwesenheit ihrer Mutter – ein Kugelblitz fast zu Tode geängstigt hatte, war er wenige Jahre danach ein drittes Mal von einem Blitz getroffen worden. Auch dieses Mal traf er ihn nicht tödlich. Es war an einem heißen Sommertag abends gegen elf Uhr, als es zu dämmern begann. Er hatte soeben seinen Anzug, den Siegelring und die Taschenuhr mit der Kette abgelegt, die er vom Abendbrot mit dem befreundeten Gutsherren von Wrangell und seiner Gattin trug. Sie hatten zusammen studiert und pflegten mehr Bekanntschaft, als es sonst zwischen dem Landadel, der Kaufmannschaft und dem Stand der *Literaten* üblich war. Er hatte seine Hausjacke angezogen und die Kerze auf dem Leuchter entzündet. Sein Studierzimmer hatte er verlassen, in dem er die Predigt für den kommenden Sonntag geschrieben hatte, und machte seinen gewohnten Rundgang durch das Haus. In der Küche war das Feuer mit grauer Asche bedeckt, und die Köchin und die beiden Hausmädchen schliefen auf ihren Strohsäcken hinter dem Vorhang, der ihren Alkoven abtrennte. Ihre Wäsche lag eingeweicht in einer Zinkwanne, sie würde morgen abseits des Hauses und des Wäscheplatzes der Familie zwischen den Bäumen zum Trocknen aufgehängt werden. Im kleinen Keller war es still bis auf das Geräusch des Gärens im Sauerkrautfass. Als er die Treppe hinaufstieg, um ins Schlafzimmer zu gehen, sprang die Haustür auf. Ein für den späten Abend ungewöhnlich warmer Wind wehte ihn an. Sofort folgte das nahe Krachen eines Donners. Er erstarrte, wie immer bei Gewitter. Noch ehe er die Haustür schließen konnte, riss ein ungeheurer Schmerz ihn zu Boden und nahm ihm das Bewusstsein.

Seine Frau Sophie, die noch nicht geschlafen hatte, rannte, alarmiert vom Donner und vom Geruch nach Feuer und schwelendem Holz, in den Flur und fand ihren Mann bewusstlos. Sie riss den achtjährigen Ludwig aus dem Schlaf und schickte ihn ins Freie. Schon waren die Köchin und die verschreckten Mädchen zur Stelle. Gemeinsam trugen sie den leblos wirkenden Pastor ins Freie. Sie wies die Mädchen an, die Bücher und Papiere aus dem Studierzimmer zu retten, die Federbetten und die Kleidertruhen. Als er in sicherer Entfernung vom brennenden Haus zwischen den Bäumen lag und das Kind weinend neben ihm saß, rannte sie zurück und rettete aus dem Studierzimmer sein Liebstes: die goldene Uhr, den Ring und seine Bücher, aus denen er das Orientalische lernte: das *Wörterbuch des Chaldäischen, Persischen und Syrischen* und das Gedicht von At-Tughrai *Carmen Toghray.* Die beiden Bibeln und seine Studienwerke, um deren Texte auszulegen, hatten die Mädchen gerettet, sie kannten sie vom Abstauben. Die Bücher mit den teuflisch-fremden Buchstaben fürchteten sie, die holte sie selbst. Denn falls er lebte, was wäre es für ein Leben ohne seine geliebten fremden Studien? Für sich holte sie die Scherenschnitte ihrer Eltern Samuel und Henriette Kettler aus dem brennenden Schlafzimmer und die Wiege, in der sie noch weitere Kinder schlafen sehen wollte.

Als sie keuchend bei ihrem Mann unter den Kiefern ankam, konnte sie ihren Blick kaum auf ihn richten, so sehr lenkte die hohe Lohe des brennenden Reetdaches sie ab. Endlich begann jemand, die Kirchenglocken zu läuten, und die ersten Bauern kamen, um zu helfen. Der Wagen des Gutsherren nahte mit Personal, das mit Heugabeln und anderem Werkzeug begann, das brennende Dach herunterzuholen. Es wurden lederne Eimer mit Wasser gefüllt. Endlich konnte sie ihren Blick vom Feuer weg zu ihrem verwundeten Mann wenden. Sie zog ihm die versengte Hausjacke vom Körper und sah mit Entsetzen, dass ihn wieder ein Blitz getroffen haben musste. Sein rechter Arm war bis zum Ellenbogen hinauf versengt. Seine Hand war ein verkohlter Klumpen, eins geworden mit den geschmolzenen Resten des silbernen Leuchters, den er gehalten hatte.

Als sie erwachte, lag sie in einem weiß bezogenen Bett im Gutshaus der Wrangells. Es war ein heller Sommertag. Sie war verwirrt. Wie kam sie hierher? Dann stand sie auf, wusch sich, beschaute das Batistnachthemd, das sie nicht kannte, aber trug. Als sie von der Toilette kam, stand Frau von Wrangell vor ihr in einem geblümten Kleid und einem großen Strohhut. „Ziehen Sie sich an, meine Liebe“, sagte sie. „Ich habe Ihnen Kleider hinlegen lassen.“ Sophie fragte tonlos: „Lebt er?“ Aus der Antwort erfuhr sie, dass der Doktor den Schwerverletzten im Wagen ins einhundertdreißig Werst entfernte Dorpat ins Universitätskrankenhaus brächte, weil seine Verletzungen so ungewöhnlich seien. Sie hoffte, dass er die Fahrt überleben würde. „Sie können noch nicht angekommen sein.“ Wenn die Eisenbahnlinie schon fertig wäre, dann wäre es einfacher, von Taps nach Dorpat zu gelangen, aber noch war sie in Planung, ein ferner Traum.

Sophie war zu beunruhigt, um zu essen. Sie ging zur Ruine des Pastorates. Männer standen dort und gossen Wasser in die rauchenden Trümmer, damit kein verirrter Funke die umstehenden Bäume entzünden konnte. Hier war nichts mehr vorhanden. Die Grundmauern zeigten ihr, wo bis gestern ihre Zimmer gewesen waren. Sie sichtete mechanisch den kleinen Berg der geretteten Sachen: In der Wiege lagen alle Bücher und Manuskripte, die Scherenschnitte ihrer Eltern, in der Bibel die fertige Predigt für morgen. Unter den Federbetten standen die Truhen: die mit der Leinenbettwäsche und die mit den Kleidern für sie alle. Unter der obersten Lage der Stoffe fand sie Uhr und Siegelring. Darunter lag Augusts Talar. Ob er ihn je wieder tragen könnte? Würde er, selbst wenn er am Leben blieb, wieder auf der Kanzel der uralten Kirche mit der Widmung an die Jungfrau Maria stehen können? Die Kirche war unversehrt, das Pastorat hatte weit genug entfernt gestanden. Die eine Kirchenwand wies Rußspuren auf, dort, wo der warme Nachtwind den Rauch angeweht hatte. Sophie wollte einige Kleidungsstücke aus der Truhe nehmen und zum Gut zurücklaufen, um sich umzukleiden. Da kam der Kutscher des Gutes. Er lud ihre Habseligkeiten auf und hieß sie einsteigen. Das war ihr recht, denn inzwischen nahten die Dorffrauen: teils um Trost zu spenden, teils um zu schauen, ob nicht doch vom Feuer Verschontes aus der Ruine zu retten sei.

Sie hatte keine Zeit zum Abladen und Umkleiden, sie wurde sofort in einer bereitstehenden Kutsche mitgenommen nach Dorpat. Außer ihr saß eine Dame darin: Frau Danuta, die Gesellschafterin von Frau von Wrangell. Sophie war wortkarg bis zur Unhöflichkeit. Die Dame, die sie nie zuvor gesehen hatte, schien nicht mit Unterhaltung gerechnet zu haben, sie las in einem russischen Gedichtbuch. Nach vierzehn Stunden und drei Pferdewechseln erreichten sie Dorpat. Sie wurden abgeholt, wundersamerweise für Sophie, die die Stadt, in der sie lange nicht gewesen war, geängstigt hatte. Verschiedene Menschen hatten mit ihrer Reise gerechnet – nur sie selbst nicht. Der Knecht sagte, ihr

Mann lebe, sei aber noch ohne Bewusstsein. Er brachte sie in ein Hotel unter dem Domberg und bedeutete ihr, die Übernachtungen seien bezahlt, sie solle sich nicht sorgen.

Am nächsten Tag erwachte Sophie körperlich zerschlagen, aber unerwartet fröhlich: Er lebte, und sie besuchte ihn im Krankenhaus! Sie frühstückte mit Frau Danuta und entschuldigte sich für ihr schlechtes Benehmen am Vortag. Als draußen eine Peitsche knallte, erhoben sie sich und ließen sich in das Krankenhaus auf dem Schlossberg bringen. Die Strecke war so kurz, dass sie sie hätten laufen können. Von nun an benötigte sie keine Hilfe mehr für diesen Weg, angstfrei überquerten sie die Engels- oder Teufelsbrücke. Während Frau Danuta im Park zurückblieb, wurde Sophie von Professor Ernst von Bergmann, dem berühmten Chirurgen, empfangen. Er begrüßte sie mit einem Handkuss und den Worten: „Bei der Nennung Ihres Namens ist sein Bewusstsein zurückgekehrt! Er wartet auf Sie! Aber erschrecken Sie nicht." Natürlich erschrak Sophie über ihren bleichen, gealterten Mann. Er schlug die Augen auf, als er ihre Stimme hörte. Sprechen konnte er nicht. Arm und Hand waren umwickelt, und ihr wurden nur wenige Minuten bei ihm gewährt. Professor von Bergmann selbst hatte ihn operiert und erklärte ihr das Unerklärliche: dass er lebte. Der Blitz war in den silbernen Leuchter und den Arm gefahren und von dort durch seinen Körper in den Fußboden, ohne sein Herz zu berühren. Hätte er die goldene Uhr noch in der Westentasche am Herzen getragen, wäre er tot gewesen. Sie stellte sich vor, dass sein rechter Arm nun tot wäre: Knochen, Sehnen, Adern, alles wäre durch die Hitze zu einer festen Masse gebacken, in der kein Blut mehr floss.

Nach diesen Eröffnungen ließ er Sophie und die im Garten wartende Frau Danuta von einem Pfleger ins Hotel begleiten. Sophie brach nicht zusammen, sie ging in die Johannis-Kirche und dankte Gott für die Errettung ihres Mannes. Mit Frau Danuta kaufte sie das Erforderliche für einen mehrtägigen Aufenthalt. Wieder spürte sie, wie Frau von Wrangell wissend vorgesorgt hatte für sie. Geld war da und ein Koffer mit Oberbekleidung und Waschutensilien.

Mehrfach täglich wanderte sie nun ins Universitätskrankenhaus, um erst wenige Minuten, dann täglich etwas länger bei August zu sitzen und mit ihm zu sprechen. Sie gab ihm Essen und sah, wie er Hoffnung schöpfte. Da er sich nicht an jenen Sommerabend erinnerte, sprach sie zwar vom Geschehenen, aber nicht von seinem Arm, das musste Professor Bergmann tun, dazu war sie nicht in der Lage.

Mit Frau Danuta spazierte sie durch die Stadt und ins Umland, sie aßen in der *Moß'schen Schwemme* am Embach und nahmen den Nachmittagskaffee in der Konditorei. Mit ihrer neuen Pflicht, sich um ihren Mann zu kümmern, hatte sich ihr Lebensradius geändert. Ihr wurde bewusst, wie sehr ihr Leben abhängig war von ihren wechselnden Pflichten: einst als Tochter und Braut, dann als Pfarrfrau und Mutter, nun als Sorgende für ihren Mann und die Gemeinde. Könnte es für eine Frau wie sie auch Pflichten geben, die sie in andere Länder führen würden?

Eine Woche später fuhren die Damen im Wagen zurück. Sophie genoss es, die Landschaft vor dem Fenster zu sehen. Nie wäre sie darauf gekommen, den Ort ihrer Pflicht zu verlassen, um für mehr als eine Woche in Dorpat zu wohnen.

Frau von Wrangell wies ihr ein Schlafzimmer im Schloss an, in dem sie alles Gerettete vorfand. Ihr Kind rannte ihr entgegen. Die Gutsherrin wollte nichts wissen von Dank. Es war ihr eine Freude gewesen, die Reise organisieren zu lassen und Frau Danuta freizustellen von ihren Pflichten. Sie wollte auch nichts wissen von einer Rückzahlung der Fahrt- und Hotelkosten. Im Gegenteil: Sie stellte am nächsten Tag, als die Aufregung der Reise abgeklungen war, eine mit Gold, Wechseln und Anteilscheinen gefüllte Kassette auf den Tisch. Sophie wusste nicht, wohin sie schauen sollte vor Bestürzung. Das, meinte Frau von Wrangell, sei das

Ergebnis der vorläufigen Spendensammlung auf den Nachbargütern für das neue Pfarrhaus. Jeder der Herren und Arrendatoren hätte dazugegeben und fast alle hätten auf der Spendenliste vermerkt, dass sie im Zweifelsfall Weiteres geben würden.

So überwand Sophie, die vom wirtschaftlichen Teil des Pastorates bisher nur das Alltägliche des Einkaufs und der Bezahlung der Köchin, der Mädchen und der Erntehelfer gekannt hatte, ihre Scheu vor großen Beträgen und zählte mit dem Verwalter die Einnahmen. Er legte ihr Pläne für den Neubau des Pfarrhauses vor: kein Holzhaus mehr mit Reetdach, sondern ein einstöckiger Steinbau mit Keller und Ziegeldach. Im rechten Winkel sollte ein Raum für die Gottesdienste im Winter angebaut werden, da dann in der Kirche Minusgrade herrschten. Wie hatte er all das so schnell bedenken und zeichnen können? Er meinte, dies sei vom Herren schon seit einiger Zeit geplant gewesen, nur noch nicht besprochen. Nun habe das Schicksal – Sophie ergänzte still für sich: Gottes Wille – die Pläne beschleunigt. Der Verwalter hinderte sie daran, das Schlossgelände zu verlassen und zur Kirche zu pilgern, dort seien die Aufräumarbeiten bereits im Gang, sie würde nur im Wege stehen. Das war ihr nicht recht, gern hätte sie sich verabschiedet von den Resten des Hauses und nach ihrem Garten gesehen und Beeren und Kräuter geerntet. Die Gräfin ließ sie nicht. Stattdessen wurde sie einige Wochen später beauftragt, wieder nach Dorpat zu fahren und ihren Mann abzuholen, der nur sie sehen wollte, keinen sonst.

Diesmal reiste sie mit Frau von Wrangell, die ihrerseits in der Stadt Besuche machen und einkaufen wollte und die, wie sie von vielen früheren gegenseitigen Besuchen wusste, eine überaus umsichtige und freundliche Gesprächspartnerin war. Wieder stiegen sie in dem Hotel am Domberg ab. Sie wollte sofort in die Universität eilen, aber Frau von Wrangell redete es ihr aus, denn ihr Mann schlafe sicher zu

Mittag; Professor von Bergmann sei zu Tisch, und sie würde niemanden antreffen, ohne zu stören. Sie ließ sich zu einem Stadtgang überreden. Gemeinsam schauten sie in Stoff- und Kurzwarenläden, zu Schuh-, Handschuh- und Putzmachern. Sophie benötigte manches, denn sie hatte nicht alle Kleidertruhen retten können. Sie wusste jedoch nicht, über wie viel Geld sie verfügten und wie viel sie für Kleidung ausgeben konnte. Andererseits hatte sie seit Beginn ihrer Ehe, seit ihrer Aussteuer, fast nichts gekauft. Wann hatte sie den letzten Wollstoff gekauft, wann Kattun oder einen Anzug für ihren Mann? Plötzlich sah sie die glänzenden Stellen seines Anzuges vor sich. Ihre Finger glitten über die Stoffe, die der Verkäufer ihr vorlegte, und sie kaufte. Auch beim Schuhmacher ließ sie Maß nehmen und arbeiten, er würde nach Ampel liefern. Eine neue Haube kam sofort auf ihren Kopf, die alte wurde eingepackt.

Als sie am Nachmittag in der Universität ankam, saß August angezogen auf einer Chaiselongue. Seine Hand war verbunden, der Arm scheinbar nicht mehr. Er wirkte nicht mehr todgeweiht. Sie verbrachte eine halbe Stunde mit ihm und erzählte ihm: vom Plan des neuen Pfarrhauses, von den zahlreichen Spenden, von der Generosität der von Wrangells und von vielem anderen. Schon nach wenigen Minuten wurde er müde und fiel in sich zusammen. Professor von Bergmann ließ ihn in sein Zimmer bringen und nahm sich Zeit für sie. „Er ist sehr leicht erschöpft", meinte er. Das sei normal und würde andauern, mindestens ein Jahr. „Sein Körper benötigt alle Kraft, um alle Funktionen wieder herzustellen." Er empfahl ihr, mit ihm in ein Heilbad, nach Teplitz oder ins warme Italien, zu reisen und ihn dort pflegen zu lassen. Sie verabschiedete sich dankbar und bat darum, dass ihr Mann morgen Vormittag in einer Postkutsche gebracht würde. Frau von Wrangell blieb in der Stadt und würde nächste Woche mit einer Verwandten nachkommen. Sophie und ihrem Mann war der Klinikdiener Indriks beigesellt, der ihn auf der langen Fahrt betten und versorgen konnte und beim Ein- und Aussteigen half.

Im Schloss brachte der Diener August sofort auf ein Zimmer. Abends begrüßte der Gutsherr ihn und Sophie. Er erschrak über den Zustand seines Pastors. Sophie bemerkte daran, wie sehr sie sich an Augusts Schwäche und Sprachlosigkeit gewöhnt hatte und wie anders diese auf fernere Menschen wirkte.

Ein Jahr später zogen Pastor Glanstroem, seine Frau Sophie und Söhnchen Ludwig ins neu erbaute Pastorat. Am 11. Sonntag nach Trinitatis hielt er einen kleinen Teil der Predigt, die er ein Jahr zuvor für diesen Sonntag vorbereitet hatte. Er blieb schwach und redete nach dem Gottesdienst nicht mehr, er hinkte plötzlich und konnte der Fülle der Gespräche und der Glückwünsche zu Genesung und Pastorat nicht folgen. Sophie brachte ihn aus der Kirche ins Haus und übernahm die anschließenden gesellschaftlichen Pflichten.

Zur Kur fuhren sie nicht, aber Herr von Wrangell hatte für die Übergangszeit einen Vikar eingesetzt, der die Bauern belehrte und August in allen Belangen unterstützte. Pastor Glanstroem hatte sein Amt wieder übernommen, war aber nie wieder zu seiner vorigen Kraft gekommen. Zwei Jahre nach dem Blitzschlag starb er kurz nach der Geburt seines zweiten Sohnes Friedrich Adolph ganz unerwartet. Sophie konnte als Freundin von Frau von Wrangell mit ihren beiden Kindern im Pastorat in Ampel wohnen, von der Pension ihres Mannes leben und ihren Garten bebauen. Erst zwanzig Jahre später zog sie zu ihrem Sohn Friedrich und seiner Frau Cäcilie nach Kurtna und sah ihre Enkelin Agnes und später die vielen Kinder ihres Sohnes und ihrer zweiten Schwiegertochter Adele von Reichenbach aufwachsen. Für ihre Nichte Bertha aus Haabersti und ihre Cousinen war sie eine mütterliche Freundin, die sie lehren konnte, sowohl in Krisen als auch bei Neuerungen standhaft zu sein. Sie nutzte ihre Zeit und reiste zu Professor von Bergmann und ihrem gelehrten Sohn Ludwig in die lebhafte Stadt Dorpat, nach Habern / Haabersti, dessen Gutsallee direkt bis ans Meer führte, und in das Dorf auf den Friedhof Hageri, wo ihre Eltern lagen: der von vielen so verehrte Pastor Samuel Kettler und seine Frau Henriette. Sie heiratete nicht wieder und führte für eine Frau ihrer Zeit ein ungewöhnliches Leben. Besondere Umstände bringen besondere Menschen hervor.

Für Bertha war sie ein Vorbild in ihrem Interesse an der Welt. Sie wusste mehr über Politik und Philosophie als die Männer in Berthas Umfeld. Sie riet ihr, sich nicht von den Brautwerbern der Nachbargüter einfangen zu lassen, die in Bertha nur die künftige Hausfrau sahen, sondern zu warten, bis ein Mann käme, der ihre Interessen schätzte. Tante Sophie lud 1861 nach Ampel ein – zu einem kleinen Hausball. War es der erste, den sie gab? Falls nicht, musste der letzte schon lange her sein. Viele Kerzen brannten, da schon Spätherbst war, vor den vielfach gebrochenen Spiegeln.

Seit der Elektrifizierung müssen wir diesen Effekt nicht mehr nutzen: Ein Spiegel am Leuchter verdoppelt das Licht. Besteht der Spiegel aus zahlreichen verkantet zusammengesetzten Spiegelscherben, so verdoppelt sich das Licht nicht nur, sondern vervielfältigt sich weiter. Aus einer geringen Anzahl Kerzen entstand so seit der Barockzeit ein privates Lichtermeer.

Sophies Sohn Ludwig war ein älterer lediger Herr aus der Stadt und Sohn Friedrich war mit seiner Frau Cäcilie da. Einige junge Damen aus der Umgebung waren mit ihren Müttern und Tanten gekommen, und Bertha war mit Tante Renate und ihren Cousinen da. Einige junge Herren kamen von benachbarten Gütern, einige vom Studium in Dorpat und zwei, die vom Hofdienst des Zaren zurückkehrten, waren geladen. Ein Geiger und eine Tapeuse[41] wechselten sich ab im Musizieren, die beim Wiener Walzer klopfenden Herzen wurden beruhigt durch die ruhigen Contredanses. Bald saßen die Mütter und Tanten beim Kaffee und die Herren bei ihren Pfeifen, und nur wenige Anstandsdamen wachten über die tanzende Jugend.

Für Bertha endete der Tanz mit einer Einladung Tante Renates an Georg Alexander Schneider aus dem südlichen Sallentack / Salutaguse nach Haabersti. Im Winter, wenn der Schnee die Felder bedecken würde, würde er Gelegenheit haben, sie zu besuchen. Er nahm seinen Weg über das Revaler Archiv, wo er sich bei Vater Johann Christian von Willert angemeldet hatte, um seine Pläne mit ihm als künftigem Schwiegervater zu besprechen. Dieser hatte nach der Durchsicht der vorgelegten Unterlagen nichts einzuwenden und meinte nur, die Tochter müsse einverstanden sein. Das war sie, und so wurde aus dem Besuch eine Verlobung, der viele Briefe zum Kennenlernen folgten.

Im kommenden Sommer gab es zwei Hochzeiten auf Habern / Haabersti: Sowohl die Tochter von Renate und Dietrich, Henriette, und ihr Verlobter Martin Gustlef als auch Bertha von Willert und Georg Alexander Schneider wurden kurz nach Mittsommer getraut. Vater Christian war aus Reval gekommen und legte alle Ämter auf dem Gut in die Hände des Schwiegersohnes Martin. Bertha Schneider, nun nicht mehr Bertha von Willert, reiste kurz nach der Hochzeit mit ihrem Mann Alexander ab.

41 Ball-Pianistin

Bertha von Willert (1843–1920) und Alexander Schneider (1838–1897)

Nichts ging über eine Ehe, die von wohlwollenden Verwandten arrangiert wurde! Junge Menschen hatten viele Gefühle und wenig Lebenskenntnis, wie sollten sie eine Lebensentscheidung dieser Tragweite treffen? Sie sahen einen Menschen erstmals oder öfter, sie fühlten sich angezogen oder abgestoßen, doch ob ein Leben mit ihm oder ihr möglich wäre? Woher sollten sie das wissen? Ihre Familien kannten sie und ihre Eigenarten von Geburt an. Wenn die Eltern ohne Eigennutz waren und ihr Bestes im Blick hatten so wie Tante Sophie, dann war eine angebahnte Ehe kein Akt wirtschaftlicher und familienpolitischer Vernunft, sondern ein großes Glück.

In Alexander Schneider fand Bertha den passenden Mann. Zu ihrem Erstaunen reiste er kurz nach der Hochzeit mit ihr nach Österreich-Ungarn, um in Böhmen mehr über die Bierproduktion zu erfahren, die er von seinem Vater geerbt hatte. Sie war stolz, eine Brautreise machen zu können wie eine Dame des Adels. Das entschädigte sie für ihren eigenen verlorenen Adel. Wenn sie so leben konnte, musste sie nicht so heißen. Alexander Schneider wollte nach Pilsen und hatte dort Geschäftskontakte geknüpft. Seine neunzehnjährige Frau sollte in dieser Zeit in Teplitz eine Badekur machen und sich Gesellschaft suchen, denn auf Gut Sallentack war es einsamer, als sie es gewöhnt war. Es nützte ihnen beiden, wenn sie Brieffreundinnen gewann und sich nicht zu stark an ihre Familie zurückband. Ihre Sehnsucht sollte nicht rückwärtsgewandt sein. Er akzeptierte, dass sie sich undamenhaft für Literatur, Sprache und die Zusammenhänge der Welt interessierte. Außer der Bierherstellung kannte sie alle Vorgänge auf den Gütern von Kindheit an, und sie hätte sofort mitwirken können. Schon der erste Rundgang auf seinem Gut hatte ihr gezeigt, dass sie überflüssig war. Das Gut war bestens organisiert, auch in der Abwesenheit des jungen Herren war die Wirtschaft in Vollkommenheit weitergelaufen. Bei ihrer Ankunft wurde sie durch alle Räume geführt. Die Beschließerin zeigte ihr die Wäschekammern und -schränke, zählte ihr die Silberbestecke vor und die Damastservietten, führte sie in die Lampenkammer, in der tagsüber alle Petroleum- und Kerosinlampen geputzt und neu befüllt wurden für den Abend. Sie zeigte ihr die Küche, die Vorratskammern und den Vorrat an Tees und Medizin, gesafteten Beeren und getrockneten Kräutern. Die Mädchen knicksten vor ihr, und alle sagten, was ihre Aufgaben seien und wie lange sie schon auf dem Hofe seien. Wie zu Hause waren die Dienstboten fast alle seit Generationen hier, alle in unmittelbarer Nähe geboren und aufgewachsen, parallel zu den Herrschaftskindern. Die Beschließerin bot ihr die Schlüssel für Kammern und Schränke an, doch Bertha bat sie, die Verantwortung weiterhin zu tragen, womit diese zufrieden war.

Der Zopf

Ein letztes Traumstück: Ich lasse eine Frau in unsere fern-vertraute Stube treten … Welche denn? Es sei Henriette … Carls Ehefrau, die er liebt, mit der er schläft und das Leben teilt, also meines Großvaters Mutter, meine Urgroßmutter. Wie lasse ich sie jetzt im damaligen Moment auftreten? Ich bin ihr Urenkel. Sie stirbt 1897 und weiß trotz ihres langen Lebens nichts von mir, sieht mich nicht. Aber ich sehe sie in dieser beschriebenen Stube. Sie wendet sich ihrem Mann zu, wechselt ein paar Worte mit ihm und lächelt dabei. Das sparsame Licht fällt auf ihr Gesicht: Oh, sie ist hübsch! Gewiss hat sie viel von Christliebe, ihrer so unzeitig verstorbenen Mutter, das kann doch bei der unglücklichen Geburt nicht alles einfach verloren sein! Im Schatten hinter Henriette kann ich leider nicht erkennen, ob sie – etwa gar! – einen dicken Zopf hat, der jetzt abends aus dem Kranz, in dem er tagsüber nüchtern steckt, entbunden ist und frei und lustig den Rücken hinabschaukelt, was für ein Augenspaß! Auch auf eine Haarfarbe, dunkel oder blond, mag ich mich jetzt nicht festlegen, nicht nur wegen des Schattens über Henriette. Es gibt in allen Haarfarben schöne, liebenswerte Zöpfe und Ahninnen, die, hoffe ich doch, alle ihre großen Liebeszeiten hatten, sogar noch als fast weißhaarige Siebziger- inzwischen Achtzigerinnen, als Groß- und Urgroßmütter von heute. Wie alt möchte ich der Henriette (oder der Christliebe) denn mal begegnen? Als junger Mann einer auch noch jungen Urmutter!

Berthas Hochzeitsreise ins Kurbad

Die Reise war eine Überraschung! Bertha war außer in Estland, das letztlich nur ein Kringel auf der Westgrenze des Russischen Reiches war, noch nirgendwo gewesen. Legendär waren Mutters Reise nach Riga, von der in der Familie erzählt worden war, und die Reise des Urahns, der in der damaligen kurländischen Kolonie gelebt hatte und dort reich geworden war. Bekannt waren ihr auch Reisegeschichten von Menschen auf Schiffen, die den Routen der Hanse folgten nach Osten oder Westen. Nur, ob die zur Familie gehört hatten oder nicht, das wusste niemand mehr zu sagen. Selbst kannte sie nur den Weg nach Reval zur Ruine des Brigittenklosters. Ihr entferntester Punkt war bisher Ampel / Ambla gewesen bei Tante Sophie.

Teplitz war eine elegante Stadt mit zehntausend Einwohnern, fantastischen Gärten und warmen Quellen. Seit Jahrhunderten kamen Menschen in dieses älteste Heilbad Mitteleuropas zum Trinken der Wässer und zum Baden. Paracelsus, Anna von Dänemark, Leibniz, Zar Peter I., König August III., König Gustav Adolph IV., Zar Alexander I., Napoleon, Franz Liszt, Goethe, Beethoven, Baronin von Krüdener und viele andere Künstler und Staatsoberhäupter waren hier gewesen oder kamen immer wieder. Von den illustren Badegästen wurde der Ort *Klein Paris* genannt. Die Gesellschaft spazierte im Garten des Schlosses Schönhof. Hier war mehr als nur ein Hauch von Welt, dies war, gemessen an Estland, die Welt! Nirgendwo hatte sie elegantere Kleider gesehen, nirgendwo so viele Sprachen gehört, nirgendwo in ihrem bisherigen Lebenskreis gab es an jedem Abend die Möglichkeit, zu einem Konzert oder einem Ball zu gehen. Die Wirtin konnte ihr erklären, woran sie Pariser von Londoner Toiletten unterscheiden konnte, welche Frisuren in Österreich gerade Mode waren und welche in Frankreich. Die Barbiere hatten sich auf die verschiedenen Wünsche der Kundinnen spezialisiert. Ihre schönsten Kleider waren hier eher durchschnittlich. Für die Männer war der Unterschied weniger groß: der stattliche Alexander sah im Anzug mit seiner geerbten goldenen Uhr fantastisch aus und brauchte keinen Vergleich scheuen. Sie konnte eine Einladung in einen privaten Salon erhalten oder eine Kutschfahrt unternehmen in die Umgebung. Sie konnte den Tag mit einem Wasserkrug in einer Wandelhalle beginnen oder mit einem üppigen Frühstück ihrer Herbergsmutter, deren österreichischen Dialekt sie anfangs nicht verstand. Bertha staunte, wie vieler Sprachen diese Pensionswirtin mächtig war, und begann die Beschäftigung mit den Wörterlisten aus ihrer Kindheit neu. Die Wirtin ergänzte und half.

Die tschechischen Zahlen: jeden – dva – tři – čtyři – pět – šest – sedm – osm – devě – deset,

die den russischen ähnlich, aber nicht gleich waren:

odin – dwa – tri – tschetiri – pjat – schest – sjem – wosjem – dewjat – desjat.

Die Wirtin kannte dank der Gäste aus dem großen Reich, in dem sie lebte, auch die ungarischen: egy – kettő – három – négy – öt – hat – hét – nyolc – kilenc – tíz.

Diese erinnerten Bertha an nichts, sie waren ihr so fremd wie das Persische, als sie sich damit zu befassen anfing. Das Deutsche hatte unterschiedliche Dialekte, hier endlich hörte sie sie. Sie bedauerte es, die hier häufigen süddeutschen Dialekte nicht zu verstehen: Bairisch, Wiener Österreichisch und Elsässisch, das wohl ein Teilchen des Schweizer Alemannischen war. Das glich dem Jiddischen, das im Baltikum oft auf den Märkten gesprochen wurde. In Wilna / Vilnius, einer jüdischen Stadt, genannt das *Jerusalem des Nordens,* mit mehr als der Hälfte jüdischer Einwohner und ebenso vielen Synagogen wie Kirchen, war sie noch nicht gewesen, doch es war ihr von dort erzählt worden. Und sie hatte aus Reval den Klang der Zahlen der Hebräer im Ohr:

ejnß – zwei – draj – fir – finf – sekß – sibn – acht – najn – zen.

Tante Sophie hatte ihr ein ungewöhnliches und wertvolles Hochzeitsgeschenk gemacht: das orientalische Wörterbuch ihres verstorbenen Mannes. Bertha war nicht so sprachgewandt, dass sie diese Sprache verstehen konnte; aber sie hatte bei Besuchen in Ampel die arabischen und persischen Schriftzeichen schreiben gelernt und konnte einzelne Wörter verstehen. Am einfachsten waren die ersten Ziffern, die sie ihrer Kindheitssammlung beifügte:

jek – do – se – chahar – panch – schesch – haft – hafscht – no – dah.

Sie wusste, dass sie die dieser Sprache entflohenen kurzen Vokale beim Aufschreiben hinzufügen musste. Könnte sie studieren, würde sie auch so fremde Sprachen erlernen. Allein aus dem Wörterbuch wurde kein Text flüssig. Ihr fehlten die Anleitung und die Partner, mit denen sie es hätte üben können. Hier in Teplitz vergrößerte sich die Dichte der Sprachen, die zu hören waren.

Sie war nicht betrübt, dass ihr frischvermählter Gatte sie am vierten Tag allein ließ in der Obhut einer älteren deutschen Verwandten, die er für sie aus Dresden nach Teplitz / Teplice bestellt hatte. Tante Amalie, deren Anwesenheit sie erst gefürchtet hatte, war eine angenehme Person und konnte sowohl aus ihrer Stadt als auch von Schneider'schen Verwandten im Reich erzählen. Sie kannte die Kultur und manche Künstler und animierte Bertha, abends die Theateraufführungen zu besuchen. Das waren für sie unbekannte Vergnügen. Es war, wie Alexander es sich erhofft hatte: Bertha lernte junge Frauen und Paare kennen. Sie kaufte sich eine Landkarte, um das Woher und Wohin der Einzelnen in Europa festzustellen.

Eine Gruppe von vier Frauen, mit denen sie sich bald regelmäßig traf, war auf dem Weg von Zürich nach St. Petersburg. Sie sprachen miteinander russisch, mit Tante Amalie ein für Bertha unverständliches Deutsch. Sie hatten ihre Studien in Zürich beendet und befanden sich auf dem Heimweg ins Russische Reich. Anfangs war es unerhört für Bertha, dass es studierte Frauen geben solle! In Dorpat wäre das niemals möglich! Da studierten nur Männer, trugen ihre Mützen mit den farbigen Bändern der Studentenschaften Estonia, Livonia, Curonia, Fraternitas Rigensis, Fraternitas Academica oder von den estnischen, russischen und polnischen Korporationen. Einige schlugen sich die Gesichter im Fechtsaal blutig, aber das war eher selten, nicht verpflichtend. Undenkbar war, dass Frauen dabei wären. Die vier Absolventinnen berichteten, dass sie die Studien der Medizin, der Philosophie und der Historie abgeschlossen hatten, und konnten Geschichten aus dem Universitätsleben erzählen. Sie kamen nicht aus besonders reichen Familien, Zürich war einer der billigsten Studienorte in Europa. London war viel teurer, ein Studium in Amerika war etwas für Menschen, die nicht vorhatten, in einem Beruf zu arbeiten. Bertha brauchte Tage, um diese Nachrichten zu verkraften. Tante Amalie fand es nicht schicklich, dass die Damen beim Studium mit den Herren im gleichen Saal gesessen und dass die beiden Ärztinnen sogar Leichen seziert hatten: männliche, nackte Leichen! Doch Tante Amalie war fünfzig Jahre alt, da war eine solche Einstellung kein Wunder. Mit ihr sprach Bertha lieber über Kunst, über Musik und Theater, auf dem Gebiet konnte sie viel von ihr lernen. Einmal bot ein Künstler im Hotel eine Zeichenstunde an. Sie gingen gemeinsam hin, doch nur Bertha versuchte sich darin, die Säulenhalle des Hotels mit den Palmenkübeln auf ein Blatt Papier zu bringen. Tante Amalie saß dabei und schaute. Sie hatte befürchtet, dass wider des Versprechens Aktzeichnen angeboten würde.

Eine Attraktion in Teplitz waren die Berge. Der Erzgebirgskamm war ein braunes Band, das man von manchen Punkten der Stadt aus sah. Im Park verstellten die hohen Bäume den Ausblick, aber wenn Bertha einen längeren Spaziergang machte oder mit den anderen Damen eine Wagenausfahrt in eins der benachbarten Dörfer, kam sie den Bergen nah. Spektakulär waren die drei Vulkane am Horizont. An ihnen konnte sie sich nicht sattsehen! Bisher kannte sie feuerspeiende Berge nur aus Schulbüchern und Lexika, hier kam sie ihnen nah. Für den letzten Tag vor Alexanders erwarteter Rückkunft war die Fahrt zum Donnersberg[42] geplant, der fünfzehn Kilometer, also vierzehn Werst entfernt war von Teplitz-Schönau. Ihr grauste vor ihm, denn im Lexikon hatte sie Kupferstiche von Vulkanausbrüchen gesehen und eine Beschreibung der Geräusche gelesen, welche einem Ausbruch vorangehen. Zwar beruhigten alle sie, dass dieser Berg nicht mehr ausbrechen könne und als erloschen gelte, doch das überzeugte sie nicht. Der Ausflug mit den Freundinnen – Tante Amalie verzichtete gern – war aufregend. Immer wieder hörte Bertha im Räderrollen der Kutsche die knarrenden Geräusche der im Inneren des Berges rollenden Steine. Die wissenschaftsgewohnten Freundinnen lächelten über ihre Angst. Als sie auf der Terrasse eines Restaurants ganz in seiner Nähe saßen und seine steilen Flanken sehen konnten, verdichtete sich für Bertha das Gefühl eines nahenden Ausbruchs. Die anderen plauderten bei Kaffee und Strudel, während sie gebannt auf den bewaldeten Gipfel starrte. Der sah weder verbrannt noch gefährlich aus, aber dennoch kamen schwarze Wölkchen heraus, der erwartete Vorbote eines Ausbruchs. Ihre Hände wurden so kalt, dass sie sie am Kaffee kaum erwärmen konnte. Sie bat darum, bald heimzufahren, weil ihr grauste. Das befremdete die Freundinnen, die ein Stückchen hinaufsteigen wollten, so-

42 Milleschauer / Milešovka

weit der Waldweg es zuließ. Dazu konnte sie sich nicht entschließen! Sie blieb im Gasthaus sitzen und beobachtete, wie sich der weiße Sonnenschirm von Tamara und der hellgrüne von Anastasia von ihr entfernten, um auf das polternde Ungetüm zuzuwandern. Ihr stockte das Herz angesichts der Staubwolke, die sich plötzlich über Berg und Wald erhob! War das die Ankündigung des Todes? Bleich und erstarrt saß sie auf dem Sofa. Als sie zu sich kam, war sie erstaunt, die Freundinnen in der Kalesche plaudern zu hören und ihre Kleider hell und makellos zu sehen, ohne Staub und Asche. Die Hüte leuchteten im Schmuck der frisch gepflückten Wiesenblumen statt unter einem Ascheschleier.

Gern hätte Bertha in Zürich studiert. Die Ärztinnen reisten nach wenigen Tagen weiter nach St. Petersburg, wo es eine Medizinisch-Chirurgische Akademie gab, an der studierte Frauen künftige Hebammen unterrichten durften. Bertha interessierte sich nicht für Medizin, sondern für Sprachen. Tamara versicherte ihr, dass sie in Zürich auch Sprachen studieren könne.

Als Alexander nach drei Wochen von seiner Bierreise zurückkam, voller Gedanken an technische Neuerungen, war Bertha aufgeblüht. Sie war abwechselnd mit Tante Amalia unterwegs gewesen oder mit dem Kreis junger gebildeter Damen, sie war zur akzeptierten Gesprächspartnerin geworden. Sie besaß nicht, wie er gedacht hatte, doppelt so viele Kleider wie zuvor; sie besaß doppelt so viele Bücher wie vor der Reise ins Bad und Karten von verschiedenen Gegenden Europas. An mehreren Abenden saßen sie miteinander auf der Terrasse des Hotels, und er berichtete ihr, dass er ein Malzsilo, kupferne Brau- und Läuterbottiche und Würzpfannen bestellt habe und dass diese schon bald die alten in der Brauerei in Reval ersetzen würden. Außerdem müsse er eine eigene Hefeproduktion beginnen, die Hefe, die man kaufen könne, entspräche nicht der Qualität, welche sie für erstklassiges Bier benötigten, sie wäre allenfalls für Brot geeignet. Da sie auf dem Gelände unterhalb des Gutshauses genug Platz und einen guten Brunnen hätten, wäre das ein Leichtes! Er müsse dazu einen Gärsilo im Reich bestellen. Gespräche über moderne Technik banden die Gedanken vieler Menschen in dieser Zeit. Wer fragte noch nach Philosophie oder Theologie, wenn er von einer Reise mit der Dampflokomotive, einem modernen Schiff oder kupfernen Braukesseln berichten konnte? Die Existenz der Dinge faszinierte den gebildeten Teil der Menschheit erstmals mehr als die Gedanken über Herkunft, Zusammenhänge und Ziel der Welt.

Als Bertha und Alexander auf Gut Sallentack ankamen, war es ihre Aufgabe, dafür zu sorgen, dass das neu gekaufte Land verändert wurde. Nach der letzten Flachsernte im Sommer wurden Arbeiter angeworben, die die zweitausend zuvor eingelagerten Holzstangen auf dem Gelände eingruben und aufstellten, mit Drähten verbanden und eine Hopfenplantage anlegten. Alexander wusste, dass das ein Risiko war, denn so nördlich war nur selten Hopfen angebaut worden. Ob das Land gute Bitterreben hervorbringen würde, musste sich zeigen. Allerdings waren sowohl der Einkauf von Hopfen aus Deutschland oder Österreich-Ungarn als auch der Transport teuer. Deshalb war es den Versuch wert: Gerste aus der Region, eigene Malzgewinnung und eigener Hopfen. Damit wäre Gewinn zu erzielen! Seine Rechnung ging auf, auch wenn der Hopfenertrag im Norden nicht so reichlich war, wie aus Deutschland berichtet wurde.

Aus ihrer Ehe gingen vier Kinder hervor: Ernst August, der mit einem Jahr unerklärlicherweise ohne vorherige Krankheit eines Nachts starb, dann Guido. Er schaffte es, Berthas Bildungsideale umzusetzen. Er studierte in Dorpat und St. Petersburg und wurde schon jung Professor: erst in Dorpat und Riga, im nächsten Jahrhundert in Stockholm, Posen und Greifswald. Er heiratete als fast Fünfzigjähriger eine adlige, studierte Frau, Dr. Ebba Lydia von Husen,

38 Jahre alt. So war Bertha nicht die Einzige, die durch die Heirat den Adel eingebüßt hatte. Ebba schien das nicht zu stören, denn beide lebten sie für die Wissenschaft und hatten, vermutlich wegen des fortgeschrittenen Alters, keine Kinder. Die familiäre Version der Geschichte war: Sie sei zu klug, um Kinder zu bekommen.

Das dritte Kind des Ehepaares war Berthe und das vierte Carl. Die Esten schrieben ihn später Karl, weil C in ihrer Sprache nicht vorkommt. Für die Tochter ihres Namens wollte Bertha eine moderne Erziehung haben, die später in einer Ausbildung münden würde, falls sie klug genug wäre. Sie sollte die studierte Frau werden, die Bertha gern geworden wäre, eine wie ihre Patin, Berthas Kurfreundin Tamara, es war. Ursprünglich sollte sie in St. Petersburg ins Internat oder in die weitläufige Familie Tamaras kommen, aber der neue Zar Alexander II. hatte das Frauenstudium 1873 wieder verboten. Noch besuchten 750 Jungen und Mädchen gleichermaßen das Petri-Gymnasium, Letztere aber ohne die Chance, nach dem Abitur studieren zu können. So sendete die Familie dank der Biereinnahmen Berthe als Erste der Familie in ein elegantes Londoner Internat, als sie elf Jahre alt war. Bertha brachte die Tochter per Schiff dorthin, damit sie eine moderne Erziehung genießen würde, fern vom altväterlichen, bäuerlich-dominierten Russischen Reich, wo auf den Gütern alles so war wie vor Jahrhunderten. Tochter Berthe hatte schon vor der Abfahrt Englisch gelernt statt Französisch, um vorbereitet zu sein.

Eine Nebenlinie: Katharine Schneider (1856–1918) und Berthe Schneider (1868–1883)

Auf den ländlichen Gütern Estlands war das Engschnüren nur bei den Damen des Hochadels in den Schlössern üblich. Die Cousine zweiten Grades von Berthas Mann Alexander, Katharine Schneider, trug ein Korsett. Oder trug es sie? Bertha hatte sie nur ein einziges Mal gesehen bei ihrer Hochzeit 1863 in der Olaikirche in Reval und der anschließenden Feier. Katharine, die russisch Katjinka gerufen wurde, war Lectrice bei der Zarin Alexandra, eine unverheiratete, selbständige Frau, die einen Beruf ausübte. Es war kein Beruf, wie Tamara ihn hatte, für den sie jahrelang studiert hatte, aber ein angesehener Beruf, sie war vom Hof geadelt worden. Sie stammte aus Russland, weil ihr Vater Adolph Schneider und seine schwedische Frau Maria Svaneberg schon in der zweiten Generation in St. Petersburg lebten: der russische Zweig der Schneiders. Sie war jünger als Bertha, aber nur zehn Jahre älter als Tochter Berthe. Katjinka hatte eine unglaubliche Stimme: Sie sang einen warmen Alt und rezitierte Gedichte in Russisch, Französisch und Deutsch. Selbst lange Geschichten konnte sie auswendig und konnte sie wahlweise wörtlich oder fantasievoll ausgeschmückt wiedergeben. Am ergreifendsten war es, sie vorlesen zu hören. Für sie war der Posten der Lectrice geschaffen worden. Zuvor hatten die Gesellschafterinnen und Hofdamen bei Bedarf vorgelesen. Sie war schon als Mädchen am Hof erzogen worden. Ihre Stimme war berührend, ihre Ausdrucksweise gehoben. Dieses extravagante Russisch verstanden nur die Russen der höchsten Stände. Von ihrer Reise zur Hochzeit, von St. Petersburg nach Reval mit dem Schiff, erzählten ihre

Eltern, sie habe sich in den acht Stunden nicht ein einziges Mal angelehnt. Es sei ihr so selbstverständlich, frei zu sitzen oder zu stehen, dass sie nicht auf die Idee käme, sich auf einem Schiff oder einem Sofa anzulehnen, nicht einmal auf bewegter See. Katjinka war ein Liebling der Zarin und wurde überall hin mitgenommen. Kurz vor der Schneider'schen Hochzeit war sie auf der Insel Krim gewesen, was eine Reise von zweimal sechshundert Werst, meist auf dem Wasser, bedeutete. Auf der Hinfahrt waren sie mit einer Barke durch den Ladoga-Kanal gefahren, dann durch den Wolga-Ostsee-Kanal und danach in die breite Wolga. Sie passierten Jaroslawl, Nishni Nowgorod, Kasan und Samara. Hinter Saratow konnten sie an Land gehen und eine Spazierfahrt in den von Mennoniten bewohnten Ort *Eichenfeld* unternehmen. Hier gab es viele Kolonien schweizerdeutscher Siedler, die dem Zarenpaar die Ehre erboten. Katjinka dolmetschte. Die Siedler hatten in den mehr als hundert Jahren ihres Dortseins die Umgebung in einen von Blumen und Früchten überquellenden Garten verwandelt und überreichten dem Zarenpaar Körbe voll Köstlichkeiten, die auf den Barken nicht zu haben waren. Auf der Krim sahen sie Landschaften, die sie an Stiche von Süddeutschland erinnerten, voll von Weinbergen. Hier wuchsen südliche Fruchtbäume wie Feigen und Tamarinden. Sie sahen Wälder und Quellen, die Wassermühlen betrieben. Das Zarenpaar machte Halt in *Züchichtal* und ließ sich danach für die Zeit des in Petersburg eisigen Frühlings nieder in *Theodosia*. Die Zarin wurde mit Katjinka an ihrer Seite vom berühmten Maler Iwan Aiwasowski gemalt, während der Zar mit seinen Generälen unterwegs war. Auf dem Rückweg sahen sie all das ein zweites Mal. Sie waren froh, in diese Richtung auf einem Dampfschiff unterwegs sein zu können, denn früher hatte dieser Weg fast doppelt so lange gedauert: gerudert, getreidelt von Pferden, Ochsen oder Menschengruppen. So konnte sie nach dieser langen Reise noch die kurze nach Reval unternehmen, um Teile ihrer Familie kennenzulernen. Sie prägte trotz des kurzen Zusammenseins Berthas Bild von der erfolgreichen Frau. Fantastisch waren ihre Figur, ihr Kleid und ihr Hut. Natürlich trug sie Korsett, anders war ihre Haltung nicht zu erklären. Auf den Landgütern hatten die Gutsherrinnen Pflichten im Haus, im Garten und mit den Kindern, da war ein so steifes Mieder unpraktisch. Am Zarenhof mochte das passen, da wurde nicht gearbeitet, und keine Dame musste sich zu einem Kind hinunterbeugen.

In England wurde die kleine Berthe, ehe sich ihre weiblichen Formen zu entwickeln begannen, in ein Korsett geschnürt. Einundzwanzig Zoll[43] Taille waren für eine Vierzehnjährige das angestrebte Höchstmaß. Ehrgeizige Mädchen schafften achtzehn Zoll[44] und blieben dabei bis zur ersten Schwangerschaft. Berthe war wegen ihres geliebten Reitens nicht dünn. Damit war in London Schluss. Mutter Bertha bemerkte unangenehm berührt, dass alle Mädchen im Internat extrem blass waren. Sie waren höflich, gut gekleidet und frisiert, schon die Zehnjährigen hatten aufgesteckte Frisuren und Absatzschuhe. Alle waren zurückhaltend, nicht neugierig auf die Ankömmlinge. Sie waren mit zehn Jahren Damen. Ihr Kind nahm sich dagegen aus wie ein Bauernmädchen. Mutter Bertha musste sich eingestehen, dass das stimmte. Im rückständigen Osten hatten sich die Stände vermischt. Hier musste sich die Mutter nach einer Woche verabschieden mit der Aussicht, die Tochter erst in zwei Jahren wiederzusehen. Der Abschied und die Zeit danach waren tränenreich für beide. Ab nun würde Berthe täglich einer strengen Vorsteherin die Hand küssen, knicksen und sich an eine Hausordnung halten müssen, die Mutter Bertha für überzogen hielt, gegen die sie jedoch nichts unternehmen konnte. Ihre Einwände beim Abgeben der

43 Ca. 53 Zentimeter

44 Ca. 46 Zentimeter

Tochter hatten nichts genützt, zumal sie ihren Willen nicht ausdrücken konnte. Das wichtigste Mittel der Erziehung zur Dame war in diesem Internat – wie fast überall in England – das Tragen eines enggeschnürten Korsetts.

Die Mutter vergoss Tränen in ihrer Schiffskabine und machte sich Vorwürfe, die zugeschickte Hausordnung nicht ernst genommen zu haben, nämlich nicht als Pflicht sondern als Möglichkeit. Die Tochter weinte sich abends in den Schlaf. Nicht so sehr vor Heimweh, die Reise hatte sie wie die Mutter als Abenteuer empfunden, sondern weil ihr Brust und Rippen schmerzten und weil sie fast kein Wort verstand: weder von der Hausvorsteherin Miss McArthur noch im Unterricht bei den Lehrerinnen. Sie hatte zu Hause einen Englischlehrer gehabt und gedacht, einiges zu verstehen. Hier jedoch, wo den ganzen Tag englisch gesprochen wurde, war ihr alles zu viel. Sie konnte nicht denken, weil ihr beständig etwas wehtat. Der Schmerz kam und ging in Wellen, auf dem Höhepunkt hätte sie jedes Mal schreien können. Sie wunderte sich, wie stoisch die Mädchen am Unterricht teilnahmen, ohne sich anzulehnen. Niemand schrie, erst recht nicht in Gegenwart der Vorsteherin.

Bei ihrer *Einkleidung* stand sie in Hemd und Höschen in der Raummitte und schämte sich. Niemals hatte sie die Eltern, Brüder oder andere Menschen fast nackt in der Mitte eines Raumes stehen sehen und niemals hatten andere sie so gesehen. Miss McArthur maß sie aus: Brust, Hüfte und Taille. *28 Zoll* sagte sie verächtlich: *Unser Ziel sind 18 Zoll nach zwei Jahren, wenn sie mit der Erziehung fertig sind!* Sie rümpfte die Nase: *You have never worn a corset lace?* Bertha verneinte, und die Vorsteherin bemängelte, wie die Dame das an ihrer Tochter versäumen konnte. Am liebsten hätte Berthe geschrien: *Sie ist keine Dame, sie ist meine Mutter.* Doch das war undenkbar. Berthe legte sich befohlenermaßen auf den schrägen Schnürtisch, und die beiden Dienstmädchen arbeiten geübt an den Schnüren. Jetzt schrie Berthe. Miss McArthur schaute vorwurfsvoll und sagte: „Das heben Sie sich für die 20 Zoll auf, Miss Berthe. Beherrschung ist die Tugend einer Dame." Berthe spürte ihr Herz im eingeschnürten Körper klopfen. Miss McArthur polterte: „Sie sterben nicht. Gleich geht es Ihnen besser, Miss Berthe. Anfangs dachte jede, dass sie stürbe. Auch Sie werden das unvergleichliche Gefühl zu schätzen lernen." Das Personal kleidete sie in ein einfaches weißes Stoffkorsett mit endlosen Bändern, die jeden Morgen fester gezogen wurden. Sie japste nach Luft und konnte in ihrer ersten Woche nur auf dem Bett liegen. Diese Woche fastete sie, weil sie nichts Festes schlucken konnte. Ein Dienstmädchen brachte ihr Wasser, führte sie zur Toilette und hob sie flach aufs Bett zurück. Nach einer Woche brachte der Schneider ihr eigenes Korsett. Er fragte beim Einkleiden: „Reiten Sie?" Sie bestätigte es mit einem Seufzer, da sie kein Wort herausbrachte. Am liebsten hätte sie ihm gesagt, dass sie auch viel rannte und schwamm. „Sie haben zu viele Muskeln, das ist nicht gut für eine Dame, es strengt sie nur unnütz an, dem Rücken selbst Halt geben zu wollen. Das ist etwas für Männer." Berthe hatte es nie für schwierig gehalten, ihren Rücken gerade zu halten.

Das eigene Korsett war sowohl eine Erlösung als auch schrecklich. Es fielen die langen Bänder und die Knoten weg, das Anziehen ging schneller. Aber es war schwer: *84 Stäbchen für den Anfang*, die Hälfte war aus Eisen für den Halt, die Hälfte aus Fischbein, damit es nicht zu schwer wurde. Vorn lag eine Planchette über Magen und Brustbein. Sie konnte damit auf einer Stuhl- oder Bettkante sitzen, ohne dass ihr schwarz vor Augen wurde; aber sie konnte nicht allein aufstehen, bevor ihr erstmals die mitgebrachten und von ihr bisher als unnütz erachteten Absatzschuhe angezogen wurden. Nie hatte ihr jemand die Schuhe anziehen müssen, aber sie konnte ihre Füße nicht erreichen, sich nicht zu den Riemchen bücken. Jeden zweiten Monat sollte sie einen weiteren Zoll *verlieren*. Sie wurde ein ernstes Mädchen, denn zum Weinen und zum Lachen hätte sie Luft gebraucht, stoßweisen Atem. Den hatte Berthe nicht. Auf der Treppe zum Speisesaal hinunter musste sie sich am Geländer festhalten: sowohl wegen der ungewohnten Absatzschuhe als auch, weil sie ihre Füße nicht sehen konnte. Sie kleckerte. Zu Hause beugte sie sich über den Teller, das ging mit der Planchette nicht. Miss McArthur schlang ihr eine Serviette um Hals und Ausschnitt wie einem Kleinkind. Ausflüge waren im ersten halben Jahr nicht vorgesehen, danach in einer Kutsche. Luft gab es auf den sonnenfreien Balkons, auf denen mittags *Liegekur* gehalten wurde. Aber auch *liegen* war etwas anderes als zu Hause, wo sie sich im Bett zusammengerollt hatte wie eine Katze. Hier lag sie nachts steif im nur um ein Zoll gelockerten Korsett auf dem Bett. Sie konnte sich nicht drehen und war oft wach. Schlafen, essen, lernen, sprechen, alles war hier anders. Sie lernte, was es bedeutete, ohnmächtig zu werden und von einem Fläschchen stinkenden Riechsalzes in den Alltag zurückgeholt zu werden.

Zwei Jahre später nahm Mutter Bertha sie in Reval am Hafen in Empfang. Miss McArthurs Schwester war auf der Reise nach St. Petersburg und hatte sie mitgebracht. Berthe war gewachsen und bewegte sich leichtfüßig auf ihren hohen Absätzen wie eine Dame. Mutter Bertha war stolz auf sie. Erst in Sallentack, fern der eisernen Lady, umarmte sie sie. Die Mutter weinte, der Tochter fehlte die Luft dazu. Nie hatte die Tochter eine der Engländerinnen oder eins der Mädchen aus den anderen Ländern, die dort erzogen wurden, weinen sehen. Sie war hin- und hergerissen zwischen der Freude über Mutters Reaktion und einer kleinen Verachtung über dieses Sich-gehen-Lassen. Stolz zeigte sie der Mutter ihre schmale Taille. Diese weinte auch darüber. Der Vater schmunzelte über seine kleine Dame, die ihm beim Abendessen versehentlich englisch antwortete, der Bruder versuchte sie vergebens mit Späßen zum Lachen zu bringen.

Am Abend zog die Mutter ihr das *lace* aus, damit sie entspannt schlafen könne. Sie schlief wie lange nicht mehr!

Am nächsten Tag zog sie die Absatzschuhe nicht an, die konnte sie auf dem vom Frühlingsregen aufgeweichten Boden des Gutshofes nicht tragen. Sie musste unbedingt hinaus und trug ihr zu kurz gewordenes Kinderkleid und strich durch den Garten und das halbhohe Hopfenfeld. Maie nahm kopfschüttelnd Maß an ihr und begann, ihr ein passendes Leinenkleid für zu Hause zuzuschneiden. Der alte Hund war gestorben, das wusste sie aus dem Briefwechsel mit der Mutter. Ein neuer Hofhund begrüßte sie und wedelte schon bald, wenn er sie sah. Sie sprach mit allen Leuten auf dem Hof und merkte, wie unbeholfen ihr das Deutsch von den Lippen ging, wie lange sie die vertrauten weichen Töne des Estnischen nicht gehört hatte. Im Garten sang sie wie früher, als sie die ersten Johannisbeeren erntete, endlich konnte sie wieder singen. Den Obstkuchen aß sie nicht, auch keinen anderen. Der dritte Tag fand sie in den Ställen; alle Hasen, Enten, Gänse und Pferde begrüßte sie einzeln. Dann lief sie auf die moorige Wiese, um die Schafe zu begrüßen. Um die Fabrik machte sie einen Bogen. Dieser waren neue Gebäude hinzugefügt worden, dort arbeiteten lauter fremde Männer. Sie musste beim Geruch von Maische und Malz fast erbrechen. Mittags schlief sie wieder, ihr Bedarf an Schlaf schien unendlich zu sein: ganze Felder voll Schlafes erntete sie ab. Am Nachmittag erfüllte sie sich ihren Traum: Sie ritt aus. Sie hatte niemanden gefragt. Sie hatte sich am Morgen nicht losreißen können von den Pferden: deren Geruch, das fröhliche Schnauben, die großen Augen mit den sperrigen Wimpern; wie sie fraßen, wie sie glänzten und mit ihren Schwänzen die Fliegen verscheuchten. Berthe liefen im Dunkel des Stalles die Tränen: nicht mehr heiß und stoßweise, sondern sachte und unaufhaltsam rinnend wie ein Quell im Moor. Sie kam nicht auf ihr Pferd hinauf, der alte Schwung war weg. War sie zu groß geworden? Ihr Pferd kam ihr kleiner vor als früher. Sollte sie etwa im Damensattel reiten? Das hatte sie noch nie probiert, sie wusste nicht einmal, ob es einen solchen auf dem Gut gab. Sie könnte morgen danach fragen. Nein, sie ritt wie als Kind, ohne Sattel! Beim dritten Anlauf klappte es und sie schritten gemessen aus dem Stall heraus, am Garten vorbei zum Feld. Niemand bemerkte ihren Ausritt. Entlang des Hopfenwaldes trabte das Pferd gleichmäßig. Dahinter kam ein weiteres Hopfenfeld, das sie noch nicht kannte, mit einer anderen Hopfensorte mit dunkleren Blättern. Hier waren die Pflanzen noch nicht so hoch, dieser wuchs wohl langsamer, oder die Stecklinge waren später gesetzt worden. Hinter dem zweiten Hopfenfeld begann die Wiese, ihr Blick schweifte zum fernen Waldrand. Berthe spürte einen kurzen Moment der Freiheit von allem: der Familie, der Fabrik, dem Erwachsenseinsollen, der Erinnerung an England, dem Internat, den ständigen Blicken auf ihre noch immer zu dicke Taille. Dieser Moment ging als Ruck durch sie, als äußerst schmerzhafter Ruck. Das Pferd hatte die Freiheit gespürt und zu galoppieren begonnen. Berthe konnte die Beschleunigung nicht parieren, ungeübt seit zwei Jahren und ohne Rückenmuskeln. Stumm und verkrümmt lag sie auf dem harten Grund. Das Pferd trabte nach Hause, es holte Berthes zwei Jahre älteren Bruder, der rauchend im Garten saß und in sein aufgeschlagenes Lehrbuch blickte. Er schwang sich auf die Stute, die ihn zu seiner Schwester trug. Sie lag bewegungslos da. Er hob die Gewichtslose auf und legte sie auf den Pferderücken. Sie war doch immer eine gute Reiterin gewesen? Es war ein Unfall, der ihrer Mutter das Herz und ihr die Wirbelsäule brach. Der Arzt kam einen halben Tag später und konnte nur noch Berthes Tod feststellen. Er empörte sich über Mutter Bertha, die es der Tochter erlaubt hatte, das Korsett abzulegen, statt es zu lockern. Die Schönheitserziehung ließ sich nicht unterbrechen, wenn sie begonnen worden war! Hatte sie das nicht gewusst?

Mutter Berthas Wille war ins Gegenteil umgeschlagen: Sie wollte eine starke, freie Tochter heranziehen und hatte ein Geschöpf, zart wie Porzellan, aus ihr machen lassen, das den Stößen des Lebens nicht gewachsen war. Nun waren sie beide zerbrochene Meißner Gefäße. Die Tochter hatte noch kaum Zeit gehabt, ihre Erlebnisse zu erzählen. Noch hatte es keine Gelegenheit gegeben, sie englisch sprechen zu hören. Niemandem war die kleine Dame vorgestellt worden. Das hatte auf ihrer Konfirmation im Frühsommer geschehen sollen.

Drei Tage kniete, hockte, saß, lag sie neben ihrem Kind. Sie bemerkte kaum, wie es gewaschen und ein letztes Mal umgezogen wurde, und stand nicht auf, als der schwarze Wagen, bedeckt mit Eichenzweigen und Feldblumen, sie abholte. Bertha zog sich von der Familie und ihren Pflichten zurück. Zu schrecklich plagte ihr Gewissen sie, untröstlich war sie über die winzige Spanne zwischen Wiederfinden und Verlieren ihres Kindes.

Der elfjährige Carl kam in die Ritter- und Domschule in Reval, die vor einem halben Jahrhundert mit den Resten des vormaligen Goette'schen Gymnasiums zusammengelegt worden war. Der sechzehnjährige Guido zog nach Dorpat an die Universität zum Studium der Zoologie.

Als weder Vater Alexander noch der Arzt sich mehr Rat wussten mit Berthas Zustand, schrieben sie an die tatkräftige Tamara, die bald allein aus St. Petersburg kam. Als Frau allein! Sie hatte ihre Arbeit verloren, weil Frauen nicht mehr praktizieren durften, und musste sich ein neues Leben aufbauen. Sie begann über eine Ehe nachzudenken, doch war ihr der Gedanke fremd. Der Ukas[45] des Zaren war unerbittlich. So kam ihr die Reise gerade recht. Sie wohnte mehrere Monate auf Sallentack, führte die antriebslose Bertha ins Freie. Sie fuhr mit ihr im Wagen in die nahe Umgebung, in die

45 Befehl des Zaren mit Gesetzeswirkung

Kirche, zu Tante Sophies Grab, zu ihren Verwandten nach Reval. Sie besuchten ihren Vater Christian, der, inzwischen Hofrat geworden, sein Archiv inzwischen an zwei Nachfolger abgegeben hatte, sich meist in Habern/Haabersti aufhielt und kurz darauf starb. Sie besuchten Carl an der Schule und einen Monat später Guido in Dorpat. Sie fuhren für mehrere Wochen nach Riga, wo Bertha nie gewesen war. Tamara hatte Familiengeschäfte dort zu erledigen und nahm Bertha mit. Die vielfältigen Abwechslungen, die die große Stadt bot, halfen ihr auf. Anfangs saß Bertha viel bei Pastor Sievert Tiburtius in der deutschen Kirche und hörte dessen Predigten und Bibelstunden zu, doch schon bald waren die ihr zu missionarisch. Tamara sah darin ein gutes Zeichen. Was er verkündete, war kein Trost für Trauernde, die sich schuldig fühlten, das waren Aufrufe, die Welt zu verändern, sie christlicher zu machen. Bertha fand auch Kontakt zu dessen Lübecker Frau, aber diese kam aus einem frömmlerischen Haushalt mit täglichen Bibelstunden. Das tröstete sie nicht. Aber immerhin hatte sie durch diese sonderbaren Menschen erstmals wieder einen Kontakt außerhalb der Familie – und außerhalb Tamaras – aufgenommen. Außerdem hatte sie in deren Hause sogar einmal lachen müssen! Sie hatte nicht gedacht, dass sie je wieder würde lachen können. Sie saß gerade beim Tee bei ihnen, als es klingelte und zwei Boten einen lebensgroßen Bären brachten! Erst war sie erschrocken, doch dann zeigte der Pastor ihr, dass der ausgestopft sei. Das grimmige Geschöpf sei ein Patengeschenk für den neugeborenen Neffen in Lübeck. Da musste sogar Bertha lachen! Was sollte ein neugeborenes Kind in einem Land ohne Bären mit diesem zähnefletschenden Untier? Es würde mit einem Schock ins Leben gehen!

Seitdem flossen Worte und Tränen immer lebhafter, und Berthas Kraft kehrte allmählich zurück. Sie wurde dank Tamara ihrem Mann wieder eine helfende Gattin und eine verantwortungsbewusste Gutsherrin. Als Tamara abreiste, ging sie ihren Pflichten wieder nach, doch sie war verändert. Sie lachte nicht mehr, schimpfte mit dem Personal, war manchmal ungerecht. Garten, Wald, Politik, Literatur und Sprachen interessierten sie nicht mehr. Oft saß sie allein im Comptoir und schrieb Briefe an die Fabrikvorsteher in Perm und Tula. Monatlich ließ sie sich Berichte aus ihren ererbten Fabriken liefern, die sie in der Jugend nie gekümmert hatten. Deren unaufhörlicher Gewinn floss teilweise in die Brauerei in Reval, teilweise an ihre Cousinen in Habern / Haabersti und Ampel / Ambla. Sich füllende Konten befriedigten sie, das war messbares Wachstum, ganz anders als diese wuchernden Sprachen. Aus jeder sprossen Dialekte, grammatische Formen, die unlogisch und unerklärlich waren, in denen es Verknüpfungen mit anderen Sprachen gab, die einerseits Verwandtschaft anzeigten, aber andererseits beim Lernen eher verwirrten als halfen. Vielleicht war es auch die Erkenntnis, dass Dinge und Zahlen unendlich viele Namen haben konnten, in jeder Sprache andere. Sie waren nicht angewiesen auf ihren Namen in einer Sprache. Menschen hingegen waren angewiesen auf ihren Namen und die Bedeutung, die ihre Eltern in diesen gelegt hatten. Meist überlebten die Namen die Menschen um hundert Jahre, blieben als Monogramme in ihrer Bettwäsche und ihren Handtüchern, als kupferne Stickschablonen in ihren Nähkästen und in Stein gemeißelt auf ihren Grabsteinen. Auch die Sprachen bewahrten Wörter und Namen über das Leben mancher Gegenstände, Berufe und Eigenschaften hinaus. Wer sprach zu ihrer Zeit noch von der Glückswalterin (die in ihrem Fall versagt hatte) oder von einem Lüftling? Nun, wo das Absolute mehrfach in ihr Leben getreten war, wollte sie von diesem ewig Relativen nichts wissen. Sie musste sich vor ihm retten, wenn sie leben wollte.

Die Papiere aus ihrer Jugend legte sie für immer in eine Lade, auf deren nie mehr gesichtetem Grund das Bild eines schwarzen Schiffes mit goldenen Segeln lag mit einem fremdsprachigen Text und obenauf ein persischer Gedichtband. Sie wunderte sich, dass sie darin einst hatte lesen können. Hätte sie sich die Mühe gemacht, von Petrarcas Text *Pus en Mer haulte ung Nauire adiufove* … eine deutsche oder französische Version herauszusuchen und ihre alte Liebe zu den Sprachen ernst zu nehmen, hätte der Inhalt sie vielleicht aufbauen können: Unter dem Eindruck des Todes seiner Geliebten schilderte Petrarca die Vergänglichkeit alles Schönen. Dem stolzen Schiff stellte er ein im Sturm geborstenes Wrack gegenüber.

Doch ihr war seit den beiden Unglücksfällen – den Toden ihrer Kinder August und Bertha – das sichtbare Wachstum wichtiger geworden als das geistige. Dies war ein Spielzeug und gar zu leicht zu zerbrechen, dachte sie zu jener Zeit.

Marie Glanstroem (1870–1963) und Carl Schneider (1871–1935)

Als Erwachsener konnte sich Carl kaum an seine Schwester erinnern, letztmals gespielt hatte er mit ihr als Neunjähriger. Er besuchte die Domschule wie sein Vater und legte seine Abschlussprüfung auf Russisch ab, wie das für die Untertanen des Zaren verpflichtend war. Danach studierte er in Dorpat Chemie und erlernte dort einen im Baltikum bisher wenig verbreiteten Beruf: Ingenieur. In ganz Europa trieben solche Männer die Industrialisierung voran, bauten Brücken, Schiffe und Maschinen. In Zürich feierte die Ingenieurschule ihr 50. Jubiläum. Die Ränder Russlands brauchten länger für die Umstellung der Studiengänge und vor allem für die Erkenntnis, dass die Welt weniger Philosophen und Theologen benötigte als Techniker. Die Theologische Fakultät der Universität Dorpat war die einzige evangelische in Russland und versorgte alle Diasporagemeinden des gesamten Russischen Reiches mit Pastoren: von St. Petersburg bis Wladiwostok, von der Halbinsel Kola an der Barentssee bis zum Schwarzen Meer. Auch berühmte Mediziner, Biologen, Seefahrer und Forscher gingen aus dieser Universität hervor: Von hier aus wurde im 19. Jahrhundert die Welt umsegelt; Sibirien, Transkaukasien, Zentralasien, Ural und Altai, die kirgisische Steppe und die Küsten des nördlichen Eismeeres, Lappland, Nowaja Semlja, Russisch-Amerika[46], die Antarktis und die Südsee wurden von hier aus erkundet und kartografiert.

Später wurde Carl in Reval Chemiker bei Gericht: Bestimmung der Todesursache unfreiwillig aus dem Leben geschiedener Personen mittels Toxikologie. Er war der Erste

46 Alaska

seiner Art in Estland und heiratete Großtante Sophies Enkelin aus Kurtna: *Marie* Louise Bertha Auguste Glanstroem. Wobei für ihn Tante Sophie nur noch eine Erzählung war, sie war kurz nach seiner Geburt gestorben. Sie war eine Freundin seiner Mutter und Großmutter gewesen, und die markanteste Geschichte war, dass sie ihren Mann durch drei Blitzschläge verloren hatte. Das galt ihm, dem Ingenieur, als Weibermärchen, denn wieso konnten drei Blitze einen Menschen treffen? Gleichzeitig oder nacheinander? Wer etwas von Elektrizität wusste, verstand, dass niemand einen Blitzschlag überleben konnte. Dass sein Ingenieurwissen nicht für alle Phänomene seiner angeheirateten Familie ausreichte, musste er kurz danach erkennen.

Marie war, was *eine gute Partie* genannt wurde. Seine Mutter war begeistert, denn hier kam zusammen, was ihrer Ansicht nach gut zueinander passte: Geld. Eine Brauerei am Rande Revals, Hopfenplantagen und russische Farben- und Maschinenfabriken trafen auf Höfe, Güter und eine Ehrenbürgerwürde. Maries Vater Friedrich war in Ampel / Ambla im Pfarrhaus geboren und hatte eine Ausbildung an einer Petersburger Akademie machen können. Nach seiner Studienzeit hatte er einige Zeit die Stellung des Gutsbesitzers von Maals innegehabt. Nach zehn Jahren konnte er kaiserlich-russisch-erblicher Ehrenbürger werden. Auch für seinen Sohn Friedrich erlangte er diesen Titel. Obgleich er nicht von Adel war, erhielt er durch die Heroldie des Zaren ein Wappen. Als Großgrundbesitzer bewirtschaftete er sein Gut Maals / Hapsal bis 1870, das schaffte ihm das nötige Geld zum Erwerb des Titels. Dieser war nicht billig, er setzte entweder den Staatsdienst oder eine sehr erfolgreiche Künstlerlaufbahn voraus, denn 60 Silberrubel mussten an die mildtätige Stiftung der Armenfürsorge gezahlt werden, 240 Silberrubel mussten als Poschlinen[47] zur Kapitalbildung

47 Vom Staat erhobene Stiftungsmittel für öffentliche Projekte

für den städtischen Handel eingezahlt werden, 30 Silberrubel kostete das Zeugnis selbst, und noch einmal die Hälfte der Gesamtsumme war vonnöten für die Ausfertigung des Zeugnisses auf das persönliche Ehrenbürgertum und das seines Sohnes. 495 Silberrubel waren ein Vermögen, denn die Lebenshaltungskosten in Russland waren billig, und der alltägliche Handel wurde längst über die weniger wertvollen Papierrubel abgewickelt. Um den Preis aufzubringen, verkaufte er das große Gut Maals zugunsten des kleineren Gutes Kurtna mit dem Holzhaus und dem Beigut Kirdal mit dem steinernen Gartenhäuschen. Viel später, als er wieder Reichtum angesammelt hatte, kaufte er das ertragreiche Gut Groß-Lechtigall. Nach und nach baute er aus, kaufte Land dazu und verkaufte moorige Flächen, die wenig einbrachten, an die entstehenden Torfbetriebe.

Weniger Glück als mit den Gütern hatte er in seiner ersten Ehe: Seine Frau Wilhelmine Cäcilie von Oldekop starb im ersten Kindbett mit 28 Jahren, ihr Töchterchen Agnes jedoch lebte und wurde von der Amme zusammen mit deren Tochter Rosa Warwarowna, ihrer Milchschwester, aufgezogen. Als die Tochter zehn Jahre alt war und weit mehr als die übliche Trauerzeit vergangen, ehelichte er die Tochter des Revaler Gildeältesten mit dem stechenden Blick: Leontine von Reichenbach. Sie schaute nicht wie ihr Vater, sonst hätte sie ihm nicht gefallen. Dafür brachte sie das Gut Ahagfer in Wierland / Viirumaa ihres Großvaters in die Ehe ein. Er war Stabskapitän gewesen. Gemeinsam hatten sie acht Kinder, vorwiegend Töchter, darunter Marie.

Als Marie zwölf Jahre alt war, die Zwillinge Alice und Aimeé zehn, Gerda acht, das zweite Söhnchen Kuno in die Schule kam und die kleine Erika eben ihre ersten Schritte tat, passierte ein Unglück. Vater Friedrich, 58 Jahre alt und auf der Höhe seiner Kraft, ritt allein die Grenzen seines Besitzes ab und prüfte die Zäune und Markierungen. Es war Nachmittag, er war mehr als 20 Werst von Kurtna entfernt und schon den ganzen Tag unterwegs. Seine Aufmerksamkeit hatte nicht nachgelassen. Da sah er den Zaun, den er vor zwei Jahren mit seinem ältesten Sohn Edi im weichen Boden hinter dem Wasserlauf errichtet hatte. Jetzt stand er nicht mehr aufrecht, sondern krumm und wacklig da. Konnte das Holz in zwei Jahren so gelitten haben? Oder versperrte er den Tieren den Weg zum Wasser und sie versuchten ihn niederzutreten? Wieso stand der Zaun vor dem Gewässer? Er war sich sicher, dass er ihn anders verlassen hatte. Er stieg vom Pferd und betrachtete den Zaun. Der war nicht mehr an seinen Pfählen in der Erde verankert, er lehnte am Baum. Als er ihn aufrichtete, zerfiel er. Er hängte die Zügel seines Pferdes lose über einen Strauch am Weg. Das Pferd lief nicht davon. Jetzt stampfte es unruhig, statt sich vom langen Ritt zu erholen, es wollte hier fort. Er tätschelte es, doch es beruhigte sich nicht. Er hob den Zaun an, löste die losen Latten und schichtete sie auf. Wer hatte ein Interesse daran, seine Grenze zu versetzen? Die meisten Gutsgrenzen waren kaum gekennzeichnet, meist waren sie in den Wasserläufen festgelegt oder neuerdings entlang der Eisenbahn. Gerade hier hatte es vor zehn Jahren einmal Ärger mit dem Arrendator des Nachbarn gegeben: Der behauptete anhand einer alten Karte, die Grenze laufe nicht jenseits, sondern diesseits des Flusses. Doch was machte das? Beide nutzen diesen Wald kaum. Wenn Gäste kamen, wurde zwei- oder dreimal jährlich gejagt, doch das Wild kreuzte dieses wie jenes Land. Der Zaun war eher ein Symbol als ein nützliches Objekt, ein Zeichen, dass man sich geeinigt hatte. Oder doch nicht? Hatte er ihn überredet, überrumpelt, übervorteilt? Er schichtete die heilen Zaunsfelder und Stöße guter Latten in der Nähe des Wassers. In den nächsten Tagen würde er mit dem Kutscher und zwei Knechten kommen, alles hinübertragen und den Zaun wieder errichten. Als er gerade dachte, dass dies kein Wildschaden, sondern Mutwille gewesen sein musste, wieherte das Pferd. Er wendete sich um und sah einen Mann auf den liegenden Zaunsfeldern stehen. Er kannte ihn nicht. Es war niemand von seinem Gut und nicht der Arrendator des Nachbarn. Der andere ließ ihm keine Zeit, sich vorzustellen. Er hob den Spaten, mit dem er gearbeitet hatte, und traf Vater Friedrich auf den Hinterkopf.

Abends waren die Gutsleute ausgeritten und hatten ihn mit Lampen gesucht. Sein Pferd antwortete auf ihre Rufe. Er war schwer verletzt, lag wie tot da und erlangte das Bewusstsein nie wieder. Vermutlich war ihm Blut ins Gehirn gelaufen. Sein Kutscher, der wohl mehr Freund als Angestellter war, wusch und pflegte ihn. Seine Frau erfand für die Kinder die Geschichte, dass er beim Anschauen des Neubaus – das Haus musste mit der Familie wachsen – vom Gerüst gestürzt sei. Seine Ältesten wunderten sich, denn sie hatten ihn morgens ausreiten gesehen, aber sie sagten den Kleinen nichts. Friedrich lebte nur noch einige Tage.

Als fünf Jahre später der Kutscher starb, kam er mit ins Familiengrab, an dessen unterem Ende ein zusätzlicher Stein für ihn errichtet wurde, der von einer langjährigen Freundschaft erzählt.

Bettgeschichten

Wieso leben Frauen eigentlich länger? Das ist irgendwie gegen die patriarchale Eitelkeit und Eheethik! Mir fällt auf, dass ihr Frauen doch körperlich mindestens genauso oder gar mehr vom Leben strapaziert werdet als die Männer, mindestens du, meine Henriette Zwo, mit mindestens zehn Schwangerschaften! Oder schätze ich das, typisch Mann, falsch ein? Innerhalb von 15 oder 16 Jahren hast du zehn Kinder geboren, warst also siebeneinhalb Jahre – die Hälfte der Zeit! – ständig schwanger. Warst 1871 bis 1886 nicht oft mit dir allein, warst mit allen Fasern, Organen, Lebenssäften extrem für andere da, für das jeweils Heranwachsende. Dabei warst du doch keineswegs von all den sonstigen Frauenpflichten entlastet. Wie reagiert denn dabei der Körper? Fühlt er sich nicht überfordert, ausgebeutet? Geht und ging das nicht immer schärfer an die Substanz? Bei dem jungen und erst recht bei dem schließlich nicht mehr jungen Körper, wenn er auch so kraft- und lebensvoll sein mag, wie ich mir deinen vorstelle.
Was sagst du eben? Ich habe mir deinen Körper nicht vorzustellen, zumindest nicht darüber zu reden? Oh Henriette, kannst du mir verzeihen? Aber sind das nicht lohnende Überlegungen? Aha, ach so: Du hattest diese Sachlage noch nie und erst recht nicht kritisch und gar noch mit jemandem so öffentlich betrachtet. Wie war das im Blickfeld deines Mannes, dem Vater der zehn Kinder? Habt ihr dies betreffend Auseinandersetzungen gehabt, je darüber geredet? Wart ihr betroffen, wenn da schon wieder …? Nein – nie? Alles blieb stumm im dunklen Schlafzimmer. Außer wenn ein schreiendes Kind anfing und die anderen munter machte und euch munter hielt …

Jener Erzeuger hat sich dann mit 72 verabschiedet, im Frühjahr 1914. Woran musste er denn sterben nach Gottes Fügung, wenn doch noch so viel für ihn als Familienobersten zu tun gewesen wäre, wie mir scheint? Hast du ihn zu Tode pflegen müssen? War es schwer – für ihn, für dich? Ach, was ich alles wissen möchte! Vielleicht nerve ich dich, verehrte Henriette! Die Fragerei geht weiter: Was hat er beim Abschied gesagt? War's ihm wenigstens bedauerlich, dich mit dieser ganzen schicksalsreichen Sippe alleinzulassen? Hat der – ich nehme an: gottergebene – Patriarch dich gar beauftragt und, wie soll ich sagen, dich eingesegnet? So dass du mit fast 70 nun allein die langjährige stabile, vorbildliche, altersweise Mitte der großen Sippe sein würdest und musstest, die Magna Mater, oder wie? Wie war dir da? Wie erging es dir: während des Ersten Weltkriegs, während der zwanziger Jahre (schlimme Zeiten!), was wurde aus eurem Besitz, den Häusern, den zwei Webstühlen? Warst du stabil an Körper und Geist – bis zuletzt, 1932? Wieder mal gibt es keine Nachrichten, keine Überlieferung, kaum Gerüchte, weder Lob noch Tadel. Schon die Neuzeit ist, beinah noch vorgestern, versunkenes Mittelalter. Warum weiß man nichts voneinander? Was ist das für ein Tabu?

Übrigens, verzeih! Jetzt wird es wirklich intim, wenn es das nicht schon war: Aber wir heute scheuen solche Überlegungen nicht und wollen wissen, was hinter den stummen Vorgängen in den Schlafstuben steckt: Im 15. oder 16. Ehejahr versiegte dein Born. Ist das nicht schön formuliert, nämlich schonend? Verstehst du, wovon ich rede? Plötzlich wurdest du nicht mehr schwanger in penetranter und, möchte ich wagen zu sagen: rücksichtsloser Regelmäßigkeit! … Aber das letzte Kind, eine kleine Clara, stirbt als Säugling. Sonst ist bei dir von Säuglingssterblichkeit keine Rede, ganz gegen die Bevölkerungsstatistik. Hatte der liebe Gott, nicht ohne Barmherzigkeit, sich eingeschaltet mit einem *Es ist genug*? Oder, aus heutiger Einsicht, schaltete sich der Rhesusfaktor ein? Eben in der kleinen Clara, die ihr nicht behalten solltet? Nun fragst du, Henriette, nach Rhesus – nein, nicht Jesus … Oh, Henriette! Soll der Urenkel euch, verehrte Frau Urgroßmutter, gynäkologisch aufklären? Er errötet. Man erfährt Beispiele von anderswoher, Sachgespräche, mehr oder weniger peinliche Tatsachen: Nach acht oder zehn Kindern hört *das* plötzlich auf. Die allein auskunftsfähige Person, die kinderreiche Mutter, weiß nichts zu sagen, wundert sich vielleicht nicht einmal, zuckt nur demütig mit ihren strapazierten Schultern, hingabebereit, wie sie gelebt hat unter dem Gatten, dem Schicksal, dem Herrgott und vermutlich doch unter dem Rhesusfaktor.

Spuk

In Kirdal spukte es, weshalb es zu haben war. Kein Landarbeiter wollte dort eingesetzt werden, wer irgend konnte, verdingte sich anderswo. Niemand sah oder hörte das Gespenst – außer den Kühen: Das war für viele Menschen gruselig genug. Der vorige Besitzer von Kirdal wollte nicht verkaufen, doch er war kein guter Wirtschafter gewesen. Er hatte Kurtna und Kirdal geerbt und versucht, beide so gut wie möglich zu bewirtschaften, doch er war nicht geschickt darin. Seine Leidenschaft war die Kunst der Fotografie, wovon er auf dem Lande nicht leben konnte. Landwirtschaft lag ihm nicht und einen Arrendator konnte er sich nicht leisten. So hatte er einige landwirtschaftliche Bücher gekauft und versuchte, nach deren Regeln anzubauen. Die Landarbeiter verlachten ihn und behaupteten, die Zeiten für Aussaat und Ernte stimmten nicht und überhaupt: Kühe! Auf diesem feuchten Moorgrund würden sie einsinken, und das Gras hier sei zu sauer für sie. Es brauchte hier leichte Tiere, die die Kälte des Winters aushielten. Kühe würden die Wölfe rudelweise ins Dorf holen. Der, der kein Landwirt war, hingegen meinte, Kuhmilch und Käse gut verkaufen zu können, weil nicht alle Bauern dies anboten. Er hatte keine Familie, die die Produkte selbst verbrauchte, er wollte verkaufen. Er ließ einen großen, dichten Stall bauen, in dem die Kühe auch im Winter nicht erfrieren würden. Er hatte gelesen, bis minus fünf Grad würden sich die Tiere draußen wohlfühlen, bei größerer Kälte sollten sie im Stall bleiben. Sein Stall war den hiesigen Wintern gewachsen, er konnte notfalls sogar beheizt werden.

Er hatte kein Glück: Seine Ernten waren gering, er verkaufte unter Preis, seine Tiere kränkelten oder wurden im Winter von Wölfen gerissen. Nach wenigen Jahren musste er verkaufen. Das war Carl Glanstroems Chance bei seiner momentan vom Erwerb der Ehrenbürgerwürde geschwächten Kasse.

Niemand hatte erwartet, dass der vorige Besitzer von Kirdal am Tag nach seinem letzten Besuch von den Landarbeitern in der Tür des guten Kuhstalls aufgehängt vorgefunden würde. Zwar war er hinter dem Grundstück im Wald beerdigt worden, aber seitdem galt das Gut als Spukland.

Als Curt erstmals zu Marie und ihren Geschwistern nach Kurtna zu Besuch kam, erzählten sie ihm die Geschichte. Der großartige Kuhstall stehe noch, sei aber umgebaut worden. Der Eingang sei nun an der Breitseite, vom Herrenpavillon aus gut sichtbar. Dort wohne niemand, und dem Personal sei es egal, ob es früh Kühe sehe oder nicht. Carl wollte wissen, warum. Marie erzählte es ihm: Die Kühe gingen nach dem Todesfall nie wieder in den Stall. Auch als der Tote längst bestattet war, blieben sie im Freien. Erst nachdem Vater Friedrich hatte umbauen lassen, waren sie, knapp vor dem Kälteeinbruch, zu bewegen gewesen, wieder in den Stall zu gehen. Inzwischen gab es Generationen von neuen Kühen, die nichts wissen konnten von der Misslichkeit vor dreißig Jahren, aber auch sie näherten sich niemals der Schmalseite des Stalles.

Als am dritten Weihnachtsfeiertag 1887 die Hochzeit in der Olaikirche Reval stattfand, wie so oft im Baltikum eine Hochzeit ohne Blumen, weil weder Kurtna noch Sallentack über Gewächshäuser verfügten wie die großen Gutshöfe, lächelte Carls Mutter Bertha das erste Mal wieder, obwohl im Juli ihr Mann an Herzversagen gestorben war. Viele Jahre hatte es gedauert, bis sie die Tode ihrer Kinder überwunden hatte. Allerdings war dieses Lachen vermutlich keine unbeschwerte Freude, sondern ob des wirtschaftlichen Glückes. Das war der einzige Bereich, der sie noch glücklich machen konnte, sie, die in ihrer Jugend so unkonventionell gewesen war, nun aber verändert und gebrochen. Das war nicht mehr rückgängig zu machen.

Die Feier fand in Kurtna statt, eine Stunde von Reval entfernt. Die Hochzeitsnacht des jungen Paares verlief unruhig: Sie hatten es nicht einfach miteinander. Jeder hatte mit dem eigenen Schamgefühl zu kämpfen, mit dem Gedanken, dass morgen früh die Blicke aller Verwandten wissend auf ihnen ruhen würden. Marie hatte vorige Woche von ihrer Tante Henrike erfahren, wozu die Hochzeitsnacht gut sei: dass ihr Mann sie vermutlich würde nackt anschauen oder sogar berühren wollen. Dieser Gedanke verfolgte sie seitdem und war furchtbar. Sie schwankte zwischen der Erleichterung, von so etwas Schrecklichem wenigstens zuvor gehört zu haben, und dem Entsetzen, sich darauf einlassen zu sollen. Curt war durch die biologischen Studien seines Bruders aufgeklärt worden, fand aber den Gedanken, die schüchterne blonde Marie, die Landschaftsbilder malte und nichts wusste über die Körper von Männern und Frauen, so überraschen zu sollen, ausgesprochen schwierig. Nach dem sich über Stunden hinziehenden Dinner, dem vielen Wein, der Männer-Rauchrunde, der Musik, der Lesung aus dem Ehzuchtbüchlein[48], dem Tanz und den vielen Späßen saßen sie erschöpft und angetrunken auf der Kante des gemeinsamen Bettes. Als Marie hinter dem Paravent Kleid, Mieder, Schuhe und Strümpfe ausgezogen hatte und Curt sich eben fragte, ob er sie jetzt ins Bett holen dürfe, geschah auf dem Flur eine Störung: Eins der Dienstmädchen musste mit einem Tablett voll Gläser gestürzt sein. Curt rannte hinaus, um für Ruhe zu sorgen: Was hatte die Trine das Geschirr statt in die Küche ins Obergeschoss zu bringen? Aber da war niemand. Kein Mädchen und keine Scherben.

48 Hermann Oeser 1884: private Vorabdrucke des im 20. Jahrhundert erschienenen Buches

Geister

Da durchzuckt es meine Glieder,
Ich erwache, horch' und lausche.
Laut wird's in dem öden Zimmer,
Rauschend wogt es um mich her,
Wie ein wehend Ährenmeer,
Seltsam fremde Töne wimmern,
Zuckend fahle Lichter schimmern,
Es gewinnt die Nacht Bewegung,
Und der Staub gewinnt Gestalt.
Schleppende Gewänder rauschen
Durch das Zimmer auf und nieder,
Hör' es weinen, hör' es klagen,
Und zuletzt in meiner Nähe
Wimmert es ein dreifach Wehe!
Da reiß ich des Bettes Vorhang
Auf mit ungestümer Hast:
Und mit tausend Flammenaugen
Starrt die Nacht mich glotzend an …

Und an meines Bettes Füßen
Dämmert es wie Mondenlicht …

Und durchs flirrende Gemach
Stürz' ich fort, der Spuk mir nach.[49]

---

49 Franz Grillparzer, 1817: *Die Ahnfrau*

Verwirrt ging er ins Zimmer zurück. Im Licht der Petroleumlampe sah er, dass Marie bis zum Kinn zugedeckt im Bett lag. Sie hatte seine kurze Abwesenheit genutzt, um unsichtbar zu werden oder zu bleiben. Voll Tatendrang schnipste er mit seinen breiten Hosenträgern und zog sich langsam nahe der Lampe aus. Aber Marie hatte die Augen fest geschlossen. Er schlüpfte in seine seidene Schlafanzughose und kam ins Bett.

Als sie sich später zu ihm wendete und Vertrauen in die Situation gewonnen hatte, wollte sie ihm eine Haarsträhne aus dem Gesicht streichen. Er zuckte zurück. Sie hatte ihn doch nicht berührt? Er setzte sich auf und schaute sie entsetzt an. Sie sagte erschrocken: „Ich habe dich nicht berührt."

„Doch! Eiskalt sind deine Finger! Wie kannst du mich so erschrecken?"

„Nein, fass' meine Hände an, sie sind heiß!" Verwundert nahm er ihre Hand. Was war das?

„Du hast mich erst im Gesicht angefasst, dann am Hals gezwickt und du warst eisig!"

Und nach mir streckt's hundert Hände,
Kriecht an mich mit hundert Füßen,
Fletscht auf mich mit hundert Fratzen …[50]

„Das war ich nicht! Ich habe dich nicht berührt!" Ehe sie weitersprechen konnten, polterte es wieder im Haus. Jemand musste die Treppe hinabgestürzt sein. Er lauschte kurz und hörte es stöhnen. Marie sagte: „Lass nur, geh nicht hinaus!" Da scheinbar niemand dem Gestürzten zur Hilfe eilte, ging er wieder hinaus in den eiskalten Flur. Es war ungeheuerlich, Curt konnte es nicht fassen. Auf der Treppe lag

50 Siehe Fußnote 49

niemand. Leise rief er, dann ging er noch einmal ins geheizte Zimmer zurück, um die Lampe zu holen. In dieser Nacht war jede Kammer bewohnt von den Hochzeitsgästen. Das Haus war aus Holz, jeder seiner Schritte auf der knarrenden Treppe war zu hören. Doch eine solche Belästigung war ungeheuerlich, besonders zu seiner Hochzeit!

Er unternahm nur einen Versuch, sich Marie zu nähern. Dann gab er es auf für diese Nacht. Im Flur wurde ein Hocker geworfen, die beiden chinesischen Standvasen wurden getroffen und zerbrachen. Nein, dies war nicht sein Haus, es ging ihn nichts an! Mochten sich andere drum kümmern!

Beim späten Frühstück war er der Einzige, der müde und erzürnt war. Marie war schon angezogen, sah stolz und verliebt aus, ihre Eltern und Geschwister waren fröhlich. Endlich traute er sich zu fragen. Da wurden sie ernst, warfen einander stumme Blicke zu. Dann erklärte ihm Mutter Adele: „Ja, es spukt hier, aber wir hören das nicht. Es ist selten. Wir haben es dir nicht erzählt, weil wir dachten, es sei verstummt, schon lange war nichts mehr zu hören."

Carl fragte: „Habt ihr denn nichts gehört? Es war unbeschreiblicher Krach die halbe Nacht? Ich bin mehrfach aus dem Zimmer gerannt – um niemanden vorzufinden."

Vater Friedrich meinte: „Wir haben geschlafen, erschöpft von zwei langen Fahrten, der Trauung, den vielen Begegnungen, dem guten, schweren Essen und dem süßen Wein."

Mutter Adele meinte: „Das ist kein Gespenst, das ist nur ein Poltergeist. Wir haben es dir nicht vorenthalten wollen, wir hatten ihn vergessen. Dubslaw begrüßte meistens Gäste, die erstmals kamen, auf seine Weise. Anfangs war es schlimm für mich, wochenlang war jede Nacht Ärger mit ihm. Immer war ich barfuß in den Flur gerannt und dachte, dass Schränke umfallen. Aber da lag nichts. Einmal war ein Buch vom Tisch gewischt worden. Dubslaw war nie ein kraftvoller Geist. Mehr als Kleinkram konnte er nicht anrichten, sein größtes *Werk* war der Sturz eines vollgehängten Garderobenständers. Aber da war ich mir nicht einmal sicher, ob der nicht durch einen Pelzmantel das Übergewicht bekommen hatte. Wie er die Geräusche umfallender Schränke oder verschobener Seekisten erzeugte, das haben wir nicht herausgefunden.“ Marie ergänzte: „Jedenfalls hatte er sich an die Familie gewöhnt und war in der Regel still. Nun bist du neu, da meint er, wieder einmal zu tun zu haben, vielleicht um dich zu vertreiben! Aber da hat er nicht mit mir gerechnet! Ich halte dich einfach fest.“ Das tat sie dann vor aller Augen. Ihre älteste Schwester Agnes und ihr Mann Adolph Carlhoff aus Bauska an der Düna, ihre Schwestern Alice und Aimeé und Tante Henrike klatschten. So waren sie nun aufgenommen in den Kreis der Erwachsenen und Eingeweihten in die Geheimnisse des Ehelebens, ohne es wirklich zu sein.

Bald reisten sie ab nach Reval, wo Carl sein Studium zu Ende brachte. So musste er sich nicht mit *dem Gespenst* herumschlagen und konnte sich der Ehe widmen. Marie lebte sich in der Stadt ein und fand sie aufregend. Die größte Veränderung war für sie die Allgegenwärtigkeit der Zeit. Die Rathausuhr, die Kirchturmuhren, es gab Uhren bei den Uhrmachern und in den Juwelierläden, das Mittags- und das Abendläuten, sie hörte die Sirenen, wenn die Schiffe sich für die Ausfahrt bereit machten und die Passagiere riefen: Überall war Zeit. Ihr hing ihre zeitlose Waldkindheit an, sie brauchte eine Weile, ehe sie Menschen kennenlernte. Sie war nicht uninteressiert, aber es war zu viel des Neuen. Die Fülle in den Läden, die Auswahl an Schneiderinnen und Haarkünstlern, die vielen Möglichkeiten, einen Abend außerhalb der eigenen Wohnung zu verbringen, das überforderte sie. Andere junge Menschen wussten, wo es ein Konzert gab, in welchen Sälen Tanz war, wo Künstler ausstellten. Sie kannte keine Künstler und keine Musiker und wäre solchen Menschen gegenüber befangen gewesen. Oft ging sie am Strand spazieren. Sie fuhr nach Pirita und ging durch die Ruinen des früheren Brigittenklosters, ans Ufer des Flüsschens oder an den Strand mit dem Blick auf die Stadtsilhouette.

Curt schenkte ihr zum ersten Weihnachten ein Polyphon mit einer Anzahl metallener Platten: *Kalliope* von der Firma Otto Pohland, Chemnitz. Sie lernte, vorsichtig die Kurbel zu drehen und die Feder zu spannen. Mit einem anderen Mechanismus konnte sie die Platten wechseln und bei Bedarf Weihnachtslieder hören, Opern- und Operettenmelodien, Lieder aus Deutschland und sogar aus anderen Ländern. Sie konnte nach den Melodien tanzen, wenn ihr so zumute war.

Eine Hochzeitsreise war in jener Zeit auch bei wohlhabenden Menschen nicht üblich, aber sie traten eineinhalb Jahre nach der Hochzeit eine Reise an. Ihr Ziel war die von Carls Kollegen vielbesprochene Weltausstellung in Paris 1889. Eine Kutsche brachte sie und ihr Gepäck zum Bahnhof. Sie bestiegen – beide erstmals – einen Zug und fuhren über Tapa, Dorpat und Valga nach Riga. Auf diesem Bahnhof ging es zu, wie sie sich einen orientalischen Markt vorstellten: Hunderte von Gepäckträgern, Verkäufern und Kutschern riefen und drängelten mit Gepäck und zu verkaufenden Speisen durcheinander. Hier empfanden sie sich als provinziell. Alles war ihnen zu laut und zu viel. Sie warteten, ihre Taschen und den Kleiderkoffer eng an sich gepresst, bis sie Carls Bruder Guido sahen, der sie empfing. Er brachte zwei Träger mit und führte sie zu einer Kutsche mit Gummireifen. Nie waren sie so leise gefahren. Die Träger waren angewiesen, das Gepäck direkt zum Hafen am Markt zu bringen, wo in der gleichen Nacht die Ausfahrt des Sonderschiffes für die Weltausstellungsbesucher zu erwarten war. Sie verbrachten den Nachmittag erst im Café von Otto Schwarz, dann mit einem Spaziergang an der Düna und den Abend im Restaurant des vierstöckigen *Hotel de Rome*. Dort sahen sie das Schiff, das sie bald besteigen würden. Guido hatte nicht zu ihrer Hochzeit kommen können, weil er an jenem Tag seine Dissertation in Zoologie zu verteidigen hatte. So hatten sie einen dreifachen Anlass zu feiern: dass die Brüder sich nach so langer Zeit wiedersahen, dass Carl und Marie eine Ehepaar waren und dass Guido Doktor war! Er konnte ihnen erzählen, dass er eine Stelle in St. Petersburg an der Universität in Aussicht hatte, wo er demnächst Professor würde. Das war eine Fülle guter Nachrichten!

Abends gegen zehn, als die Sonne den Bäumen lange Schatten malte, gingen sie über die Brücke zum Hafen. Nie hatten sie einen so breiten Strom wie die Düna gesehen. Gegen Mitternacht sollten sie das Dampfschiff besteigen, in der Frühe würde es ablegen für die Fahrt nach Le Havre in Frankreich. Auch die Dampfschifffahrt war für beide eine neue Erfahrung, sie waren bisher nie auf dem Wasser gefahren. Sie hatten etwas mehr als vier Tage pro Richtung vor sich, danach den Zug nach Paris. Der Rhythmus der Schiffsmaschinen war immer zu spüren, Tag und Nacht bewegten sich die Kolben. Auf der unbewegten Ostsee schaffte das Dampfschiff dreißig Werst je Stunde. In einigen Häfen wurden Kohle und Wasser aufgenommen. Landgänge waren nicht vorgesehen: Das Befüllen mit Süßwasser und Kohle war eine schmutzige Angelegenheit und fand außerhalb der Städte statt. Außerdem ging es schnell. Mitunter schreckten sie nachts hoch, weil das Maschinengeräusch ausblieb. Meist wurde das ebenmäßige Stampfen dann durch ein Poltern und Zischen abgelöst, was in Carl Erinnerungen an Dubslaw, den Poltergeist der Schwiegereltern, auslöste:

Wimmernd heult der Sturm von außen,
Und im Innern schleicht Entsetzen …
Auf den dunklen Stiegen rauscht es,
Durch die öden Gänge wimmert's …
Dass das Hirn im Kreise treibt
Und das Haar empor sich sträubt.[51]

51 Franz Grillparzer, 1817: *Die Ahnfrau*

Sie hatten in der ersten von zwei Klassen des Schiffes gebucht. Die 120 Fahrgäste teilten sich in zwei gleich große Gruppen. Die Kabinen lagen auf unterschiedlichen Etagen, die beiden Speisesäle back- und steuerbord mit Blick auf das Wasser und die vorbeiziehenden Inseln: die lettische Ruhnu, die estnische Ösel, die schwedische Gotland, die dänische Bornholm und die deutschen Inseln Rügen und Fehmarn. Besonders interessierten Carl der Eiderkanal und der englische Kanal. Im schmutzig wirkenden Städtchen Le Havre wartete ein Hotelzimmer auf sie. Am nächsten Morgen brachte eine bestellte Kutsche sie zum Bahnhof, in dem ein glänzender Zug mit vielfacher Aufschrift *Exposition universelle de Paris* auf sie wartete und weiße Dampf- und schwarze Rauchwolken gegen das verzierte Glasdach stieß. Die Sofas der Abteile der ersten Klassen waren mit Samt überzogen. Ein Gepäckträger brachte ihren Koffer in einen Waggon. Nach fünf Stunden erreichten sie den Gare Saint-Lazare und dort ihr Hotel. Marie war aufgeregt, erstmals mit Franzosen in dieser Sprache sprechen zu dürfen. Carl war aufgeregt wegen des schon vom Zug aus sichtbaren Eiffelturmes. Aber erst einmal galt es, ein déjeuner zu sich zu nehmen und zu ruhen von den Bewegungen und Geräuschen von Dampflok und -schiff.

Die Woche verging ihnen wie im Fluge: Am besten gefielen ihnen die Pavillons im Palais du Trocadéro. Carl brachte sie und ihre neue Freundin Auguste zur Kunstausstellung und ging mit deren Mann Gustav in die Industrieabteilungen im gleichen Haus. Alle drei Stunden trafen sie sich auf einen Kaffee oder ein Eis und berichteten einander: die Herren sprachen von elektrischer Beleuchtung, von den Erfindungen Edisons und den Leistungen der chemischen Industrie. Hier wurde alles, was Carl im Studium gelernt hatte, in den Schatten gestellt. Thomas Edison war anwesend und präsentierte seine Erfindungen. Die Damen sprachen von den skandalös-düsteren Bildern des Arnold Böcklin, von den lichtflirrenden Bildern Manets und den aus Tupfen bestehenden Bildern eines Edgar Degas, von denen sie nicht sagen konnten, ob sie ihnen gefielen oder ob sie schrecklich seien. Sie fuhren mit der Decauville-Bahn zwischen den Ausstellungsgeländen hin und her und mit dem Lift auf den umstrittenen Eisenturm, das höchste Bauwerk der Welt. Von ihm war zu lesen, er sei *schwindelerregend lächerlich*, die *größte Straßenlaterne der Welt* oder eine *barbarische Masse*. Sie lachten über seinen berühmtesten Kritiker, den Dichter Maupassant. Dieser wurde von seinen Freunden kaffeetrinkend auf der obersten Terrasse gefunden. Befragt, wie er als Kritiker den Aufstieg wagen könne, meinte er, dies sei der einzige Platz der Stadt, von dem aus er ihn nicht sehen müsse.

Glücklich und über manche Einzelheiten verstört, erschöpft und auf Jahre mit Gesprächsstoff versorgt, reisten sie auf gleicher Route nach Hause, am gemeinsamen Tisch mit ihren neuen Rigaer Freunden sitzend. Am letzten gemeinsamen Abend bot die Gesellschaft ein splendides Diner an. Marie klebte die Menükarte in ihr Tagebuch:

1) Weiße Kalbfleischbrühe mit Selleriewürfeln und Porreescheibchen
2) Braune Suppe von Maronenpüree mit Rebhuhnfleisch
3) Auster in der eigenen Schale
4) Erstes Hors-d'-œuvre: Salpicon-Pastete (Butterteig-Ringe, gefüllt mit Gurke, Trüffeln und Schinken)
5) Zweites Hors-d'-œuvre: zwei Croquettes á la mode (gewürztes Rindsfilet, in Würstchenform ausgebacken in Schmalz, serviert auf Baguettescheiben mit Petersilie)
6) Ein Stück Zanderfilet mit Kapernsauce
7) Eine in Jüs und Boullion gedünstete Kalbfleischschnitte (Tronçons de vean) mit Zitronensaft, Kapern und saurer Sahne; dazu Zuckerschoten

8) Erstes warmes Entree: Weißes Hühnerfricassee, angerichtet in Krebsbutter mit Blumenkohlröschen und Spargelstänglein, garniert mit Krebsnasen
9) Zweites warmes Entree: Hammelzunge in Madeira-Rosinen-Sauce
10) Kaltes Entree: Gänsefleisch in Gelee, angerichtet auf Eischeiben und Krebsschwänzchen
11) Käsegang: Camembert auf geröstetem Schwarzbrot
12) Ein Küken mit frisch gekochten, abgekühlten Stachelbeeren
13) Ein Sauerbraten, dazu Rhapontiksalat (Rapunzeln mit Mayonnaise)
14) Gebackener Carviol mit Eiersauce
15) Kalte Aalpastete mit Parmesankäse in Kräutersauce
16) Heißer Vanilleauflauf mit Eischnee, glacirt
17) Eine kalte Mehlspeise von Citronen á la Lyonnaise mit Chadeau
18) Ein Compote von geschälten und geschichteten Aprikosen
19) Ein Gelee von Champagner
20) Ein Stück Blättertorte mit Erdbeeren
21) Ein kleiner Aniskuchen
22) Eine Kugel Kaffee-Gefrorenes
23) Gefrorenes á la Pückler und ein
24) Praliné.[52]

Marie stellte sich vor, diese Speisenfolge der Köchin im elterlichen Kurtna als Aufgabe vorzulegen und dann ihren Blick zu sehen! Gefrorenes gab es zu Hause nur im Winter und Frühling, wenn es im Schnee gekühlt werden konnte.

---

52 Speisenfolge aus Sophie Wilhelmine Scheibler 1877: *Allgemeines deutsches Kochbuch für alle Stände. Ein unentbehrliches Handbuch für Hausfrauen, Haushälterinnen und Köchinnen*

Erdbeeren und Aprikosen waren dem Namen nach bekannt, sie reiften im Norden nicht. Selten einmal wurden sie aus der Ukraine geliefert, dann gab es in der Konditorei *Stude* in Reval Erdbeertorte zu einem sündhaften Preis. Maronen, Austern, Vanille, Citrone, französischer Käse … Das gab es nicht einmal im feinsten Hotel Revals!

Alles klang viel, unendlich viel, auch wenn die Portionen klein waren. Die Suppen füllten je eine Mokkatasse. Die Horsd'œuvres die dazu passende Untertasse. Zanderfilet und Kalbfleischschnitte sättigten! Das Hühnerfrikassee wurde witzigerweise in einer Eierschale serviert. Daneben lagen auf dem Tellerchen ein Blumenkohlröschen und das Drittel einer Spargelstange. Von der Hammelzunge gab es ein aufgerolltes, fast durchsichtiges Scheibchen.

Alles war fein! Das Porzellan war chinesisch und durchscheinend, die Gläser mit weißen und roten, süßen und herben Weinen, vielfarbigen Likören, zartem Eischnee und Gelee gefüllt. Am meisten entzückte Marie das Champagnergelee, in dem die Bläschen im Aufsteigen eingeschlossen worden waren. Mehr als vier Stunden dauerte das Servieren, Fragen, Erklären, Essen, Trinken, Abtragen. Carl schrieb an den Rand der Menükarte mit Kopierstift neben *Salpicon-Pastete* „Durchmesser fünf Zentimeter" oder beim elften Gang: „Brot fünf Millimeter dick, 5 × 2 Zentimeter. Käse zerläuft." Sie hatten viel Spaß und erfanden mit Gustav und Auguste fantasievolle Gerichte. Wie wäre es mit „Blaubeeren auf Mürbteig mit Gelatineschnee"? Ach nein, das machte die Köchin zu Hause sowieso. Lieber etwas Verrücktes: „Flunderfilet zwischen hauchzarten Selleriescheiben, gekrönt von einem Steinpilz"?

Als sie für die letzte Nacht ins Schiffsbett sanken, sagte Marie: *Bist du auch so hungrig wie ich, Carl?* Darüber schliefen sie kichernd ein und erwachten erst, als der Petrikirchturm und der Domturm sie grüßten und vom Kai vertraute russische und deutsche Laute zu hören waren.

Eine Nebenlinie: Konstantin (1890–1916), Wilhelm (1892–1962) und Eugen Carlhoff (1894–1980)

Das 20. Jahrhundert, das noch nicht alt war, ermöglichte interessante Entwicklungen. Der Wohlstand mehrte sich in Europa, und nicht nur die baltischen *Literaten* reisten. Das dichter werdende Eisenbahnnetz machte es möglich, interessante Orte zu besuchen. 1869 wurde der Suezkanal eröffnet, der den Seeweg von Europa nach Indien abkürzte. Thomas Cook erfand die Gruppenreisen, und die erste telegrafische Verbindung zwischen Europa und Indien wurde eröffnet. Das romantische Fernweh erhielt reale Möglichkeiten. Viele Dichter, Maler und Wissenschaftler machten eine Grande Tour, nicht nur besonders Wohlhabende strebten auf andere Kontinente. Drei Richtungen hatte die bisher vorwiegend zu Hause empfundene und erlesene Reiselust: den Süden, das klassische Griechenland und das *dolce vita* Italiens; den Westen, also Amerika, wo Kraft und Mut noch als Mannestugenden galten, und den Osten: China, Japan und Indien. Die Romantiker sprachen von Indien als der *Wiege der Menschheit*. Viele nahmen an, dass die Menschheit hier neu geboren werden könne. Der *spirituelle Osten* wurde als Gegenteil des *materialistischen Westens* gepriesen. Zuerst reisten Adelige und Diplomaten: der Erzherzog von Österreich-Este und der Kronprinz von Bayern. Dann Maler wie Paul Gauguin und Emil Nolde und die Dichter: Max Dautendey, Stefan Zweig und Hermann Hesse, der von seiner baltischen Herkunft nichts wissen wollte. Hesse hatte Weißenstein nie persönlich besucht, kannte es nur aus Briefwechseln mit den Verwandten. Er war der Sohn und Enkel von Indienmissionaren, weshalb ihn dieses Land mehr reizte als die Heimat seines Vaters. Mag das Baltikum in manchen Aspekten Deutschland hinterhergelaufen sein oder dessen Entwicklungen belächelt haben, in seinen Sehnsüchten stand es ihm nicht nach. Nur die nach der russischen Seele teilten die baltischen Familien nicht, die kannten sie zur Genüge, waren sie doch dem Zaren untertan. Der angestrebte Osten musste für sie östlicher sein.

Der livländische Philosoph Hermann Graf Keyserling proklamierte Reisen als den Weg der Selbstfindung: *Der kürzeste Weg zu sich führt um die Welt.*[53] Er bereiste all diese Traumländer des Ostens. Im Baltikum war er lange bekannt, ehe er sein Reisetagebuch herausgab. Seine Buddha-Erzählungen und Romane, Gedichte und Essays lockten die Jugend nach Osten. Genügte den Älteren für den Kontakt mit der Welt ein Blick in die roten Bände Baedekers, so wollten einige der jungen Menschen Ernst machen mit Selbstfindung und Reisesehnsucht.

Die Brüder Konstantin, Wilhelm und Eugen aus der Stadt Bauska / Bauske in Livland lernten Sanskrit. Sprachwissenschaftler hatten herausgefunden, dass dies die Wurzel der lettischen und der litauischen Sprache sei! Gezeigt wurde das an dem lächerlichen und unbekannten Sprichwort: *Wem Gotte Zähne gibt, dem gibt er auch Brot.* Es war absurd, denn in Sibirien war schon mancher mit gesunden Zähnen verhungert.

Lettisch:	Dievs deva zobus, Dievs dos maizes donu.
Litauisch:	Dievas dave dantis; Dievas duos duonos.
Sanskrit:	Devos adadat datas; Devas dadat dhanas.
Latein:	Deus dedit dentes; Deus dabit panem.

53 Hermann Graf von Keyserling, 1921: *Das Reisetagebuch eines Philosophen*

Nicht nur das edle Latein, mit dem sie auf dem Gymnasium gequält wurden, sondern auch die Knechtssprache sollte direkt aus Indien kommen? Sie hatten zuvor nicht bemerkt, dass sich Latein und Lettisch ähnlich wären. Hatten sie es da nicht leichter als andere mit dem Lernen? Sie sprachen Lettisch und Latein, da musste Sanskrit zu schaffen sein! Sie wussten, dass im Lettischen nicht nur die Substantive verkleinert werden konnten, sondern auch die Adjektive und Verben. Warum sollte das nebst vielen anderen Besonderheiten der bislang belächelten Bauern- und Dienstbotensprache im Sanskrit nicht ähnlich sein? Die fünfzig Verkleinerungsformen für das Wort Mutter mussten sie nicht lernen.

Was ihre Eltern nicht erwartet hatten, war, dass sie nicht nur Wörter und Sätze lernen würden, sondern dass mit diesen eine Philosophie verbunden war. Es war nicht möglich, diese Sprache zu erlernen, ohne sich mit dem Buddhismus und dem Hinduismus zu befassen. Die Eltern korrespondierten beunruhigt mit Graf Keyserling und besuchten ihn auf seinem Gut, um zu erfahren, ob die Begeisterung ihrer Kinder diese in eine gefährliche Richtung trieb. Vieles erschien ihnen harmlos, solange der Zeitpunkt der für gefährlich erachteten Reise in weiter Ferne lag. Was sie befremdete, war die Reinkarnationslehre. Sie hatten davon gehört, doch nur aus den ihnen unverständlichen Schriften der verstorbenen Madame Blavatsky, der deutsch-russischen Helena von Hahn-Rottenstein. Doch sie wussten nichts Genaues.

Nach der Vorstellung der Inder schien der Mensch gefangen in einer ewigen Schule, in unendlich aufsteigenden Klassenstufen, die zu bewältigen waren. Der Mensch lebte nicht einmal, um danach im Paradies göttliche Ruhe und Freude zu erfahren, sondern immer wieder. *Reinkarnation* nannten sie diese dauernde Wiederverkörperung. Dagegen sträubten sich die Eltern! Das warf ihr Weltbild um!

Ahnen sind für den nur Nullen,
der als Null zu ihnen tritt;
Steh als Zahl an ihrer Spitze,
und die Nullen zählen mit.[54]

Was wurde durch solche Gedanken aus den gehegten Ahnenplänen? Sollten nicht mehr die Leistungen der Vorfahren, ihr Blut, ihre bedachte Lebensform, ihr über Generationen kultiviertes Sammeln und Sorgen von Wert sein? Eduard von Keyserling, mit dem sie über die mütterliche Linie verwandt waren, meinte, dass auch die Inder Ahnenpläne hätten, allerdings geistige, die den ihren nicht nachstünden. Er zeigte ihnen eigene Zeichnungen von Tempeln in Ceylon und im Süden Indiens. Reihenweise standen dort identische Buddha-Statuen nebeneinander. Nicht ein Christus bei der Taufe oder am Kreuz wie in den Kirchen, sondern zwanzig oder fünfzig identische Buddhas versenkten sich dort. Vererbung passierte in dieser Religion nicht durch das Blut, sondern durch den weitergegebenen Geist: vom Meister auf den Schüler. Der Schüler war der Nächste, der das Heilige Wissen erhielt und pflegte, bis er es einst seinem Schüler weitergab. Als geistige Ahnschaft war das anzuerkennen. Nicht der Samen, sondern der wohlerzogene Geist war der Weitergabe wert und begründete die Dynastie.

Das war ein Gedanke, der ihnen vertraut war sowohl aus der Religion als auch aus der Kunst. Wie oft entbrannte bei berühmten Meistern der Streit um die Nachfolge: Waren die leiblichen Kinder oder waren die Jünger und Nachfolger die Erben ihrer Lehre? Graf Keyserling erzählte von diesem Zwist sowohl von Buddha als auch von Mohammed, von Jesus (von dem nur die Jünger erwähnt wurden, kaum je sein

---

54 Wilhelm Müller, 1824: *Sieben und siebzig Gedichte aus den hinterlassenen Papieren eines reisenden Waldhornisten*

damals sehr bedeutender Bruder Jacobus) und von wichtigen Künstlern und Erfindern unterschiedlicher Zeiten. Bei Personen der Geistes- und Religionsgeschichte war es fast eindeutig, dass die geistigen Kinder den leiblichen überlegen waren und mehr Anrechte hatten an der Nachfolge.

Doch ein solcher Glaube konnte auch Verwicklungen heraufbeschwören! Selbst wenn sie von den Möglichkeiten einer Geburt als widerliches Tier, als Unkraut oder als Stein absahen, wäre es doch in dieser Glaubenswelt möglich, dass das als Säugling verstorbene Herrenkind in seiner nächsten Gestalt das Kind der Magd auf dem gleichen Hof wäre? Dass die rechtmäßige Mutter ihr Kind nicht erkennen würde? Andererseits war es wohl nicht von der Hand zu weisen, dass eine außergewöhnliche Sprachbegabung bewies, dass der Mensch in seinem letzten Leben diese Sprache als Muttersprache gesprochen hatte? Ebenso mochte es mit der Musik sein! Nahmen große Musiker ihre Begabung ins nächste Leben mit? Was passierte, wenn jemand sich in seiner eigenen Ahnenreihe inkarnierte? Konnte ein Mensch sein eigener Urahn sein? Es würde Lebensjahre benötigen, um dieses Wissen mit einer gewissen Gründlichkeit zu bedenken.

Eduard von Keyserling empfahl den Eltern diese Reise der Söhne durchaus; vorausgesetzt, dass sie ernsthaft diese Sprache lernten, gesund wären, ohne Verachtung für die Armen und diszipliniert, damit sie nicht den unbekannten Verlockungen dieses Kontinents wie beispielsweise dem Opium anheimfielen. Ihm war bekannt, wie viele Naturwissenschaftler und Forscher aus der *Gustaviana*-Universität hervorgegangen waren und im Auftrag der Admiralität des Zaren dessen riesiges Reich erforschten. Admiral von Krusenstern hatte die ganze Welt und Admiral von Bellingshausen die Antarktis umsegelt, Admiral von Wrangell hatte vor einhundert Jahren die Nordküste Sibiriens erkundet, und es gab viele weitere baltische Glanzleistungen dieser Art. Warum sollte die Jugend, ausgestattet mit den erleichternden Möglichkeiten des 20. Jahrhunderts, nicht Indien erkunden?

Da das Studium der Sprache dauerte, zumal nebenbei die Abiturprüfungen abgelegt werden mussten und der zweite Sohn zuvor in der russischen Armee dienen musste (die ersten Söhne der Deutschen waren davon ausgenommen), so zögerte sich der Abreisetermin hinaus. Letztlich fand die Reise nicht statt, weil der Erste Weltkrieg sie verhinderte. Er stellte die baltischen Familien vor einen inneren Konflikt zwischen der verlangten Treue für das Russische Reich, dessen Angehörige sie waren und dem die männliche Jugend im Offiziersrang dienen musste, und ihrem Empfinden, Deutsche zu sein. Sie konnten ihrer Umgebung ihre Lage oft kaum beschreiben, erlitten Spionageverdächtigungen und wurden wegen Kleinigkeiten verfolgt. Eine bekannt gewordene Spende an das Hilfswerk für die deutschen Kriegsgefangenen genügte, um nach Sibirien verbannt zu werden. Der Krieg selbst tobte in den baltischen Ländern nicht so heftig wie in Frankreich oder Südeuropa, aber er brachte den Besitz betreffende Verunsicherungen mit sich. Kurland war seit 1915 deutsch besetzt, die Letten und Esten hatten Parteien gegründet und arbeiteten an der Gründung eigener Staaten. Die Esten lösten den Gutsbesitzerlandtag auf und verabschiedeten Gesetze für ein eigenes, demokratisch zu wählendes Parlament. Sie versuchten gleichzeitig, sich nach der Oktoberrevolution von Sowjetrussland zu lösen und der von vielen Deutschen ersehnten Eindeutschung des Baltikums vorzubeugen. Eine Agrarreform auf Kosten des Großgrundbesitzes wurde diskutiert: Das war keine Zeit, in der die Jugend ihre hochfliegenden Pläne hätte realisieren können. Wieder einmal waren die Balten ein wenig zu spät gekommen. Sie waren den Bürgern des Reiches etwa zehn Jahre nachgelaufen. Das war nicht viel, aber in diesen unruhigen Zeiten zu viel.

Gerda Comtesse von Werestschinski (1879–1961) und Arthur Valters (1871–1937)

Arthur Valters war Lehrling in Karl Ziemanns Buchladen. Dieser musste trotz seines vielsprachigen Lehrbuchsortimentes 1912 Konkurs anmelden. Ziemanns Sohn interessierte sich nicht für Bücher – umso mehr stattdessen Arthur, der aus einer armen Lehrerfamilie im kurländischen Birzgale stammte und auf einen eigenen Buchladen sparte. Von 1896 bis 1912 war er Angestellter bei Karl Ziemann. Ehe er die Lehre beginnen konnte, war er Laufbursche für den Laden – gegen Kost und Logis. Er las Mitteilungen über wissenschaftliche Beobachtungen, Beschreibungen von Naturwundern, Reiseführer und Berichte über das Leben in fast unentdeckten Ländern ebenso wie Romane, Novellen und Gedichte. Schon bald zog er die Literatur den Beschreibungen vor. Jede Münze, die er verdiente, floss in Abendkurse in Sprach- und Literaturwissenschaft.

Er brachte Bücherpakete zu Kunden, die bestellt hatten, und nutzte die Gelegenheit, die lettischen und deutschen Bücherfreunde mit ihren Vorlieben und Interessen kennenzulernen. Er überwand seine Schüchternheit und vervollkommnete sein Deutsch. Schon bald traute er sich, mit jedem zu sprechen, und war sich seiner Sache sicher. Ab 1897 fuhr er regelmäßig mit der neu erbauten Eisenbahn über die Dünabrücke Richtung Sloka. Einerseits war dort die neue Papierfabrik, in der er etwas über die Basis des Buchgewerbes lernen konnte, andererseits entstanden in Jurmala Villen und Hotels. Zwei- und dreistöckige Holzhäuser wurden gebaut, Holzpaläste mit Zwiebeltürmchen mitten zwischen Kiefern. Riga bekam dort einen Strand, den es weder in der Stadt noch an der Dünamündung hatte.

Bei den Bücherlieferungen hatte Arthur entdeckt, wie viele reiche Menschen in Bulduri, Melluži und Majori zusammenkamen. Das waren die von jedem Buchhändler gesuchten Kunden! Das waren jene, die Bücher kauften, nicht Leseheftchen für einige Kopeken. Sie wollten Schmuckausgaben, Bücher mit Kupferstichen oder Fotografien, Atlanten und Stadtkarten und gesammelte Werke ihrer Landesdichter. Er hatte die Idee, in seinem Koffer niemals nur die bestellte Ware mitzuführen. Immer schleppte er zusätzliche Schauexemplare herum. Er sprach, wo immer es sich ergab, die Besitzer der Villen und die Verwalter der Hotels an. Jedes Hotel sollte seiner Meinung nach eine eigene Bibliothek haben, gekauft bei *Ziemann & Valters*, so sein Traum. Die von ihm am meisten bewunderte Persönlichkeit kannte fast niemand mehr! Das war der erste Rigaer Buchhändler Johann Friedrich Hartknoch (1740–1789), der aus Ostpreußen gekommen war, in Königsberg Theologie studiert, danach eine Ausbildung zum Verlagsbuchhändler gemacht hatte und 1762 in Mitau und bald danach in Riga ansässig war. Er war Freimaurer und gründete nach den Buchhandlungen einen eigenen Verlag, legte die Werke Kants und Herders auf. Die ersten vier Ausgaben von Kants *Kritik der reinen Vernunft* und die ersten beiden der *Kritik der praktischen Vernunft* erschienen bei ihm, 1767 Herders *Fragmente über die neuere deutsche Literatur* und 1793 die *Briefe zur Beförderung der Humanität*, aber auch die Bücher des Freiherren von Knigge, von Schopenhauer, Johann Gottfried Seume und Theodor Körner. Hartknoch verschaffte seinem Freund Herder die Stellung an der Rigaer Domschule. Mit einem solchen Vorbild im Kopf plante der mittellose junge Mann, der sich seine Studieninhalte einzeln in Kursen zusammenkaufte, für die stürmische Jahreszeit Leseabende in den Hotels, bei denen die Dichter selbst vortragen würden.

Karl Ziemann machte das Geschäft seines Lebens. Nie hatte er so viele edle Bücher verkauft, so gefüllte Bestellbücher gehabt. Er träumte von einem Lädchen in der neu entstehenden Stadt am Strand, von bedruckten Postkarten, Stadtplänen und Strandlektüre, gekoppelt an ein Papiergeschäft. Doch er träumte nur. Er war zu alt, zu unbeweglich. Der Gedanke, seinen Laden in der Stadt einem fremden Verkäufer zu überlassen und jeden Morgen mit der Eisenbahn über die Düna nach Riga-Strand zu fahren, erfüllte ihn mit Unbehagen. Sein Sohn war sowieso nicht zu begeistern. Lehrling Arthur konnte das aufbauen, er, der so eloquent jeden Menschen in ein Gespräch über seine Lektüre verwickelte und ihm passende Bücher und Autoren empfahl. Doch der ließ nach in seinem Eifer, warum, konnte Ziemann nicht erkennen. Einerseits war es dessen Unlust an Postkarten und Strandlektüre, der Lehrling brannte für Literatur. Das verstand er, in der Jugend war er ähnlich gewesen. Doch da war noch etwas anderes, worüber der Junge schwieg. Ziemann überlegte, was es war, das Arthur Valters abhielt, aber er kam nicht drauf. War es eine Jugendsünde? Hatte er Schulden gemacht?

Es war etwas anderes, etwas, worauf der alte Mann nicht kam: Es war die Liebe. Es gab in Bulduri, nahe der Mündung der Lielupe ins Meer, eine kleine Villa mit großen, kühn geschwungenen Glasfenstern. Die Ränder der Fenster waren mit farbigen Glasfeldern eingelegt, durch welche die Sommersonne sicher bunte Quadrate auf die Böden der Räume fallen ließ. Diese gehörte der Familie des polnisch-litauischen Eisenbahnmagnaten von Werestschinski. Seine Familie war den ganzen langen Sommer 1898 dort. Der Vater war nie zu sehen, er arbeitete für die Deutschen, wurde gemunkelt. Das russische Kybarti, litauisch Kybartai, woher die Familie kam, war der Grenzübergang nach Ostpreußen. Der riesige Bahnhof hieß deutsch Wirballen, obwohl das Dorf Virbalis, damals hieß es russisch Vershbelova (Вершбелова), fünf Kilometer im Hinterland lag. Hier war der Übergang zwischen schmalerer deutscher und breiterer russischer Eisenbahnspur. Anfangs mussten die Fahrgäste umsteigen in andere Züge, Lastenträger trugen das Gepäck der Herrschaften in die breiten russischen Züge, in denen jeder Waggon einen Samowar und einen Teediener besaß. Nach der Erfindung ortsfester Kräne, die ganze Eisenbahnwaggons heben konnten, stand jeder Zug einen halben Tag hier, büßte seine Fahrgestelle ein, erhielt andere und wurde mit Wasser und Kohle befüllt. Die Warschau-Petersburger Eisenbahn hatte hier einen Abzweig nach Wilna / Vilnius und Kauen / Kaunas. Hier war der Anschluss an die Preußische Ostbahn nach Berlin, später wurde diese erweitert zum *Nord-Express.* Der Luxuszug von Ostende über Paris nach St. Petersburg war der Nachfolger von Nagelmackers elegantem Orient Express.

Vater Werestschinski war selten abkömmlich. Die Mutter mit kleinem Sohn und zwei fast erwachsenen Töchtern war den ganzen Sommer in Bulduri, sie genossen die saubere Luft und die Ruhe. Beides war in ihrem Eisenbahnort wohl nicht vorhanden. Dort hing ständig Rauch in der Luft und der Geruch nach Pferden, es standen die Kutschen Schlange, um Ware zu übernehmen. Das Hotel des Juden *Papir*, in welchem die Zimmer tage- oder stundenweise gemietet werden konnten, und die Gaststätten waren immer überfüllt.

Mutter Werestschinski hatte einen Posten polnischer Bücher gekauft und ließ sich gern von Valters beraten: über das Theater in Riga, die städtischen Bäder und eine Kirche, in der sie die Heilige Messe besuchen konnten. Arthur war noch nie im Theater gewesen. Nach seinem Arbeitstag und dem Beginn der Vorstellungen ging er zum Theater, um das Programm abzuschreiben für die von Werestschinskis. Nach einer katholischen Kirche musste er sich erkundigen, er hatte nicht geglaubt, dass es eine solche in Riga gäbe. Früher einmal gab es die katholische Jacobskirche, aber die war nicht mehr katholisch. Er las nach: Die war ursprünglich evangelisch gewesen, 1522 vom polnischen König für seine katholischen Untertanen gekauft und den Jesuiten übergeben worden, nach dem Sieg der Schweden im livländischen Krieg 1621 wieder evangelisch geworden. Danach hatte es keine katholische Kirche mehr gegeben. Nach einigem Suchen fand er für Mutter und Töchter die neue St.-Franziskus-Kirche in der Moskauer Vorstadt, die sie – allerdings nur nach längerer Fahrt mit der Kutsche – erreichen konnten. Herr Ziemann war überrascht über eine Bestellung polnischer Bücher. Dieses ausufernde Geschäft wuchs ihm über den Kopf. Arthur hatte in Erfahrung gebracht, bei welchem Verlag er polnische Bücher bestellen konnte. Was die Dame und ihre Töchter wollten, war nichts Spezielles: Der polnische Lieblingsdichter Mickiewicz[55] war gefragt.

Die Töchter gefielen Arthur, doch wie sollte er sich ihnen nähern? Er träumte davon, sie nach einer gescheiterten Bootspartie aus dem Wasser der Lielupe / Kurländischen Aa zu retten – so wie er als Säugling angeblich nach seiner Taufe am anderen Daugavaufer gerettet worden war. Die Kirche seines Heimatortes war abgebrannt und er wurde deshalb im nahen, aber durch den großen Fluss Daugava / Düna getrennten Lielvarde / Lennewarden getauft. Die Gutsherrschaft von Linde / Linden gewährte der nassen Taufgesellschaft Aufenthalt und Wärme, so dass er und die seinen diese zweite Taufe überlebten.

Aber er wusste, dass das eine Geschichte aus einem Roman wäre, dem er nicht einmal bis zur zweiten Textseite folgen würde. Er hatte nichts zu verlieren als einen literarisch wertlosen Traum. Er war zu arm für sie, zu schlecht gekleidet und er sprach nicht polnisch. Dass er es seit einigen Wochen nachts lernte, war ein Teil des Geheimnisses, wel-

---

55 Adam Mickiewicz (1798–1855). Romantischer Dichter, schuf u. a. Gedichte und Romane. Hohe Ehrungen als polnischer Nationaldichter.

ches er seinem Prinzipal nicht anvertraute. Den Vater der beiden würde er nicht anzusprechen wagen. Ob die Töchter Deutsch sprachen, war unsicher. Die Mutter konnte es, doch mit ihren Kindern sprach sie polnisch. Als er ihr zwei Monate später unaufgefordert das frisch eingetroffene Drama *Ciurkiewicz czy Dziurkewicz* des Adolf Abrahamowicz und die *Poezje* des Adam Asnyk vorbeibrachte, lud sie ihn überraschend zu Tee und Gebäck ein. Da sein Polnisch nicht reichte, um zu bemerken, dass dieser Titel auch anstößig gedeutet werden könnte, spürte er die denkbare Peinlichkeit nicht. Alle Kinder waren im Raum. Er fasste sich ein Herz, kniete sich vor Mutter Alma auf den kleinen Teppich, küsste ihr nochmals die Hand mit den Ringen und bat sie um die Hand ihrer ältesten Tochter Gerda. Sie verwies ihn nicht des Hauses, sie lächelte.

Gerda wurde rot bis an die Fontanelle, Irina musste sich erst abwenden, dann hinausrennen vor lauter Kichern und Glucksen; der vierjährige Adam, der nun nicht mehr als einziger *Mann* im Mittelpunkt stand, stampfte mit dem Fuß auf und wurde ungnädig hinausgeschickt. Die Mutter meinte, dass nächste Woche der Vater käme und das entscheiden müsse. Sie habe durchaus nichts dagegen, denn noch nie habe sie einen so gebildeten und geschäftstüchtigen jungen Mann erlebt. Das werde sie ihrem Mann vermitteln. Er solle sich nur mit Gerda in den hinteren Garten setzen, dort, wo es nicht alle Nachbarn sähen, und sie kennenlernen.

Arthur war entzückt, dass Gerda Deutsch sprach – mit einem allerliebsten Akzent. Worüber sie damals sprachen, haben sie nie jemandem erzählt, vermutlich über Bücher, denn sie war eine Büchernärrin wie er. Vielleicht schenkte sie ihm ihr Porträtfoto aus dem *Studio Chlamnovitz* in Kybarti?

Der Vater hatte keine Einwände, wenn seine Frau die Verbindung für gut befand. Die besten Partien für seine Töchter in Kybarti / Kybartai wären ein mittlerer Eisenbahnbeamter, der viel zu alte Chef des Hauptzollbüros, der ihn schon einmal auf sie angesprochen hatte, oder ein Pelzhändler gewesen. Den jungen Mann zu treffen, hatte er auf seiner kurzen Reise keine Zeit.

Das Polen, in dem sein Vater seine Schwestern nur an Adlige verheiratet hatte, gab es nicht mehr, der polnische Schlachtschitzen-Adel[56] lebte zerstreut auf heruntergekommenen und verarmten Gütern, durch ihre unterschiedlichen Namen waren sie oft nur noch intern am Wappen als Adlige kenntlich. Auch dem galizischen Adel der von Werestschinskis, die sich vor 120 Jahren noch *Wereszczynski* geschrieben hatten und aus dem Süden gekommen waren, ging es nicht besser. Durch den Fideikommiss erbten die ältesten Söhne die Ländereien und Gebäude, so dass die Familie immer wieder hatte Land erwerben und sich über Polen verteilen müssen. Vielen von ihnen lag Bewegung mehr im Blut als Sesshaftigkeit. Einige Söhne der Familie hatten im 18. Jahrhundert den Handel mit Kaffee, Tabak, exotischen Stoffen (die sie stambulakijari nannten), Lederwaren, Teppichen und allen anderen Schätzen des Orients mit den Türken in Bukarest und Stambul geleitet und waren unzählige Male über den Fluss Dnjestr/Dnister gezogen, der früher die Grenze zwischen dem Osmanischen Reich und Polen bildete. Später führten sie den Handel zwischen dem österreichischen Kronland Galizien und dem Osmanischen Reich. Dadurch, dass die Familie in Kybarti nicht alteingesessen war, gab es nur wenige Kontakte zu den Adelsfamilien auf ihren Landsitzen im Umfeld. Die Litauer blieben mit ihrer großen Geschichte unter sich, gewissermaßen als Sieger der polnischen Teilungen.

Die Eltern von Johann von Werestschinski waren aus Russland gekommen. Der russische Teil der Familie hatte

---

56 Polnische Bezeichnung des Hoch- wie des Landadels kommt vom altdeutschen *slahta* (Geschlecht) oder polnisch *szlachcic.*

eine harte Vergangenheit, von welcher nicht gesprochen wurde. Die neueste schlimme Geschichte hatte die alten bösen Erinnerungen überdeckt. Schon vor seinen schlimmen Erfahrungen hatte Johann den Ahnenplan verbrannt. Mit diesen Menschen, die mehrere Generationen lang hohe Beamte am Zarenhof gewesen waren, wollte er nicht verwandt sein. Der vornehmste Urahn hatte seinen eben erwachsenen Sohn Christoph im Jahr 1702 auf die Baustelle des künftigen St. Petersburg geschickt, um dort die Baupläne des Zaren zu überwachen. Sein Sohn, der Pionier der ersten Stunde, der Mann vom Hof direkt hinter den Architekten, der Durchsetzer kaiserlichen Willens! Immer sollte der Name Werestschinski genannt werden in Verbindung mit dieser Stadt! Doch den Lebensbedingungen auf den Baustellen im Sumpf war der weiche, wohlerzogene junge Mann vom Hofe nicht gewachsen, weniger als zwei Jahre lebte er dort. Zwar fand er sein Glück dort: seine Frau. Er heiratete sie in Abwesenheit seiner Familie und ohne deren Kenntnis, denn es gab anfangs keine Post zwischen Moskau und der Baustelle. Doch sein Glück dauerte nicht lange. Er erlag – wie so viele rund um ihn – dem von Mücken übertragenen Sumpffieber. Er wusste von der Schwangerschaft seiner Frau, war aber so hoch fiebernd, dass er die Geburt und die Taufe seines Söhnleins in einer der hölzernen Kapellen am Rande der Baustelle nicht wahrnehmen konnte. Nach dem Kindbett überließ sie das Kind der Amme und suchte ihren Mann in den Krankenbaracken. Dort lagen hunderte jammernder, schreiender oder apathischer Männer, kaum mit Wasser und Lebensmitteln und nicht mit medizinischen Hilfen versorgt. Jeden Morgen wurden die Toten, ungeachtet ihres Standes, von den Totendienern auf flache Wagen geladen und außerhalb der künftigen Stadt verbrannt. Seine Frau, ich nenne sie für mich Erdmuthe, konnte einen letzten Blick auf seinen ausgezehrten, sich windenden Leib werfen. Sie verhinderte, dass er schon als Lebender zu den

Toten geworfen wurde. Sie rief ihm den Namen ihres gemeinsamen Kindes immer wieder zu, aber sie erfuhr nicht, ob er sie noch verstanden hatte: Es gab einen Sohn, seinen Sohn, Ludwig Ernst von Werestschinski. Das Kind würde an seiner Statt ihr Trost sein müssen. Als sie am übernächsten Morgen sah, wie sein geliebter Körper davongefahren wurde, aller Feinheit und Vornehmheit, die sie gemocht hatte an ihm, entblößt, packte sie und verließ so schnell wie möglich mit dem Kind und der Amme den Ort der Trauer. Hier war kein Grab, an dem sie weinen konnte. Sie wusste nicht, wie unbarmherzig er sich und seinen schwachen Körper verurteilt hatte. Die Krankheit hatte ihn auf sich selbst zurückgeworfen und abgeschnitten von der Zukunft, die sie ihm zuzuflüstern versuchte.

Nach einer langen, unbequemen Reise in der Kutsche mit dem Winzling erreichte sie Moskau, wo sie nie zuvor gewesen war. Sie bezog ein hölzernes Häuschen zur Miete, das sie vielleicht später würde kaufen können, wenn die Schwiegereltern sie anerkennen und ihr oder ihrem gemeinsamen Sohn das Erbe auszahlen würden. Denn dessen war sie sich sicher, dass ihr als Frau aus gutem Haus, als Mutter des einzigen zu erwartenden Enkels (seine Geschwister hatten alle die frühe Kindheit nicht überlebt) alle Anerkennung zuteilwürde. Da sich Hofbeamte nicht für Säuglinge interessieren, schrieb sie einen Brief an die unbekannten Schwiegereltern, nachdem sie mehrfach an der Front deren Hauses vorbeispaziert war: Sie schilderte den tragischen, grablosen Tod des Sohnes in den noch namenlosen ingermanländischen Sümpfen. Danach stellte sie sich vor, ihre Liebe zu dem auch von ihnen geliebten Sohn, die Heirat, den Enkel Ludwig Ernst von Werestschinski und seine Taufe durch den deutschen Pastor Hahn, der sie auch getraut hatte. Sie erhielt nie eine Antwort. Ein Jahr später unternahm sie einen zweiten Versuch. Vorzusprechen wagte sie nicht, denn sie war aus niederem Adel. Vielleicht würde man sie für eine Betrügerin halten, welche um Geld kam? Dem zweiten Brief legte sie die gesiegelten Abschriften von Ehe- und Taufurkunde bei, hier blieb sie ebenfalls ohne Antwort. Sie kaufte das Haus, in welchem sie wohnte, nicht. Mit dem fast zweijährigen Kind zog sie zurück zu ihren Eltern nach Ingermanland. Die Stadt St. Petersburg wuchs und wuchs. Bald würde sie ihren Herkunftsort erreichen und ihn verschlingen.

Als der Sohn sechzehn Jahre alt war und seinem Vater stark ähnelte, unternahm sie einen dritten und letzten Versuch. Sie reiste mit dem Jungen in Richtung Moskau. Sein Anblick musste die Schwiegereltern überzeugen! Sie hatte durch eine Freundin in Erfahrung gebracht, dass ihre Schwiegereltern noch lebten. Sie waren vom Zaren mit einem Ruhesitz nördlich Moskaus bedacht worden, auf welchem sie im Sommer lebten. Dorthin reisten sie. Sie nahmen Wohnung im Dorf, danach sendete sie einen Boten im Namen des Sohnes an den Großvater, welcher einen Brief überbrachte, gesiegelt mit dem neuen Petschaft des nunmehr erwachsenen „L. E. von Werestschinski". Am angekündigten Tag ließen sie sich anmelden. Während der Diener noch im Hause war, überquerten sie den gekiesten Hof zwischen den Rabatten. Sie hatten das Tor noch nicht erreicht, als sich der Großvater persönlich zeigte. Er warf keinen Blick auf seinen Enkel, der seinem Sohn glich, und keinen auf seine rechtmäßige Schwiegertochter. Er schoss in die Luft – und das war kein Freudenschuss, sondern wohl ein vereinbartes Zeichen – und einer seiner Diener ließ die Hunde auf die Besucher los. Der junge Mann rannte um sein Leben, strebte auf das Tor zu. Sie sank ohnmächtig auf den Weg. So galt sie den Hunden nicht als Eindringling. Sie hatte diese Szene nicht geplant, nicht einmal gedacht. Jenseits des Tores blieb Ludwig tiefatmend stehen und flehte den Großvater an, Milde mit seiner Mutter walten zu lassen. Ein Gärtner oder Diener schickte ihn fort, damit er sich um seine Wunden kümmere, und meldete, die Mutter würde gebracht. Welche Schande!

Der Arzt versorgte ihn, es waren ein tiefer Biss und mehrere kleine unter der zerrissenen Hose, als eine Mietdroschke die noch immer bewusstlose Mutter brachte. Nicht einmal den eigenen Wagen hatten sie geschickt! Eine billige, hölzerne Kalesche! Der Arzt befahl Ruhe für die Mutter und gab ihm ein Nervenmittel für sie für die Zeit ihres Erwachens. Er meinte, es wäre sinnvoll gewesen, ihm den Plan zuvor vorzustellen. Er hätte sie warnen können vor dem Erwartbaren: der hochmütigen Wut des Alten, der weder die Schwäche seines Sohnes noch dessen Tod noch den ausbleibenden Titel als „Bauherr der Kaiserstadt" verwunden hatte.

Nach ihrer beider Genesung reisten sie nach Ingermanland, an den Rand der Stadt, die inzwischen nicht mehr tödlich, sondern prächtig war. Beide trugen Wunden davon, welche nicht heilen wollten: die Mutter in Form von unüberwindlicher Schüchternheit, die ihre vormalige Beherztheit abgelöst hatte; der Sohn in Form von Wut auf den Großvater, der sich weigerte, ihn anzuerkennen. Nach und nach wurde Ludwig Ernst zu einem harten Mann. Er vergaß, was Liebe und Zärtlichkeit waren, obwohl er von seiner Mutter reichlich davon erhalten hatte. Sie galten ihm als weibisch. Als er später in den polnischen Adel eingeheiratet hatte und eigene Kinder erzog, handelte er streng, nach seiner Meinung jedoch gerecht. Seine Frau mahnte ihn, seine Wutanfälle den Kindern gegenüber zu mäßigen, doch er sah nicht, was seine Härte bei ihnen anrichtete. Die beiden älteren Mädchen gab er zeitig in ein Fräuleininstitut, wo sie Bildung, Bibel und Benehmen lernten für spätere hochgestellte Heiraten. Seine Söhne erzog er selbst, in guten Zeiten als bemühter Vater, in düsteren Zeiten als Kerkermeister. Nicht selten lag Johann, sein Großer, bewusstlos in einer Ecke von den väterlichen Schlägen mit Rohrstock oder Peitsche, mit allen Gegenständen, die jenem in die Hand kamen. Er wusste nicht, wie ihm geschah, verstand nicht, welche Strafe welcher Tat oder Untat folgte, aber er lernte, seinen Geist vom Körper zu lösen.

Wenn er wieder einmal wundgeprügelt und bewegungsunfähig in einer Zimmerecke lag, unfähig, auch nur seine Tränen zu trocknen, führte er seinen wachen Geist spazieren in Gefilden, in die der grausame Vater ihm nicht folgen konnte. Psychologen nennen es heute *dissoziieren*. Trotz seiner harten Kindheit und seines gebrochenen Herzens wurde er ein liebesfähiger Mensch. Später erzählte er seiner Tochter Katharina: „Mein Geist hatte fliegen gelernt! Dann spürte ich den Körper nicht mehr und nicht die psychischen Verletzungen. Unterschätze den Geist nicht!" Zu seinen Kindern hatte er ein gutes und liebevolles Verhältnis. Er versuchte gut zu machen, was sein Vater schlecht gemacht hatte. Doch die Zeiten waren nicht so, dass Väter und Söhne das Miteinander genießen konnten.

Johann von Werestschinski war nach dem Aufstand von 1863 mit seinem ältesten Sohn nach Sibirien verschleppt worden. Dieser, fast ein Kind noch, war dort an Hunger und Kälte gestorben. Ihn selbst hatten sie nach drei Jahren freigelassen, und er war zurückgekehrt. Dennoch war der Glanz der polnisch-russischen Adelsfamilie in dieser Not vergangen. Ihr einstiges Gutshaus durften sie nicht mehr betreten, Felder, Leibeigene und das Wertvollste: ihr Anteil an der Eisenbahn, gehörten ihm nicht mehr. Johann von Werestschinski war nun ein hoher Angestellter der Bahn, Vorsteher des Bahnhofs und damit der Bahnzollbehörde, welche zahlreiche *Anmelder* in verschiedenen Büros in der Stadt angestellt hatte. Die Zollkommissare, *Expediters* genannt, waren reich, sie verdienten das Zwanzigfache anderer Angestellter. Ihr Chef war ein hoher russischer Beamter, spezialisiert auf die russischen Zollgesetze. Der kleine Ort, 1865 war es noch ein Dorf mit 600 Seelen, hatte zur Jahrhundertwende schon über 1000 Einwohner, davon waren mehr als die Hälfte Juden. Kybarti wurde zur Stadt und hatte ungewöhnlich viele und moderne Geschäfte: Textil- und Pelzgroßhändler, Kurzwarenläden, Ledergroßhändler, Banken, kleine Fabriken für Schuhwachs, Blechdosen und Strickwaren. Es gab eine Weberei, eine Näherei, ein Sägewerk, eine Mühle, eine Maschinenölfabrik, außerhalb zwei Ziegeleien und eine Teeverpackungswerkstatt, fast alle in jüdischer Hand. Exporthändler gab es für Pferde, andere Tiere und für Edelmetalle. Sie betrieben den Grenzverkehr mit dem nahen Eydtkuhnen in Ostpreußen. Es gab litauische, deutsche und jüdische Schulen und außer der russischen Kirche eine lutherische. Das Städtchen, das zuvor nur eine lange Straße gewesen war, erhielt ein Zentrum, es wurden höhere Gebäude mit allen Annehmlichkeiten errichtet, zuvor hatte es nur einstöckige Holzhäuser gegeben. Jedes Nebengebäude und jeder Dachboden wurde als Lagerraum vermietet. Es gab einen Saal für Theater und Musik und ein Gebäude mit einer Kegelbahn. Am Bahnhof gab es einen *Eisenbahnpark*, in dem die Passagiere die Wartezeit beim Umspuren der Waggons verbringen konnten. Dort standen große Bäume, und es gab Wege mit Bänken. In der Mitte des Parks befand sich eine im Sommer viel verwendete offene Bühne für ein Orchester. Darunter befand sich eine Tanzfläche, auf die im Winter eine Schlittschuhbahn gespritzt wurde. Ein Fotograf, ein Uhrmacher, ein Briefpapierladen, kleine Restaurants und Handwerker, ein Arzt und ein Zahnarzt siedelten sich direkt in Bahnhofsnähe an, um ihre Dienste den Reisenden aus täglich fünf Zügen und dem Personal der ebenso vielen Güterzüge anzubieten. Im Bahnhof gab es Räume für Passagiere und Besucher, ein Luxusrestaurant und Räume für das Büro von Johann von Werestschinski. Schaute er von hier nach Norden, hatte er rechter Hand das unendliche Russische Reich, dem er gemischte Gefühle entgegenbrachte, hatte es doch seinen Sohn auf dem Gewissen. Linker Hand war Deutschland, Ostpreußen, die verlorene Rzeczpospolita seiner Vorfahren, in dem die von Werestschinskis mächtig gewesen waren. Auf dem Bahnhof besichtigten die reisenden Herren gern den Wasserturm, die zahlreichen Schienen und Weichen sowie die Werkstätten. Was sie nicht wussten und sehen konnten: In einem langen, flachen Ziegelgebäude wurde der Zug des Zaren bis zu seiner nächsten Verwendung gepflegt.

Johann von Werestschinski musste arbeiten für den Lebensunterhalt. Diesen Stern hatte niemand über seiner Wiege stehen sehen, da in aufgeklärten und industriellen Zeiten niemand darauf achtete. Gestanden hatte er da sicher, aber wen interessierte das?

Im Sommer 1900 wurden Arthur und Gerda Katharina, Comtesse von Werestschinski, in Riga in der Petrikirche getraut. Sie stiegen die Stufen hinab zum Eingang. Angeblich hatte die Kirche früher auf einem Hügel gestanden. Heute bedeckten Schichten von Geschichte den Platz: Ziegel von Häusern, Erde von Gärten, Abfälle von Märkten, die es längst nicht mehr gab. Werestschinskis verschafften dem jungen Paar einen Kredit für eine kleine Wohnung nicht weit von der Buchhandlung Karl Ziemanns. Das Geschäft schrumpfte, weil Arthur nicht ständig unterwegs sein wollte und weil viele der Hotels und der neu angesiedelten Familien durch ihn versorgt waren.

Arthur und Gerda bekamen zwei Söhne, Erich und Bruno. Der alte Ziemann wurde starrköpfig und konservativ, er ließ sich noch weniger als zuvor von seinem Angestellten hineinreden. Das führte dazu, dass Arthur nicht mehr von *Ziemann & Valters* träumte, sondern von einem eigenen Geschäft. Als Ziemann 1912 Konkurs anmeldete, war er froh, sein bankrottes Geschäft dem besten Mitarbeiter anvertrauen zu können, den er je hatte. Da dieser die ungedeckten Schecks und Wechsel nicht bezahlen konnte, übernahm das sein Freund Janis Rapa, der geerbt hatte. *Valters & Rapa* klang viel besser, als Arthur sich das bisher vorgestellt hatte!

Arthur bekam 1913 eine besondere Chance: eine Reise nach Taschkent. Der literarische Verein, dem er seit sechs Jahren angehörte, organisierte Reisegruppen in ferne Gegenden Russlands und andere Länder. Die gebildete Gesellschaft des Baltikums wollte mit der Entwicklung der Welt Schritt halten. Manche Dichter fuhren auf Schiffen nach Indien, Indonesien und China; die jüdischen und deutschen Auswanderer nach Amerika schrieben, komponierten und erzählten von der Neuen Welt, in der Stadt Blumenau in Brasilien war Deutsch die vorherrschende Sprache. Überall entwickelte sich die deutsche Literatur in einem bisher ungeahnten Ausmaß. *Valters & Rapa* plante Ausgaben von *Tausendundeiner Nacht* in Lettisch, Estnisch und Litauisch. Arthur war darüber in Verhandlungen mit dem C. W. Stern Verlag in Wien, der diese seit 1906 in achtzehn Bänden herausgab. So umfangreich würden die Übersetzungen nicht werden, dafür fehlte noch das Publikum, doch an je zwei Bände hatte er gedacht; am liebsten mit den Illustrationen des Österreichers von Choisy Le Conin. Er hatte weiterhin eine deutsche und eine lettische Ausgabe für die Jugend geplant mit den Erzählungen Sindbad des Seefahrers, bereinigt von allen Texten, die nur für Erwachsene bestimmt waren. Übersetzer arbeiteten schon daran. Außerdem verhandelte er mit dem Sohn des Missionars aus Weißenstein / Paide in Estland, dem Enkel des dortigen Arztes Hermann Hesse über die lettische und estnische Ausgabe seines Indien-Reiseberichtes. Das Schaufenster war orientalisch dekoriert für die Ankündigung der Neuausgaben; die Topfpalme war dafür ein unentbehrliches Accessoire.

Taschkent, das war ein Name aus *1001 Nacht* und wurde bereits in *Firdausis Königsbuch*, also in der alten persischen Literatur, erwähnt. Es zu besuchen war der Traum des Philologen. Dank des Engagements des Literaturvereins, dessen stellvertretender Vorsitzender er seit einem Jahr war, wurde es für Dichter, Journalisten und literarisch Interessierte möglich, eine solche Reise anzutreten. Die Eisenbahngesellschaft stellte einen durchgehenden Zug zusammen und meldete ihn beim Verkehrsamt des Zaren an. Die Plätze in einigen Waggons wurden teuer verkauft, so dass Adel und Großbürgertum, soweit interessiert, die Reise unternehmen konnten. Ein Waggon war den Künstlern und dem literarischen Verein zu mäßigen Preisen vorbehalten. Die komfortablen Waggons für den Sonderzug wurden vom Nordexpress entliehen, an der Idee und Organisation war Gerda mit ihrer Beziehung zum Vater als Verantwortlichen für die deutsch-russischen Eisenbahnen nicht unbeteiligt. Karl Baedeker hatte ein Jahr zuvor einen Reiseführer für Russland herausgebracht und darin Fernausflüge nach Teheran und Peking vorgesehen. Taschkent und Buchara waren erwähnt und die Eisenbahnverbindungen dorthin.

Im Frühherbst 1913, ehe die Konzert-, Opern- und Ballsaison wieder begann, startete die Gruppe von Dwinsker Bahnhof in Riga aus. Gerda stand mit den beiden aufgeregten Jungen am Nachmittag dort, um den Vater und die ihr bekannten Schriftsteller zu verabschieden. Erich wünschte sich ein orientalisches Schwert und Bruno eine Wunderlampe mit einem Dschinn darin. Da sie zu früh da waren, durften die Jungen auf dem Vorplatz rund um die orthodoxe Kapelle herumlaufen, die dem Bahnhof ein russisches Aussehen gab. Aber ihre Aufregung ließ sie nicht lange draußen verweilen, weil sie die Abfahrt keinesfalls verpassen wollten. Die zischende Lokomotive, die Waggons mit den Samtpolstern und Badezimmern und die vornehmen Reisenden waren interessanter als die gebeugten, alten Frauen, die der Kapelle zustrebten, aus welcher Wachs- und Weihrauchdüfte wölkten. Nur drei Damen fuhren im Literatenabteil mit, denn eine solche Reise galt als Strapaze. Die meisten kunstsinnigen Familien, so auch Valters, konnten sich zwei Fahrkarten nicht leisten, denn für das Hotel und die Reise nach Buchara war ein nicht geringer Eigenanteil nötig. Viereinhalbtausend Kilometer war eine Stecke lang. Das waren bei der unterschiedlichen Beschaffenheit der Gleise voraussichtlich fünf bis sechs Tage und Nächte pro Richtung. Einen genauen Fahrplan gab es nicht, weil die zaristischen Behörden zwar informiert waren über den Sonderzug und angewiesen hatten, ihn zügig mit Kohlen und Wasser zu beliefern, aber die exakte Dauer dieser Aufenthalte, auch für den Einkauf der Lebensmittel sowie den Wechsel des Dienstpersonals, konnte nicht vorhergesagt werden. Der Aufenthalt in Usbekistan sollte zehn Tage dauern, ehe der Zug zurückfuhr. Es waren Lesungen, Bibliotheksbesuche in einer historischen und einer modernen Bibliothek, der Besuch historischer islamischer Stätten und die Fahrt nach Buchara, welches einst das Zentrum der islamischen Lehre war, geplant. Arthur hatte zwei neue Koffer bei sich. In einem hatte er, wie er es seit Jugendtagen in Riga-Strand gewohnt war, besondere Bücher zur Ansicht und Geschäftsmaterial für Werbezwecke. Warum nicht eine Filiale in Taschkent eröffnen? Er würde erkunden, was es dort für Buchhandlungen gab. Wenn das nicht befriedigend wäre, würde er Freund Rapa überzeugen, zu investieren.

Arthur verfolgte die Stationen im roten Buch des Verlegers Baedeker: Welikije Luki, schon tief in Russland, war die letzte Station vor der Nacht. Am nächsten Vormittag waren sie auf dem Windauer Bahnhof in Moskau, laut Reisehandbuch zuständig für Rjeshiza / Rositten, Riga und Windau / Ventspils. Der Aufenthalt war gerade lang genug für einen Restaurantbesuch, reichte aber nicht, um in die elektrische Straßenbahn zu steigen und sich auch nur einen kleinen Teil von *Mütterchen Moskau*, der heiligen Stadt der Russen, anzuschauen. Allein die alphabetische Aufzählung dessen, was die ehemalige russische Hauptstadt zu zeigen hatte, war so interessant, dass er sie gern besichtigt hätte: Armenhäuser, Bahnhöfe, Denkmäler, Gymnasien, Kirchen, Klöster, Krankenhäuser, Museen, Paläste, Post & Telegraf, Theater / Konzerte / Sport- und Gentelman-Klubs. Er las alles über die Kirchen und Paläste des Kremls und die Tretjakow-Galerie. Lieber noch hätte er das Tolstoi-Museum und das für Synodal-Typografie angeschaut. Auch mit einer Dampfstraßenbahn wäre er gern gefahren! Hier spürte er, dass sein Leben bisher nur aus Arbeit bestanden hatte. Er war nie gereist, nicht einmal bis zu Gerdas Familie an der Grenze Ostpreußens. Wenn er nicht arbeitete, las er. Lesen war seine Freude und seine Brücke zur gebildeten Welt, doch letztlich diente selbst das Lesen der Arbeit in der Buchhandlung. Er hatte bisher alle Ziele im Leben erreicht: Aus dem armen Lehrersohn ohne Schuhe in einem lettischen Dorf war der angesehenste Buchhändler Rigas geworden. Er besaß nicht nur Lederschuhe und Anzüge, sondern auch eine Wohnung, zwei Koffer, viele Bücher auf stabilen hölzernen Regalen, darunter waren auch Prachtausgaben, und ein Hochrad. Er hatte eine anbetungswürdige Frau und zwei Söhne, die gute Schulen besuchten.

Der Zug fuhr immer ostwärts bis Murom, dann nach Südosten nach Saransk. Das waren wohlhabende Gegenden, Wälder wechselten mit bebauten Feldern ab, riesige Herden von Pferden grasten hier. Nie hatte er sich bisher Gedanken gemacht, woher die unendlich vielen Pferde für die Kutschen und Pferdebahnen der Städte der ganzen Welt kamen, wo sie heranwuchsen. Zwei Stunden danach fuhr der Zug in den Bahnhof von Kuybyshev ein. In der Nähe von Sysran überquerten sie die Wolga, die sich hier aus einem Stausee ergoss. Er las, dass auf diesem Fluss ständig zweitausend Schiffe unterwegs waren. Diese nasse Gegend, die aus tausend Nebenflüssen zu bestehen schien, überquerte der Zug auf waghalsig scheinenden Brücken, die er zum Glück nur im zitternden Spiegelbild des Flusses sah. Sein Kompass zeigte ihm, dass die Strecke jetzt wieder nach Südosten verlief, Richtung Orenburg. Solche Ingenieurleistungen ängstigten ihn, da sie ihm bewusst machten, was er alles nicht wusste.

Hier war die Wasserscheide zwischen dem Ural- und dem Samara-Fluss. Auf diesem Streckenabschnitt musste der Zug langsam fahren. In Orenburg, dem Sitz des griechisch-katholischen Bischofs, kamen sie am späten Abend des nächsten Tages an. Diese Kirchenform kam sonst nur in Griechenland vor, las er: katholisch den Papst anerkennend mit byzantinischem Ritus und griechischem liturgischen Gesang. Auch in Glaubensdingen war er nicht bewandert und staunte nur, wieso es die Griechen und Byzantiner hierher geschafft hatten. Es war schon zu dunkel, um aus den Fenstern des Zuges die Türme oder Kuppeln der 35 griechisch-katholischen Kirchen und der 14 Moscheen mit ihren Minaretten zu sehen. Ab hier verzeichnete der Reiseführer noch immer eine Restfahrtdauer von 45 Stunden! Sie hatten es gut in ihrem Zug mit Betten und Waschgelegenheiten. Regulär fuhr auf dieser Strecke nur zwei Mal wöchentlich ein Zug mit Schlafwagen. Die einfachen Postzüge, die an jeder Station hielten, brauchten über 60 Stunden für dieselbe Strecke. Die Nacht im Bahnhof war unruhiger als auf den Fahrten: Stimmen, das Gezisch des Dampfes, das Poltern der Kohlen beim Einladen und erregte Diskussionen. Würde die Fahrt hier unerwartet enden? Wäre das das Ende seiner Träume? Nein, als er mitten in der Nacht erwachte, waren sie auf rasanter Fahrt nach Süden. Hier begann die kasachische oder auch turkestanische Steppe. Im ersten Tageslicht sah er, wie die Vegetation weniger wurde, das Land trockener und Städte gab es gar nicht mehr. Baedeker widmete der Gegend keine Zeile, zu dem großen Stopp in Oktjabrsk / Aktjubinsk hatte er nichts zu sagen als „Kreisstadt mit 15 500 Einwohnern und mächtigen Steinsalzlagern, welche hier abgebaut werden“. Selbst der Aral-See, dessen nördliche Spitze sie in Aralskoe More sahen, wurde nur mager beschrieben: „Salziges Wasser, 48 Meter über dem Meeresspiegel, 67.962 qkm“. Das eingetragene Bahnrestaurant nutzte er gern. Hier wurde es orientalisch! Die Dörfer waren ebenso armselig wie vielfach in den Weiten Russlands, doch selbst die kleinsten Orte hatten Moscheekuppeln, und die Händler auf den Bahnhöfen boten Aprikosen, Granatäpfel, getrocknete Feigen und Datteln an. Die Beschriftung der Bahnhöfe war manchmal außer in Russisch auch in persischer Schrift gehalten. Die Lokomotive erklomm schnaufend die Höhe des Ssary-Agatsch-Kammes in fast 600 Metern Höhe, der höchste Punkt, den Arthur im Leben passiert hatte. Von dort aus ging es abwärts über viele kleine Brücken bis Taschkent.

Gern hätte Arthur einen fotografischen Apparat besessen, aber daran war nicht zu denken, dafür würde er noch einige Zeit arbeiten müssen. Vielleicht war es möglich, in Taschkent eine Fotografie von sich vor einem exotischen Gebäude oder mit einem Menschen in einer fremden Tracht anfertigen zu lassen? Auf den Feldern wuchsen Reis und Baumwolle. Bei Einbruch der Nacht waren sie in Ksyl Orda, einem Ort am Fluss Syrdarja, und am nächsten Morgen in Turkestan. Er sah aus dem Zugfenster steile blaue Kuppeln, Mausoleen und flache sandfarbene Kuppeln von öffentlichen Bädern. Baedeker beschrieb Turkestan als eine der ältesten Städte Kasachstans. Alexander der Große war hier, als es noch zum Perserreich gehörte. Im Mittelalter ein Zentrum des Karawanenhandels und seit dem 12. Jahrhundert ein kulturelles und religiöses Zentrum an der Seidenstraße, die von China bis nach Damaskus führte. Dschingis Khan war hier durchgezogen und hatte die kulturelle Blüte dieser Städte für lange Zeit zerstört.

Arthur Valters hatte eine unveröffentlichte Monografie des Kartografen Carl Diercke über den russischen Orient bei sich. Dieser lebte schon lange nicht mehr in Riga, war der Stadt seiner Jugend aber nach wie vor intensiv verbunden. Er hatte diese Reise mit geplant und unbedingt begleiten wollen. Leider war er im Frühling an Grippe verstorben. Arthur hatte die von ihm gezeichneten Karten der Reiseroute im Gepäck, welche vielleicht zusammen mit den Aufzeichnungen der literarischen Reisegruppe ein Büchlein ergeben würden.

Als er erwachte, standen sie auf dem Bahnhof Taschkent. Die einzigen Geräusche, die er hörte, waren die aus den Nachbarabteilen. Es wurde wie üblich starker Tee in Gläsern in ziselierten Einsätzen herumgereicht. Sie waren nachts angekommen. Frühstück sollte es im Hotel geben. Die Reiseleitung ließ ihnen Zeit, alles zusammenzupacken und anzukommen im Orient. Als der Tag anbrach, sah er Menschen, wie er sie sich nicht einmal hätte vorstellen können: dunkle Gesichter aller Schattierungen, flache, asiatische Gesichter, Männer mit langen Bärten und solche ganz ohne Bartwuchs, Köpfe mit Turbanen, mit hohen Schaffellmützen oder mit spitzen Filzhüten mit gebogener Krempe. Er sah stolze, unverschleierte Frauen und solche mit Tüchern vor dem Gesicht; Männer, die in Teppiche gehüllt schienen, und andere mit mehreren Obergewändern, manche aus Baumwolle und das obere, am besten sichtbare aus Seide. Er sah Beinkleider aus Leder und solche aus Baumwolle, alle so weit, dass die Träger die Hemden und Westen hineinstecken konnten. Waren diese Oberkleider der Männer eine Tracht für ein Fest oder gehörte die Farbenpracht zum Alltag dieser Menschen? Bei den Frauen waren die Kleidungsstücke schreiend bunt. Lastenträger eilten mit nie gesehenen Gepäckstücken an ihm vorbei. Er war begeistert und zeichnete angeregt in sein Notizbuch. Leider war er nicht begabt, Gesichter zu zeichnen, aber die Formen der Kuppeln, die Kopfbedeckungen, die Muster am Bahnhofsgebäude, die Schriften! Das war viel für ihn als gänzlich Ungeübten. Gerda würde staunen, was für Talente in ihm steckten.

Sprachen sie russisch wie in Riga oder hatte er ihre Dialekte und Sprachen noch nie gehört? Ihm schwirrte der Kopf allein von den Namen der Völker hier! Baschkiren, Teptjeren, Tataren, Meschtscherjaken, Tscheremissen, Tschuwaschen, Mordwinen, Kalmücken, Kirgisen, Sarten, Usbeken, Tadschiken, Iraner, Hindus, Armenier, Afghanen und andere. Sicher hatte jeder von denen eine eigene Sprache oder gar noch Duzende von Dialekten wie das Litauische. Hier bedauerte er erstmals nicht, Russisch zwar lesen, aber nicht flüssig sprechen zu können. In diesem Völkergemisch würde es ihm viel weniger nützen, als er gemeinhin dachte. Nur zwei Prozent der Menschen hier waren Russen, obgleich diese Städte zum Russischen Reich gehörten wie Riga.

Zu Hause grämten ihn seine Bildungslücken, er hatte nie ein Gymnasium besuchen können. Nach der Volksschule seines Vaters hatte er sich alle Bildung selbst aus Büchern und einzelnen Kursen erarbeitet. Hier bekamen Wörter wie *Bildung* oder *Sprache* einen anderen Klang. Es kam nicht darauf an, eine bestimmte Sprache zu beherrschen. Wichtiger war, ein gleichberechtigter Teil des friedlichen Völkergemischs zu sein, ein Teil der Welt, mit der es sich zu verständigen galt für Handel und Austausch.

Es war an diesem Herbstmorgen noch so heiß, wie es in Riga nicht im Hochsommer wurde, und die Luft war feucht, obwohl die Stadt 479 Meter über dem Meeresspiegel lag. Ein Abgesandter der Stadt holte sie im Bahnhof ab und fuhr mit ihnen mit der Straßenbahn in die *Eingeborenenstadt*, wie Baedeker das Viertel nannte. Ihr Quartier war in einem Familienhof in der Altstadt gelegen. Alle Mitreisenden hatten eigene Zimmer zu einem offenen, begrünten Hof hin, dessen Eingang von der Straße aus kaum zu finden war. Dort waren die Mauern der Häuser dicht und fensterlos, die Tür war prächtig geschnitzt. Arthur musste sich seiner Weste entledigen, was er nicht gewohnt war. Es wurde ihnen Tee serviert nebst süßem Frühstück. Der Hotelier empfahl ihnen, sich dünner zu kleiden für den Weg in die Stadt, welche die windärmste der ganzen Welt sei. Arthur hatte noch nie im Leben einen Strohhut getragen, kaufte sich hier jedoch sofort einen, denn seinen grauen Filz erkannte er als ungeeignet. Hier war Stroh nicht die Kleidung der Bauern auf den Feldern, sondern die der Städter.

Am nächsten Morgen wusste er beim Aufwachen, woran ihn die exotischen Menschen auf dem Bahnhof erinnert hatten! Es war ihm nicht eingefallen. Seine beiden Reisewerke beinhalteten keine Abbildungen von Menschen, aus denen konnte kein Wiedererkennen kommen. Jetzt wusste er es: *Die Palmblätter*.[57] Das war das Buch, von dem er in jedem Frühling zwei hohe Stöße verkaufen konnte, das traditionelle Konfirmationsgeschenk für junge Menschen außer Bibeln und Gesangbüchern. Er hatte stets eine wertvolle Ausgabe für die wohlhabenden Großeltern und eine billige Pappausgabe vorrätig. Eigentlich dachte er schon seit Jahren, dass der Markt damit gesättigt sein müsse und sie längst in jedem Bücherschrank vorhanden wären, aber sie blieben ein von den *Literaten* belächelter und heimlich beneideter Verkaufserfolg. Die kleinen Texte waren harmlos und moralisch. Ihr Zauber, hier spürte er es, lag im orientalischen Ambiente: Prinzessinnen und Derwische; Großwesire, Mogule und Sultane; Kaufleute und Bettler. Sie saßen unter Palmen oder Giftbäumen, handelten mit Edelsteinen und anderen Schätzen, bewahrten Säckchen voll Gold, Bücher voll geheimen Wissens oder beschriebene Palmblätter mit Regierungsweisheiten. Sie saßen an Plätzen wie diesen hier vor Gebäuden mit blauen oder grünen Kuppeln, in Bädern oder Gärten, aßen Melonen und schenkten den von ihnen Verehrten Rosen. Sie waren entweder edel und geschickt oder aber Diebe und Heuchler. Er selbst hatte dieses Buch erst als Erwachsener im Laden kennengelernt und bis auf das Herder'sche Vorwort für unbedeutend gehalten. Sein Jugendtraum war ein anderer gewesen: ein großer Buchladen in einer prächtigen Stadt mit seinem Namen über dem Schaufenster. Das war, als er darin las, schon fast erfüllt,

---

57 Liebeskind, August Jacob 1786: *Palmblätter. Erlesene morgenländische Erzählungen für die Jugend. Gesammelt von A. J. Liebeskind*

auch wenn der Laden damals nicht ihm gehörte. Er hatte den Zauber deshalb nicht gefühlt.

Ein Fremdenführer brachte sie durch die verwinkelten Gassen zum Hauptplatz mit der großen Moschee. Morgen würden sie diese besichtigen können, heute am Freitag war es wegen der Gebete nicht möglich. Aber sie gingen weiter durch Straßen zwischen fensterlosen Mauern und durch blühende Parks. Nach dem langen Sitzen auf der Fahrt war Gehen eine Wohltat. Auf vielen Plätzen wurden unter freiem Himmel Bücher feilgeboten: usbekisch, türkisch, afghanisch, kasachisch, chinesisch, georgisch, persisch, russisch. Nicht alle Schriften und Sprachen erkannte er, doch der Reiseführer hatte Freude an den wissbegierigen Gästen und erkundete in einem Gemisch aus mindestens fünf Sprachen alles für sie. Seine Frage nach Buchhandlungen wurde mit einer Handbewegung, die Welt und Himmel umschloss, abschlägig beschieden. Vielleicht gebe es in der Neustadt, die sich südöstlich der Stadt im Bau befinde, so etwas. Hier sei der Markt allgegenwärtig. Er solle nur sagen, welches Buch er wolle, der Händler werde es ihm beschaffen: jede Sprache, jede Übersetzung.

An den nächsten Tagen besuchten sie die Kukeldash-Madrasa, eine berühmte Koranschule, die sich fast noch nie Fremden geöffnet hatte, und sahen dort die Bibliothek mit dem ältesten Buch der Usbeken, einem auf dickes Papier handgeschriebenen Koran aus dem neunten Jahrhundert. Langbärtige Imame in Gewändern zeigten den westlichen Herren und widerwillig auch den Damen, die sich dafür verschleiern mussten, die Bibliothek mit ihren Schätzen. Hier stand ihm plötzlich die kleine Erzählung über die *Bibliothek des Königs von Indien* aus den Palmblättern vor Augen. Gern hätte er die Inhalte der Werke der Bibliothek in einer reduzierten Übersetzung genossen wie der indische König. War das nicht eine Geschäftsidee? Wer in der Jugend die *Palmblätter* las, wollte vielleicht als Student von der erwachsenen Weisheit der Wüstensöhne kosten? Wie wäre es, nach *Tausendundeiner Nacht* Übersetzungen indischer und usbekischer Dichter anfertigen zu lassen? Oder sollte er eine solche Frage, wenn sie je käme, mit dem Hinweis auf Herder bewenden lassen? Sie sahen auch die modernere *Kaufmannsche Bibliothek* mit ihren 80 000 Bänden.

Arthur konnte Geld tauschen und Fotografien kaufen, aber auch Bildbände, die er ins Schaufenster legen würde, sowie Bücher mit chinesischen und persischen Schriften. Geschäftsabschlüsse waren nicht möglich. Das hiesige Handelssystem, umschrieben mit der weltumspannenden Geste über Stadt und angrenzende Länder, die ein einziger Handelsplatz seien für alles, was jemandes Herz begehrte, konnte er nicht in zehn Jahren erlernen! Das wäre eine Reise in tausende orientalische Nächte und Tage.

Die Fahrt nach Buchara war heiß, staubig, unbequem und exotisch. Er hätte sie nicht missen mögen. An einem Tag, an dem die anderen Reiseteilnehmer die Stadtmauer auf Pferden umrundeten, erwanderte er die russische Neustadt. Hier sahen Gebäude und Straßen denen in Riga nicht unähnlich. Baumreihen boten Schatten, Kanäle Kühlung. Ohne diese wären die Straßen staubiger gewesen als in Riga. Ein unaufhörlicher Reiz waren die so gänzlich anderen Menschen. Eine Buchhandlung fand er nicht, auf seine Frage wies der auskunftswillige Passant ihn mit großer Geste in Richtung der Altstadt. Er fand zufällig die lutherische Kirche, die vor weniger als zwanzig Jahren erbaut worden war. Den Weg zum Hotel legte er nicht mit der elektrischen Straßenbahn, sondern in einem Eselskarren zurück: eine Fahrt, um die ihn seine Mitreisenden später beneideten. Die Dichter des Literaturvereins lasen an einem Abend vor den hier lebenden Russen und Kasachen ihre Gedichte. Am letzten Tag besuchten sie, inzwischen längst nicht mehr in Anzüge gekleidet, einen überdachten Basar, um Geschenke zu kaufen. Der Markt war wegen der Hitze überspannt mit Stoffbahnen oder Bastmatten, die Kreuzungspunkte zwischen den Basarstraßen hatten sogar einen Namen: Tschar-Ssu. Hier trafen Familien oder Freunde einander wieder. In Begleitung eines Herrn kaufte er Schmuck für die Gattin. Bezahlbar waren versilberte Gürtel aus ineinandergehängten Gliedern mit feinen wiederkehrenden, orientalischen Emailmustern. Der Verschluss war ein orientalisches, gebogenes Schwert, das seinerseits mit Mustern bedeckt war. Der Verkäufer konnte sein Glück über zwei verkaufte Gürtel nicht verbergen, vermutlich sicherten sie ihm das Einkommen für den nächsten Monat, und die Kunden waren ebenfalls zufrieden. Für die Jungen gab es Hemden und Kopfbedeckungen, an denen sie vermutlich Freude haben würden, auch wenn sie diese nicht in der Schule tragen könnten. Für Erich kaufte er einen ganz kleinen Säbel – der eigentlich wohl ein Brieföffner war.

Ehe das Leben diese Erfolgsgeschichte weiterschrieb, gab es ein Drama, an dem keiner Schuld hatte als ein anonymer Modefabrikant. 1916 waren Erich fünfzehn und Bruno dreizehn Jahre alt. Gerda betreute sie fast immer allein, denn Arthur arbeitete ständig. Wenn er zum Abendbrot nach Hause kam, schliefen die Kinder. Das Frühstück genossen sie als einzige gemeinsame Mahlzeit. Gerda war einsam und etwas gereizt, die Kinder kamen in ein schwieriges Alter. Arthur sagte: „Lass uns die Kinder ab dem nächsten Schuljahr in ein Internat geben. Sie müssen selbständig werden, und du musst mehr Freiheit haben.“ Gerda machte halbherzige Einwände, war jedoch froh über diese Lösung, die sie nicht als Rabenmutter dastehen ließ. Sie musste endlich ihre Eltern besuchen, und sie wollte an der Hochzeit ihres jüngeren Bruders teilnehmen. Arthur hatte den Jungen eine Schule herausgesucht: Im nunmehr russischen Jurjew, dem früheren Dorpat, gab es ein Gymnasium, das auf das Studium dort vorbereitete und über ein Internat verfügte. Der Krieg in Deutschland veränderte die Nachfrage. Vorwiegend war es für Kinder aus den entfernten ländlichen

Gemeinden gedacht, doch er konnte seine Söhne anmelden. Gerda bestickte Wäschebändchen mit roten verschlungenen Buchstaben: EW und BW. Arthur sah darüber hinweg. Sonst legte er Wert auf seinen lettischen Familiennamen *Valters*. Da sie miteinander deutsch sprachen und in diesem Internat vorwiegend deutsche Kinder sein würden, war das W für *Walther* in Ordnung. Polnisch und Lettisch sind Sprachen, zwischen denen es nur wenige Gemeinsamkeiten gibt, weshalb Deutsch ihre Familiensprache blieb. Arthur sprach nicht Französisch und hatte keine Zeit, sein Polnisch weiter zu vervollkommnen.

Als die Kinder angekommen waren und Adams Hochzeit in Wilna / Vilnius vorbei war, wollten Gerda und Arthur eine einwöchige Herbstreise auf die winzige Insel Ruhnu / Ruhnö im Rigaischen Meerbusen unternehmen: Weniger als zwölf Quadratkilometer, einsam, Fischerhäuschen standen zur Vermietung. Wöchentlich fuhr der Dampfer hin und zurück. Die Sprache dort – das interessierte Arthur besonders – sollte ein historischer schwedischer Dialekt sein, der nirgendwo in Schweden mehr gesprochen wurde. Sie hatten sich eingemietet bei einer Fischersfrau. Es kam, wie Gerda es beinahe erwartet hatte: Arthur konnte nicht mitfahren. Durch den Krieg, der den westlichen Teil des Landes heimgesucht hatte, blieben Lieferungen aus, Papier war knapp geworden, Kunden wurden zahlungsunfähig oder verstarben, ehe sie ihre Rechnungen bezahlt hatten. Arthur hatte Rettungsarbeiten für die Buchhandlung zu leisten, weshalb Gerda mit ihrer Freundin Kati auf die Insel fuhr. Sie wollten dem Krieg ein Schnippchen schlagen.

Fein angezogen standen sie am Kai: neue Absatzschuhe, die noch drückten, mit Riemchen, Seidenstrümpfe, fußfreie Kleider mit breiten Stoffgürteln und Volants am Saum, Glacéhandschuhe und mit Seidenblumen geschmückte Hüte. Darüber trug Gerda einen kurzen Sommermantel mit einem kleinen Pelzbesatz am Saum. Vermutlich war das zu fein für die Insel, aber es war für Gerda erst ihre dritte Reise in der Ehe, die zweite in diesem Jahr. Den Mantel mit dem Pelzbesatz hatte sie sich für Adams Hochzeit gekauft. Sie musste ihrer Familie zeigen, dass sie nicht die arme Ehefrau eines Ladendieners war, sondern die Besitzerin von *Valters & Rapa*. Am Kai genoss sie es, zwischen den eleganten Paaren, die auf andere Schiffe warteten, zu promenieren. Auf dem Schiff kam ihr der Mantel plötzlich falsch vor, denn es war ein schlichter Dampfer. Fischerfamilien hatten in der Stadt eingekauft und saßen mit großen Ballen und verbeulten Koffern da. Nur ein älteres deutsches Paar außer ihnen fuhr in die Sommerfrische, fast schon Herbstfrische.

Die See war bewegt, sie konnten nicht an Deck sitzen, die Fahrt dauerte vier Stunden. Der Herr gegenüber erzählte seiner Frau nette Geschichten von Ruhnu und hatte nichts dagegen, dass die beiden Damen zuhörten. Er meinte, vor fünfzig Jahren, als Ruhnu noch viel einsamer war als heute und als es vor der Erfindung von Dampfschiffen vier bis sechs Monate im Jahr vom Festland abgeschnitten war, wegen des Eises auf der Rigaer Bucht, hätte es hier einen originellen Pastor gegeben, der keinesfalls auf seine Morgenzeitung verzichten wollte. Es gab keine Möglichkeit, im Winter Zeitungen zu erhalten. Regelmäßige, wöchentliche Lieferungen im Sommerhalbjahr führten zu dem Verdruss, dass ihm im Winter der Blick in die Welt genommen wurde. Seine Frau hatte eine Idee. Sie bestellte beim Verlag einen kompletten Satz der Zeitung, versteckte diese vor ihrem Mann und legte ihm jeden Morgen eine druckfrisch wirkende Zeitung neben die Kaffeetasse. Natürlich war dies die Zeitung von vor einem Jahr, aber das merkte er kaum. Anfangs kam ihm das eine oder andere Ereignis bekannt vor, aber sie beschwichtigte ihn. Hatte ihnen nicht ein Freund eine ähnliche Geschichte erzählt? Hatte nicht im Brief der verheirateten Tochter schon etwas davon gestanden? Bald forschte er nicht mehr nach, wie seine Frau das Geheimnis zuwege brachte, ihm morgendlich eine Zeitung zu bescheren. Wichtig war nur, dass er sie beim Frühstück lesen und mir ihr darüber plaudern konnte. So ging das viele Jahre lang mit ihnen, und auch seine Gemeinde war es zufrieden, wenn er anlässlich besonderer politischer Ereignisse Gedanken davon in seine Predigten einstreute. Die Fischersleute lasen nicht. In der Jahreszeit, in der sie dafür Muße gehabt hätten, wurde keine Zeitung geliefert – außer von des Pastors Heiligem Geist, und im Sommer hatten sie keine Gelegenheit dazu, da begann ihr Tagwerk früh und endete spät nach dem Sortieren des Fanges.

Unter Deck rochen Gerda und Kati Fisch, Lebensmittel und verschwitzte Menschen. Zu essen gab es nichts. Am Kai holte sie niemand ab, obwohl es ihnen versprochen war. Sie hatten nicht viel Gepäck und liefen gegen den Sturm ins Dorf. Hier war nichts weit. Trotzdem war es mühsam, und die Schuhe drückten immer mehr. Am liebsten hätte Gerda sie ausgezogen. Sie hatte nicht bedacht, dass es auf Ruhnu sicher keine gepflasterte Straße gab, sondern nur einen ausgetretenen Pfad.

Das Haus war entzückend, ein winziges, blaues Holzhäuschen für sie beide allein! Die Betten hatten gestreifte Leinenbezüge, an den Fenstern waren Mullgardinen und Blumentöpfe, im Garten Stockrosen. Die Fischerin zeigte ihnen das Haus, das hölzerne Toilettenhäuschen dahinter, die Küche, in der sie ihnen Frühstück bereiten und das Mittagessen wärmen würde. Sie verstand weder Deutsch noch Lettisch. Mit Polnisch versuchte Gerda es nicht. So war das mit den ausgestorbenen schwedischen Dialekten … Erschöpft ließen sie sich auf die Betten fallen, die mit einem Meter Abstand voneinander an den Wänden der Kammer standen. Sie hörten nichts außer dem Sturm. Gerda schlief angezogen ein. Nur ihren Mantel hatte sie an den Eisenhaken gehängt und den Hut aufs Tischchen gelegt. Als sie aufwachte, war es dunkel. Sie schämte sich, den ersten Abend verschlafen zu haben. Auch Kati schlief, hatte sich aber umgezogen. Das wollte sie auch tun. Draußen stürmte es, das Meer schien bis zu ihrem Haus kommen zu wollen. Ihre Beine taten weh. Sie entkleidete sich, legte die Strümpfe sorgsam über den Stuhl. An der rechten Ferse hatte der Schuh gerieben, sodass der Strumpf ein Loch hatte, wie ärgerlich! Sie hatte Nähzeug dabei und würde es gleich morgen früh stopfen.

Sie wusch sich mit kaltem Wasser in der Waschschüssel, cremte das Gesicht und zog das Nachthemd an. Auch an der Nachtbekleidung waren Seide und Spitze zu fein für die Leinenbettwäsche. Dann klebte sie sich ein kleines Pflaster auf die Ferse, denn außer den Hausschuhen hatte sie kein zweites Paar Schuhe dabei. Was hatte sie nur über das Hiersein gedacht? Dann blies sie die Petroleumlampe aus, ein süßlicher Geruch blieb in der Luft hängen. Hier gab es weder Gasbeleuchtung noch elektrischen Strom. Sie schlief tief und kam am nächsten Morgen schwer zu sich, als Kati sie rüttelte. Kati war angezogen und sagte erstaunt: „Du schläfst seit siebzehn Stunden, liebe Gerda, was ist mit dir?“ Gerda erhob sich, ging in Hausschuhen zur Toilette und fühlte sich schwach. Im Morgenmantel saß sie beim Frühstück und fühlte sich fiebrig. Kati sah, wie ihre Augen glänzten. „Bist du erkältet?“, fragte sie.

„Ich glaube nicht“, sagte Gerda. „Mir war nicht kalt. Im Schiff war es unangenehm warm und auf dem Weg zwar stürmisch, aber nicht kalt!“

„Du siehst krank aus, leg dich wieder hin!“, bat Kati. Gerda tat es.

„Sei mir nicht böse, ich gehe mal eine Runde, ich möchte mir die Insel ansehen. Ich bin in einer Stunde wieder da.“

„Natürlich gehst du, Kati. Suche eine windgeschützte Stelle für uns aus, wo wir das Plaid hinlegen und aufs Meer schauen können, ohne weggeblasen zu werden.“ Mit diesen Sätzen legte sie sich ins Bett. Ihr war heiß, sie fieberte. Was konnte das sein? Ehe sie den Gedanken zu Ende gedacht hatte, schlief sie schon wieder. Mittags weckte Kati sie: „Geht es dir besser“?

„Ja, natürlich“, meinte Gerda. „Ich habe doch nichts. Oder vermutlich ein wenig Fieber, aber nichts Ernstes.“ Dann konnte sie das Mittagessen nicht schlucken, sie war appetitlos und schwach. Kati machte sich Sorgen. Um ihr zu zeigen, dass sie sich nicht sorgen sollte, holte sie ihr Nähzeug aus dem Reisekoffer, den sie später auspacken wollte, und begann, auf der Bettkante sitzend, das Löchlein im Strumpf zu stopfen. Der Strumpf roch sonderbar. Seit wann roch Seide? Ihr wurde schlecht von dem Geruch. So konnten doch ihre Füße nicht gerochen haben? Sie übergab sich in die Waschschüssel. Da sie nicht viel gegessen hatte, war es ein trockenes Würgen. Als sie die Schüssel zum Toilettenhäuschen bringen wollte, konnte sie kaum stehen. Der Weg durch den Sturm, der immer noch blies, war für sie nicht möglich.

Kati schaffte die Schüssel fort und brachte ihr ein Glas Wasser. „Jetzt mache ich mir ernsthafte Sorgen um dich“, sagte sie. „Du hustest nicht, niest nicht, isst nichts, erbrichst trotzdem und hast Fieber. Was ist das nur?“

„Ich fühle mich so schwach, als könnte ich nicht einmal auf einem Stuhl sitzen, ohne herunterzufallen“, meinte Gerda. „Ich habe so etwas noch nie gehabt.“

„Du legst dich jetzt hin, und ich hole die Fischersfrau, du musst etwas Ernsthaftes haben, mehr als eine dumme Erkältung.“ Gerda sagte nichts und legte sich wieder auf das Bett. Diesmal schlief sie nicht, das Blut schoss ihr in den Kopf, die Hitze nahm zu. Kati war schnell zurück, denn sie hatte die Vermieterin auf dem Weg getroffen. Sie war dabei, ihnen den Korb mit Mittagessen und Abendbrot zu bringen. Die Fischersfrau war unwillig, denn sie hatte nicht verstanden, was Kati gesagt hatte. Sie dachte, die Städterinnen hätten Extrawünsche. Als sie die fiebernde Gerda sah, winkte sie ab. Sie hielt ihre raue Hand auf deren Stirn, ging und kam nach einiger Zeit mit reinen Tüchern zurück. Kati sollte der Freundin Kompressen machen gegen das Fieber. Danach verschwand sie für heute.

Kati aß und wechselte die Kompressen, Gerda schlief fiebrig und glühheiß. Kati war es unheimlich, allein zu sein mit dem Sturm und der kranken Freundin. Sie wusste nicht einmal, wo die Fischersfrau wohnte, sie hatte auf ihrer Wanderung kein Dorf gesehen. Als sie sie holen wollte, war sie ihr entgegengekommen.

Sie weckte Gerda und zwang sie, sich aufzusetzen. „Komm, trink etwas." Gerda versuchte es. Kati stopfte die Kissen um sie herum fest. „Nun sag einmal, tut dir etwas weh?"

„Das rechte Bein, ganz schlimm". Sie betrachteten es. Es war geschwollen und empfindlich. Kati untersuchte es und fand den blassroten Streifen, der vom Pflaster aus nach oben lief. Das konnte nicht gesund sein. Vorsichtig massierte sie das Bein, da verlor oder verteilte sich der Streifen. Sie entfernte das Pflaster und wusch die Wunde. Die sah nicht schlimm aus, aber der Geruch war eigenartig.

„Du hast da etwas hineinbekommen. Waren die Strümpfe neu?"

„Ja", meinte Gerda. „Sie riechen so sonderbar, nicht wie Seide. Aber sie sitzen ohne Falten. Genau das hat der Verkäufer versprochen: Seide, die keine Falten wirft."

„Mit den Strümpfen ist etwas nicht in Ordnung", befand Kati. „Aber was sollen wir tun? Morgen frühzeitig suche ich die Wirtin und erkläre ihr, dass wir heimfahren müssen. Vielleicht weiß sie einen Fischer, der uns nach Riga bringt."

Am Morgen gelang es Kati nicht, Gerda zu wecken. Sie lag bewusstlos halbnackt da. Der rote Streifen war wieder da und hatte sogar schon den Oberschenkel erreicht, ihr Körper glühte. Kati legte Gerda eine frische Kompresse auf und rannte nordwärts. Sie kam zum Dorf und fand die Fischerin in ihrem Garten. Der Sturm hatte sich gelegt, die Stille war unheimlich. Sie hörte nichts außer einigen Seevögeln. Der Fischer wollte eben gehen, um sein Schiff abzuladen. Kati hielt ihn mit großen Gesten auf. Auch er verstand sie nicht, doch er sah ihre verzweifelten Zeichen. Sie holte beide zum Ferienhaus. Die Fischerin wirkte abweisend und sagte dann auf Deutsch: kein Doktor. Dann sprach sie mit ihrem Mann. Der antwortete nichts, stapfte aber in Richtung Dorf. Zurück kam er mit zwei weiteren Männern und einem Pferdewagen. Seine Frau sah sie kommen und bedeutete Kati, Gerda anzuziehen und die Sachen zusammenzupacken. Viel war das nicht. Die Männer hoben die bewusstlose Gerda und das Gepäck in den Wagen zum Hafen, dort in ein Segelboot.

Kati war so dankbar, dass sie der Fischerin die ganze Woche bezahlte, einschließlich aller nicht gegessenen Fische. Gerda lag auf einigen Planen und Decken auf dem Boden. Kati saß weinend im hinteren Teil des Bootes, jetzt fiel die Anspannung von ihr ab. Bei jeder Wende des Bootes knurrte der Fischer sie an, und sie musste sich ducken, um nicht den Großbaum abzubekommen. Der Sturm war vorbei, der Wind günstig. Was machten die Menschen auf einer solchen Insel, wenn sie krank waren? Wenn der Sturm eine mehrstündige Segeltour verhinderte? Wenn eine Frau in den Wehen lag und das Kind nicht kam? Es war entsetzlich. Wieso hatten sie geglaubt, dass eine Insel etwas Romantisches wäre?

Der lange Törn in die Dünamündung war ein Kunststück, vorbei an ein- und auslaufenden Passagierschiffen, Lastkähnen, Dampfern, privaten Booten und vielen grauen Panzerschiffen, die auf Reede lagen. Kati hatte kein Auge dafür, bemerkte nicht die Veränderung, die sich hier abzeichnete, seit der lettische Hafen Klaipeda geschlossen worden war, und sie bemerkte auch nicht die Kunstfertigkeit des Skippers, das Boot flach gegen die Heckwellen der Dampfer zu halten und so unbeschadet aus diesen herauszukommen.

Am Hafen rief sie eine Kutsche. Der Kutscher und der Fischer hoben Gerda auf den Sitz. Der Fischer wollte kein Geld, wahrscheinlich hatte er gesehen, dass Kati seine Frau überreichlich bezahlt hatte für die beiden Tage. Er drehte sofort bei, gegen den Wind. Auch dieses sehenswerte Manöver beobachtete Kati nicht. Sie trieb den Kutscher an und brachte Gerda ins Krankenhaus. „Eine Stunde später", meinte der Arzt am nächsten Tag, „wäre sie tot gewesen bei einer solchen Infektion." Lange schwebte sie zwischen Leben und Tod.

Arthur, seine Freunde Janis Rapa und Walter Tag besuchten sie und natürlich Kati. Aber Gerda nahm sie nicht wahr. Jahre später sagte sie, nur der Tod hätte sie besucht, und sie hätte einen Handel mit ihm abgeschlossen. Er hätte sie vor die Wahl gestellt, sofort, jung und leicht zu sterben, ohne das Bewusstsein wiedererlangt zu haben, oder ein langes Leben vor sich zu haben, ihre Kinder und Enkel aufwachsen und heiraten zu sehen, aber – ein schweres Leben zu haben; eins, das der ehemaligen Comtesse von Werestschinski nichts schenken würde. Sie hatte sich für Letzteres entschieden.

Familiäre Katastrophen

In der lauten Welt draußen läuft keineswegs alles glatt und glücksvoll. In einem Kolonialwarenladen (was für ein Begriff! Eine Zumutung, Überforderung für die Vogtländer, aber der Kamm schwoll ihnen!) gibt es eine Spiritus-Explosion mit einer 14-jährigen Toten (ein ausgesprochen schönes Kind, *hochblond*). Das war eine von Mutters vielen Cousinen. Zwei andere, wieder weiblich, sterben in Irrenanstalten: Ella nimmt Schaden durch Sturz schon im Mutterleib, sie lebt aber *unauffällig* bis zum 14. Jahr, wo sie *eingeliefert* werden muss. Die andere, Clara, wird mit 15 vergewaltigt (natürlich im Wald *da oben im Vogtland* – und vielleicht, wie wär's, von einem böhmischen Fremdarbeiter, so einem slowakischen Finsterling?) und muss drei Jahre später *eingeliefert* werden und stirbt. Es ist so dramatisch und gruselig, dass man zu fragen vergisst, woran sie dann plötzlich sterben mussten. Weiter: die Männerschicksale bei den Wolfs: Einer kommt im wilden Fichtelgebirge um, ein anderer bei Gewitter in der Sächsischen Schweiz. Immer sind es erfolgreiche, besonders nette, blonde junge Leute gewesen.

Carl Schneider (1871–1935) und seine Familie

Carl hatte eine Einladung nach Moskau. Er hatte sich dort vorgestellt, um eine Stelle als Chemiker in einer Farbenfabrik zu erhalten. Da er seinen Schulabschluss auf Russisch absolviert hatte – wie es seit dem Ukas des Zaren Alexander III. im Jahr 1880 verpflichtend war für das ganze Russische Reich –, war das kein Problem für ihn. Carl und Marie blieben nicht, wie ursprünglich gedacht, ein Jahr in Moskau, sondern mehrere. Zu ihrem Freundeskreis in Moskau gehörten der Komponist Rimski-Korsakow, einige andere Künstler und viele Deutschbalten, die hier wohnten.

Carl hatte eine angesehene Stellung als Chemiker in einer Farbenfabrik, gab diese aber auf, da er die Farbgerüche nicht ertragen konnte. Oft reiste er in chemischen Fragen und wegen mancher neuer Erfindungen dieser aufstrebenden Wissenschaft für die Firma nach St. Petersburg, wo er dann für einige Wochen mit Alexander Borodin zusammenarbeitete: dem berühmten Doktor der Chemie, der gut Deutsch und auch andere Fremdsprachen fließend sprach, viel reiste und sich in Heidelberg mit einer russischen Pianistin verlobt hatte. Abends musizierte er meist als Pianist und lud seine Kollegen und ihre Gemahlinnen, auch den hier einsamen Carl Schneider, in seinen musikalischen Salon ein. Er spielte Klavier oder Cello und stellte eigene Kompositionen vor, denen er jede freie Minute widmete. Immer wieder sagte er, er wolle die Chemie aufgeben, um sich ganz der Musik zu widmen. Damit steckte er Carl vielleicht an. Dieser wollte der Chemie nicht ganz den Rücken kehren, zumal er keine vergleichbaren Talente ausbauen konnte. Er wandte sich von der Moskauer Fabrik ab, denn immer schlimmer wurden seine Symptome: trockene Schleimhäute, Hustenreize, nächtliche Atembeschwerden. Carl spürte, wie ihm und allen diese Arbeit schadete. Freund Borodin starb plötzlich im Alter von 54 Jahren auf einem Faschingsball, manche meinten, am gebrochenen Herzen.

Marie schloss sich einem Verein gebildeter deutscher Frauen an, deren Männer ebenfalls in Moskau arbeiteten. Sie lernte Russisch, aber Literatur las sie weiterhin auf Deutsch. Moskau war lange nicht mehr die Hauptstadt Russlands, aber das geistig-kulturelle Zentrum des Landes war es geblieben. Seit es bei der Besatzung Napoleons abgebrannt war, allerdings durch die Bewohner selbst in Brand gesetzt, wurde es großzügig wieder aufgebaut. Breite Straßen waren angelegt worden, Häuser wurden aus Stein erbaut, Läden mit Schaufenstern und Außenrollos im Schatten von Platanen zierten die unteren Etagen – fast wie in Paris. Es gab auch wuchernde Vorstädte, in denen die Fabrikarbeiterfamilien der vielen Industrieansiedlungen wohnten. Die meisten von ihnen waren vom Lande gekommen, als vor einem Vierteljahrhundert die Leibeigenschaft aufgehoben worden war und sie dort kein Auskommen mehr hatten. Sie suchten Arbeit in den Städten. In den Vorstädten war Marie nicht unterwegs, die sah sie nur, wenn sie mit der neuen elektrischen Straßenbahn bis an die Endstationen fuhr oder mit Carl in einer Kutsche aufs Land in die Datscha seines Kollegen.

In Moskau wurde ihr erster Sohn Alexander, genannt nach dem Brauer-Großvater Schneider, geboren. Nach der Geburt strebte Marie zurück nach Kurtna, sie wollte ihr Kind der Mutter zeigen und wieder unter Deutschen leben. Es war ihr recht, dass Carl seine Tätigkeit in Moskau aufgeben wollte. Sie beeilte sich, ihren Hausstand aufzulösen, denn sie war wieder schwanger. Die Kisten reisten mit dem Zug nach St. Petersburg und von dort mit dem Schiff nach Reval. Sie bangte um ihren Besitz, doch er kam unbeschädigt mit Verspätung an. Im Frühling 1900 zogen Carl und

Marie kurz nach einer bemerkenswerten Jahrhundertwendfeier, von der alle sprachen, in die Revaler Familienwohnung ein. Dort wurde am ersten Juni 1900 die Tochter Karin geboren.

Maries Bruder Eduard lebte in Kurtna und hatte die Gutsgeschäfte vom Vater übernommen. Auch Kuno war dort, noch immer unverheiratet, da seine Braut Adele der Mutter nicht passte: Sie war katholisch! Die ersehnte Verbindung passte beiden Müttern nicht. Das Paar hoffte, die Mütter durch ihre Liebe umstimmen zu können, und ahnte nicht, dass dies sich erst nach zwanzig Jahren Briefwechsel und dem Tod beider Mütter erfüllen würde. Als sie heiraten konnten, waren sie Leute im Silberhochzeitsalter geworden und bekamen keine Kinder mehr.

In Sallentack war vor zwei Jahren – ein halbes Jahr vor der Hochzeit von Carl und Marie – deren dicker Schwiegervater Georg Alexander gestorben, und Bertha hatte einen Arrendator angestellt. Ihr Mann hatte kurz vor seinem Tod eine Maschinenfabrik in Tula erworben, 200 km südlich von Moskau. Gern wäre Bertha dahin gereist, um diese zu besichtigen und dem Direktor auf die Finger zu schauen, aber sie war nicht Tamara, dass sie allein reiste. Auf die Idee, Carl und Marie von Moskau aus dahin zu schicken, war sie nicht gekommen, sie litt an einem Mangel an Vertrauen selbst in nahe Menschen. Für Marie, die für Graf Tolstois Bücher schwärmte, wäre ein Ausflug in seine Nähe, gar auf sein Gut bei Tula interessant gewesen. Bertha kümmerte sich um die Brauerei in Reval und ihre russischen Fabriken: Perm, Tula und Orjol. Ein großes Vermögen wollte verwaltet sein. Stattdessen war sie die erste Besucherin bei Sohn und Schwiegertochter, die in ihrem Haus in Reval wohnten, und lernte ihre beiden Enkel kennen. Hier konnte sie der Schwiegertochter auch zeigen, wie sie sich als Frau eines reichen Mannes zu bewegen hatte: Sie durfte, ja sie musste sogar Geld ausgeben im großen Stil.

Carl erhielt in Riga am Baltischen Polytechnikum, an dem er einst zwölf Semester studiert hatte, eine Professur. Er hätte sie gern länger ausgeübt, als er durfte. Aber das ist eine spätere Geschichte. Zuerst kauften sie eine standesgemäße Wohnung an der Promenade in Riga. Dort angekommen, spielte der dreijährige Alexander mit seiner Bonne im Park, Karin lag während des Sommers im hochrädrigen Kinderwagen unter den Bäumen oder im Korb auf dem Balkon, doch kein Kind konnte vollkommen von Mutter oder Kindermädchen beschützt werden. Im Mai 1903 ging es Alexander schlecht, er hustete, bekam Fieber und nachts kaum Luft. Das Kindermädchen trug ihn herum im Haus, abwechselnd aufrecht und liegend, was ihm Erleichterung schaffte. Sein Hals schwoll gewaltig an, der Arzt hatte Diphterie erkannt. Das Gegengift half ihm nicht. Fett und gelblichweiß wucherte der Eiter über die Mandeln in den Mund, die Nase und den Hals hinein. Er starb auf dem Schoß seiner verzweifelten Mutter. Die süßlichen Ausdünstungen der Krankheit mischten sich mit dem Duft des Flieders, der eben zu blühen begann. Sie begruben ihn auf dem Waldfriedhof unter hohen Bäumen. Als sie von der Beerdigung zurückkamen, hingen auf der Wäscheleine die Kleidungsstücke des Dreijährigen. Sie würden sie in den Schrank legen für ein nächstes Kind. Welch ein Fauxpas der Wäscherin!

Ein halbes Jahr nach Alexanders Tod war Marie wieder schwanger. 1904, kurz vor Alexanders erstem Todestag, wurde in Reval die Tochter Margrit geboren.

1905 griff die Revolution von Russland auf die baltischen Länder über, Gutshöfe wurden geplündert und niedergebrannt, Barone und Landpastoren vertrieben, da sie als Vertreter einer historischen Ordnung angesehen wurden. Diese retteten sich durch einen Hilferuf an das russische Heer, das mit Gewalt die vorige Ordnung wiederherstellte. Die Männer verfolgten die Entwicklungen und waren je nach

Einstellung auf der Seite der Russen oder der Esten. Aus der engen Familie war niemand vom Aufruhr betroffen.

Eineinhalb Jahre nach Margrit kam Hedwig auf die Welt, die alle Heidi nannten. Auch sie machte ihrer Mutter Sorgen, denn sie hatte eine Hasenscharte und einen Wolfsrachen. Doch sie trank und lernte reden, der Kinderarzt stellte keine Gefahr fest. Operiert konnte das in jener Zeit noch nicht werden. Heidi tauchte auf jedem Familienbild im Profil auf: Niemand sah ihr ganzes Gesicht auf einem Foto. Sie machte sich mit zunehmendem Alter immer unsichtbarer, obwohl ihr das niemand auferlegte. 1933 wurde sie an der Charité in Berlin operiert, aber da war sie längst eine junge Frau.

Drei Jahre nach den Mädchen, die jetzt neun, fünf und drei Jahre alt waren, gesellte sich ein Junge hinzu, Helmuth Alfred Kuno. 1915 wurde mitten im Krieg Tochter Edda geboren. Das war eine Zeit, in der es den Deutschen nicht gut ging: der Gebrauch der deutschen Sprache wurde in der Öffentlichkeit verboten.

Vom *Ersten Weltkrieg*, der Estland und Lettland relativ wenig traf, bemerkten die Bewohner der Städte vorwiegend die Abdankung Nikolais II. und danach die Verfolgung der Mitglieder des Zarenhauses. Die Russische Revolution war das meistbesprochene, meistgefürchtete und am häufigsten missverstandene Ereignis jener Zeit. Es war in Russland viel Blut geflossen, rotes und vor allem blaues Blut. Die Russen, diese bisher braven Leute, die sich pünktlich zu jeder Ernte als Helfer einstellten, wollten ihre Herrschaft nicht mehr? Niemand von den Baltendeutschen verstand das. Was war nur in sie gefahren?

Die baltischen Länder wurden selbständige Staaten, die Sprachen der jeweiligen Mehrheitsbevölkerung wurden Landessprache. Die zwanzig Prozent Deutschen waren plötzlich eine nationale Minderheit. Die Zeit wurde mit der Staatengründung umgestellt vom julianischen auf den gregorianischen Kalender. Man gewann elf Tage, um sich an die in jeder Hinsicht neue Zeit zu gewöhnen. Doch diese reichten bei weitem nicht aus. Das hatten sich weder Glanstroems noch Schneiders vorstellen können. Esten und Letten waren das *Personal*, ungebildete Leute! Wie wollten sie einen Staat regieren? Hatten sie denn Männer für Regierung und Armee, für Schule und Kliniken? Bisher waren nahezu alle Positionen mit Deutschen besetzt gewesen, die Einheimischen galten ihnen als rückständig und bäuerlich. Gab es in Reval, das plötzlich Tallinn hieß, und in Dorpat, dem bis eben russischen Jurjew, das Tartu hieß, andere Meinungen? Vielleicht kannten dortige Deutsche gebildete Männer? Natürlich hatten an der Universität auch begüterte Esten und Wunderkinder solcher Familien studiert, aber waren das nicht Einzelfälle gewesen? Nein, es hatte sogar estnische und lettische Studentenverbindungen gegeben, nicht klein und im Versteck, sondern mit großen Gebäuden und Festen, das hatten sie sogar gewusst, aber nicht ernst genommen. Auf den Gütern galt das Projekt *Eigener Staat* als von vornherein zum Scheitern verurteilt. Eine der Glanstroem-Tanten brachte es auf den Punkt: *Die Knechte und Mägde wollen einen Staat machen.*

Die in Riga regierenden Letten wollten keine deutschen Professoren im Amt, an Schulen und Hochschulen musste lettisch unterrichtet werden – wie zuvor russisch. Bis zu seinem 47. Lebensjahr hatte Carl diese Stelle eines Professors der Chemie inne, dann kam er der Kündigung zuvor und verließ das Politechnikum, weil er diese Sprache nicht auf Hochschulniveau erlernen konnte. Er hatte die vier Jahre Übergangsfrist ausgereizt und ging, ehe die Leitung ihm kündigte. Er hatte erwartet, dass der sogenannte *Lettische Staat* kein Jahr überleben würde. 1922 zogen Schneiders aus und verließen das Land Richtung Norden. Im vertrauten Reval/Tallinn musste ebenfalls in der Öffentlichkeit estnisch gesprochen werden. Das war ihnen von Kind an vertraut. Carl konnte sich eine dreijährige Arbeitspause leisten, ehe er sich auf die Stelle des Leiters im Expertisenkabinett des Kriminalamtes bewarb und sie erhielt. In dieser freien Zeit widmete er sich seinem Hobby, der Graphologie. Er hielt darüber mitunter Vorträge, Graphologie galt zu jener schreibmaschinenarmen Zeit, als alle Menschen mit Hand schrieben, als Wissenschaft, als Methode der Psychodiagnostik. Was ließ sich aus der Handschrift eines Menschen alles ableiten? Besonders Naturwissenschaftler und Ärzte waren an den Ergebnissen interessiert, berufliche Schulen und Akademien luden ihn ein.

Sie zogen in das Holzhaus der Familie in der Kaufmannstraße / Kaupmehe. Marie ging mit der dreijährigen Edda spazieren. In solchen Zeiten war es wichtig, Grundbesitz zu haben, Geld konnte schnell an Wert verlieren. 1887 hatte Vater Alexander das damals zehn Jahre alte Haus aus zweiter Hand von einer Familie erworben. 1898, nach seinem Tod, war es auf seine Frau Bertha als Eignerin umgeschrieben worden. Es war ein Teil ihres Erbes.

Drei Häuser standen auf dem Grundstück: ein zweistöckiges direkt an der Straße, fünf Fenster breit wie all die Holzhäuser hier in der Gegend. Es wirkte nicht groß, dennoch hatte jedes Stockwerk zehn kleine Zimmer. Nach dem Garten hinaus hatte es zwei verglaste Veranden, eine in jedem Stockwerk. Ein weiteres zweistöckiges Holzhaus gab es weiter hinten im 5000 Quadratmeter großen Garten. Außerdem gab es ein Häuschen für den *Kojamees*, den Hausmeister oder wörtlich übersetzt *Hauskerl*. Selbst dieses hatte noch eine zweite Wohnung für Gäste. Der Garten war mit Obstbäumen bewachsen, die Johannisbeer- und Stachelbeersträucher trugen üppig. Beim Einzug kam es ihnen riesig vor. Doch schon bald war der Lärm von vier Kindern darin zu hören, außerdem kamen Maries Geschwister mit ihren Familien zu Besuch, Carls Cousins und Cousinen kamen und ihre Freunde.

Seine Entlassung aus dem Rigaer Technikum hatte Carl seelisch geschadet. Er war ein anderer geworden, ein Älterer. Er ließ seinen Bart lang werden, trug keine Anzüge mehr, sondern handgestrickte Jacken und im Labor Kittel. Seine Haare wurden weiß und dünn. Carl starb dreizehn Jahre später im Alter von 64 Jahren in dem Haus, seine Frau Marie lebte noch lange darin.

Den jüngeren Kindern wurde dieses Haus die Heimat.

Nach und nach kamen die Freundinnen und Freunde der Schneider'schen Töchter und des Sohnes ins Haus, es kamen die Verlobten und später die Ehemänner und -frauen und das erste Enkelkind Marianne. In der Fliederlaube wurden Beziehungen vertieft oder enttäuscht aufgelöst, manche Zärtlichkeit und allerhand Unbeholfenheit gewechselt.

Die bindende Kraft von Fliederlauben wird oft überschätzt. Manchmal stellt sich ihr Duft als zu intensiv heraus, oder er riecht ein klein wenig nach Tod.

Karin Schneider (1900–1947)

Karin zog 1918 zu Beginn des Wintersemesters von Riga nach Dorpat/Tartu, um als erste Frau der Familie zu studieren. Sie belegte Medizin, wollte Ärztin werden und bewohnte zusammen mit einer anderen Studentin eine kleine Wohnung in der Frauenpension von Fräulein von Engelhard. Anfangs war sie schüchtern den Männern gegenüber, die sie umgaben. In der Medizin-Studiengruppe waren sie vier Frauen und 26 Männer. In der Theologie und Philosophie gab es noch keine Frauen, bei den Sprachen in jedem Jahrgang zwischen sechs und acht. Nicht wenigen der Herren verdrehte ihr markantes Profil mit dem Bubi-Haarschnitt den Kopf.

Einige Professoren taten sich schwer, Frauen in die Labore und Seziersäle zu lassen, andere ließen ihnen die Freiheit, wendeten sich aber demonstrativ ab, wenn diese sie etwas fragten. In Tartu begann für Karin ein kleines gesellschaftliches Leben. Was für Frauen sonst undenkbar war – hier war es möglich: Studentinnen saßen mit ihren Kollegen in der Konditorei oder im Limonadenpavillon auf dem Domberg. Sie lasen in der Bibliothek oder gingen am Ufer des Embaches oder im Botanischen Garten der Universität unter den Bäumen spazieren. Die neuen estnischen Professoren waren offener als die langjährigen deutschen, von denen die meisten aus konservativen Familien stammten. Ab dem dritten Semester durften die Studentinnen im Seziersaal mitarbeiten. Dort hatte Karin ein fürchterliches Erlebnis. Als wäre es nicht schon erschreckend genug, zwischen Ertrunkenen, im eisigen Winter Erfrorenen und an Alkoholvergiftung Gestorbenen zu stehen, ihren Bäuche und Brustkörbe zu öffnen. Jetzt kam ein weiterer Schock dazu. Sie rannte eilig aus dem Saal. Die Sensation, die der Professor ankündigte, war eine Person, weiblich, 77 Jahre alt, die den Freitod mit Gas gewählt hat. Das war eine bisher seltene Todesart, denn noch gab es nicht im ganzen Land Gasleitungen, neu und ungewöhnlich waren sie in Haushalten. Sie sollten die verstorbene Person betrachten und feststellen, was der Leiche anzusehen wäre, wie sich das unsichtbare Gas, das sie eingeatmet hatte, in der Lunge und im Körper zeigte. Karins Schock war, dass die Tote ihre geliebte Großmutter Bertha Schneider aus Sallentack war. Es war ihr nicht möglich, sie als nackte, rosig verfärbte Leiche, bedeckt mit Leichenflecken voller Einblutungen und mit graublauen Fingernägeln zu sehen. Nie könnte sie ihr ein Skalpell an die Brust setzen, die sie bislang nur umhüllt von Seide und Brüsseler Spitze gesehen hatte.

Bertha Schneider hatte es nicht verkraftet, dass ihre Fabriken in Perm und Tula enteignet waren von den Bolschewiken: wüsten, schreienden Russen, die sie nicht kannte. Die Russen, die sie gekannt hatte, waren elegante Herren im Hofdienst gewesen, die ihr die Hand küssten und sich ehrerbietig verneigten. Nun waren Horden in ihre Firmen eingefallen, hatten die Direktoren ermordet, die Kassen und Safes gestohlen, die Konten geplündert, die Postwege gekappt und die Leitung übernommen, ohne etwas von Firmenleitung zu verstehen. Es floss kein Geld mehr auf ihre Konten. Als sie um Geld schicken ließ, kam der Hausknecht mit einem Brief zurück, dass sie Geld einzahlen solle, weil sie sonst ihre Verbindlichkeiten nicht bedienen könne. Kein Geld sei im letzten Monat aus Russland gekommen, keins würde mehr kommen. Sie konnte ihrer Haushälterin nichts für die nötigen Einkäufe geben.

Am Ende des vierten Semesters beendete Karin ihr Studium: teils war es der Schock über die tote Großmutter und die Zumutungen des Arztberufes; teils die Angst um ihren Vater, dessen Professur zur Debatte stand. Würde er entlassen, könnte er weder ihr Studium noch die Schulen ihrer Schwestern und ihres kleinen Bruders bezahlen. Doch es war auch die Notwendigkeit, Sallentack auszuräumen, Amama Berthas Besitz zu sichern und zu übernehmen. Von den Russen, die jetzt Sowjets genannt werden wollten, waren nicht nur die russischen Fabriken, sondern zumindest auf dem Papier auch das Gut enteignet worden. Ihre Mutter war mit der Erziehung von vier Kindern befasst, inzwischen ohne Kindermädchen. Auch die Kindermädchen waren fortgelaufen und meinten, anderswo besser und gerechter bezahlt zu werden. Ihr Vater war in Riga, Onkel Guido und Tante Lydia waren in Stockholm an der Universität unabkömmlich. Sie war erwachsen und durch ihre Studienzeit in Dorpat (sie weigerte sich, *Tartu* zu denken, wenn sie es schon sagen musste) gewöhnt, allein zu reisen. Also fuhr sie, als vom Verwalter das Paket mit den Schlüsseln und Papieren kam, nach Norden. Sie stieg nicht, wie früher manchmal mit der Familie, in Taps (Tapa!) aus, weil sie kein Wagen vom Gut dort erwartete und weil es weiter war als von Reval. Sicher war auch hier das Personal geflohen, als es keinen Lohn mehr bekam. Schlimmstenfalls hatten sie alles gestohlen und Haus und Hefefabrik an die neuen Russen verhökert.

Sie fuhr bis Reval, wo es Mietkutschen gab. Das vertraute Bahnhofsschild war übermalt: Tallinn stand nun da in russischen und lateinischen Buchstaben. Sie traf sich mit ihren beiden Cousins Christian und Joachim Schneider. Gemeinsam fuhren sie am übernächsten Tag, als Erntehelfer verkleidet, mit einer Mietkutsche auf das Gut. Zu ihrer Erleichterung gab es keine Wachen und es hatte scheinbar keine Diebe gegeben. Ihre Schlüssel passten, und sie nahm ihr Eigentum erleichtert in Besitz. Nur Stunden später kam der Verwalter vorbei, als hätte er ihre Anwesenheit gespürt. Er schickte die Kutsche zurück, brachte Essen und konnte ihnen, genauer als im Brief, von Berthas letzten Tagen und der Fülle der erlebten Schrecken erzählen. Russische Soldaten waren in Lastautos die Allee entlanggekommen, hatten vor dem Eingang geparkt und der alten Dame zugesetzt. Es hatte sie nicht milde gestimmt, dass sie ihre Fragen und Aufforderungen russisch beantwortete. Sie hatten die Papiere aller Fabriken und Güter, Siegel und Stempel, Konto- und Kassenbücher, die Arbeitsverträge des Personals gefordert und hatten den Geldschrank mit allen Dokumenten auf ihr Militärauto geladen. Dies war das erste Mal, dass etwas anderes als ein Pferdewagen durch die herrschaftliche Allee kam. Sie waren mit schallenden Tritten durch die obere Etage gegangen und hatten im Treppenhaus die Gemälde von Alexander und Tochter Berthe mitgenommen. Wie zum Hohn hatten sie der alten Dame den Pelzplaid entrissen, der auf ihren immer kalten Beinen lag. Die beiden Dobermanns, einst ihre treuen Wachhunde, hatten nur leise gejault. Sie waren zu alt zum Wachen. Gunzilo knickten beim Aufstehen inzwischen oft die Beine ein, Phantom machte seinem Namen Ehre, indem er seine Decke in der Kaminecke nicht mehr verließ. Zum Abschluss hatten die Russen gedroht, wiederzukommen und den Rest zu holen.

Als Verwalter Baier am nächsten Morgen kam, war es ganz still. Die Hefefabrik produzierte seit zwei Jahren nicht mehr. Die Hausmädchen waren geflohen, Comptoir, Salon und Küche waren leer und still. Es stank, er konnte den Geruch nicht zuordnen. Er rief vergeblich, ging, überall höflich anklopfend, durch die Räume. Das Bett war unberührt. Kein Raum war verschlossen. Der Geruch kam aus der Küche. Er riss das Fenster auf. Die Tote saß, über die Seitenlehne ihres Sessels geneigt, mit Blick in den offenen Backofen da. Die Hunde lagen bewegungslos zu ihren Füßen.

Nun war sie begraben auf dem Kirchhof von Hageri. Die alten Gesetze, dass die, die Hand an sich gelegt haben, nicht auf den Kirchhof durften, galten nicht mehr. Seit Beginn des Krieges waren die Eindeutigkeiten verschwunden: Wer war schuldig oder unschuldig, Opfer oder Täter, Christ oder

Freidenker? Eine neue Eindeutigkeit hatte Einzug gehalten: Sie waren Tote.

Karin konnte vom Nachklang erzählen, vom Tod im Seziersaal. Der Verwalter schüttelte sich und stammelte immer wieder: Moi moi moi, junges Fräulein, moi moi moi, junges Fräulein!

In den nächsten Tagen sortierten und räumten die jungen Leute. Briefe, Fotos, kleinere Gemälde, Bücher, Tagebücher und Silberbestecke packten sie in Kisten und schickten diese nach Reval und Riga an ihre Familien. Die Möbel, den Hausrat, die meisten Küchenutensilien und manche Nippes, *Stehchen* und *Liegchen* genannt, annoncierten sie zum Verkauf. Das Comptoir war so gut wie leer, nichts zeugte von akribischer Buchhaltung über Jahrzehnte. Die Fabrik am anderen Ende der Allee war zugenagelt, versiegelt und mit estnisch-amtlichem Papier beklebt. Karin musste an den spöttischen Spruch denken: *Die Regierung will nur unser Bestes!* Antwort: *Genau das wollen wir ihr nicht geben!*

Die vier Pferde, die beiden Wagen, den großen und den kleinen Schlitten, eine kleine Schafherde und die Hühnerzucht hatte der Verwalter *übernommen*. Er hatte es vor den Russen gerettet und mochte es behalten. Die Tiere mussten gefüttert, die Pferde gestriegelt und beschäftigt werden. Ohne Pferde wären sie weder mit den vernagelten Kisten zur Post in Kohila noch zurück nach Reval gekommen. Er hatte die Tiere als seinen Anteil an der Aufteilung des Großgrundbesitzes deklariert und sich selbst als *Dienstpersonal*. Den Brüdern blieb der Mund offen über Baiers Dreistigkeit, aber sie brauchten ihn. So schluckten sie hinunter, was sie gern gesagt hätten. Sie sahen, dass er ihre Reaktion bemerkte, und sie registrierten seine Miene. Doch sie hatten keine Wahl.

Die meisten Kleidungsstücke waren brüchig, Bertha hatte in den letzten Jahren keinen Wert mehr darauf gelegt und war nicht mehr zum Einkaufen in die Stadt gefahren. Die

Arbeiten der hiesigen Schneiderin mochte sie nicht, unter ihren Händen würde alles *bäurisch*, meinte sie. Das war für sie ein Schimpfwort. Der Verwalter ließ es den Familien der früheren Angestellten sagen, dass sie sich einen Anteil an Kleidern und Wäsche holen könnten. Alle kamen. Karin und die Jungherren kannten das Personal, das keins mehr sein wollte, nicht, sie waren als Kinder zuletzt hier gewesen. Alles wurde abgeholt.

Ein Kleid entriss Karin einer Fünfzehnjährigen, die damit über den Vorplatz wirbelte und es fast im Schmutz des Weges schleifen ließ. Es war ein weißes Gewand mit grüner Stickerei an den Ärmeln und am Kragen. Sie selbst würde es tragen, zu einem Ball oder Karneval! Es zog sie magisch an, ohne dass sie wusste, weshalb. Vielleicht weil es – obwohl altmodisch – so besonders war? Was fehlte, war jedoch der Schmuck! Großmutters riesiger Schmuckkasten war verschwunden. Das Einzige, was sie noch fand, war die goldene Uhr des Großvaters, die nicht im Schmuckkasten gelegen hatte, sondern seit mehr als zwanzig Jahren unbeachtet in einer Tasche seiner Weste steckte. Es musste die sein, die sein Vorfahr, der Lokomotivführer, vom Zaren als Geschenk erhalten hatte. Die Uhrkette band sie an das Knopfloch. Als sie sie aufzog, funktionierte sie.

Hatten die Leute den übrigen Schmuck? Hatte der Verwalter ihn oder die Russen? Er würde es ihnen nicht sagen, auch nicht, wenn er es wüsste. Auf einmal fiel ihr auf: Nicht nur der Schmuck fehlte, sondern auch die goldenen Eierlöffel.

Warum waren beim Eierlöffel entweder die Laffe oder der ganze Löffel golden? Weil weichgekochtes Ei vom Silberlöffel weder schmeckt noch gut aussieht! Das Auge isst doch mit.

Exkurs für uns Heutige: Beim Kochen bildet sich im Ei eine kleine Menge Schwefelwasserstoff. Berührt das gekochte Ei Silber, so entsteht Silbersulfid. Der Löffel bekommt davon hässliche schwarze Ränder, und das Ei schmeckt widerlich nach Metall.

Deshalb waren Berthas Eierlöffel golden: nicht vergoldet, sondern komplett aus Gold. Nun waren sie verschwunden.

Der Verwalter lebte hier und müsste mit den Menschen auskommen, die vielleicht demnächst die Herren sein würden. Dafür waren zwölf goldene Löffel vielleicht kein zu hoher Preis. Die ahnungslose Karin, aus einem wohlhabenden Hause kommend, konnte den Wert nicht einschätzen: Heute würden die zwanzig Gramm Gold eines Löffels mehr als tausend Euro wert sein, damals war Gold wertvoller. Sie tat dieses verlorene Vermögen mit einer stolzen Bewegung ihres Kopfes ab. Ich möchte sie schütteln, die dumme Göre, die später einmal meine Großmutter werden sollte!

Dass Karin so leicht hergab, was ihr nie gehört hatte, heißt nicht, dass ihr die Verluste egal waren. Ihr war ihre Rolle hier verleidet vor Kummer, da war dieser Diebstahl nur einer von vielen. Vor lauter Traurigkeit weinte sie sich sowohl hier als auch später zu Hause abends in den Schlaf und stand früh immer später und widerwilliger auf.

Die Legende von der goldenen Frau

Es gibt eine estnische Legende, nach der die Frauen der Vorzeit alle eine spannenlange Bronzefigur besaßen. Sie vererbten sie von der Mutter auf die Tochter. Alle hatten solche Figuren, sie galten als Segensbringerinnen und wurden befragt, wenn eine Frau kein Kind bekam, sich aber eins wünschte, oder wenn eine Frau schon zu viele Kinder hatte und nicht mehr schwanger werden wollte oder wenn sie nur Söhne gebar statt der ersehnten Töchter.

Für jeden erfüllten Wunsch erhielten die Figuren eine neue Schicht Kupfer oder Gold auf den Körper, bis sie schwanger und wohlhabend aussahen. Das war in Zeiten, als *reich* und *dick* noch mit dem gleichen Wort bezeichnet wurden. Es gab unter den Frauen immer eine, die des Schmiedens fähig war und die sich der kleinen Frauen annahm. Während des Mittsommerfestes wurden sie ins fruchtbare Moor gesenkt, um ihre Kräfte im Schoß der Erdmutter zu erneuern.

Als die fremden Ritter kamen und bestimmten, dass das Volk kein Gold mehr besitzen durfte, und die Bischöfe verfügten, dass alles Gold an die entstehenden Kirchen zu geben sei, versteckten die Frauen ihre Figürchen für immer im Moor. Niemand außer den Besitzerinnen kannte die Stellen, an denen sie ruhten.

Später, als überall Torf gestochen und Wald gerodet wurde und es immer schwieriger geworden war, Rituale zu feiern, schmiedeten die Frauen statt einzelnen Püppchen eine gemeinsame Figur aus reinem Gold und versenkten sie im Moor. Diese wurde nicht mehr jedes Jahr herausgehoben, denn das Geheimnis durften nur wenige wissen. Zu manchen Gelegenheiten holten die Frauen sie hoch, feierten die alten Rituale und bedeckten sie mit neuem Gold. Weil sie nach und nach zu schwer wurde, beschlossen die Frauen, sie nicht noch massiver werden zu lassen. Nun wurde sie filigran. Außerdem war es schade, die geopferten Schmuckstücke in der Hitze des Schmiedefeuers zerfließen zu lassen. Bis auf die innere Figur blieben die Opfergaben nun heil. Woher das Gold kam, wusste niemand. Immer in den Tagen um Mittsommer lag es bei der Schmiedin in der Werkstatt.

Heute weiß niemand, an welcher Stelle die Figur im Moor liegt, die längst übermenschengroß geworden sein muss. Die Legende sagt, dass sie erst gefunden und ausgegraben wird, wenn Gold nicht mehr als Geld dient, sondern nur noch als Spiegel, der das Sonnenlicht in die Seelen der Menschen bringt. Wer dann in sie hineinsähe, würde wohl tief in ihrem Inneren die Glieder einer Rigaer Bürgermeisterkette finden und manchen Familienschmuck, an dessen Form und Muster sich jedoch niemand mehr erinnern würde.

Eine Nebenlinie: Jonas Glanstroem (1675–1718) und Katjinka von Schneider (1856–1918)

Guido und Lydia wohnten 1918 einige Monate im Talliner Haus auf der Kaufmannstraße, als sie ihre Professuren in St. Petersburg, das jetzt Leningrad genannt werden musste, aufzugeben gezwungen wurden. Die Sowjets wollten auch keine deutschen Professoren.

Beide bewarben sich in verschiedenen Städten um Zoologen-Stellen. Sie reisten zu Gesprächen längere Zeit nach Uppsala und Stockholm, hatten sich an Hochschulen beworben, Urlaub gemacht und in verschiedene Archive geschaut. Sie berichteten Unerhörtes! In Stockholm hatten sie nach dem Urahn Jonas Glanstroem, dem Schweden, der als Rent- und Proviantmeister seines Königs Fredrik I. im Jahr 1694 oder 1695 nach Reval gekommen war, geforscht. Selbst im Militärarchiv, in dem die Namen der Kompanien, Kompaniechefs, aller lohnempfangenden Bediensteten der Könige und der Armee akribisch verzeichnet waren, gab es keinen Mann dieses Namens. Guido hatte sogar eine Liste aller Rent- und Proviantmeister in den schwedisch besetzten Städten des Ostseeraumes gefunden und abgeschrieben. Es war kein Glanstroem dabei. War er vielleicht kein Schwede gewesen? Noch schlimmer war, dass es den Namen Glanstroem überhaupt nicht gab: Bergstroem, Engstroem, Lindstroem, Nystroem, Wikstroem … aber keinen Glanstroem. Wer war er also gewesen? Ein Betrüger, der sich beim Grenzübertritt einen neuen Namen zugelegt hatte, um unerkannt zu bleiben? Ein Verfolgter auf der Flucht? Ein heimlicher

Plünderer? Ein Russe, Pole oder Jude, der eine neue Staatsangehörigkeit haben wollte? Zum Glück, so meinten sie, sei er kein *Zigeuner* gewesen, das wäre den Glanstroems anzusehen. Es stand nirgends, woher er kam. In der Heiratsurkunde stand , dass seine Frau vor der Trauung *ein teutsches Mädel* war. Er musste ein gewitzter Mensch gewesen sein, der sich nicht nur einen Namen erfand, sondern einen Posten und einen König dazu. Schneiders waren sich einig: Es müsste niemand erfahren, dass der bislang verehrte Herr Urururur-Großvater vielleicht ein Possenspieler, ein Jude oder ein Verbrecher gewesen war.

Schlimmer als diese Aufklärung und besonders unerklärlich war es der Familie Schneider, dass die Wut der Sowjets nicht nur die Gutsbesitzer, sondern auch den Teil der Familie betroffen hatte, der bei Hofe diente. Viele Deutsche hatten dort gearbeitet, wenn auch nicht viele Schneiders. Der Zar hatte es geschätzt, dass die lutherischen Baltendeutschen nicht sechzig kirchliche Feiertage im Jahr hatten, dass sie pünktlich waren, akzentfrei russisch sprachen und sich dem Hof anpassten.

Als die Zarenfamilie fliehen musste, waren viele Mitglieder baltischer Familien bei ihnen. Die inzwischen zweiundsechzigjährige Hofdame Katjinka von Schneider, geadelt dank ihrer unerschütterlichen Haltung, war eins der Opfer. Sie war nicht bei Zar Nikolaus, seiner Frau Alexandra und dem schwachen Söhnchen in Zarskoje Selo geblieben, sondern dem Großfürsten Michail Alexandrowitsch, dem jüngeren Bruder des Zaren, und seiner Familie in die Verbannung ins Schloss Gattschina, fünfundvierzig Kilometer südlich von St. Petersburg, gefolgt. Von dort waren sie alle in ein Hotel in Perm verbracht worden. Täglich mussten sie sich bei der Tscheka, der sowjetischen Militärpolizei, vorstellen. Großfürst Michail und sein Sekretär wurden eines Tages ohne Ankündigung im Wald erschossen, einen Tag später in einem Kupferschiefersteinbruch nahe der Stadt alle anderen, die ihm in die Verbannung gefolgt waren. Auf Katjinka und die anderen Hofdamen mussten die Tschekisten mehrfach schießen, weil die Kugeln an den eisernen Stäben ihrer Korsetts abprallten wie an kugelsicheren Westen.

Karin (1900–1947) und Erich (1901–1951), Arthur (1871–1924) und Gerda Walther (1869–1961)

Karin sehnte sich nach Riga, wo sie ihre Kindheit verlebt hatte. Sie war die meiste Zeit ihres Lebens in Riga gewesen und sprach dennoch mehr Estnisch als Lettisch, aber das war nicht von Belang. Zu Hause sprachen sie Deutsch.

Sie hatte in verschiedenen Krankenhäusern gearbeitet. Erst kurz in der Universitätsklinik in Dorpat, dann als Privatpflegerin für das kranke Kind eines estnischen Ministers in Reval und danach in der Worm'schen Privatklinik in Riga-Hagensberg. Hier hatte sie einen Mann länger betreut: Erich Valters war ein Patient mit im Weltkrieg vielfach durchschossenem Bein, wurde mehrfach operiert, und sein Aufenthalt dauerte, so dass sie Gelegenheit hatten, einander kennenzulernen. Bald waren beide über die Dauer seines Aufenthaltes nicht mehr enttäuscht, er diente der entstehenden Beziehung. Erich war sprachbegabt: Aus einem deutsch-lettisch-polnischen Elternhaus stammend, hatte er eine russische Schule besucht. Seine zweite Schulsprache war Französisch. Wie auch in den anderen Sprachen war er besser als Karin. Sie hatte 1919 ihr Abitur an der höheren Mädchenschule Riga abgelegt, ehe sie nach Dorpat / Jurjew / Tartu zum Studium ging. Mit einem Verlobten in Riga würde ihr Lebensweg wunschgemäß in die Stadt der Kindheit zurückstreben.

1912 hatten Janis Rapa und Vater Arthur gemeinsam den Buchladen von Karl Jakob Ziemann aus der Konkursmasse übernommen, wie geschildert, in dem Arthur Valters einst Lehrling gewesen war. Schon vor der Jahrhundertwende hatte Arthur von der *Buchmesse Leipzig* Walter Tag mitgebracht. Arthur war für Herrn Ziemann dort und wusste, dass dieser einen weiteren Buchhändler wie ihn suchte, in Riga jedoch keinen fand. Walter Tag, Messediener auf der Buchmesse, wurde ihm als begabter Büchernarr empfohlen. Die Beziehung zwischen ihnen war keineswegs nur geschäftlich, er wurde zum langjährigen Freund der Familie. Da er aus einem sehr armen Elternhaus kam, der späterblindete Vater und die ungelernte Mutter die fünf Kinder nicht ernähren konnten, hatte er auf der Messe als Helfer an den Ständen zu arbeiten begonnen. Er war sofort bereit, Stadt und Familie zu wechseln. Sein Start in Riga war schwer, weil er nichts mitbrachte und anfangs weder Russisch noch Lettisch sprach. Er begann als Untermieter in Lehrling Arthurs Kammer. Ziemann stellte ihm als Logis eine Matratze und ein Federbett für den Winter. Als Arthur Gerda geheiratet hatte, konnte er das Zimmerchen behalten. Später durfte Walter als Freund mit in die Villa auf der Dünamündschen Straße / Daugagrīvas ilea einziehen.

Als Karins Eltern Erkundigungen über den Bräutigam und seine Familie einzogen, erfuhren sie, dass Arthur Valters, der Vater von Erich, ein *begnadeter Philologe von großer Arbeitskraft und unerschütterlicher Redlichkeit* sei und der Compagnon Rapa ein *unbescholtener Teilhaber aus einer bekannten Familie*. Große Leistungen wurden beiden bescheinigt. So willigten sie in die Ehe ein.

Erich hatte sein Abitur kurz nach der Russischen Revolution absolviert. Die meisten seiner deutschen Mitschüler zogen sofort in den Krieg gegen die Sowjetunion, er war einer der wenigen, der sofort ein Studium begann. Dank Walter Tags Empfehlung begann er in Leipzig das Studium an der *Hochschule für Grafik und Druckkunst*, seinen zweiten Studienabschluss in Kunstwissenschaft machte er in Wien. Nach der wirtschaftlichen Schlappe durch den Krieg und die kurze Sowjetzeit konnte er sich durchsetzen mit seinem Wunsch nach einer eigenen Druckerei. Ein Buchgeschäft mit Verlag und Druckerei wäre eine eigene Verlagsbuchhandlung! So berühmt wie die *Ernst'sche Verlagsbuchhandlung* oder *Dr. Max Jaeneckes Verlagsbuchhandlung Leipzig* oder die *Cotta'sche Verlagsbuchhandlung Tübingen*, die es seit Mitte des 17. Jahrhunderts gab, sollte sie einst werden. Damit waren Gewinne zu erwarten. *Valters & Rapa* mieteten Räume an und kauften gebrauchte Druckmaschinen, Papierschneidemaschinen, Lagerregale und Setzkästen. Die Typen gossen sie selbst, die Gießerei war in einem angrenzenden Schuppen untergebracht. Erichs Bruder Bruno hatte sein Studium in Leipzig an der Börsenkommerzschule beendet und war danach Volontär in Erlangen gewesen. Auch er war ein umtriebiger Arbeiter, sein Werk die Zeitschriftenredaktion. Als auch dieses Geschäft zu blühen begann, waren die nächsten Projekte eine lettische und eine deutsche Tageszeitung.

Gemeinsam betrieben sie das Geschäft mit so viel Erfolg, dass sie 1920 in den repräsentativen Laden auf der teatra iela / Theaterstraße, direkt neben dem Opernhaus, umziehen konnten. Zehn überwölbte Schaufenster hatte der neue Laden, eine Fensterfront. Innen war er elektrisch beleuchtet. Das klassizistische Haus hatte fünf hohe Stockwerke über dem Laden. Dieser zog sich schmal mit langer Ladentafel hinter der Fensterfront entlang, rechts und links über der Eingangstür prangten zwei große Bronzeeulen. Eine geschnitzte Jugendstil-Holztür verband den Laden mit dem dahinterliegenden Lager. *Valters & Rapa* führten Schulbücher in drei Sprachen und hatten literarische Ecken in mehreren Sprachen. Diese waren mit Sesseln ausgestattet und mit Topfpalmen abgegrenzt. Polnische, litauische, albaruthenische, estnische und schwedische Bücher waren ebenso vorhanden wie Kunstbände, Fotobücher und alles, was der beginnende Fremdenverkehr erforderte. Menschen kamen am Hafen oder Bahnhof an, sie wohnten in Jurmala / Riga-Strand oder in den Hotels der Innenstadt. Sie wollten etwas lesen über die Stadt und das elegante Jugendstil-Neubauviertel hinter dem Kronvalda parks / Kronwaldpark, das die Architekten Konstantīns Pēkšēns und Eižens Laube zu bauen begonnen hatten und womit sie weitere namhafte Architekten in die Stadt zogen. Die Nähe zur Oper inspirierte sie zu einer Musikabteilung: Noten und Monografien über berühmte Sänger und Musiker. Karin bewunderte Erichs breite Kenntnisse auf jedem Gebiet. Trotzdem sie die erste Frau der Familie war, welche studierte, kam sie sich neben ihm oft dumm vor. Es gab nichts, worüber er nichts wusste oder wozu er nicht schnell eine Auskunft beschaffen konnte. In ihre Bewunderung mischte sich Trauer. Was machte sie falsch, dass sie das nicht konnte? Sie wusste nicht, wo sie hätte anfangen oder weitermachen sollen mit Lernen.

Erichs sechste Sprache war sein geheimes Hobby: Jiddisch. Er lernte es autodidaktisch und probierte es bei den jüdischen Kunden, die diese alte Sprache noch beherrschten. Das waren nicht viele, die meisten Juden verachteten das Jiddische als primitiv und rückständig, zusammenhängend mit Schläfenlocken, Kaftanen und historischer Religionsausübung. Erich hielt – es vermutlich überschätzend – Jiddisch für die Wurzel der deutschen Schriftsprache und war erfreut, dass sein Studium in Leipzig nicht nur die grafische Gestaltung von Schriften und Titelbildern beinhaltet hatte, sondern auch die Geschichte der Schrift. Hatten im Mittelalter nur die Geistlichen in den Klöstern schreiben können und dies auf Latein getan, so war eine frühe mittelhochdeutsche Aufzeichnung, von der er im Studium gehört hatte, die Gudrunsage. Sie wurde im 14. Jahrhundert in hebräischer Schrift notiert. Was war das für eine Geschichte! Die Deutschen, die sich seit dem 13. Jahrhundert im Baltikum überlegene Einwanderer und Missionare wähnten, waren, als sie als Ritter in diesen Ländern ankamen, ohne eigene Schrift gewesen! Er vermutete, ihre Geschichten seien von Theologen in Latein niedergeschrieben worden oder volkstümlich in hebräischen Lettern! Was war das für eine Entdeckung – oder wenigstens für ein Gedanke!

Jüdische Kunden waren häufig und geachtet. In Wilna / Vilnius hatte Erich die reichen Synagogen gesehen, die – zusammen mit ihren Schulen, koscheren Schlachthöfen, Geschäften und Bädern – der Stadt den Namen *Neu-Jerusalem* beschert hatten. Ihre Vorfahren, aschkenasische Juden, waren nach den Kreuzzügen, der Pest und den daraufhin überall in Europa grassierenden Verfolgungen in dieses nordische Reich der Vernunft ausgewandert, das ihnen den ehrenvollen Titel der *Litwakes*[58] verlieh. Im Gegensatz zu den Deutschen, Schweden, Dänen, Russen und Mongolen hatten sie nie versucht, die Herrschaft über die hiesigen Länder und Völker zu übernehmen. Mit einem, der von der neuen litauisch-lettischen Grenze kam, war Erich befreundet. Mark Rasumny war fünf Jahre älter als er. Er hatte nach einer armen Kindheit im winzigen Provinzstädtchen Žagarė in Riga dasselbe Gymnasium besucht. Wegen des Altersunterschiedes waren sie sich jedoch nicht begegnet. Danach hatte er im Hamburg gelebt, während Erich in Leipzig studierte. Je kleiner das Dorf oder Städtchen, aus dem einer kam, umso größer war die Vielfalt der Völker, Sprachen und Namen, die sich dort trafen: deutsch Schagarren, jiddisch Zhager (זשאַגער), russisch Жагоры, polnisch Żagory. Diese Vielfalt, im Zusammenhang mit einem berühmten Park, einem Flüsschen, einem Moor, einigen Dichtern und in Vergangenheit auch Rabbinern und Talmudgelehrten genügte, um einen Menschen voll Sehnsucht zum Dichter zu machen! Rasumnys männliche Vorfahren waren alle Rabbiner gewesen. Bald sahen sich Erich und Mark häufig und hatten das Vergnügen, sich nicht nur Literatur zu empfehlen, sondern

58 Lita oder Lito: hebräisch für Litauen, Litwakes als jüdische Einwohner Litauens; Litwisch nannte man das litauische Jiddisch.

sich auch zur Verblüffung mancher Kunden wechselsprachig zu unterhalten.

„Господин Валтер, книга ‚Цауберберг' Томаса Манна у Вас есть на складе?" (Herr Valters, haben Sie das Buch *Zauberberg* von Thomas Mann vorrätig?)

„Ich bedauere, ich habe es nicht angekauft, weil ich denke, dass sich nur wenige Menschen für Krankenhausliteratur interessieren."

„Иастолько я слышал, это мало имеет дело со санаторней! Говорят, что речь идёт о молодом мужчине, который является нерешительным и нежизнедействительным человеком. Он ждёт отклика снаружи с тем, чтобы ему не надо принять какиенибудь решения самостоятельно." (Das hat – soviel ich gehört habe – nicht viel mit dem Sanatorium zu tun! Es soll von einem jungen Mann handeln, der unentschlossen und lebensuntüchtig ist. Er wartet auf einen Ruf von außen, um nicht selbst Entscheidungen treffen zu müssen.)

„Nun, ein solcher ist kein Mann unserer Generation! Weder Sie noch ich, weder unsere Angestellten noch die Reichen oder Adligen sind so schwach, dass sie keine Entscheidungen treffen könnten! Niemand würde sich mit einem solchen *Helden* identifizieren."

„Вы правы, здесь все крепнулись эуфорией после основания государства и последующей борьбы ыротив советских. Здезь люди имеют цели! Но что будет, если это чрезвыночайное и подтачивающее силы время кончается?" (Sie haben Recht, hier sind alle durch die Euphorie der Staatsgründung und durch den nachfolgenden Kampf gegen die Sowjets gestärkt worden. Hier haben die Menschen Ziele! Aber was wird, wenn jene überschwängliche und kräftezehrende Zeit ein Ende hat?)

„Ich bestelle es Ihnen. Ich habe gehört, er habe vor drei Monaten den Nobelpreis für Literatur erhalten und sich davon ein Haus auf der Nehrung gekauft, gleich bei Ihnen in Litauen, mein Lieber. Außerdem bezeichnet er sich in einem Interview im *Literarischen Zentralblatt für Deutschland* als *Philosemiten*. Das sollte genügen, um sein Werk vorrätig zu halten. Wünschen Sie es auf Deutsch oder auf Russisch?"

„Какой вопрос, дорогой друг! По-немецки! Я не знаю никагого примера для того, чторы перевод превзошёл оригинала. Кроме того, у знакомого перелистывал „*Волшебную гора*" и был разочарован." (Was für eine Frage, lieber Freund! Auf Deutsch! Ich kenne kein Beispiel, bei dem die Übersetzung das Original überträfe! Außerdem habe ich bei einem Bekannten hineingeschaut und war enttäuscht.)

„Sie beabsichtigen eine Übersetzung ins Jiddische anzufertigen?"

„Нет, в этом или в следующем году. Работаю над болышим переводом, который требует еще несколко времени: Jud Süß. Иногда осмеливаюсь сам составить некоторые маленькие статьи." (Nein, nicht in diesem oder im nächsten Jahr. Ich arbeite an einer großen Übersetzung, welche noch einige Zeit brauchen wird: *Jud Süß*. Zwischendurch wage ich mich selbst an einige Miszellen.)

Rasumny sprach oder fragte russisch, Erich antwortete deutsch. Manchmal begrüßte Erich den Freund jiddisch und dieser antwortete ihm deutsch. Rasumny, der sich jiddisch Meir nannte, brachte eigene Texte zu Erich Valters in der Hoffnung, er könne sie mit Hilfe seines Vaters verlegen. Allerdings hatte die Druckerei keine hebräischen Typen. Für Werke in Hebräisch oder Jiddisch müsste Mark selbst Korrektur lesen. Erich fehlte dazu die Flüssigkeit im schriftlichen Hebräisch. Es tat ihm leid, ihn an seinen jüdischen Verlag zurückverweisen zu müssen. Gern hätte er seine Texte aufgelegt, aber es würde dauern, ehe sie andere Typensätze als lateinische und kyrillische aufnehmen könnten. Pläne hatte Erich viele!

Während seines Studiums in Leipzig hatte Erich ebenfalls jüdisches Leben bemerkt, doch in geringerem Umfang als im Baltikum. In Riga hatten die Juden in seiner Kindheit nicht weit von der Kalkstraße entfernt die *Peitav School* von einem namhaften Architekten bauen lassen und manchmal sah er dort die Alten mit den Schläfenlocken.

Nach der Hochzeit in Riga waren er und seine Frau Karin in das 1917 von seinen Eltern erworbene Haus im Stadtteil Āgenskalns im Oberstock eingezogen, der für das Paar hergerichtet worden war. Zuvor hatten oben die Dienstmädchen und Walter Tag gewohnt. Hinter dem Haus gab es einen Eiskeller. Hierher brachten Pferdelastwagen im März oder April die Eisschollen der tauenden Düna. Diese wurden im bedeckten Erdloch gestapelt, danach wurden zwei Türen fest verschlossen und hielten die Kälte für die Lebensmittel mindestens vier Monate, fast bis zum Beginn des neuen Winters. Die Köchin konnte darauf Speiseeis bereiten.

Eriks Eltern beanspruchten die elegante Erdgeschosswohnung, denn Gerda fiel das Treppensteigen schwer mit dem unbeweglichen Holzbein. Manchmal empfand sie es als Baumstamm, den sie mit sich herumschleppte, manchmal war sie froh darüber. Einige Jahre zuvor hatte sie mit dem Tod verhandelt und wäre beinah gestorben durch eine Blutvergiftung auf der Insel Ruhnu / Ruhnö. Die Appretur für Stoffe war damals gerade erfunden worden. Zuvor schlugen selbst die elegantesten Damenstrümpfe muntere Falten und niemanden störte es, weil sie es bei allen Damen taten und weil die bodenlangen Röcke sie meist verbargen.

Ich frage mich, wie das bei Helenes Hochzeit 1832 aussah, als die Kleider plötzlich die Füße und die Fesseln freiließen? Sahen die, die dem Brautzug folgten, die Ziehharmonika der Strümpfe auf den damals schlank gewünschten Beinen der Damen? Oder wurden sie wie mein Freund Gerhard abgelenkt von den Schutenhüten und den ungewöhnlichen Farben der Kleider?

Das Krankenhaus hatte Gerda 1916, nachdem die Gefahr gebannt und die Wunde verheilt war, nach Böblingen in Süddeutschland in ein Sanatorium geschickt. Ursprünglich war es ein Lungensanatorium gewesen, aber im Krieg wurden dort verwundete Soldaten behandelt. Sie wollte nicht dorthin, denn sie befürchtete, die Fahrt mit mehreren Zügen und das Umsteigen würden zur unlösbaren Aufgabe für sie werden. Hier konnte ihr Vater helfen. Er organisierte ihr eine Mitfahrt im Kurswagen eines Militärzuges bis Stuttgart. Arthur brachte sie im Wagen mit Kutscher nach Daugavpils, glücklich, sie dem Tod entrissen zu wissen.

In Stuttgart holte das Sanatorium sie im Wagen ab. Ob die Behandlungen in Böblingen Gerda nützten, ist nicht überliefert. Sie lernte aber, sich nicht mehr zu schämen für ihren Gang mit dem Stock, anfangs mit zwei Stöcken. In Böblingen ging fast jeder mit einem Stock oder rutschte auf einem Brett. Oder wurde gefüttert, weil er keine Arme mehr hatte. Sie erlebte, was sie am wenigsten erwartet hatte: Sie wurde begehrt. Viele der jungen Männer hatten nicht nur ihre Gliedmaßen, sondern auch ihre Verlobten oder Freundinnen eingebüßt. Nicht jede junge Frau war bereit, mit einem Verwundeten zu leben. Nie war sie so umschwärmt gewesen wie in diesem Haus voll junger Männer. Adlige Offiziere waren unter ihnen, die die Folgen des Krieges in dieses Sanatorium gespült hatten. Manchmal holten diese Verehrer die Comtesse in ihr hervor, die einsame *Infantin* aus der Erzählung Oskar Wildes. Seine Erzählungen las sie dort, ebenso wie die deutsche Übersetzung des Romans *Als Anjas Männer nach Reval gingen* seines estnischen Namensvetters Eduard Vilde.[59]

Die einzige Frau, die sie in Böblingen kennenlernte, war die Rezeptionistin. Immer saß sie mit elegant hochgesteck-

59 Ein Denkmal für die Namensvettern und ihr fiktives Dichtertreffen steht heute in Tartu.

ter Frisur und einem schwarzen Umhang mit Namensschild am Tresen. Bei ihr gaben die Abreisenden ihre Schlüssel ab. Sie telefonierte nach Kutschen, abholenden Verwandten und Ärzten. Sie erklärte den Weg durch das Haus und zu den Plätzen in Böblingen, die für Besucher sehenswert waren. Als Gerda einmal keine Männerblicke und -ansprachen ertragen konnte, stellte sie sich zu ihr und fragte sie: „Warum schneiden die Herren Ihnen nicht die Cour, Fräulein Friedrich?" Diese lächelte: „Mich wollen sie nicht. Erstens bin ich Personal und sitze nicht mit ihnen am Tisch, zweitens habe ich ein freches Mundwerk und drittens – das wissen Sie ja."

„Nein, was sollte ich wissen?", erwiderte Gerda.

„Das wissen Sie nicht? Wird nicht mehr über mich geredet? Wie angenehm! In manchen Kurdurchgängen war das anders. Viertens bin ich keine Frau, mit der man sich auf der Straße sehen lassen kann. Ich bin unvollständig und mache Mühe."

Gerda erwiderte: „Sind wir nicht alle unvollständig? Was sollte das ausmachen? Ich habe hier gelernt, dass es darauf weniger ankommt, als die meisten Menschen denken."

„Natürlich kommt es auch hier darauf an. Nein, nicht bei Ihnen. *Unter Blinden ist der Einäugige König*, und Sie sind die Königin, liebe Comtesse." Mit diesem Rätsel entließ sie sie, denn wieder und wieder klingelte das Telefon, und sie ging ihrer Arbeit nach. Erst am Abreisetag lüftete sie das Rätsel ein wenig, als Gerda sich von ihr verabschiedete: „Schauen Sie einmal in einem medizinischen Wörterbuch unter *Tetraamelie*, Verehrteste. Gute Reise!"

Erich begleitete seine Mutter auf der Heimreise, denn so eine günstige Verbindung wie auf dem Weg nach Süddeutschland gab es in der Gegenrichtung nicht. Die Kutsche der Klinik brachte sie von Böblingen nach Stuttgart, Erich half ihr in den Schlafwagenzug nach Dresden. Hier legten sie eine dreitägige Pause ein, damit die Reise nicht zu anstrengend würde. Gern hätte er ihr sein Zimmer in Leipzig gezeigt, wo sein Studium nächste Woche beginnen würde. Aber das wäre eine zu große Anstrengung gewesen. Sie besuchten die Gemäldegalerie und machten eine Schifffahrt in die Sächsische Schweiz. Als hinter Pirna die ersten Felsen in Sicht kamen rief Gerda: „Schau Erich, wie dunkel es hier wird! Das gibt ein gewaltiges Gewitter!"

Erich musste lachen: „Mutter, das ist keine Wolke, das ist ein Gebirge!"

„Sohn, du hältst mich zum Narren! In Böblingen gab es Berge, den Kirchberg zum Beispiel. Der war sanft in blühende Gärten gekleidet. Was soll das sein?"

„Mutter, du hast nur noch kein Gebirge gesehen! Wir kommen aus einer flachen Gegend. Unser lettischer Geisingberg ist nur dreihundert Meter hoch und erhebt sich kaum aus der Umgebung. In Polen bist du nie im Gebirge gewesen, obwohl Polen gewaltige Berge im Süden hat, viel höhere als diese hier, und obwohl deine Ahnen aus Polen stammen."

Gerda schüttelte ungläubig den Kopf, als sie ihren Irrtum erkannte: „Nichts auf der Welt ist, wie es zu sein scheint."

Sie konzentrierte sich auf die Reden und Aussagen der Menschen, die mit ihnen fuhren und von denen einige jeden Berg und jedes Dorf benennen konnten. Sie begann, die Fahrt zu genießen. „Was ist der Mensch für ein Kamel, dass er nicht erkennt, was ihn umgibt, und jedes für ein anderes hält. Was für eine lange Reise musste ich machen, um das zu begreifen."

Erich brachte sie und das Gepäck am Freitag in den Zug nach St. Petersburg, der einen Kurswagen nach Riga hatte. „Gib mir deinen Arm, Erich, ja? Wenn du wüsstest, wie oft ich zu meinen Freundinnen früher sagte, als du klein warst: Ihr werdet sehen, später, wenn ich am Arm meines großen Sohnes spazieren gehen werde und man ihn für meinen Liebhaber halten wird." Sie zwang sich zu lächeln und versuchte, aus diesem Lächeln alles zu verbannen, was nach

Melancholie aussehen konnte. Sie gingen an diesem Morgen Arm in Arm zum Hauptbahnhof. Es war neun Uhr morgens, die Stunde, die er am liebsten hatte, wenn die Straßen ihre Morgentoilette machen und die Sonne noch all ihre verheißungsvolle Leichtigkeit hat.

Danach fuhr er nach Leipzig, um sein Studium zu beginnen, und sie in der Einzelkabine eines Schlafwagens, nicht halb so elegant wie früher der des Nord-Express, den sie als Kind in Kybarti bewundert hatte, nach Hause: Görlitz – Breslau / Wroclaw – Warschau / Warszawa – Suwalken / Suwalki – Kybarti. Alles war schwierig geworden: Die Eisenbahnbrücke über den kleinen Liepona-Fluss bei Kybarti war im Krieg gesprengt worden, der Zug rumpelte langsam über eine Hilfsbrücke. Ihr Vater stieg in seiner elegantesten Uniform ein und begrüßte sie polnisch. „Ach Kind, wie gut, dich nicht leidend zu sehen. Du wirkst frisch und gesund." Er brachte ihr heimatliches Brot mit Sommerkäse und Konfekt. Gern hätte er sie mitgenommen, ihr das Haus gezeigt, das sie fast zwanzig Jahre nicht gesehen hatte.

„Ach lass", bat sie ihn, „es strengt mich zu sehr an."

„Willst du es sehen?", fragte er.

„Natürlich will ich, liebend gern. Am liebsten eine Woche, Nacht für Nacht in meinem früheren Bett schlafen. Aber wie soll das gehen?"

Da sich Passagiere durch den Zug drängten und die Abteile bezogen, küsste er ihr die Hand wie einer fremden Dame: „Es geht, indem der Zug kurz nach der Abfahrt wieder halten wird, keine fünfhundert Meter von unserem Haus entfernt. Du wirst es sehen. Adam und seine Frau werden dir winken."

So war es. Sie sah das Land, das Haus in der Ferne, den weißen Punkt des Tuches, das Adam schwenkte. Er winkte ihr, als der Zug zur Beunruhigung der anderen Fahrgäste für einige Minuten zum Stehen kam. Sie war gerührt, als andere beunruhigt waren. Macht war wunderbar, wenn ein

Vater sie einsetzen konnte, um seine Tochter glücklich und wehmütig zu machen. Was sie sah, war eine frühere Lebensstation. Sie spürte, dass ihr Zug hier nicht mehr anhalten würde.

Karin fiel es nach ihrer Hochzeit leicht, im Obergeschoss des standesgemäßen Hauses der Schwiegereltern im Stadtteil Hagensberg gegenüber der Altstadt zu wohnen. Mit ihren Eltern hatte sie direkt an der Esplanade in der Altstadt in einer vornehmen modernen Wohnung gewohnt mit Fernheizung, Badezimmer, Badewanne und Gaslicht. An Baden war oft nicht zu denken, weil der Vater im Bad eine Dunkelkammer eingerichtet hatte und in der Wanne seine entwickelten Bilder wässerte. Hier kam sie in ein traditionell wirkendes Haus mit hölzernen Ornamenten an der Vorderseite, griechische Säulen darstellend. Die Schnitzerei umhüllte die fünfeckigen und dadurch gotisch wirkenden Fenster außen wie mit Spitzengardinen. Dieses Haus stand auf einem großen Grundstück. Bis zur Hauptstraße waren achtzig Meter Wald zu durchqueren. Gerda hatte gleich nach dem Kauf eine Lindenallee von der Straße bis zum Haus pflanzen und die oberen Äste durch Drähte zu einem Tunnel verbinden lassen. Die Allee endete an einem blumenbestandenen Rondell, um das herum Kutschen wenden konnten, und in einer sechsstufigen Treppe zum Beet auf dem Rondell, an der im Frühling die Maiglöckchen wucherten. Später wurde das runde Blumenbeet gegen einen Springbrunnen ausgetauscht. Karin und Erich ließen an der rechten Außenseite ein Fenster vergrößern und eine eiserne Außentreppe anbauen, damit sie nicht jeden Weg durch die (schwieger-)elterliche Wohnung nehmen mussten. An der Treppe sahen sie, dass das Haus eigentlich für eine Familie gebaut war, nicht für zwei. Eine Villa war kein Mietshaus für verschiedene Parteien. Doch sie waren eine Familie, und so stellten sie sich aufeinander ein.

Karin schwelgte in ihren Hochzeitsgeschenken und Anschaffungen. Sie liebte ihr Silberbesteck mit dem *Rigaer Muster* so sehr, dass sie es selbst putzte. Sie rühmte die Kompottschalen aus echten Kamm-Muscheln auf den silbernen Jugendstilfüßen, die Tischlampe mit den in den Glasschirm eingearbeiteten Bernsteinen und all die Geschenke, die ihnen gehörten.

Schwiegervater Arthur hatte am Eingang zur Allee ein Mäuerchen bauen lassen und an dessen Rückseite eine Treppe, vier Stufen hoch. So konnte er für den seit dem Umzug der Buchhandlung weiter gewordenen Weg durch die Stadt das Hochrad seiner Jugendzeit nutzen. Es war seine erste Anschaffung gewesen, als er kein Lehrling mehr war, sondern ein Buchhändler mit eigenem Gehalt. Damals war das Aufsteigen kein Problem für ihn, mit Schwung saß er oben und fuhr. Nach einer langwierigen Grippe fiel ihm der Auf- und Abstieg schwerer, und er ließ es. Jetzt hatte er die Idee gehabt: eine Treppe. Wie ein junger Mann schwang sich der knapp Fünfzigjährige von ihr aus aufs Rad. An der Buchhandlung war der Sims des Schaufensters in der richtigen Höhe für seinen eleganten Abstieg. Diese Räder waren aus der Mode gekommen, er sah nicht mehr viele. Junge Menschen hatten niedrigere Räder, aber das focht ihn nicht an. Er fuhr in Anzug mit Weste, die Taschenuhr an der Uhrkette, Ehering und Siegelring, Gehrock und Hut. Mochten seine Söhne mit Knickerbockern und Strohhut auf die Straße gehen! Er hatte sich heraufgearbeitet vom Laufburschen zum Teilhaber der größten Buchhandlung dieser Stadt. Das zeigte er. Die Taschenuhr war eine besondere, er hatte sie von seiner Schwiegertochter Karin erhalten. Sie war ein Erbstück aus ihrer Familie, vor wohl sechzig Jahren einmal das Geschenk des Zaren an einen ihrer Vorfahren gewesen.

Der Abstand zu seiner Kindheit schien ihm bedeutend größer als der zu Ziemanns Laufburschen, der er nur kurz danach gewesen war. Als er aus seinem Elternhaus in Birzgale floh, um siebzig Werst entfernt in der Stadt Arbeit und Unterhalt zu finden, war er barfuß gewesen, es war Sommer. Auf die Idee, die Schuhe mitzunehmen, war er nicht gekommen. Erstens waren die über den Sommer in Mutters Kiste versteckt, damit sie nicht unnütz getragen würden, und zweitens hätte er sie seinen Geschwistern entzogen, mit denen er sich im Winter das Paar teilte. Abwechselnd spielten sie draußen, die Schule fand im Elternhaus statt, für den Weg waren keine Schuhe nötig. Er hatte sich einfach davongemacht, als sein Vater ihm eine Braut aussuchen wollte. Er wollte keine Braut, keinem Haus vorstehen, er wollte Bücher und mehr lernen, als sein Vater ihn lehren konnte. Den ersten Teil seiner Geschichte musste er niemandem erzählen. Sein erstes Wiedertreffen mit seinen Eltern war fünfzehn Jahre nach seinem Weggang seine Hochzeit gewesen. Heute schämte er sich für manches aus jener Zeit: dass er ihnen jahrelang kein Lebenszeichen gegeben hatte, dass die Eltern sich bei seiner Trauung nicht wohlfühlen konnten: der Vater im blankgewetzten Lehrerrock, die Mutter im schlichten Sommerkleid, so saßen sie in der Kirchenbank. Auf der anderen Seite saß die zwar enteignete, aber in Einkommen und Haltung so verschiedene polnische Adelsfamilie: Gerdas Vater in Galauniform, Mutter und Schwester in Kleidern mit Schleppe und breiten, blumengeschmückten Hüten, der kleine Bruder im Matrosenanzug. Die Eltern hatten ihn nicht wieder besucht, jetzt, wo er *etwas Besseres* geworden war. Er schickte ihnen Geld und kümmerte sich um die Ausbildung seines Bruders im Kontor. Heute, da sie tot waren, tat es ihm leid. Er war zu sehr mit seinem eigenen Leben beschäftigt gewesen. Seine Arbeitstage hatten meist vierzehn Stunden gedauert. Die Folgen des Krieges, die Hochstimmung der Gründung der lettischen Republik und die anschließende Besetzung des freien Lettlands durch die Sowjetrussen, in der er um den Besitz von Buchhandlung und Haus kämpfen musste, hatten ihn entkräftet. Plötzlich galten Freund Rapa und er, der so mühsam Münze auf Münze gelegt, Kunden um Kunden gewonnen hatte, als Kapitalisten. Sie konnten der Enteignung gerade noch entgehen, da sie das Unternehmen kleiner rechneten, als es war. Doch seine Villa wurde zum Offizierscasino. Eben hatte er noch überlegt, ob er dem Aufruf des jungen Lettland folgen und sich für staatliche Aufgaben zur Verfügung stellen sollte, schon war sein Zögern um der Bücher, der Firma und der Familie willen ein Gewinn geworden: Viele aus der lettischen Regierung waren verhaftet worden.

Arthur starb auf der Höhe seines Arbeitslebens. Als sich die politische Lage entspannte, hatte er wieder einmal der knäbischen Lust gefrönt und war an einem erstaunlich milden Morgen im Oktober 1924 auf dem Fahrrad in die Buchhandlung gefahren. Dabei hatte er sich eine Lungenentzündung geholt, von der er sich nicht erholte. Kurz vor Weihnachten wurde er auf dem Friedhof von Āgenskalns begraben. Ein großer Trauerzug begleitete ihn und seine Familie dorthin.

Der Wagen

An einem hochsommerlichen Tag voll blendender Sonne stand, dem Kind überraschend, ein schwarzer Wagen mit schwarzen Pferden vorm Haus. Es konnte nicht der Leichenwagen sein, von dem schon die Rede war. Ich hatte ohne Schwierigkeiten die richtige Vorstellung von der Leiche, Großvaters totem Körper, der in diesen schwarzen Kasten nicht hineingepasst hätte. Es war der Blumenwagen, der für diesen öffentlichen Mann … Blumen und Kränze sammelte. Man sah schon einiges von der blühenden Pracht, es gefiel mir sehr … Schwarz angezogene Leute, die Männer mit Zylinderhut, wahrscheinlich auch meine Eltern, gingen langsam hinter dem Wagen her, der … in Richtung Kirche und Friedhof langsam verschwand. Von den Straßenseiten kamen weitere Trauergäste dazu, bis zum Friedhof wird sich eine lange Schlange gesammelt haben.

1926 lebte Gerda schon wieder neun Jahre in Riga, als ihre geliebte Mutter Alma in Kybarti starb. Woran, hatte der Vater nicht geschrieben, aber das änderte nichts. Sie konnte nicht zur Beerdigung fahren. Vor knapp zehn Jahren, als der Zug ihretwegen dort hielt, hatte sie gespürt, dass sie an diesen Ort nicht zurückkommen würde. Wer hätte sie begleiten sollen? Ihre Söhne waren in Anspruch genommen von der Arbeit im Unternehmen und Karin, der sie als Beinahe-Ärztin die Begleitung zugetraut hätte, war hochschwanger. Ein Brief jetzt und ein Treffen mit Vater, Bruder und Schwägerin im nächsten Sommer in Bulduri mussten genügen. Sie war nach dem Sanatorium eine Zeit lang dort gewesen mit einer Pflegerin, nun waren sie jeden Sommer und manchen Sonntag dort. Jetzt war Winter, minus 50 Grad Reaumur, und im Zug würde die Temperatur trotz des geheizten Ofens kaum über den Nullpunkt steigen, in dieser Mangelzeit. Viele Menschen trugen russische Baschliks: spitze, weiche Filzkapuzen mit langen Enden, die sie sich mehrfach um den Hals schlangen. Es war nicht nur kalt, es lag auch Schnee und es war glatt, kein Wetter, bei dem Gerda das Haus verließ.

Besonders glatt war es auf der eisern-eisigen Außentreppe. Karin hatte sich an beiden Geländern festgehalten und war dennoch ins Rutschen geraten und gestürzt. Sie hatte eine Totgeburt, es wäre ein Mädchen gewesen. Drei Wochen später wäre es zur Welt gekommen. Karin brauchte lange, um sich zu erholen. Ihre Seele blieb krank. Sie fühlte sich schuldig, hatte keinen Antrieb mehr, blieb oft im Bett. Erst Jahre später wurde sie wieder schwanger, aber sie war es nicht mit derselben Freude. Immer wieder quälte sie der Gedanke, wie zerbrechlich so ein winziges Leben war. Dieses Mal hatte sie Glück. Im November kam Marianne zur Welt. Zwar war sie ein Frühchen, über das der Arzt sagte: *Das gedeiht nicht, aber Sie können viele weitere Kinder haben, junge Frau!* Damit konnte sie sich nach ihrem ersten verlorenen Kind nicht zufriedengeben. Dieser Satz verfolgte sie ihr Leben lang. Tag und Nacht lag das Kind in einem Korb auf dem Küchenherd, der mit dem Verbrennen kleiner Späne lauwarm gehalten wurde. Mutter, Amme und Dienstmädchen wechselten sich darin ab, den Winzling zu füttern und wieder ein Spänchen und ein Ästchen zum Brennen zu bringen, so dass es nicht zu kalt und nicht zu heiß war für das Würmchen. Zu Weihnachten wog das Mädchen 2,5 Kilo nach neuem Maß. Die lettische Amme sagte *sechs Funt*[60].

Im Sommer wurde das Kind in Riga in St. Petri getauft. Margrit Schneider und Walter Tag waren ihre Paten, Taufmütter und Taufväter wurde im Baltikum gesagt. Danach

60 Russisches Gewichtsmaß, ca. 410 Gramm

reisten Erich und Karin mit Baby Marianne nach Reval zu Karins Eltern und Geschwistern und ins himmlische Kurtna zu ihren Tanten und Onkels. Hier war sie kurz wieder glücklich. Das Baby lag im Wagen im hohen Gras unter Bäumen wie einst Karin und ihre Geschwister, dort war die Welt heil. Es interessierte Karin nicht, dass ihnen vom großen Gut nur noch Haus und Nebengebäude gehörten. Für sie war das Haus der Ferientraum ihrer Kindheit. Für sie war es als Erste normal, dass Menschen ihren Lebensunterhalt mit bezahlter Arbeit verdienten. Für ihre auswärts verheirateten Tanten Alice und Aimeé Glanstroem, die mit ihren Männern und jüngeren Kindern auch in Kurtna waren, sowie für die unverheiratet dort lebenden Tanten Gerda, Erika und Elsa war das ein Affront. Doch die Freude am Wiedersehen war so groß, dass außer Erich mit seinen Schwägern niemand diskutierte. Das erste Schneider'sche Enkelkind zog die Aufmerksamkeit auf sich.

Ferien im Sommerhaus waren für Karin so normal wie der Reichtum, der sich durch Buchhandlung, Verlag und Druckerei ansammelte. Hausmeister, Gärtner und drei Dienstmädchen kümmerten sich um das Anwesen der Schwiegermutter. In Kurtna gab es mehr Personal, weil stets für viele Personen gekocht und gebacken wurde. Die Gartenernte wurde verarbeitet, Obst, Saft, Wein und Likör, aber auch Butter und Sahne wurden hergestellt, es gab zwei Kutscher, die alle Fahrzeuge polierten und reparierten wenn nötig. Auf dem Land fuhr man weiterhin ausschließlich mit Pferden. Die Wege waren nicht geeignet für etwas so Empfindliches wie ein Auto. Die vielen Familien- und Gästezimmer wurden von einer Schar junger Estinnen instand gehalten, die Betten bezogen und gelüftet, die Wäsche gewaschen und gelegt. Ihre Mutter Marie hatte als Brautgabe von ihren Eltern ein Mädchen mitbekommen, die ihr anfangs im Reval'schen Hause half. Als sie später nach Moskau gingen, nahmen sie sie nicht mit, sondern schickten sie nach Kurtna nach Hause. Das Mädchen hatte schon in Reval immer Heimweh gehabt, wie viel mehr hätte sie in Moskau gelitten! Dort hatten sie ein russisches Mädchen genommen, welches sich in der Stadt auskannte. Weder Marie noch Karin hatten gelernt, einen Haushalt zu führen, und sie hatten es bisher nie vermisst.

Karin interessierte sich nicht für Politik und Wirtschaft, sondern für ihr Kind, außerdem für Musik, Literatur und nach wie vor für Medizin. Sie gestaltete das Rigaer Haus ihrer Schwiegermutter Gerda. Der Salon erhielt eine elegante Seidentapete und einen Flügel der besten Revaler Firma. Der Steinway-Schüler Ernst Ihse hatte ihn gebaut, er war für Karin angeschafft worden wie das St. Petersburger Porzellan in grüner Kupfermalerei auf weißem Grund. Ihre Großmutter Bertha hätte ihr sagen können, aus welcher Firma diese Farbe kam, wenn sie noch gelebt hätte. Das Hochrad von Schwiegervater Arthur war nur noch eine Kuriosität im Keller, ein Ford-Auto Modell A wurde angeschafft. Karin ließ das runde Blumenbeet unter der Treppe gegen einen Springbrunnen austauschen. Schon vom Tor an der Straße aus sah man ihn sprudeln.

Erich ließ sie gestalten nach ihrem Willen. Er war kaum da. Zwölf Stunden war er im Geschäft, danach hatte er oft Termine mit Geschäftspartnern und Freunden. Er ging in Restaurants oder zu Theateraufführungen, zu denen sie mit dem Baby nicht mitkommen konnte. Selbst als sich die Enkelin von Rosa, Tante Agnes' Milchschwester, aus Kairo ankündigte, Besuch also aus ihrer Familie und in ihrem Alter, war Karin nicht dabei. Hier war sie eifersüchtig: Er mischte sich in ihre Familie ein! Frühmorgens kamen die beiden betrunken in wackligen Tanzschritten aus einer Spelunke zurück. Karin wusste nicht einmal, dass Riga solche Lokale hatte, Erich kannte sogar die Adressen. Dort, wo sie den Kinderwagen entlangschob, gab es solche Etablissements nicht.

Erich führte ein interessantes Leben: Er traf Journalisten und Schriftsteller, Edvarts Virza und Pēteris Ērmanis. Sie diskutierten über deren Werke und eine Gesamtausgabe des kürzlich verstorbenen Jānis Rainis. Sie tranken und lachten, Erich tanzte Kasatschok, den Kosakentanz mit dem Wechselsprung aus der Hocke, obwohl sein Bein von seinem kurzen Kriegseinsatz beschädigt war. Nach einer Anzahl von Schnäpsen machte es ihm keinen Verdruss mehr, sonst hingegen oft. Für den Krieg hatte er sein Leipziger Studium nach dem zweiten Semester unterbrechen müssen, um im Sommer, statt in einem angesehenen Verlag sein Volontariat zu machen, in Riga gegen die Deutschen zu kämpfen. Manchmal übernachtete er, ehrlich von der Arbeit erschöpft, in der Firma, auf dem Sofa in der Typengießerei. Seiner Frau sagte er: *Die Schriftsetzer stehen, die Schriftsteller sitzen.* Über seinem Arbeitsplatz hing ein Spruch von Georg Christoph Lichtenberg, den seine Kollegen ihm – in Antiqua gesetzt – zum Geburtstag geschenkt hatten: *Mehr als das Gold hat das Blei in der Welt verändert, und mehr als das Blei in der Flinte das im Setzkasten.* In anderen Nächten schaffte er den Weg nach Hause, unterbrach ihn aber vor ihrem Schlafzimmer in der Mädchenkammer. Das blieb Karin nicht verborgen. In hölzernen Villen knarren Schritte selbst auf dick mit Teppichen belegten Treppen.

Karin konnte das Kind bald beim Kindermädchen lassen und wieder ausgehen: in den Schwarzhäupter-Konzertsaal in Riga oder ins Deutsche Theater.

Immer öfter kam Erich todmüde nach Hause, nicht nur wegen durchzechter Nächte, auch wegen seines erst offenen und als das zu gefährlich wurde versteckten politischen Engagements. Seine Frau wusste und verstand nichts davon. Er verfolgte bei der Arbeit alle Radiosender, die der SABA ihm lieferte: russische, deutsche, lettische. Er ahnte, worauf die politische Entwicklung hinauslaufen würde: Die Sowjets würden das freie Lettland übernehmen wollen, wie sie es

Ende 1918 und Anfang 1919 in schrecklichster Weise vorgeführt hatten. Sie versuchten, die baltischen Provinzen, die zweihundert Jahre zum Russischen Reich gehört hatten, zurückzuerobern, und errichteten ein Terrorregime. Nach der Kapitulation des Deutschen Reiches und der Abdankung Kaiser Wilhelms zogen sich die deutschen Truppen aus dem Baltikum zurück. Die Rote Armee hatte alle Menschen, einschließlich der Alten und Kranken, zur Arbeit gezwungen, weil es nur für Arbeit Lebensmittelmarken gab. Gerda hatte ihr und ihres Mannes Haus abgeben müssen. Erst wollten die Russen im Salon einen Pferdestall einrichten, dann erkannten die jungen Kerle – dank Gerdas Wodkaflaschen, polnisch-russischen Flüchen und kleinen Ikonen – seinen Wert und machten ein Offizierskasino daraus. Weil sie einem Offizier leidtat, durften sie und ihr Mann in zwei Zimmerchen im Obergeschoss wohnen bleiben. Sie arbeitete erst in der Buchhandlung mit. Weil die Straßenbahnen und Busse nicht mehr regelmäßig fuhren, konnte sie den Weg dorthin kaum bewältigen. Freundin Kati verschaffte ihr eine Stelle beim Theater als Kartenabreißerin und hatte sie damit wieder einmal gerettet. Eigentlich war diese Arbeit an die einer Garderobiere gebunden, aber sie konnte keine schweren Pelze und Armeemäntel heben. Wenn sie sich abends trafen, um ihr Essen zu teilen, sprachen sie über die Theateraufführungen wie früher, als Arthur und Gerda noch Logenplätze hatten. In der Stadt wurde gehungert. Not herrschte an allem: Im Winter fehlte das Feuerholz, so dass Menschen gezwungen waren, ihre Möbel zu verheizen, um nicht zu erfrieren.

Guido war nicht geflohen, er glaubte sich sicher durch seine frühere Zeit an der St. Petersburger Hochschule. Doch das erwies sich als Irrtum. Ein schwedischer Hilfstransport rettete ihn nach Stockholm. Wer von der früheren Oberschicht irgend konnte, reiste aus ins Deutsche Reich, um die willkürliche und zerstörerische Machtübernahme nicht erleben zu müssen. Die Männer, die blieben, schlossen sich zu einem bewaffneten Heer zusammen, um zusammen mit den Letten im Süden und mit den Esten im Norden als *Weiße Armee* die Bolschewiki zu bekämpfen. Die Westmächte und die Finnen, die 1917 auch einen eigenen Staat gegründet hatten, rüsteten die kleine Armee aus. Was den Kämpfenden ein Leben lang blieb, war die Angst vor den Sowjets. Sie war vermutlich einer der Gründe, weshalb viele Baltendeutsche später mit Begeisterung für Hitler stimmten, er schien der Einzige zu sein, der den Bolschewiki Einhalt gebieten konnte.

Erich war damals nicht dabei, er studierte zu jener Zeit in Wien. Von seinen Freunden und Schulkameraden wusste er, wie es gewesen war, als die Rote Armee lange nach dem Sieg im Januar 1919 die zweiunddreißig Deutschen willkürlich als Abschreckung ermordete, vorwiegend Pastoren und eine beliebte junge Sängerin. Guidos Frau Lydia hatte die Machtübernahme der Russen miterlebt vor ihrer Rettung nach Stockholm und schrieb darüber in der schwedischen Frauenzeitschrift *Idun*,[61] um dort Hilfe für die Hungernden und Verfolgten anzuregen. Sie schrieb von den Brotkarten, die es gab und die geistig und körperlich arbeitende Menschen vereinten im Hunger: 200 Gramm pro Tag für Geistesarbeiter, 300 Gramm für körperlich Arbeitende. Nach Brot bildeten sich täglich lange Schlangen, stundenlang standen die Frauen dafür und mit eigenen Gefäßen ausgerüstet nach Essen an. Manchmal gab es etwas, und sie hatten dennoch vergeblich gestanden, weil es etwas war, was auf ihrer Karte schon abgestrichen war und was sie kein zweites Mal beanspruchen konnten. Manchmal gab es wochenlang kein Brot, dann nährten sich die Familien von *Kommunistensuppe*, gekocht in einer der fünfzig Garküchen Rigas aus Wasser,

61 *Ein praktisches wöchentliches Magazin für Frauen und Heim*, 1887–1963

Buchweizen, ungemahlenen Getreidekörnern und manchmal Pilzen oder Kartoffeln. Lebensmittelgeschäfte und Märkte waren geschlossen worden. Die Bauern hatten Vorrat, aber sie wollten ihn nur gegen die geheime Währung, die alten zaristischen Rubel, verkaufen und nicht gegen neues Geld. Von dem nahmen sie an, es könnte jederzeit wertlos werden. Wer keine Schieber kannte oder kein Geld für die horrenden Preise hatte, konnte außerhalb der Stadt nur Futterrüben und Leinöl kaufen. Geld hatte niemand, weil auf alle Geldfunde, die einen Monatslohn überstiegen, bei Hausdurchsuchungen die Todesstrafe stand. Lehrerinnen und Pastorenfrauen saßen auf der Straße und verkauften ihre Wohnungsausstattungen Stück für Stück. Wer nichts mehr hatte, wurde mitunter ohnmächtig oder mit durch Wassersucht geschwollenen Gliedern auf der Straße gefunden. Lastpferde waren knapp geworden, da die Hungernden sie geschlachtet und gegessen hatten. Somit war es eine typische Arbeit für *boursjuiki*, Bürgerfrauen, Karren und Wagen durch die Straßen zu ziehen. Die Arbeitskommissionen kontrollierten die Häuser und holten alle zur Arbeit ab, auch Mütter mit Kleinstkindern, die dann allein zurückblieben, oder alte und kranke Menschen. Geld verdienen ließ sich mit Spitzeltätigkeit und Anzeigen: wegen politischer Äußerungen oder aus persönlicher Feindschaft. Dann kamen politische Kommissionen, die ganze Familien in Haft nahmen und allen Besitz beschlagnahmten. Die Gefängnisse liefen über, Massen von Menschen starben an Flecktyphus, der durch das Ungeziefer übertragen wurde. Fast wahllos und ohne Anklage wurden Menschen im Gefängnis oder im Wald ermordet.

Am 22. Mai 1919 befreite die Bürgerwehr Riga von den Bolschewiken. Dennoch hatte Erich nach solchen Berichten allein aus seiner und Karins Familie keinerlei Illusionen, was ein Wiederaufleben der Herrschaft der *Bolschewiki* bedeuten würde: die endgültige Enteignung aller Besitzenden, zu denen sie und Familie Rapa mit Buchhandlung, Verlag und Druckerei gehörten. Die Sowjets würden auch Estland übernehmen und Karins Verwandte vom Restgut Kurtna und aus dem Haus in Tallinn vertreiben. Er sorgte sich auch um seine jüdischen Freunde. Hier waren sie geduldet und oft in einflussreichen Stellungen, die Sowjetunion verfolgte sie, die Deutschen intrigierten gegen sie. Viele von ihnen reisten in die USA aus oder folgten der Lehre eines gewissen Herzl[62] ins unwirtliche Palästina, um ihr Leben und ihre Arbeit gegen den ungeübten Versuch von Landbau am Rande der Wüste einzutauschen. Sollten Janis Rapa, er und sein Bruder Bruno verkaufen und auswandern? Diesen Gedanken konnte er niemandem zumuten, ihrer aller Leben war das Buchhaus. Dass seine studierte Frau sich als naiv erwies und nicht glaubte, was er ihr darstellte, war der Hauptgrund der Scheidung. Sie lebte mit dem Kind, dem Personal und der Sorge um die Schwiegermama im vorigen Jahrhundert, gut versorgt und weit entfernt von den politischen Sorgen der Welt. Dass sie ihm seine Seitensprünge nicht verzieh, konnte er akzeptieren. Er verzieh ihr ihre politische Naivität nicht.

Das 25. Firmenjubiläum von *Valters & Rapa* wurde 1937 im großen Salon im Erdgeschoss gefeiert mit etwa vierzig Angestellten. Auf dem Foto sind Gerda zu sehen, eine elegante Matrone, Janis und seine Gattin, Erich und Bruno, der akribische Prokurist Walter Tag, einige elegante junge Verkäufer und die Schreib- und Telefonfräulein. Nicht mehr auf dem Foto sind Karin und die stets ernst schauende sechsjährige Marianne.

Erichs Geschenk an die Firma, die zu gleichen Teilen Janis Rapa und seiner Mutter gehörte, war die Planung und

62 Theodor Herzl (1860–1904) bewegte Menschen zum Glauben an ein einiges Land Israel, viele reisten dorthin aus, auch noch lange nach seinem Tod. Er gilt als geistige Gründerfigur des späteren Staates Israel.

Einrichtung einer neuen Druckerei. Die alten Maschinen, vor fast zwanzig Jahren gebraucht gekauft, waren verschlissen, und für das gemietete Gebäude in Torakalns lief demnächst der Vertrag aus. Wie marode die Maschinen waren, wurde deutlich, als Erich beim Typenguss durch einen explodierenden Kessel flüssigen Bleis eine Vergiftung erlitt. Ein Arbeiter starb, Erich wurde todesnah ins Krankenhaus gebracht, alle Haare fielen ihm aus. Er hoffte auf späteres Nachwachsen, aber das geschah nur langsam und in dünnen grauen Strähnchen, Farbe und Fülle waren dahin. Schlimmer waren die daraufhin immer schmerzenden Zähne. Der Zahnarzt zog sie alle und ließ ihm eine Prothese mit achtundzwanzig Goldkronen anfertigen. Es dauerte viele Wochen und eine Kur im Sanatorium Schloss Koltzen / Bīriņi lang, getragen von der Buchdrucker-Krankenkasse, bis er wieder gesund war.

Da es in Riga keinen preiswerten Geschäftsraum gab, hatten er und Bruno in Jelgava – seine frühere Frau nannte es nach fast zwanzig Jahren lettischer Republik immer noch *Mitau* –, fünfzig Kilometer entfernt von der Stadtgrenze Rigas, ein Fabrikgebäude erworben und zwei neue *Mergenthaler Setzmaschinen*. Es gab sie erst seit wenigen Jahren, sie waren das Beste, was die Branche zu bieten hatte. Der Druck erfolgte wie zuvor mit Bleisatzlettern, doch der Setzer konnte im Sitzen die erhabenen Typen aus einem Magazin in die metallene Gussform fallen lassen, wo sie sich automatisch zu Zeilen reihten, die dann mit Keilen auf Seitenbreite gebracht und mit flüssigem Metall ausgegossen wurden. Damit konnte in vielfacher Geschwindigkeit gesetzt werden! Jetzt konnten sie über eine weitere Zeitung nachdenken.

Am Vormittag des Jubiläums fuhren die Brüder mit Janis Rapa und Walter Tag im Ford nach Jelgava, das nur noch eine reichliche Stunde entfernt war. Sprachlos standen sie vor den rasant arbeitenden Maschinen. Die beiden hatten

Bescheid gewusst, doch im Betrieb gesehen hatten sie die Wunderwerke noch nicht.

Der Umzug der Druckerei ermöglichte ihm und seiner Tochter Marianne eine Wohnung in Jelgava. Karin blieb bei seiner Mutter in Riga. Sie hatte die Tochter bei sich behalten wollen. Doch sie war vernünftig genug einzusehen, dass es gut sei für das Mädchen, in Jelgawa zu wohnen und zur Schule zu gehen, denn in Riga grassierte 1937 Polio, Kinderlähmung. Viele Kinder lagen in den Krankenhäusern, waren gelähmt oder gestorben. Marianne kam wegen der einjährigen Schulschließung in der ganzen Stadt verspätet in Jelgawa zur Schule – und war unglücklich dort.

Sie war zu Hause immer allein gewesen im großen Haus und Garten und verstand die Regeln der Schule nicht. Die Schulvorsteherin war eine entfernte Verwandte, die viel duldete, aber sie wunderte sich, dass diese Prinzessin so fern der Realität aller anderen Kinder war. Sie sprach nur Deutsch, hier musste sie Lettisch lernen. Bei ihrer Tante Margrit im Kindergarten in Reval wäre es ihr gut gegangen, aber hier war Schule. Papa hatte keine Zeit für sie, Mama und Ohmchen waren in Riga.

Erich ahnte die bevorstehenden politischen Probleme, dass die Sowjetunion und Deutschland das Baltikum unter sich aufteilen würden, aber er konnte durch die Arbeit und die Sorge für seine Tochter keine Vorbereitungen für eine eventuelle Ausreise treffen. Er hörte im Radio von Konferenzen zwischen Hitler und Stalin und war ohnmächtig.

Aimeé Frese geb. Glanstroem (1878–1951)

Das *Schloss* in Kurtna schien ihr riesig wie in ihrer Kindheit. Als Erwachsene hatte sie das Holzhaus trotz seiner vielen Mägde- und Gästezimmer, die sie und ihre große Familie leicht beherbergen konnten, klein gefunden. Jetzt, 1939, wo sie über das sechzigste Lebensjahr hinaus war und kam, um ihren ledigen Schwestern bei der Auflösung vor der Ausreise zu helfen, kam es ihr wieder groß vor, halbleer wie es war. Ihre Geschwister und Cousinen lebten in der Stadt oder auf anderen Gütern. Alle hatten beim Auszug etwas mitgenommen von dem, woran ihrer aller Herzen hingen. Als sie herkam, hatte sie nicht gedacht, dass es überhaupt viel auszuräumen gäbe. Die Schwestern würden wieder irgendwo ein Haus haben, aber eins ohne ihre Geschichte und ohne Gespenster. Sie würde ihnen helfen müssen, es zu gestalten.

Jetzt ging sie von Zimmer zu Zimmer, von Schrank zu Schrank. Sie ließ Stoffe durch ihre Hände gleiten, erinnerte sich, legte etwas in eine offene Kiste und etwas anderes zurück in Schränke. Sie würde sich beschränken müssen. Was sollte sie mit zwanzig Nachttöpfen, ausreichend für eine Großfamilie und ihre Gäste?

Mit leisem Erschrecken bemerkte sie, dass sie ein Lied vor sich hin sang:

Es kann ja nicht immer so bleiben,
hier unter dem wechselnden Mond.
Es blüht eine Zeit und verwelket,
was mit uns die Erde bewohnt.

Es haben viel fröhliche Menschen
lang vor uns gelebt und gelacht,

den Ruhenden unter dem Rasen
sei freundlich ein Becher gebracht.

Doch weil es nicht immer kann bleiben,
so haltet die Freude recht fest.
Wer weiß denn, wie bald uns zerstrauet
das Schicksal nach Ost und nach West?[63]

Leicht fiel es ihr, Kisten mit den Jugendkleidungsstücken der Eltern und den schwarzen Witwenkleidern der Großmutter einzupacken und die Berge von Kindersachen, die nicht mitgenommen wurden; die, die sie und ihre Geschwister getragen hatten. Die Sommersachen hätte sie sowieso demnächst mottensicher verpacken lassen – bis die Sonne das nächste Mal, hohe Kreise ziehend, wärmen würde. Immer tat sie das nur für kurze Zeit. Ein Teil der Wintersachen war schon verpackt: die Wollwäsche und die schafpelzgefütterten Lederjacken ihrer Brüder. Die lockige Wolle füllte die Kisten schneller, als gut war! In der Scheune türmten sich noch hunderte leerer Kisten – aber auch schon viele volle. Gestern war sie mit ihren Schwestern und der Schwägerin weit gekommen, heute war sie allein mit ihren Erinnerungen und kam nicht voran.

Sie legte die große Leinendecke zusammen, die sie einst gestickt und letztes Ostern auf den Tisch gelegt hat. 35 Leute saßen gemeinsam am Tisch: sie und ihr Mann Thomas, ihr Sohn Fritz mit seiner Frau Marie Luise, Benedict mit Frau Ursula, ihre Tochter Beate und ihr Jüngster Justus mit seiner Frau Edith; ihre Zwillingsschwester Alice mit ihrem Mann Christfried und ihren fünf Kindern. Ihre Nichte Anna war vor fünf Jahren in Paris bei einem Verkehrsunfall gestorben, dort, wo sie ihren Traum lebte und als Kindergärtne-

63 Gedichtet von August von Kotzebue: *Ewiger Wechsel*

rin arbeitete; Marie, Witwe seit vier Jahren mit ihren fünf Kindern: Karin mit Mann und Kind, ihre vier Geschwister. Da saßen der massige Bruder Kuno mit seiner erst vor zwölf Jahren angetrauten Frau Marie, ihre älteste Schwester Agnes, vor neun Jahren verwitwet, mit Sohn Bruno und Schwiegertochter Paula; die beiden Eduards: Paulas Malerbruder und ihr ältester Bruder, die ihm folgende Schwester Elisabeth, ihre jüngsten Schwestern Gerda und Erika. Auf einmal waren sie alte Leute mit erwachsenen Kindern. Manche Ehepartner und einige erwachsene Kinder waren schon verstorben. Wo war die Zeit der Hochzeiten und Tauffeiern, der Oster- und Weihnachtstage und der Tanzfeste hin? Die Decke bewahrte etwas davon.

Über jedem Gedeckplatz waren grün gestickte Zweige zu sehen, an jedem Platz andere Zweige. Anfangs hatte sie sie als Weihnachtsdecke gedacht gehabt, aber dann hatte ihre Tante gesagt, dass sie die zu selten benutzen würden. So hatte sie Äste von allen Nadelbäumen, aber auch Palmwedel, Mistelzweige, Immergrün- und Stechpalmenästchen gestickt: Sie und die Decke hatten viel Lob erhalten. Länger als ein Jahr hatte sie daran gearbeitet. Diese Decke roch nicht nach Mottenkugeln, Leinen nahm keinen Geruch an – im Gegensatz zu den Wollsachen, in denen sich der Geruch nach Lanolin mit dem des Mottengiftes mischte.

Würden sie je wieder einen Tisch decken für so viele Personen? Die Decke musste mit, auch wenn Arthur sagte, es rieche nach Krieg. Die Decke, das waren siebzehn Monate ihres Lebens. In diese Kiste kamen noch weitere Decken: die runde Batistdecke mit der breiten, von ihrer Mutter gehäkelten Spitzenkante, als Aimeé ein Kind war. An einer Stelle war die Spitze gerissen, Tante Mina war mit ihrem Ring darin hängen geblieben. Sie war längst tot. Ihre Mutter hatte lächelnd gesagt: „Ach Mina, das macht nichts, ich repariere das.“ Das hatte sie als Kind gewundert, denn sie hätte sich darüber geärgert. Wenn es ihr passiert wäre, hätte es ein Donnerwetter gegeben. Ihre Mutter hätte nie zu einem Besucher etwas Hässliches gesagt! Sie hatte danach versucht, die Stelle zu reparieren, aber sie hätte dafür fast die gesamte Spitze auftrennen müssen, weil diese gehäkelt und nicht geklöppelt war. So war die reparierte Stelle noch jetzt zu sehen. Die Decke war kaum wieder verwendet worden, ihre Schönheit war erloschen durch Unfall und Reparatur. Warum dachte sie darüber nach, statt zügig zu packen? Diese erzwungene Umsiedlung würde so ein Unfall sein. Die Wiederherstellung von Familie und Besitz würde nie ganz gelingen, das ahnte sie. Überall würde der Fehler zu sehen sein: dass die Möbel nicht für das zu erwartende Haus angefertigt worden waren, dass die Decken nicht für die neuen Tische genäht, gehäkelt und gestickt waren, dass die Familie nicht in die Landschaft, in die sie kommen würden, geboren worden war. Noch nach Generationen würden diese überdehnten Maschen erkennbar sein.

Als Nächstes breitete sie die gelbe Seidendecke aus, Lausitzer Damast mit Randstickerei. Ihre Finger glitten über den Rand und erfühlten das Muster. Verächter hätten es für sinnlos halten können, das Jacquard-Muster durch Stickerei zu verstärken. Doch es war edel! Schönheit war ein Wert an sich. Ihre Großmutter Karoline Kettler hatte die Decke gefertigt, als sie, Aimeé, noch ein Kind war. Sie selbst war lieber im Wald, am Bach oder bei den Tieren. Wenn sie durstig hereingestürmt kam, sah sie Großmutter stickend auf der Holzveranda sitzen, während ihre ledigen Tanten die Blüten der schwarzen Johannisbeeren abschnitten, damit die Köchin Gelee kochen konnte. Dabei sangen sie aus einem riesigen Fundus an Liedern. Die Großmutter hatte den Fußboden um sich mit Barchent ausgelegt und stickte mit Seidengarn, so zart wie Spinnweben. Zuletzt hatte sie die Decke bei der Hochzeit von Mutters jüngster Schwester Ernestine auf dem Tisch liegen sehen. Ihr kamen die Tränen. Ihre Lieblingstante Ernestine! Sie war längst tot. Das neue melancholische

Lied von den trinkenden Elchen auf der Nehrung zog sie aus der Trauer: „Und die Nacht, wie eine gute Mutter, deckt ihr Tuch über Haff und Land." Hier müsste es heißen „… deckt ihr Tuch über Kurtnas Land." Die Elche kamen auch hier vorbei in der richtigen Jahreszeit. Von den Elchen würde sie sich auch verabschieden müssen. Oder nicht verabschieden können, wenn sie heute Abend nicht kamen. In Deutschland würde es sicher keine Elche geben.

Nach manchen anderen, alle erinnerungsschwer, kam die kleinste der Decken, eine für Aimeé ganz besondere: die Rätseldecke. Ein weißes Tuch war mit grober weißer und blauer Stickerei bedeckt, sicher von einem Kind hergestellt worden. Weiß waren die Rosen und ihre Blütenblättchen, blau die Muster rund um die Rosen und entlang der Außenkanten. Auf der Innenseite der vier Ränder gab es noch eine kleine rote Stickerei, die niemand sah, wenn die Decke auf dem Tisch lag. Spielte jedoch ein sich unter dem Tisch langweilendes Kind mit der Kante, weil die Erwachsenen sich zu lange unterhielten, dann sah es entweder eine schwer lesbare Schreibschrift oder rätselhafte Zeichen. Als Kind hatte sie die kleine Decke geliebt, obwohl sie nur einen Teil hatte erraten können. Es war für sie ein Feiertag, wenn sie auf den Kinder- oder den Geburtstagstisch gelegt wurde. Sie hatte die gestickten Gegenstände geliebt: den Hund, die Fische, den Tannenbaum, den Tisch, den Kragen, die Axt. An einer Seite stand „Hie gut Fanny allenwege", an der nächsten „von ihrem Pagen." (das schien das Ende zu sein, denn es hatte einen Punkt), an der dritten Seite „Psalm 63,7." Auch hier war ein Punkt das Ende. In der Bibel heißt diese Zeile: *Wenn ich mich zu Bette lege, so denke ich an dich, wenn ich wach liege, sinne ich über dich nach.* War es ein Liebesgedicht? Die heimliche Botschaft eines verliebten Mädchens?

Aus der Tierkante ergab sich – das hatte sie fünfzehn Familienfeiern später begriffen – die Auflösung durch die Auslassungszeichen vor und nach den Wörtern: ~~H~~und ~~F~~isch

Kann~~e~~ ja n~~L~~icht s~~Kr~~agen w~~v~~ie~~r~~ Beil ~~F~~ich~~te~~ d~~T~~isch h~~G~~abe~~l~~. Natürlich waren hier noch viele Irrtümer möglich. Es hatte lange gedauert, die Lösung zu finden, denn der Hund konnte auch ein Dackel sein, das Licht eine Kerze und die Gabel ein Feuerwerkskörper. Am kompliziertesten verschlüsselt war das Beil, das ebenso eine Axt sein konnte. Wenn man das Wort *Beil* jedoch rückwärts las, ergab es das Wort *lieb*. Der ganze Spruch lautete also: *Und ich kann ja nicht sagen, wie lieb ich dich habe.* Reimen wollten sich die vier Textzeilen nicht. Dafür ergab sich im Geschichtsbuch, dass das rätselhafte „Hie gut Fanny allewege" der Wahlspruch des württembergischen Herzogs Ulrich I. im 16. Jahrhundert und des Hauses der württembergischen Grafen danach war. „Hie gut Wirttemberg allewege" – was auch immer das heißen mochte. Jener Ulrich I. wurde jung verlobt, verliebte sich als Erwachsener in eine andere Frau, musste dennoch die Verlobte heiraten, was seine Ehe zur Katastrophe machte. Später fiel er in Ungnade. Sein Spruch war dennoch in aller Munde. Im Erwachsenenalter hatte sie vergessen, Leute darüber zu befragen, die es hätten wissen können. War es gut, alle diese Erinnerungen mitzunehmen? Ach, sie nahm sie sowieso mit.

Was war das? Sie war allein im Haus und hörte im Obergeschoss das Geräusch des Schaukelpferdes. Es war so groß wie ein Pony, mit Fell bezogen, hatte Zaumzeug wie ein solches und stand allein in der Kammer mit dem übrigen Spielzeug. Seit ihrem letzten Besuch war niemand mehr darauf geritten. Es würde hierbleiben müssen. Aber wer bewegte es jetzt? Es waren keine Kinder in der Nähe, erst recht keine im Haus! Erstaunt stieg sie die Treppe ins Obergeschoss hinauf. Hatte der Herbstwind ein Fenster im Tschulan[64] aufgedrückt? Nein, alle Türen und Fenster waren verschlossen. Da hörte sie es: In allen Gästekammern regte es sich. Möbel

64 Der estnische Ausdruck für Dachboden

wurden verschoben (die Kammern waren doch leer bis auf die Betten?), Gläser klirrten, Stühle rückten, eine Tafelgesellschaft schien sich einzufinden. Jetzt klang es, als würde unten ein langer Tisch gedeckt. Allein stand sie im kalten oberen Flur, in dem die Farbe und teilweise auch der Putz von den Wänden bröckelten. Tränen rannen ihr über das Gesicht. Das war Dubslaw, der den Abschied wohl ahnte und sich verabschieden wollte. Er wurde noch einmal aktiv, um in der Fülle der Aufgaben nicht in Vergessenheit zu geraten. Fast musste sie lächeln: Der ließ sich so wenig einpacken wie das riesige Schaukelpferd. Von ihm wussten sie nicht einmal, in welchem Raum er bevorzugt wohnte. Als sie den Oberstock verlassen wollte, tat es einen lauten Schlag. Ein wenig Stuck von der Decke rieselte in ihren rund um den Kopf aufgesteckten Zopf, der an Farbe verlor. Laut sagte sie: „Adieu Dubslaw, wir müssen bald gehen. Du hast uns nicht vertrieben, das hat die Politik getan. Ärgere die neuen Besitzer nicht zu sehr!“ Noch ein Wölkchen Kalkstaub rieselte herab auf sie. „Oder doch. Sie sollen keine Freude haben an unserem Haus.“ Dann schob sie zwei fertige Kisten in die Veranda.

Was sie nicht wissen konnte war, dass das Haus an die Kolchose fallen und als Stall für Hunderte von Hühnern dienen würde. An solchen Bewohnern würde Dubslaw keine Freude haben. Oder würde er sie mit Fuchsgeräuschen erschrecken? Weiß jemand, wie beweglich Poltergeister sind? Können sie ihre Aktivitäten von Menschen auf Tiere verlegen?

Nach der estnischen Staatsgründung 1919 waren sie enteignet worden. Die Weiden und Wälder, die Fabriken und Bahnhöfe gehörten nun dem Staat, der sie im Sinne einer Bodenreform an die Bauern verteilte. Nach und nach erhielten alle Besitzer Einladungen zur Verwaltung nach Tallinn. Sie mussten die Besitzpapiere vorlegen, zuvor eingeholte Werteschätzungen abgeben, die Anzahl der erbberechtigten und nicht erbberechtigten Familienmitglieder auflisten, die Bankwerte und Aktien, aber auch die Hypotheken und sonstigen Schulden, und von den Instituten beglaubigen lassen. Danach bekamen sie einen Rest Besitz zugeteilt. Meist konnten sie die Gutshäuser, in denen sie mit ihren Familien wohnten, behalten, manchmal auch die anderen Gebäude und die Stallungen. Ihnen gehörten noch die Gemüsegärten und eine Streuobstwiese für den Eigenbedarf, aber nichts, womit sich Kapital vermehren ließ. Alle übrigen Schlösser, Ställe, Stadthäuser, Hafenspeicher, Hotels, Banken und einträglichen Geschäfte wurden enteignet. In ihrer Anwesenheit wurden die Besitzurkunden eingezogen. Die meisten waren mehrere Jahrhunderte alt und gezeichnet mit den deutschen Namen ihrer Ahnen und Urahnen, die meisten mit altem Ritter- oder russischem Verdienstadel. Neue Urkunden wurden in Estnisch ausgestellt auf die Daten der neuen, der westlichen Zeit. Auf einmal war es im Land dreizehn Tage eher. Sie erlebten den ersten bis vierzehnten Februar 1918 zweimal. Was machten die, die irgendwann in dieser Zeit Geburtstag hatten? Feierten sie den ersten oder den zweiten Tag oder alle beide? Als freie reiche Leute waren die Gutsbesitzer auf die Ämter gekommen, als abhängige Bettler verließen sie die Verwaltungen. Nicht alle fuhren nach Hause und konnten das verkraften. Manche schafften es nicht mehr zu ihrer Familie, sondern nur noch bis zum nächsten Wald, der ihnen eben noch gehört hatte. Dort hatten sie vorsorglich Waffe oder Seil deponiert, falls einträte, was sie befürchteten.

Demgegenüber hatte Carl den Vermögensübergang in weiser Voraussicht vorab von Riga aus geregelt. Er hatte dank der vielen Geschwister seiner Frau, die weiterhin in Kurtna lebten, und seiner eigenen Kinder vernünftig gehandelt. Ihnen waren das Gut, das Stadthaus mit dem Obstgarten in Tallinn und die Eigentumswohnung in Riga geblieben.

Zwanzig weitere Jahre hatte die Familie auf dem Gut gelebt. Einige hatten als Angestellte ihre Arbeit getan oder in den Städten Berufe ausgeübt. Nun, 1939, war damit Schluss, sie mussten auch das Restgut Kurtna abgeben. Ein deutscher Herrscher, auf den die Konservativen große Hoffnungen setzten und den andere nicht ernst nahmen wegen des Fehlens gepflegter Umgangsformen, hatte mit den neuen Russen verhandelt, um ihnen, den eigentlich Deutschen, einen Heimweg zu schaffen in sein Deutsches Reich. Sie, die seit fünfzig Jahren auf russische Schulen gingen, seit Jahrhunderten dem Zaren untertan gewesen waren und seine Orden trugen, sollten in dieses fremde, moderne, teilweise alpine, schnelle, glitzernde Reich gehören? Der Zar hatte ihren ersten Söhnen die Armee erspart und bei Verdiensten für das Vaterland auch ihren zweiten Söhnen. Sie sprachen im Alltag mit allen außer der unmittelbaren Familie estnisch, sie hatten die Bibel, die Wörterbücher und die Grammatiken ins Estnische und die estnischen Volkslegenden ins Deutsche übersetzt! Ihr Deutsch war nach fast 700 Jahren in diesen Ländern durchsetzt mit balto-slawischen Ausdrücken; sie wohnten in Holzhäusern voller Gespenster, fuhren mit Kutschen und in Bärenpelze gehüllt in Schlitten, maßen in Werst, dachten die Zeit noch julianisch – sie passten nicht in die Welt, die ihnen hier zu großzügig angeboten wurde. Deutschland war ihr Vaterland, während Estland ihre Heimat war.

Aimeé verstand nicht, was sie dort sollten. Sie war über sechzig Jahre alt und wollte bleiben, wohin sie ihrem Mann nach der Hochzeit gefolgt war und wo sie ihre Kinder bekommen hatte. Eben war sie, wo sie und ihre Geschwister geboren worden waren. Sie wusste, dass die Esten nach ihrem Wegzug auch den Rest ihrer Häuser und Gärten bekämen, oder schlimmer noch, die neuen Russen. Das Wort *Sowjets* brachte sie nicht über die Lippen. Während ihr Kutscher Kiste um Kiste mit der Tarantas, der großen altmodischen Kutsche für mindestens vier Personen, zur Bahn fuhr und der Poltergeist im Oberstock nicht mehr zur Ruhe kam, das *Schloss* Kurtna immer leerer und ihr fremder wurde, hielt sie sich fest an dem Bild jenes letzten Familienfestes, bei dem alle Geschwister, Kinder und sogar einige der Enkel da gewesen waren. Das war Ostern 1938 gewesen. Die Köchin hatte Pas'cha gekocht, 36 Portionen: 1 ¼ Pud Quark, ein Drittel Pud Zucker, ein Drittel Pud Schmand, ein Achtel Pud Butter, ein indischer Vanilleschotenwald und Schalen eines ganzen italienischen Zitronenhains waren da hineingewandert. Wenn uns das nicht zu viel erscheint, dann liegt das daran, dass uns nicht klar ist, wie viel ein Pud war: Vierzig Funt, etwas mehr als sechzehn und ein Drittel Kilogramm! Wenn ich mir die Gefäße voll Quark, wahrlich keinem Magerquark, in der Küche vorstelle, werde ich vom Darüber-Nachdenken satt.

Einen ganzen Tag lang war der süße Duft durch das Haus gezogen, weil Topf um Topf gekocht und mit der Hand gerührt wurde. Dieses Bild versuchte Aimeé festzuhalten für eine düstere Zukunft in einer Welt, in der es ihr und allen Balten immer zu warm sein würde in monatelangen Sommern, die ihr Organismus nicht vertrug.

Gut, dass sie nicht lesen konnte, was auf dem russischen Zettel stand, der schon an der Schuppentür klebte: „Государственная собственность"[65]. Haus und Nebengebäude von Kurtna gingen nicht an die estnische Verwaltung, sondern an die *neuen Russen*, mit denen jener schnarrende Herrscher verhandelt hatte. Sie wollte es nicht wissen, und jetzt war sie froh, auf der Mädchenschule nicht Russisch, sondern Französisch gelernt zu haben. Sie packte Kindersachen aller Größen ein, kleine Hemden, Mützen mit Klöppelspitze und Hosen mit Stickerei, die Taufkleider von sich und ihren Geschwistern – in denen schon ihre Eltern und Großeltern getauft worden waren. Bald würde Benedicts erstes Kind geboren werden, da würden sie das brauchen für die nächste Generation.

---

65 Russisch: Volkseigentum

Der Mangel

Eine Arbeiterfrau – mit, soweit auf den Fotos sichtbar, etwas zu großen und gewiss hartfingrig gewordenen Händen, die wohl dennoch sanft zufassen konnten und zu streicheln wussten. Ob sie den gebührenden Dank, ein zärtliches Echo je fand – für ihre gerühmte Unermüdlichkeit für andere, selber plötzlich viel zu zeitig todmüde? Ich möchte seufzen und meinen: eine von den Hunderttausenden stillen fleißigen Frauen, die, vom Patriarchat gut dressiert, von Gesellschaft und Kirche nie einen Impuls zu sich selber erhalten hatten. Ich spüre großen Zorn! Diese Ururgroßmutter (1874–1928) meiner Kinder, eine … aus zehn Geschwistern, hatte nur einen Vornamen: Wilhelmine – als wäre der Vorrat ausgegangen – etwa schon ein Zeichen von Lebensarmut und reproduktiver Überforderung jener Generationen? Es reichte nur noch zu einem Minchen – und wenn schon – mussten denn die beschissenen deutschen Kaiser auch noch im Rufnamen von heranwachsenden und armen Mädchen voraus verehrt werden?!

Margrit Schneider (1904–1988)

Als nach und nach all die jungen Erwachsenen aus dem Haus in Tallinn ausgeflogen waren, blieb eine zurück: Tochter Margrit. Sie wollte nicht heiraten oder geheiratet werden, sie wollte einen Kindergarten eröffnen, den ersten Tallinns. Sie hatte eine Lehrerinnenausbildung an einem Frauenseminar absolviert und danach einen Kurs zur Vorschulpädagogik. Nachdem sie im Juni 1922 in Wien einen Vortrag Rudolf Steiners zu seiner Pädagogik gehört hatte, war sie eine glühende Anhängerin seiner pädagogischen Reformen und der Anthroposophie geworden. Dieser Mann hatte der Völkerverhetzung nach dem Kriege wirklich etwas entgegenzusetzen! Hier war Gedankenreichtum statt Prahlsucht, kritischer Glaube statt rückwärtsgewandter Kirchlichkeit, wie sie im Baltikum nicht selten zu finden war. Begründet wurde der für diese Zeit ungewöhnlich christliche Lebenswandel der Familien oft mit der Herkunft von den Kreuzrittern, die vor siebenhundert Jahren das Land christianisiert hatten. Seltener wurde der Einfluss der *Herrnhuter* im beginnenden 18. Jahrhundert angeführt, obwohl dieser Einfluss näher gelegen hätte und aus dieser Zeit die Bibelübersetzungen und christlich-pädagogischen Schriften bekannt waren. Pädagogisch gab es bei Margrit kein Auswendiglernen mehr, kein Nachsprechen, keine Prägung auf das Verhalten der Erwachsenen. *Kindgemäß* hieß das Zauberwort. Das meinte nicht nur das äußere Kind, kleiner als ein Erwachsener und mit anderen Interessen ausgestattet, sondern besonders die innere Form des Kindes, die Seelenform. Margrit besuchte immer häufiger die Vorträge der anthroposophischen Gemeinschaft, kaufte Steiners Bücher sofort, wenn sie erschienen, und reiste mehrmals nach Süddeutschland und in die Schweiz zu seinen Vorträgen, nicht nur über Pädagogik. Sie hospitierte 1924 in seiner Schule für Mitarbeiterkinder des Stuttgarter Zigarettenfabrikanten. Der frühe Tod des Meisters war ein herber Schlag für sie.

Besonders angetan war sie von der Eurythmie, einer neuen Art, sich zu bewegen. Aus dem freien Ausdruckstanz von Mary Wigman und den von ihren Ideen bewegten Tänzerinnen waren Formen der Gestaltung geworden, die sich für Kinder eigneten: Buchstaben, kleine Texte, Gedichte, Musik konnten mit dem ganzen Körper dargestellt werden. Mit Genehmigung der estnischen Behörden nahm sie Kinder im Vorschulalter in Betreuung. Der Garten der Kaupmehe / Kaufmannstraße bot den Kindern Auslauf, in der unteren Veranda wurde jeden Morgen Eurhythmie geübt. Die oberen Räume hatte nach Vaters frühem Tod ihre Mutter inne, das Erdgeschoss war der Kindergarten. Außerdem wohnte nach deren Hochzeit ihr Bruder Helmuth mit seiner Frau Britta oben im Haus, dazu eine Bekannte, Frau Martinsen mit ihrer Tochter, und im Gartenhaus ihre Schwester Heidi mit Mann und zwei Kindern. Spielzeug war kaum vorhanden, die Kinder sollten Fantasie entwickeln und aus dem Vorhandenen gestalten. Die Zimmerecke mit den breiten grünen Sesseln hieß *Der Wald*. Kleine Stoffpuppen, die sie zu nähen oder zu häkeln bei den alten Damen der Bekanntschaft in Auftrag gab, waren die Zwerge, die darin wohnten. Lose hängende Fäden, die die Kinder immer neu verknüpfen konnten, waren die Spinnennetze, in denen ganze Spinnenvölker wohnten und deren Ergehen für ständig neue Geschichten sorgte. Gefärbte Schafwolle in mehr als zwanzig Farben konnte für das Legen von Mustern oder Bildern auf Flanelltüchern oder Sessellehnen verwendet werden. Im Sommer konnten Beeren geerntet, gegessen oder zu Marmelade gekocht werden, im Herbst wurden die Äpfel und Birnen reif, sie kochte Apfelmus mit den Kindern, und alle durften sich satt essen daran. Der Lauf der Jahreszeiten spielte eine große Rolle. Der Hausmeister hatte einen gestürzten Baum zum Balancieren bereitgelegt und viele Paar Stelzen geschnitzt.

Immer mehr Eltern kamen, bald hatte Margrit mehr Anmeldungen, als sie Kinder aufnehmen konnte. Sie trennte nicht in estnische, russische und deutsche Kinder. Hier wurde in allen Sprachen gesprochen und gesungen. Sie stellte eine Kindergartenhelferin ein, und ihre jüngste Schwester Edda war nach ihrer Schule mit Begeisterung dabei. Sie kam gern mit den Kleinen zum Nachmittagsspaziergang mit.

1939, den Kindergarten gab es seit mehr als zehn Jahren, hätte er schließen müssen, denn alle Deutschen mussten nach Deutschland ziehen. Die Mächtigen hatten sich neu über die Grenzziehung geeinigt und darüber, wer wo zu wohnen hätte. Die Ohnmächtigen packten, stiegen auf die bereitgestellten Schiffe nach Ostpreußen und siedelten sich zwangsweise dort an. So auch die Mutter und die Geschwister. Margrit lehnte es ab, zu den Ohnmächtigen zu gehören. Sie hatte einen estnischen Pass! Als die Mutter das Haus verließ, um mit ihren Kindern und ersten Enkeln in den Warthegau zu ziehen, blieb sie. Sie überstrich das Wort *Kindergarten* an der Fassade und ersetzte es durch *Lasteaed*. Die frei werdenden Plätze der deutschen Kinder füllten sich rasch mit estnischen Kindern. Es wurde nun nur noch in zwei Sprachen vorgelesen und gesungen, doch am Kinderleben änderte sich für zwei weitere Jahre nichts. Dass Margrit Deutsche war, wusste fast niemand mehr, Familie und Freunde waren weit, ihr Bekanntenkreis bestand aus den Eltern der ihr anvertrauten Kinder und den Mitgliedern der anthroposophischen Gemeinde. Ihr deutscher Familienname *Schneider* war nicht auffällig, seit Jahrhunderten gab es hier völkerübergreifende Ehen und entsprechende Namen auf allen Seiten.

Im Oktober 1940 fiel der estnische Staat an die Sowjetunion. Seitdem wusste Margrit, dass sie diesmal wohl zu den Ohnmächtigen gehören würde. Doch sie hielt aus, solange der Staat sie tätig sein ließ. Im Frühling 1945 kündigte sie den Eltern *ihrer* Kinder die Schließung des Kindergartens an. Am 11. Juni feierten sie das Abschlussfest für die künftigen Schulanfänger. Ihre Schiffspassage hatte sie für den 18. August 1945 gebucht und ihrer Mutter mitgeteilt, dass sie nach Deutschland käme und sich melden würde. Der Brief erreichte die Mutter, aber nicht mehr in Posen / Poznan. Einige Kisten hatte Margrit gepackt, einige standen bereit für den Umzug. Die Möbel würde sie verkaufen, das Kindergartenmaterial musste sie nicht mitnehmen, es war zu jeder Zeit an jedem Ort neu zu erstellen.

Am 11. August 1945, ehe sie ihre Schiffspassage einlösen konnte, gehörte sie zu den letzten Frauen und Kindern, die des Landes verwiesen und Richtung Sibirien transportiert wurden. Ein kleiner Koffer mit Sommerkleidung, eine Decke, eine Trinkflasche mit Becher, eine Brotbüchse, ein Sommermantel, das war alles, was sie bei sich hatte. In die linke Manteltasche hatte sie außer dem Taschenmesser als Erinnerung sechs silberne Teelöffel mit den verschlungenen Initialen *MG* ihrer Mutter Marie geb. Glanstroem gleiten lassen, die rechte war gefüllt mit noch nicht ganz reifen Gartenäpfeln. Zehn Minuten hatte die Verwaltung ihnen zum Packen gelassen. Dafür war sie gut ausgestattet, besser als die meisten Frauen im Zug Richtung Narva, die hektisch die Kindersachen eingepackt hatten, aber nichts für sich selbst dabeihatten, oder andersherum.

Karin Walther (1900–1947)

Karin schaute in die Kisten, die Mina packte. Sie schaute, wie sie das Porzellan einzeln in die Holzwolle legte, als hätte sie nie im Leben etwas anderes getan. Lagenweise kamen Wäschestücke dazwischen. Die kupfernen Kessel hatte sie zur Hochzeit bekommen und noch nie verwendet, das Putzen machte selbst den Mädchen in der Küche zu viel Mühe. Später vernagelte Janis die Kisten. Zögernd nahm Karin ihre Noten vom Flügel und strich mit der Hand über den Schelllack und die Messingintarsien der Buchstaben, von denen das *H* des Firmennamens *Hiis* ein wenig hervorstand. Sie empfand es als Schande, dass der deutsche Klavierbauer Ihse seinen Namen nach 1918 hatte ins Estnische ändern müssen. Jetzt hatte sie den Eindruck, sie werde nie wieder auf ihrem Instrument spielen. Sie wendete sich ab, als die Männer kamen, um die Beine des Flügels abzuschrauben und diesen erst in eine Stoffhülle, dann in eine Transportkiste zu packen.

Die Mädchen waren fast fertig mit dem Verpacken des Inhaltes der Küche. Sie plauderten bei der Arbeit, als würden nicht auch sie mit dem Auszug der Herrschaft ihre Arbeit und das Haus, in dem sie von Kindheit an gewohnt hatten, verlieren. Doch daran dachte Karin nicht. Mina hatte schon als Kind in dem Haus gelebt, ihre Mutter war Haushälterin bei Schwiegermutter Gerda und hatte in dem Kasino-Jahr serviert. In der schlimmen Zeit der sowjetischen Besatzung war Majas Vater Hausmeister gewesen. Immer hatten sie hier gelebt, länger als sie selbst. Karin wollte nicht umziehen, an andere konnte sie in ihrer trüben Stimmung nicht denken. Sie erteilte Maja eine Abfuhr, als diese ihr Gesindebuch vorlegte und um eine Beurteilung bat.

Sechs Wochen hatte Karin die Entscheidung hinausgezögert und auf einen politischen Wechsel gehofft, falls in ihrer Depression überhaupt von *hoffen* zu sprechen war. Viele Deutsche waren bereits in die neue Heimat im Westen abgereist. Oder doch nur ins Vaterland? Es gab unter den Verbliebenen kein anderes Thema.

Karin schaute wieder und wieder in die Zimmer und kontrollierte die Zettel an den Kisten. Wie viele Dinge sie hatte! Was sich in einem Familienhaus alles ansammelte! Sie bewegte sich widerwillig, mochte sich nicht trennen vom Salon mit der dunklen Holzbalustrade, die den erhöhten Teil vom Speisezimmer trennte; vom Garten, in dem die Fontäne am Ende des Lindenganges sprang. So ein Haus würde sie nie wieder haben. Sie kannte das Ziel des Umzuges nur aus den Erzählungen ihres Mannes. Das neue Haus in einer fremden Stadt im Reich hatte auch er nicht gesehen. Es würde ein modernes Haus sein, keins aus Holz. Den Namen der Stadt hatte sie nie zuvor gehört und auf einem Atlas suchen müssen. Es war der letzte Ort, den sie sich freiwillig ausgesucht hätte.

Karin kleidete sich an und ging zu ihrer Freundin, die auch packen ließ. Ebba zog in eine Stadt sechzig Kilometer von ihrer künftigen entfernt. Es hatte ihnen nicht freigestanden, sich ein Ziel selbst zu wählen, sie waren zugewiesen worden. Nach dem Umzug gäbe es kein schnelles Hinüberlaufen mehr, wenn sie ihre *schwarze Zeit* hatte und Trost brauchte. Vor Ebbas Haus standen auch hölzerne Umzugskisten. Sie beobachtete, wie die vertrauten Möbel der Freundin hineingeschoben wurden. In so einem Behältnis sollte ihr Flügel nun wochenlang stehen? Undenkbar.

Dann lagen sie einander in den Armen, tranken Kaffee und Likör. Sie überlegte, ob sie noch Gläser griffbereit hätte. Sicher nicht. Oder hatte die Köchin einen Vorrat Geschirr zurückbehalten für die beiden letzten Tage? Sie wusste es nicht. Bei Ebba wurden die Gemälde abgehängt und in Decken verpackt. Sie setzte sich an den Flügel der Freundin und spielte ein letztes Mal das schwermütige Nocturne, das sie beide liebten und bei dem die Tränen reichlich flossen. In einer halben Stunde würde das nicht mehr möglich sein.

Bei ihrem Heimkommen trug gerade eine Schar von Dienstmännern die nummerierten Holzkisten in die Transportkiste. Die Möbel waren schon darin, sie sah die Standuhr alles überragen. Die Zimmer waren bedrückend leer. An den Tapeten sah sie, wo die Bilder gehangen hatten. Sie weinte. Zwar akzeptierte sie den Haustausch nicht, doch schon bald würde sie ihre Sachen in neue Räume stellen. Würde sie dort glücklich sein? Sie konnte es nicht glauben. Seit dem Tod ihres ungeborenen Kindes war sie nicht mehr glücklich gewesen. Oder hatte das Unglück schon eher begonnen, etwa bei der toten Großmutter im Seziersaal? Oder noch eher? Eigentlich konnte sie sich an Glück nicht erinnern, obwohl sie wusste, dass sie immer in bevorzugten Verhältnissen gelebt hatte. Aber das wusste nur ihr Kopf. Ihr Herz pochte das Gegenteil.

Einen Tag später stand sie nach einem mehrgängigen Essen im *Hotel de Rome*, dem ersten Haus am Platz, mit geschiedenem Mann und Tochter Marianne am Hafen. In der Hand hielt sie den Briefbogen mit der Signatur ihrer Kisten. Sonne und Neugier verklärten den Moment. Marianne hopste vor Aufregung, sie war acht Jahre alt. Der Mann war anständig genug, ihr bei allem zu helfen, auch wenn sie endlich ordentlich geschieden waren.

Jetzt nahm der neumodische Kran ihren Besitz vom Waggon. Sie krallte ihre Finger in den Jackettärmel ihres früheren Mannes, als ihr geliebter Besitz über dem Hafenbecken schwebte. In ihrem Kopf rumorte der Titel einer kürzlich gelesenen Novelle: *Aquis submersus.*[66] Gleich würde die riesige hölzerne Kiste auf dem Schiffsdeck aufsetzen! Nein?

66 Theodor Storm, 1876

Warum nicht? Noch einmal schwebte er zurück über das Wasser, der Platz schien nicht der rechte zu sein, obwohl er noch leer war. Schwarz gluckste das Wasser zwischen Schiff und Pier, noch eine Drehung. Der Ausleger des Krans stand nun schräger als zuvor. Sie spürte, dass sie sich ihre Unterlippe blutig gebissen hatte. Nun ließ der Kran los und ihr bisheriges Leben versank mit einem erschreckend kurzen Aufschlag im Hafenbecken.

Marianne Walther (1931–2017)

Eigentlich hatte sie ein Jahr eher, mit sechs Jahren, in Riga zur Schule gehen sollen, doch alle Schulen der Stadt hatten geschlossen wegen einer Polioepidemie. Für Marianne war die Schule in Jelgawa der Auftakt gewesen für ein Leben, in dem nichts in Ordnung war. Einmal war sie nachmittags nach Riga geholt worden, da hieß es, sie müsse jetzt vom Haus und dem Springbrunnen und den Maiglöckchen Abschied nehmen und vom Ferienhaus an der Ostsee und von Onkel Tags Ferienhaus in Segewold / Sigulda mit der Dohle. Dorthin würden sie nicht noch einmal fahren können, das sei schon verkauft. Sie durfte ihre Kinderbücher einpacken, ihre Puppen und was sie mitnehmen wollte vom Spielzeug. Für das meiste war sie schon zu groß, es wurde verschenkt. Die *armen Kinder*, die etwas bekommen mussten, die sie aber nie zu sehen bekam, verfolgten sie seit ihrer frühen Kindheit. Sie hätte sie gern einmal getroffen und ihnen die Sachen selbst gegeben. Sie würden umziehen nach Deutschland. Sie wollte nicht umziehen, ihr war schon Jelgava zu weit weg. Wenigstens Ohmchen zog mit Mama und ihr um, wenigstens sie. Doch Ohmchen fing plötzlich an, mit ihr polnisch zu reden, weil Leslau eine von vielen Polen bewohnte Stadt sei. Ihr schwirrte der Kopf von Mamas Estnisch und Fräulein Martens Lettisch in der Schule. Sie wollte nichts Polnisches hören, sondern deutsch reden wie immer. Das Haus wurde nicht verkauft, es war eingetauscht worden gegen eins in Leslau / Włocławek. Dort würden sie am Fluss Weichsel wohnen und eine Villa bekommen, das war ihnen versprochen worden. Papa und Onkel Bruno würden eine andere Druckerei bekommen und Onkel Brunos Familie und ihre Cousins und Cousinen würden in der Nähe wohnen. Der Buchladen von Opa müsste hierbleiben und würde nun Herrn Rapa gehören. Gemein fand sie, dass sie die beiden Eulen über der Tür der Buchhandlung nicht mitnehmen durfte und nicht die Palmen und die geschnitzte Tür und die Buchhändler, die immer freundlich zu ihr waren und ihr Kinderbücher zum Anschauen gaben, denn die alle hatte sie lieb. Sie konnte sich nicht einmal verabschieden gehen, daran hatte niemand von den Erwachsenen gedacht. Für sie allein war der Weg durch die Stadt zu weit.

Ehe alle Versprechen der Erwachsenen eintrafen, ging alles schief, wirklich alles! Erst durfte sie zum Hafen mitkommen, um zuzuschauen, wie ihre Möbelkiste aufs Schiff geladen wurde, aber dann fiel die ins Wasser, und sie sollte plötzlich mit ihrem Cousin Hans, der schon fünfzehn Jahre alt war, durch die Stadt spazieren und in der Konditorei Kakao trinken gehen. Papa hatte ihm einen Geldschein gegeben wie einem Erwachsenen. Hans meinte: „Das regelt die Versicherung." Sie wusste nicht, was damit gemeint war, traute sich aber nicht, ihm das zu sagen. Abends sagte sie es der Mama und bekam dafür eine gewaltige Ohrfeige. Das war ihr noch nie passiert!

Dann verabschiedete sie sich von der Schule, der Lehrerin und der Klassendame. Es waren nur wenige Kinder da, und die zogen in den nächsten Wochen auch alle nach Deutschland, aber alle in verschiedene Städte. Viele waren stolz darauf, ins Reich zu ziehen. Sie war scheinbar die Einzige, die traurig war. Dann fuhren sie auf einem komischen Schiff ins deutsche Gdingen / Gdynia und von dort noch weit mit dem Zug. Auf dem Schiff gab es fast nichts zu essen und keine Betten. Mama hatte gesagt, dass das Schiff wie ein Hotel sei, mit eingerichteten Zimmern. Darauf war sie gespannt gewesen. Dann war es kein Hotel, sondern ein hässliches Schiff, auf dem im November alle froren. Die Erwachsenen vertrieben sich die lange Zeit mit Singen, doch sie bekamen Ärger mit der Mannschaft des Schiffes. Beliebte Lieder wie die *Loreley* waren verboten, weil sie vom *Judenknecht Heinrich*

Heine geschrieben worden waren. Ihre Mutter war entsetzt darüber.

Dann wohnten sie drei Monate bei einer Lehrersfamilie in Pyritz in Pommern. Die Leute waren gemein und sagten immer wieder, sie hätten Leute aus dem Westen haben wollen als Einquartierung oder Offiziere, im Osten hätten alle Leute Läuse und Flöhe und sie würden ihnen nur das ganze Haus dreckig machen. Sie heizten ihre Kammer nicht, weil Mama geschimpft hatte oder weil sie den schickeren Pelzmantel besaß. Nachts froren manchmal die Federbetten an der Wand fest. Sie war froh, als sie dort wegziehen konnten. Außerdem war die Volksschule doof, weil sie dort in die zweite Klasse gehen musste, obwohl sie noch nicht einmal alle Buchstaben kannte.

Im Januar 1940 in Leslau/Włocławek trafen sie Papa wieder, der mit dem Auto gekommen war, weil er sich um die Übergabe der Druckerei kümmern musste. Die neue Villa war komisch, sie war ganz weiß und hatte kein Dach. Es gab keine Lindenallee, sondern nur einen gepflasterten Vorplatz. Papa meinte, das sei *Bauhaus*, der modernste Chic. Einerseits waren die Eltern froh, dass die Villa nicht leer war, denn sie mussten sich neu einrichten, nachdem alle Möbel und Mamas Flügel im Hafenbecken lagen. Andererseits war Papa wütend darüber. Sie sah, dass hier eine Familie gewohnt hatte. Als sie ankamen, gab es einen gedeckten Tisch mit Tellern, in denen noch Morgensuppe war, die war aber gefroren, weil keiner geheizt hatte. Es gab Betten, die das Dienstmädchen nicht gemacht hatte. Es sah aus, als wären die Leute gerade aufgestanden. Auch das Bad hatte Alwine nicht saubergemacht, hier lagen Kämme und eine Haarbürste und die Zahnpastatube war offen. Mama lag auf dem Sofa, sie war gleich umgefallen. Papa hatte sie auf das Sofa gelegt und auf die Faschisten geflucht, die die Juden geholt hätten. Das sollte sie nicht hören, aber sie hörte es doch, auch wenn sie nicht verstand, was er damit meinte. Da es kein Kinderbett gab und Mama das Sofa brauchte, bis der Arzt kam, kuschelte sie in das hübsch bezogene Babybett, das war gemütlich. So konnte sie wieder ein Baby sein, und Papa kümmerte sich um sie. Er kochte erst Hafersuppe für sie mit Zucker, dann fand er in der Speisekammer Kartoffeln und Butter. Alles andere in der Küche war schlecht geworden, und die Kartoffeln schmeckten komisch-süß, weil sie erfroren waren.

Am nächsten Morgen weckte Mama sie, sie war wieder gesund. Sie gingen zusammen in die Stadt und schauten, wo ihre Schule wäre. Die war nah. Mit Mama kaufte sie Lebensmittel und andere Sachen für das Haus, auch ein Bett für sie und Bettwäsche. Sie kauften auch für Ohmchen ein. Deren Sachen waren zwar in anderen Kisten gewesen und nicht versunken, aber ihre Wohnung war dennoch leer, weil diese bisher nicht angekommen waren. Sie wohnte noch in einem Hotel, doch die Wohnung musste schnell eingerichtet werden. Mama ließ liefern. Es gab nicht alles. Die Leute zuckten mit den Schultern und sagten: Es ist Krieg.

Mama engagierte Frauen, die saubermachen und die Wäsche besorgen würden. Die sprachen nicht Deutsch, aber da half ihr Ohmchen, die mit den Frauen polnisch sprach. Papa und Onkel Bruno waren mit der Druckerei beschäftigt. Papa kam selten und wenn überhaupt, dann wie schon in Riga erst abends spät. Wenn sie noch wach war, hörte sie ihn schimpfen: auf den Krieg, auf die Deutschen, auf die Sauerei mit den Juden, auf den großen Betrug, auf die Sowjets, die Partei und darauf, dass Schule und Schulhof in der Mitte geteilt waren und es extra Bereiche gab für deutsche und polnische Kinder, die nicht miteinander spielen durften, was eine Schande sei. Er schimpfte auch auf sich selbst, dass er nicht den Mut gehabt hatte, dieses Haus abzulehnen, das offensichtlich einer jüdischen Familie mit einem Säugling gehört hatte. Er erzählte, dass es mutige Balten gegeben hatte, die sich geweigert hatten, in bewohnte Häuser zu ziehen, und daraufhin etwas anderes bekommen hatten. Ob das die Familie gerettet hätte, war nicht klar, aber er würde dann weniger schuldig sein. Er kannte Familien, die heimlich die Hunde der Vormieter übernommen hatten, weil Polen keine Hunde mehr halten durften. Er kannte Menschen, die ausfindig gemacht hatten, wo die Vormieter lebten, und ihnen, obwohl das bei Strafandrohung verboten war, nach und nach ihren Besitz brachten: Kleidung, Bücher und persönliche Andenken. Außerdem war er wütend auf die Versicherung. Marianne wollte all das nicht hören, war aber trotzdem froh, dass er wieder zu ihnen kam. Statt sich um seine Firma kümmern zu können, musste er an Weiterbildungen zu deutscher Geschichte und Rassenkunde teilnehmen.

Bei Ohmchen war sie gern, auch wenn die kleine Wohnung nicht nach ihr aussah und roch: Die Wohnung war nicht *Bauhaus*, aber trotzdem ungemütlich. Sie hatte keine dunklen Plüschmöbel mit gehäkelten Deckchen. Es gab die Spieldose, die sie vorsichtig aufziehen durfte, nicht mehr und nicht die hohen Schränke voller Schätze. Ihr fehlten die Dackel, Katzen, Wiesel und Füchse, die sie einmal, als sie noch klein war, eingepackt hatte, bis Ohmchen es entdeckte und sagte: *Lass meine Messerbänkchen hier!* Die waren alle im Hafen ertrunken. Wenn sie daran dachte, musste sie weinen. Hier wuchsen aus der Fensterwand keine silbernen Hände, die lange dunkelrote Samtgardinen hielten, hinter denen sie sich verstecken konnte. Vor den Händen hatte sie Angst gehabt, als sie klein war. Sie stellte sich vor, jemand stünde draußen hinter der Wand und hielte die Vorhänge. Auch das Gemälde, aus dem ihr der Uropa in seiner weißen Uniform mit den goldenen Tressen zuzwinkerte, war nicht da. Trotzdem war Ohmchen die Einzige, die normal mit ihr redete. Mama schrie entweder, vermisste ihre Freundinnen, fand die Haushälterin schlecht, mochte weder das Besteck noch den restlichen Haushalt und hätte am liebsten alles neu gekauft; wenn das im Krieg gegangen wäre; oder sie lag den ganzen Tag auf der Chaiselongue und schlief oder weinte. Der Flügel war das Einzige, was ihr am neuen Haus gefiel, denn der war frisch gestimmt. Papa meinte, neuer als dies hier ginge es doch nicht! Sie aber wolle nichts Neues, sondern Altes. Er brachte ihr Medizin mit, mit der sie aber noch mehr schlief.

Ohmchen tröstete sie. Allerdings schmeckte ihr Essen fast nie, weil sie nicht kochen konnte. Sie erklärte ihr, dass jeder Mensch im Leben Sachen und Freunde und Verwandte verlöre. Das sei schlimm, doch nie so sehr, wie die Betroffenen anfangs dachten, weil das Leben trotzdem weitergehe. Sie erzählte Marianne vom Großpapping, den sie nicht kennengelernt hatte. Sie selbst hatte sehr um ihn getrauert, weil er ein so lieber Mann gewesen war. Er war so krank geworden, dass sie nicht einmal mehr ihre Silberhochzeit hatten feiern können. Nun musste sie schon lange ohne ihn leben. Sie erzählte ihr, wie sie sich kennengelernt hatten und wie er vor ihrer Mama auf den Teppich gefallen war ihretwegen. Das war lustig und gleichzeitig traurig. Außerdem erzählte sie von ihrem Vater, der vor über siebzig Jahren für die Polen gegen die Russen gekämpft hatte und als Strafe dafür mit seinem ältesten Sohn nach Sibirien gebracht worden war. Er kam nach drei Jahren zurück, aber sein Sohn, ihr Bruder, war dort gestorben. Nachher musste der Vater arbeiten, weil sein Schloss und seine Felder nun dem russischen Zaren gehörten und die Polen den Krieg verloren hatten. Da hatte er bei der Eisenbahn, die ihm vorher gehört hatte, zu arbeiten begonnen, damit sie genug zu essen hatten. Weil die anderen nichts von der Eisenbahn verstanden hatten und er alles über sie wusste (sein Vater hatte sie bauen lassen, weil die Strecke auf seinem Land entlanglief), wurde er der Chef des Bahnhofes und des Grenzüberganges und hatte viele Arbeiter. Sogar der Zoll hörte auf ihn. Er wurde wieder ein großer Herr, so wie Marianne ihn vom Bild kannte mit der prächtigen weißen Uniform. Doch zuvor hatte er alles verloren, was er besessen hatte: sein Schloss, seinen Park mit den geschnittenen Hecken und die Gärtner, die ihn pflegten, die großen Gewächshäuser, den eigenen Bahnhof, die Eisenbahnstrecke, die Werkstätten. Ein wenig fühlte sich das Kind Marianne davon getröstet.

Es half jedoch nichts gegen das Schlimmste: die Schule. Hier kam sie gleich in die dritte Klasse, alle Kinder waren größer als sie. Die Lehrerin, Fräulein Krieger, war jung, blond und gemein. Sie hatte bei der Begrüßung der neuen Mädchen aufgezählt, was erlaubte und was hässliche Namen wären: „Die richtigen Namen sind Gertrud oder Gerda, Brunhild (die gepanzerte Kämpferin), Adelheid (die edle Gestalt), Heilrun (Heil und Geheimnis), Faranda (Heil und Kampf), Ermlinde (das große Schild), Odarike (reich an germanischem Erbgut) und Tyra (Tor und Kampf)." Marianne traute sich nicht zu sagen, dass sie diese Namen – außer Gerda und Adelheid – noch nie gehört hatte und niemanden kannte, der so hieß. Gern hätte sie auch gesagt, dass Veranda bei ihnen der verglaste Balkon gewesen war, der, auf dem sie im Sommer zu Mittag aßen. Das traute sie sich nicht. Adelheid hieß ein Mädchen hier, das sie mochte und das aus Semgallen, jetzt Litauen, kam. Dann wurde es schlimm für sie, denn dann kamen die bösen Namen dran, die Fräulein Krieger nicht hören wollte: Das waren erstens die jüdischen wie Rebekka, Sahra, Selma, Lea, Madita, Hanna, Schulamit, Judith und Rachel. Sie kannte in Riga und Jelgava vier Mädchen, die einen dieser Namen hatten. Dann die christlichen Namen wie Maria, Anna, Eva und Elisabeth. Diese Namen gab es häufig in ihrer Familie. Danach sollte sie an die Tafel kommen. Fräulein Krieger drehte sie zur Klasse um und sagte: „Unsere Neue hier, die hat den schlimmsten Vornamen von allen: Marianne, Maria und Anne, zwei christliche Namen zusammen. Das ist wie bei den dreckigen Polenkindern da drüben. Da müsst ihr alle einmal laut lachen." Dann hatten alle gelacht, und sie hatte geweint und war mitten im Unterricht zu Ohmchen gegangen, obwohl sie das nicht durfte. Trotzdem brachte Mama sie am nächsten Tag wieder dorthin. In der Pause nahm Adelheid sie zur Seite und flüsterte ihr zu, dass sie in Wirklichkeit Rebekka hieße, hier aber so nicht heißen dürfe und dass ihre Eltern ihr beim Zoll am Hafen schnell den neuen Namen ausgesucht hätten, weil sie sonst nicht aufs Schiff gedurft hätte. „Such dir doch einen neuen aus, wenn die hier so blöd sind!" Marianne wollte mit ihrer Mama darüber sprechen.

Solche Probleme gab es häufig. Einmal sollten sie beschreiben, wie eine Kartoffel geschält wird. Da sie das noch nie gesehen hatte, beschrieb sie, wie Ohmchen einen Apfel schälte: Sie erzeugte einen langen Ring Schale, vom Stil bis zur Blüte. Den durfte Marianne essen oder wenn sie nicht mochte, kam er auf den Komposthaufen. Fräulein Krieger war erst fassungslos, dann schimpfte sie. Marianne wusste nicht, warum.

Ehe sie mit der Mama über einen neuen Namen reden konnte, löste sich ihr Schulproblem anders, sie wurde krank, bekam Keuchhusten und Lungenentzündung mit Verdacht auf Tuberkulose und lag drei Monate allein auf einer Quarantänestation bei polnischen Nonnen im Krankenhaus. Sie schoben ihr das Essen auf einem Rolltisch ins Zimmer, und als es ihr besser ging, auch Kinderbücher. Die konnte sie nicht lesen, denn die waren polnisch und sie konnte sowieso noch nicht gut lesen. Dafür konnte sie die Uhr schon gut, sie wusste immer, wann nachmittags der Vater kommen durfte, um ihr durch das kleine Fensterchen in der Tür etwas zu erzählen, zehn Minuten an jedem Tag. Sonntags kam Mama um zwei Uhr nachmittags ans Fensterchen und erzählte ihr etwas. Da wusste sie immer genau, wenn der Zeiger auf die richtige Zahl rückte.

Als sie wieder gesund war, fuhren sie am Wochenende nach Posen zu ihren Tanten aus Reval (wie die Mama sagte). In den Familien ihrer Tanten kamen Kinder zur Welt.

Die Männer waren im Krieg, jetzt auch Onkel Bruno. Die Frauen hatten Kinder mitgebracht, und einige waren wieder schwanger. Den größten Teil der Hilfe leistete Amama Marie, die in Posen / Poznan wohnte. Niemand aus der Familie wusste, dass sie sich nicht nur um ihre Töchter, die Schwiegertochter und die Enkel kümmerte, sondern auch um die polnische Familie, in deren Wohnung sie wohnte und deren Hausrat sie verwendete. Die Familie war erst ins Gartenhäuschen ausgewichen, später, als die Kontrollen schärfer wurden, in den Keller des Hauses. Zum Glück war es ein kleines Haus mit nur vier Parteien in der Vorstadt. Marie kannte die Mitbewohner bald und wusste, dass nur eine der Familien ihr gefährlich werden konnte und die beiden anderen nicht. Sie erfuhr auch, zu welchen Zeiten die Menschen das Treppenhaus passierten und zu welchen es unwahrscheinlich war, jemanden zu treffen. Also trug sie Töpfe mit Essen erst zum Gartenhaus, später in den Keller oder einen Beutel mit gewaschener Wäsche. Wenn sie mit einem der Enkelkinder im Kinderwagen spazieren ging, war es besonders einfach, Dinge zu transportieren. Sie versuchte, mit dem Hinweis auf ihre vielen Enkelkinder, Extraportionen Essen beim Einkauf zu erhalten, und entwickelte sich zur Schauspielerin. Für die Deutschen gab es anfangs genug Essen, wenn auch auf Marken, die Polen hatten geringere Rationen und hungerten. Sie wusste, wie man mit den Leuten auf den Ämtern umgehen musste, um Vergünstigungen zu erhalten, die ihre Familie nicht brauchte. Schneiders hatten das Glück, viel geerbtes und viel verdientes Geld zu haben und sich manche Extraportion kaufen zu können. Die erschlichenen Portionen waren für *ihre Familie,* die dank ihrer lebend trotz der schlechten Bedingungen durch diese Jahre kam.

Ohmchen strickte eine große Bettdecke aus quadratischen Feldern und Jäckchen und Mützchen. Marianne lernte, für die kleinen Nichten und Neffen richtige Sachen zu stricken statt nur für ihre Puppen. Posen / Poznan war weit, weil sie kein Auto mehr hatten. Papa hatte es verkaufen müssen, weil es nur noch selten Benzin gab. Sie fuhren mit dem Zug nach Poznan und mussten umsteigen, das war für Ohmchen schwierig. Einfacher war es für sie, ohne Umsteigen ins fünfzig Kilometer entfernte Thorn zu ihrem Taufvater Walter Tag zu fahren. Er war in *die Partei* eingetreten, hatte eine schöne Uniform, wegen der er *Goldfasan* genannt wurde, war Ratsherr geworden und musste altershalber, und weil er im Rathaus gebraucht wurde, nicht in den Krieg. Ohmchen überlegte, ob sie nicht zu ihm nach Thorun ziehen sollte, hatte sie doch seit dem Kauf der Rigaer Villa immer mit ihm zusammengewohnt. Doch Marianne brauchte sie.

Erich wurde nicht eingezogen, weil er vom ersten Krieg her verwundet war. Die Armee brauchte ihn ab 1942 als Dolmetscher, denn er sprach Polnisch, Russisch und Deutsch muttersprachlich (das Jiddisch verschwieg er, es war auch nicht auf gleichem Niveau). Erst hatte er eine Anstellung in Leslau / Włocławek, da konnte er sich nebenbei um seine und seines Bruders Druckerei kümmern. Sie war nicht vergleichbar mit seiner neuen in Jelgava, obwohl sie ein Abtausch sein und später auch ins Grundbuch eingetragen werden sollte. Hier druckte er auf Maschinen, die älter waren als die ersten von *Valters & Rapa*. Nachdem er den Druck von Parteibroschüren abgelehnt hatte, gingen die Aufträge zurück oder wurden winzig: Bonbonpapiere und Kaffeetüten! Dann wurden die Entfernungen, die er zum Dolmetschen fahren musste, immer größer. Er hätte Druckaufträge besorgen müssen, doch da er bald ganz in Wreschen / Września bleiben musste, konnte er das nicht mehr tun. Er stellte einen Geschäftsführer ein. Das war ihm trotz des Verlustes lieb, denn er durfte nicht drucken, was er wollte. Den Vorschriften fürs Druckgewerbe hätte er nie nachkommen wollen. Die Deportation der polnischen Intelligenz musste er von Ferne mit ansehen.

Später kam er nicht mehr nach Leslau / Włocławek, er war in Minsk stationiert und an anderen Stellen Sowjetrusslands. Dort hatte er sowohl für die Armee Aufträge als auch privat. Einem Professor konnte er einen Pass mit allen nötigen Stempeln fälschen, erzählte er seiner Tochter nach dem Krieg. Was Grafiker alles lernen! Der Professor konnte sich damit über alle Grenzen retten.

Marianne blieb mit ihrer Mutter allein. Als der Krieg länger dauerte, mussten sich auch die Frauen zur Hilfe melden. Weil Mutter Karin ein wenig Medizin studiert hatte und ihr Kind zehn Jahre alt war, musste sie den Verwundeten helfen, so wollte es das Gesetz. Mit ihrer Arbeit war es wie bei Papa: Erst ging sie in ihrer blau-weißen Tracht ins städtische Krankenhaus, dann musste sie in ein Lazarett in der Nähe von Rypin. Als die Busse dahin immer seltener fuhren und sie den letzten oft nicht erreichen konnte oder zu müde war für die Fahrt, blieb sie dort. Ohmchen zog in die Villa zu Marianne. Marianne durfte niemandem sagen, wie polenfreundlich die Großmutter war. Für sie war der Schulhof geteilt, und sie hörte jeden Tag, wie dreckig und betrügerisch die Polen wären. Sie hielt sich die Ohren zu, wenn sie der Großmutter polnische Wörter nachsprechen sollte, ging aber andererseits näher an den Schulzaun, als sie gedurft hätte: *wider den Stachel löcken,* nannte Ohmchen das.

Von 1942 bis 1944 ging sie auf die Oberschule in Leslau, ihre vierte Schule. Im *Generalgouvernement* lebten sie unbehelligt von Bombenalarm und Fliegerangriffen. Wenn Mama am Wochenende nach Hause kam, schlief sie die meiste Zeit, so erschöpft war sie. Dafür brachte sie manchmal Obst oder Blaubeeren mit, die es in der Gegend, in der sie arbeiten musste, gab. In Włocławek war inzwischen nur noch wenig einzukaufen, die Menschen hungerten. Mama erzählte der Schwiegermutter schreckliche Geschichten aus dem Lazarett. Die sollte Marianne nicht hören, aber sie lauschte. Da hörte sie, wie es sei, den ganzen Tag bei Amputationen helfen zu müssen oder ein Paar Stiefel hinauszutragen, in denen noch Beine steckten. Karin ging es immer öfter schlecht. Sie hatte keine Kraft für die langen Fahrten in reparaturbedürftigen Bussen und für die harte Arbeit. Sie konnte sich nicht einfühlen in die Situation schwerverwundeter Soldaten. Das hätte sie aber gemusst. Oft war sie nicht arbeitsfähig. Ihre Kolleginnen murrten über sie. Wieso durfte sie dauernd krank sein und unfähig zur Arbeit, wenn es ihnen allen nicht gut ging? Fast alle hatten eine Familie irgendwo und sahen die Kinder nur am Wochenende, viele waren geschwächt vom dauernden Hunger und der körperlich wie seelisch überfordernden Arbeit.

Als Karin wieder für längere Zeit ausfiel und die anderen sie vertreten mussten, machte der Oberarzt einen Vorschlag. Die neue Behandlung gegen Depressionen waren Friedrich Meggendorfers Elektroschocks. Sie hatten einen guten Ruf und brachten die Kranken schnell in die Arbeitsfähigkeit zurück. Das Lazarett hatte die Ausstattung dazu. Karin erhielt einen Brief nach Hause, dass man eine Behandlung für ihr Leiden gefunden habe und dass sie dafür am nächsten Montag zu erscheinen habe. Sie wollte den Brief nicht zur Kenntnis nehmen in ihrer Düsternis, aber ihre Schwiegermutter riet ihr zu. Sie hatte gelesen, wie viel besser es Patientinnen, fast alle waren Frauen, nach dieser unter Narkose durchgeführten Behandlung ginge. Sie brachte sie persönlich ins Lazarett. Sie hatte gute Erfahrungen mit Krankenhausbehandlungen, ihr Leben war an solch einem Ort gerettet worden. Sie ließ Karin dort. Man hatte ihr ein Personalzimmer eingerichtet. Der Oberarzt machte sich die Mühe eines Vorgespräches. Verwundert stellte er fest, dass Karins Leiden fast schon seit der Kindheit bestand, mindestens seit Beginn des Studiums. Damit war es chronisch und sie die ideale Patientin. An zwei Tagen erhielt sie je sechs Schocks. Davon merkte sie nichts, allerdings hatte sie nachher Gliederschmerzen und konnte sich nicht an die letzten

Tage erinnern. Darüber konnte man sie schnell trösten, sie wurde gebraucht. Ihre *schwarzen Tage* kamen nun seltener, allerdings war sie verändert. Keiner konnte genau sagen, wie, aber sie war eine andere geworden. Einerseits war sie vernünftiger und den Menschen zugewandter, andererseits – ja, was? Nicht mehr sie selbst. Besser war es ihrer Familie nicht möglich, den neuen Zustand zu beschreiben.

Ein letztes Mal fuhren sie Weihnachten 1944 nach Poznan. Mama sagte natürlich Posen. Bei Tante Heidis Familie trafen sie alle Tanten, Cousins und Cousinen der Familie. Amama Marie, die bei ihrer jüngsten Tochter Edda und ihren drei Kindern, das jüngste war eben geboren, in Leslau / Włocławek lebte, hatte alle ihre Enkelkinder und deren Mütter nach Poznan eingeladen. Dort entstand ein Foto von ihr und allen ihren zwölf Enkeln. Marianne war die Älteste.

Einige Tage später musste Marianne ins baltische Internat *Stift Finn* in Wreschen / Wreześnia umziehen. Hier lernte sie Französisch, doch sie war darin keine gute Schülerin. Diese Sprache hatte sie bisher nirgends gelernt, das war die Geheimsprache ihrer Eltern vor Weihnachten gewesen. Der baltische Direktor Herr von Berg war verstorben, nun waren Schule und Internat von der Partei übernommen und mit reichsdeutschen Lehrerinnen besetzt worden. Marianne war traurig: Nun konnte sie nicht mehr Ohmchens Borschtsch essen, nicht mehr am Sonnabendnachmittag die Mama vom Bus kommen hören. Borschtsch war das Einzige, was Ohmchen inzwischen zu kochen gelernt hatte. Da sie zeitlebens Köchinnen gehabt hatte, konnte sie nicht kochen. Den jungen wohlhabenden Frauen wurde üblicherweise ein Mädchen von zu Hause mitgegeben, das sie nach der Hochzeit weiter in der gewohnten Weise versorgte und bediente und ihre Bedürfnisse kannte.

Die Lehrerinnen und die Internatsleiterin waren wie Fräulein Krieger an der Volksschule. Aber es reichte nicht, dass sie in der Schule so streng waren, im Internat ging es weiter mit der Erziehung zur deutschen Ordnung. Die Mädchen mussten ihre Wäsche, wenn sie aus der Wäscherei kam, in ihren Spind räumen. Wenn sie das nicht absolut ordentlich machten, dann flog die gesamte frische Wäsche mit einer Armbewegung auf den Boden und musste aufgelesen, mit der Hand neu gewaschen und nach dem Trocknen auf Kante in den Spint geräumt werden. *Deutsche Frauen machen das so.* Das wunderte Marianne, weil ihre Mama noch niemals Wäsche in einen Schrank geräumt hatte, weder so noch anders. Dabei war sie eine deutsche Frau! Ohmchen hatte in letzter Zeit Wäsche eingeräumt, irgendwie. Sie war wirklich keine Deutsche und auch keine Frau, sondern eine Dame. Zum Glück dauerte diese Schule nur drei Monate, denn als *die Russen* näher kamen, floh das Internat geschlossen nach Potsdam-Hermannswerder, dessen Zweigstelle es war. Dort waren Schule und Internat sehr ähnlich, außer dass es in der Nähe von Berlin nichts zu essen gab. Sie hungerten und mussten fast jede Nacht in die Luftschutzkeller. Das kannte Marianne nicht. Die großen Schulgebäude wurden als Lazarette verwendet, aus allen Gebäuden waren durch die Druckwellen der Bombenangriffe auf Potsdam die Fenster herausgefallen. Zum Glück war Sommer. Hier war sie ganz verloren: Sie wusste nicht, ob Mutter und Vater lebten, wo Amama und Ohmchen waren und ob die kleinen Cousins und Cousinen zu essen hatten. Es gab keine Post mehr. Da passierte ein Wunder: Plötzlich stand ihre Mama vor ihr und reichte ihr ein Schmalzbrot nach dem anderen, und sie konnte sich fast satt essen. Sie hatte sie über den Suchdienst des Roten Kreuzes gefunden.

Mama Karin war nach ihrer Flucht bei einem Bauern im Spreewald gelandet und arbeitete dort auf den Feldern. Sie wollte die Tochter dorthin mitnehmen, aber das verstieß gegen den Schulvertrag. Marianne musste bleiben. Die Mutter versprach, dass sie die Tochter zu Ostern wieder besuchen würde, falls Züge führen. Als es so weit war, waren

Schule und Internat nach Vetschau im Spreewald ausgelagert worden. Es war ihre siebente Schule – für vier Wochen. Hier war sie nah bei Mama! Als diese sie Ostern besuchte und ihr Kind mager und unglücklich fand, stellte sie einen Antrag auf einen Osterausflug für einige Stunden. Er wurde genehmigt. Wenige Tage vor dem Ende des Krieges waren Schulverträge sehr wichtig. Marianne nahm ihr Umhängetäschchen mit Kinderausweis, Poesiealbum und dem kleinen Porzellanvogel aus Riga, mehr hatte sie nicht, denn sie war gewachsen. Ihr passte nichts mehr von den einst mitgebrachten Kleidungsstücken. Der Osterausflug wurde zur Kindsentführung und die Zeit danach zu Osterferien auf dem Bauernhof mit jungen Hunden, Kätzchen, Hühnern und aus den Fenstern hängenden weißen Bettlaken. Immer, wenn wieder Soldaten kamen, versteckten sich alle Frauen hinter den Heuballen. Später half sie in der Kirschen- und Pflaumenernte, bei Stachel- und Johannisbeeren. Als Essen wurde täglich ein Topf Pellkartoffeln für alle, die gearbeitet hatten, auf die Tischplatte geschüttet. In der Mitte des Tisches gab es zwei Mulden, eine große und eine kleine. In der großen war Leinöl, in der kleinen Salz. Alle stippten ihre Kartoffeln da hinein. Marianne wurde anfangs nicht satt, weil das Pellen ihrer Kartoffeln zu lange dauerte. Sie lernte es.

Ab Mai 1945 ging sie in die Volksschule in Vetschau. Das Internat war aufgelöst, so dass sie keine ihrer Quälerinnen wiedersah. Hier unterrichteten alte Männer. Vier Wochen lernte sie Latein als Fremdsprache und erstmals Geografie: die Welt mit den Grenzziehungen des *Römischen Reiches Deutscher Nation* und denen aus dem Diercke-Atlas von 1914, auf dem es das Osmanische Reich, aber auch Russisch-Estland, -Livland, -Kurland, -Lettgallen und -Semgallen gab: Wörter, wie ihre Mutter sie benutzte. Die gegenwärtige Welt war zu unübersichtlich, als dass die Lehrer von ihr hätten berichten können. Marianne liebte die Tiere, wuchs, weil sie satt wurde, und hätte sich an fast alles gewöhnen können, aber die Zeit war nicht dafür geschaffen, sich an irgendetwas zu gewöhnen.

Als immer mehr Ostflüchtlinge kamen und Vetschau schon mehr als das Doppelte seiner üblichen Einwohner hatte, machte der Bürgermeister einen Schnitt: Alle, die vor März 1945 zugezogen waren und keine eigene Adresse hatten, mussten gehen. Im Aufruf hieß es, in Mecklenburg wäre Platz! Karin musste mit ihrer Tochter fort. In kaputten Waggons fuhren sie mit vielen Umstiegen nach Schwerin. Dort brauchten sie unbedingt etwas zu essen und stiegen aus. Die Idee hatten noch fünftausend andere Leute gehabt aus Zügen vor und nach ihrem. Die Menschenschlange bewegte sich vom Bahnsteig nicht nach unten ins Bahnhofsgebäude, sie blieb einfach stehen. Dann setzten sich alle: erst irgendwie, dann fingen einige an, den Schlittensitz zu erfinden: Jeder saß in den gegrätschten Beinen des Hintermannes. So ließ es sich sogar schlafen, aufeinander liegend. Frauen vom Roten Kreuz brachten Wasser und Suppe. Klo gab es keins, die Kinder hielten sie über den Gleisen ab, die Großen mussten hinuntersteigen. So blieb das drei Tage lang. Kamen neue Züge, hinderten sie die Menschen schreiend, hier auszusteigen. Die Bahnhofstüren unten zur Stadt öffneten sich nur für diejenigen, die eine Wohnung oder feste Arbeit in der Stadt hatten. Andere wurden von der Polizei nicht herausgelassen. Alle wurden registriert. In Zehnergruppen durften sie zum Roten Kreuz gehen, welches die Zuweisungsstelle für Wohnraum betrieb. Alle Schweriner hatten Einquartierung zu nehmen. Hier war es schlimmer als in Vetschau. Karin bekam ein Zimmerchen für sie beide, weil sie sich sofort ins Krankenhaus verpflichtete – bzw. gelogen hatte, dass sie dort als Arbeitskraft gemeldet sei. Da die Telefone nicht funktionierten, konnte die Zuweisungsstelle das nicht überprüfen. Nach zwei Tagen, abwechselnd im Bett und auf dem Fußboden, ging sie dahin, und Marianne blieb allein in der fremden Stadt. Zuvor waren sie bei der Bank gewesen und hatten Geld geholt, das funktionierte wie in Friedenszeiten. Ach ja, es war ja Frieden! Das hatten sie vergessen, es fühlte sich nicht so an. Sie bekamen Lebensmittelmarken und kauften Brot, sie fanden eine Gärtnerei, die ihnen vorjährige Kartoffeln und erste Äpfel verkaufte. Marianne würde ab Oktober ins Lyzeum gehen, in ihre Schule Nummer neun. Karin arbeitete im Lazarett im Schweriner Schloss, damit aus der Lüge Wahrheit würde und sie irgendwann Anspruch auf eine Wohnung hätten. Mariannes Weg zur Schule ging zweimal täglich quer durch die Stadt. Erstmals hatte sie Physik, Chemie und Englisch. Die anderen Kinder waren alle weiter. Sie verstand nicht alles, denn einige Lehrer und die meisten Kinder sprachen Plattdeutsch. Vielleicht hätte sie es schnell gelernt, wenn die Zufriedenheit des Angekommenseins nicht durch eine neue Katastrophe unterbrochen worden wäre. Die Mama wurde auf dem nächtlichen Heimweg von ihrer Schicht von einem Militärfahrzeug angefahren und schwer verletzt. Das Krankenhaus behandelte die Wunden, danach konnte sie trotzdem weder stehen noch laufen: keine Chance auf Verdienst. Das Geld vom Sparbuch war aufgebraucht, da sie einige Sachen auf dem Schwarzmarkt erworben hatten. Da blieben Mariannes Hausaufgaben unerledigt, und sie malte gegen Geld: Weihnachtskarten, Geburtstagskarten, Bilder nach Fotos von alten Häusern und Heimaten, die sich Menschen wünschten. Nach Weihnachten gab es keine Aufträge mehr, sie konnten nicht länger überleben!

Anfang Februar zogen sie in die Nähe von Limburg, wo der Suchdienst Amama und ihre Schwestern gefunden hatte. Vom Papa fehlte jede Spur. Also nahm sie Abschied von Schule und Kammer. Mit einem kleinen Rucksack, dem Umhängetäschchen und der sich schwer auf sie stützenden Mama ging es zum Bahnhof und mit fünfmal Umsteigen an zwei Tagen ins Schloss Westerburg. Die Herrschaft war westwärts geflohen, es gab bezogene Betten – aber nichts zu essen. Die Möbel aus dem Saal hatten die Leute mitgenommen, er war leer bis auf den Flügel. Drei Monate wohnten sie da. Immer mehr Menschen kamen aus überfüllten Städten, in denen gehungert wurde, an. Bald lag im Saal eine Schicht Stroh für die Spätankömmlinge. Karins Bein heilte nicht, aber sie verdiente ihr Essen und das ihrer Tochter, indem sie abends Klavier spielte. Ihre einstige Ahnung angesichts der Umzugskiste in Riga, dass sie nie wieder auf ihrem Flügel spielen würde, war wahr geworden. Auch wenn sie mit Musik ihren Lebensunterhalt verdienen konnte: Es war nicht ihr Flügel! Es war nicht ihr Salon. Rundum saßen und lagen die Menschen auf dem ausgeschütteten Stroh. Sie spielte im Dunklen. Es freute die Menschen: Wie lange hatten sie keine Musik mehr gehört, keine Leichtigkeit gespürt? Später kamen sogar Bauern aus dem Dorf, um zuzuhören, sie bezahlten mit Nahrungsmitteln. Außerdem kochte Ohmchen im Frühling Sauerampfersuppe und Spinat aus Brennnesseln. So überlebten sie bis Mai 1946. Dann wurde das Schloss Polizeistützpunkt, und die jetzigen Bewohner mussten hinaus.

Auf einmal gab es eine staatliche Organisation: Sie wurden dem Schloss Dedeleben zugewiesen. Das war nördlich des Harzes. Die Familie bekam zusammen mit den Tanten Elsa und Gerda Glanstroem, die auf abenteuerlichen Wegen auch dort eingetroffen waren, wieder einen leeren Saal zugewiesen, leider ohne Flügel. Die Bauern brachten Stroh zum Schlafen. Ebenfalls im Schloss untergebracht war die zweiklassige Volksschule. Marianne langweilte sich durch drei Monate hindurch und ging lieber mit ihren Großtanten zu einem Bauern arbeiten. Meist kamen sie satt nach Hause und brachten etwas für die Mama mit. Das war ein Sommer voll guter Nachrichten: Papa war gefunden worden, es gab Besuch von Tante Britta und ihren Kindern, die in Wernigerode gelandet waren und sich dort durchschlugen, und Ohmchen wohnte in der Nähe von Perleberg, 150 Kilometer nordöstlich. Die Familie fand sich. Da Marianne wieder zur Schule gehen musste, am besten in eine Oberschule, und jede Kammer im Land belegt schien, zog sie zu Ohmchen nach Quitzow ins Pfarrhaus, während Mutter, Amama und beiden Tanten eine Zuweisung nach Leipzig erhielten. Das war ein trauriger Abschied! Hätte es nicht auch in Leipzig eine Schule für sie gegeben?

Morgens und abends lief sie nun von Quitzow nach Perleberg in die Oberschule und zurück. Der Weg war schrecklich, weil ihre Schuhe nicht mehr passten, und sie nur noch Holzpantinen hatte. Den anderen Kindern schien das nichts auszumachen. Trotz zwei Paar von Ohmchen gestrickter Socken fror sie und lief sich immer wieder Blasen, bis die anderen ihr den Trick verrieten, wie die Füße warm blieben: „Zieh die doofen Strümpfe aus und spring!" „Wohin soll ich springen? Warum ohne Strümpfe, das ist doch noch kälter?" Dann sah sie es, sie zeigten ihr die Kuhfladen. „Nimm die Schuhe und Strümpfe in die Hand und spring, wärme dich auf! Bring dir einen Lappen mit von zu Hause, um die Füße dann sauberzuwischen, damit es in der Schule niemand riecht."

Der Unterricht war gut hier, die ersten Lehrer kamen aus dem Krieg zurück, einige Schwerverwundete waren dabei, aber es waren Lehrer, nicht mehr Hausfrauen und Uralte. Der Nachteil war das Altgriechische, das ihr neu war. Der Kunstunterricht entschädigte sie, zeichnen, malen und Fotos von Gemälden ansehen. In Quitzow fiel sie vor Hunger um bei ihrer Konfirmation. Hier erreichte sie auch, an ihrem sechzehnten Geburtstag, der Brief von Tante Elsa Glanstroem mit der Nachricht vom Tod ihrer Mama. Gestorben war sie im Krankenhaus im Dienst. Die später erfahrenen Details schwankten zwischen Blutsturz aufgrund verschleppter Tbc und dem Freitod. Es gab kein Grab, da es mitten im Hungern und Sterben nach Kriegsende weder Särge noch Urnen gab.

Was sie nicht wusste, war, dass ihre Mutter noch ein kurzes Glück gehabt hatte. Wieder einmal war es ein Patient, der sie glücklich machte. Er hieß Fritz Wilhelm, war etwas jünger als sie und wegen einer Kriegsverwundung im Krankenhaus. Sie pflegte ihn. Im Gespräch hörte sie einmal einen winzigen französischen Anklang in seinem sonst makellosen Hochdeutsch. Wie lange hatte sie kein Französisch gesprochen! Als sie ihn an einem Tag allein versorgte, seine beiden Zimmernachbarn waren gerade entlassen worden, wagte sie es. Sie sprach ihn Französisch an. Sofort sprang er darauf an. Waren Mitpatienten im Zimmer oder Schwestern, sprachen sie Deutsch. Das Französisch blieb ihr Geheimnis. Vuillemin war sein Familienname. Er hatte schon vor dem Krieg in Deutschland gelebt, wurde bei Kriegsbeginn zum Staatsfeind und in die französische Armee eingezogen. Hier hätte er gegen die Deutschen, denen er sich verbunden fühlte, kämpfen müssen. Er floh auf verschlungenen Wegen zwischen den Fronten, von Keller zu Keller, um das Kämpfen auf falscher Seite zu verhindern. Bald galt er als Kriegsverweigerer auf der Flucht. Sein Versteck war sein erstklassiges Deutsch. Karin war die Erste, die ihn entdeckt hatte! Hatten das Kriegsende oder die Liebe zu dieser verhärmten Frau mit dem schönen Profil und der keck ins Gesicht hängenden Locke, die sich jeder Haarnadel widersetzte, ihn nachlässig gemacht? Zwei kurze Nachtstunden, kurz vor seiner Entlassung, gehörten ihnen allein. Karin hatte es organisiert. Dieses Naziwort war nicht mehr aus dem öffentlichen Wortschatz zu bannen. Sie waren wieder einmal fast allein auf der Station. Die fast Gesunden waren entlassen, die neuen Schwerstkranken schliefen von Medikamenten betäubt, Schwester Gudrun war als Aushilfe in den Operationssaal beordert worden. So verhungert, wie Karin noch immer war, genügte seines Krankenbettes Breite ihnen.

Da wurde die Tür aufgerissen. Es kam nicht etwa Schwester Gudrun herein – das wäre schlimm genug gewesen –, sondern zwei Uniformierte der französischen Besatzungszone, wie Karin sie hier im russischen Sektor noch nie gesehen hatte. Er hatte kaum Zeit sich anzukleiden, dann wurde Monsieur Vuillemin in Handschellen abgeführt. Kein Gruß, keine Berührung, kein Kuss mehr: *Tout est fini*, war sein letzter Satz. Karin war benommen und ungläubig. Wie in einem Traum zog sie sich an und ging ins Dienstzimmer, um eine Notiz ins Patientenbuch zu machen über den Patienten Wilhelm. Die Station war still. Ohne die Kraft dieses Mannes reichte ihr Mut nicht für das Leben. Hatte sie ihn ausgeliefert? War durch ihre Spitzfindigkeit ans Licht gekommen, dass er Franzose war? Hatte sie jemand belauscht? Sie rannte zum Fenster, um zu sehen, wohin er gebracht würde, doch die Rücklichter des Armeeautos entfernten sich am Ende der Straße. Sie öffnete mit ihrem Schlüssel den Arzneischrank und entnahm eine neue Packung Valium: Sie ließ den Rest von dem, den sie den Neuzugängen für die Nachtruhe gegeben hatte, liegen. Ihre Ruhe sollte länger werden.

Am Ende ihres dritten vollständigen Schuljahres wechselte Marianne für die neunte Klasse nach Boizenburg, sie zog von Ohmchen zu Papa. Er hatte Arbeit und Wohnung bekommen im Plattenwerk. Dabei blieb ihre Mappe mit den Bildern, die sie im Kunstunterricht und privat gezeichnet hatte, versehentlich im Haus in Quitzow. Zeichnen war das Einzige, was sie besser konnte, als die Schule es verlangte. Spätere Anfragen bei den Besitzern erbrachten nichts, wieder einmal war ihr Liebstes verschwunden. 1948 beendete sie mit siebzehn Jahren ihr viertes volles Schuljahr auf ihrer zwölften Schule mit ihrer sechsten Fremdsprache (hier war Russisch zu lernen). Freundinnen und Freunde hatte sie nirgendwo finden können. Danach wurde sie als Lehrling drei Jahre lang in die Berufsschule des Plattenwerkes übernommen. Sie wurde Keramikerin. Im Jahr 1951 wurde sie zum Ingenieurstudium nach Hermsdorf in Thüringen delegiert: Sie, die nicht einmal über einen Abschluss der 8. Klasse verfügte.

Margrit Schneider (1904–1988)

Ein solches Gedicht war das Letzte, was ihre Familie erwartet hatte, in einem ersten Brief 1956 nach fünfzehn Jahren ohne Lebenszeichen.

Das Schöne bewundern,
das Wahre behüten,
das Edle verehren,
das Gute beschließen;
Es führet den Menschen
im Leben zu Zielen,
im Handeln zum Rechten,
im Fühlen zum Frieden,
im Denken zum Lichte;
und lehrt ihn vertrauen
auf göttliches Walten, in allem, was ist …[67]

Die Suchanzeigen ihrer Mutter und Schwestern bei den Schifffahrtslinien hatten bewiesen, dass Margrit das Schiff, auf dem sie die Passage gekauft hatte, nie bestiegen hatte, also konnte ihr Verschwinden kein Seeunfall sein, kein gesunkenes Schiff, kein *Frau über Bord*.

Mit der Zerstörung des Hauses auf der Kaufmannstraße und so vieler anderer Häuser der Stadt Tallinn durch einen sowjetischen Luftangriff 1945 wurde Margrits Verschwinden nicht in Beziehung gebracht, denn der wurde den Verwandten erst später bekannt. Ein Problem der Familie war, dass es niemanden mehr gab in Tallinn, Kurtna oder Sallentack,

67 Rudolf Steiner, von Margrit aus der Erinnerung zitiert im Brief an ihre Nichte.

der gebeten werden konnte, nach ihr zu suchen. Die Umsiedlung war vollständig gewesen. Dem heroischen Aufruf vom 14. Oktober 1939 waren alle außer Margrit gefolgt: „Wir sind entschlossen, dem an uns ergangenen Ruf zu folgen … in Fortführung der geschichtlichen Mission, die … unsere Vorfahren … auf dem Boden zu erfüllen hatten, den wir jetzt verlassen.“ Im Januar 1941 fand noch eine Nachumsiedlung statt, auch dieser entzog sie sich.

Niemand war so verrückt gewesen wie diese kleine Margerita Karlowa, die es wagte, sich dem Beschluss von Regierungen entgegenzustellen wegen der ihr anvertrauten Kinder. So blieb nichts, als sie zu betrauern wie eine Tote und dennoch ein Fünkchen Hoffnung zu bewahren.

In der Gegenrichtung waren die Gedanken und Gefühle genauso. Margrit hatte ihr Adressbuch in den wenigen Minuten des Packens nicht gefunden. Die Adressen von Mutter und Schwestern im Warthegau kannte sie auswendig, aber diese waren wertlos. Jede und jeder war umgezogen, geflohen, festgenommen oder deportiert worden, wenn nicht sogar umgekommen. Was hätte ihr ein Adressbuch genützt in einem Europa in Auflösung? Sie beschrieb 1956 in einem Brief, wie ihr eines Morgens, drei Jahre nach Kriegsende, beim Aufwachen der Gedanke kam, wie sie herausfinden könne, ob ihre Mutter noch lebe. Mutter hatte eine anthroposophische Freundin in Stuttgart gehabt, die in die Schweiz geheiratet hatte! Plötzlich wusste sie deren Ehenamen. Sie schrieb ans Goetheanum in Dornach mit der Bitte, diese Dame, die sicher in einer anthroposophischen Gemeinschaft aktiv war, zu finden. Dort wurde die Dame nicht gefunden, stattdessen aber Margrits Schwester Heidi. An sie wurde der Brief weitergeleitet. Heidi antwortete ihr, dass Mutter Marie bei Edda und ihren drei Kindern in der Nähe von Hannover lebe, ihr eigener Mann Arthur in den letzten Kriegstagen gefallen und sie mit vier Kindern allein sei, dass Bruder Helmuth 1942 in Wjasma hinter Smolensk vermisst und seine Frau mit ihren vier Kindern allein sei, Schwester Karin in Leipzig im Krankenhaus verstorben und ihre Tochter Marianne beim Vater in der Nähe von Schwerin lebend sei: *Wir sind alle nur noch Ruinen!* Beinahe wäre dieses Lebenszeichen verlorengegangen, denn sie hatte den Brief mit lateinischen Buchstaben beschriftet, die auf den Dörfern im Ural kein Briefträger lesen konnte. In eine Ecke hatte ein fürsorglicher Mensch flüchtig die Adresse ins Russische übersetzt und hingekritzelt: Село Фоки, Пермская область, Ул. Советская.[68] Dieser Mensch erwies sich später als Freund aus Tallinn, dessen Weg in die Verbannung nach Sibirien in einer Waldarbeitersiedlung vierzig Kilometer nördlich von Foki geendet hatte und der ihr später noch viele private Briefe sendete. Nun entfalteten sich verschiedene Briefwechsel nach Deutschland, deren bloße Anzahl die sowjetischen Behörden hätte neugierig werden lassen, wenn das Dorf nicht so weit abgelegen hätte von allem, was den Sowjetstaat interessierte. In Foki war der Bürgermeister stolz auf die beiden Lehrerinnen, zu denen die Kinder gern in die Schule gingen, und die es schaffte, dass sie lieber lernten als auf den Feldern zu helfen oder im Wald zu toben.

Stalin hatte verordnet, dass *alle zweifelhaften Personen der okkupierten Gebiete ins Landesinnere verschickt und dass ihnen Arbeit entsprechend ihrer Berufe zugewiesen* würde. Das klappte nicht immer und nicht sofort. Lapidar heißt es in ihrem Brief: *Viele, besonders die Älteren, starben gleich am Anfang.*

Das war kein Wunder, denn auf diese Verschickung war kein Ort vorbereitet gewesen. Sicher hätten sich viele Städte gern geeignete Arbeitskräfte herausgesucht für den Wiederaufbau des zerstörten Landes. Aber von der Deportation war nur der erste Teil geplant gewesen, die Abholung. Eine Ankunft war nicht bekanntgegeben worden. An jedem

68 Dorf Foki, Bezirk Perm, Sowjetstraße

Bahnhof und jeder Haltestelle wurden wahllos Menschen aus den überfüllten Waggons geholt. Vor jeder Stadt hielt der Zug auf freier Strecke. Die Toten und Sterbenden wurden abgeladen, bei der Einfahrt in einen Bahnhof verließen jeweils etwa zehn Lebende pro Waggon den Zug. Moskau – Wladimir – Wjasniki – Gorki – Nishni Nowgorod. Ab Tolokonzewo waren Margrit die Namen der Orte unbekannt. Manche klangen gruslig wie Шакали.[69] Mussten sie nicht irgendwann nach Perm oder Jekaterinburg kommen? In Perm hatten sich schon mehrfach Familienschicksale entschieden, vielleicht sollte die Stadt auch ihrs bestimmen? Sie hatte sich verrechnet mit der Weite Russlands, also der Sowjetunion, ohne Karte wusste sie nicht, dass zwischen Nishni Nowgorod und Perm weitere 930 Kilometer liegen. Im Zug bekamen sie anfangs Tee, bald war der Vorrat erschöpft. Auf vielen Bahnhöfen standen Bauern und verkauften aus Blecheimern gekochte Kartoffeln, kleine Äpfel, Kartoffelpuffer oder Suppe, fast nie Brot. Wer Geld hatte und gerade nicht schlief, konnte bei Tageshalten etwas erwerben. An den Bahnhöfen stürmten oft Frauen in den Zug, weil sie sich Käufe in anderer Richtung erhofften: Seife oder Kleidungsstücke von den Städtern, die es nach dem Krieg in den Dörfern nicht gab. Begehrt waren besonders Damenstrümpfe. Wenn es sich abzeichnete, dass ein Aufenthalt länger dauerte, liefen entgegen aller Verbote die Passagiere draußen herum, um nach dem Notwendigsten für sich und ihre Kinder zu suchen. Nur fünf Uniformierte bewachten den langen Zug, da gab es, namentlich im Dunklen, manches Schlupfloch, ihrer Aufsicht zu entkommen. Je größer die Not an allem wurde, desto erfinderischer wurden die Menschen. Die Mütter brauchten Milch und Windeln für die Kinder oder eine Gelegenheit, um Windeln auszuwaschen, und sei es in kaltem Wasser. Es war ein Menschengewimmel auf den

---

69 Russisch: Schakale

Bahnsteigen, ein ständiges Überqueren der Gleise, das die dort Arbeitenden an ihrer Tätigkeit hinderte und lautstarkes Schimpfen zur Folge hatte. Jeder Bahnhof glich einem Trödelmarkt, der die Bahnhofsvorsteher in Verlegenheit brachte. Sie durften den Handel nicht gestatten, weil er alle Bahnhofsordnungen brach, doch sie konnten ihn nicht verbieten, weil die Passagiere keine reguläre Verpflegung erhielten. Am liebsten hatten die Diensthabenden die Regentage, wo trotz der fehlenden Versorgung die meisten in den Waggons blieben und nur das Stampfen der Maschinen das Wasser der Pfützen in leise Bewegung versetzte. Nächtliche Aufenthalte auf dunklen Bahnhöfen, die Lampen waren kaputt oder gestohlen, schufen die Chance, aus benachbarten Zügen Kohlen oder Holz für die Öfen in den Waggons oder andere Güter zu stehlen. Das trauten sich die wenigsten. Teilweise, um die Kinder nicht zu wecken, wenn sie endlich eingeschlafen waren, teilweise um sie nicht ihrem Schicksal zu überlassen, wenn sie selbst gefangengenommen würden.

Der Zug leerte sich nicht, denn immer wieder wurden Waggons ab- und umgehängt, und die Verbleibenden von den Bewachern neu zusammengedrängt. Endlich, in einem nach Wacholder duftenden Wald (später rekonstruierte sie, dass es irgendwo kurz vor Perm gewesen sein musste, in Pomutschastok oder Komsomolskaja), sprangen sie und ihre frühere Kindergartenhelferin Dagmar Ilves bei einem Unterwegshalt hinaus: Freiheit und Hunger. Sie liefen auf der Suche nach einem Dorf, Marktflecken oder bestellten Feld, aber sie fanden nichts als Wald. War das schon Sibirien? Sie liefen tagelang, vielleicht im Kreis. Woher sollten sie als Städterinnen das wissen? Schuhe und Kleidungsstücke waren kaum mehr so zu nennen. Sie gruben sich eine Höhle, denn es war Herbst und es wurde nachts empfindlich kalt. Über die Höhle setzten sie notdürftig ein Blockhaus aus dünnen Stämmchen: jenen, die mit dem Taschenmesser mühsam zu durchtrennen waren, denn sie hatten kein anderes Werkzeug. Zum Glück hatten sie Streichhölzer und eine leere Konservenbüchse erhandelt im Zug, als hätten sie geahnt, was sie brauchen würden! Ohne Fett und Zwiebeln ließen sich selbst Pilze schlecht braten, doch es reichte, um nicht zu verhungern. Was wäre, wenn der Frost käme? Das Feuer aus feuchtem Holz machte eine schmale Rauchsäule, aber offensichtlich war niemand in der Nähe, um diese zu sehen. Das Wort *Bären* und der Ortsname *Schakale* schufen sich beängstigend viel Platz in ihren Köpfen. Wenn sie nicht bald eine menschliche Ansiedlung fänden, wären die Kälte, der einsetzende Regen und der Hunger ihr Tod. Eines Morgens erwachten sie von einem menschlichen Geräusch: fernes Sägen. Waldarbeiter sägten Bäume und holten mit Traktoren Holz. Sie nahmen die verhungerten Gestalten auf dem Anhänger mit. Sie ließen sie in der Essensbaracke auf den Bänken schlafen und gaben ihnen Kartoffeln, Brot und Decken. Eine Woche später brachte der Brigadier sie nach Tschaikowsky zu einer Verwaltungsstelle, die sie nach Foki vermittelte, wo dringend eine Lehrerin gesucht wurde. Die Bauern dort räumten ihnen ein gemeinsames Zimmer im Schulhaus ein: zwei Betten, zwei eiserne Haken, zwei Tassen, zwei angeschlagene Keramikschüsseln, einen Topf, eine Pfanne, ein Messer und ein Brot. Ein kleiner Tisch und ein Hocker waren noch vom letzten Lehrer vorhanden, der im Krieg gefallen war. Sie sollten erst einmal zu Kräften kommen, während die Kinder noch in der Ernte beschäftigt waren. Im November sollte die Schule beginnen. Da es einen eisernen Ofen gab, aber keine Feuerung dafür, gingen sie jeden Tag in den Wald und sammelten Zapfen und Äste. Die Bauern brachten ihnen Grütze oder Äpfel, einmal sogar Eier vorbei. Milch und Butter konnten sie, so lange sie noch Geld hatten, auf dem Kolchosenmarkt kaufen. Sobald sie den Unterricht begannen, erhielten sie Gehalt, achthundert Rubel netto jede, *Steuern und Staatsanleihen abgerechnet.* Das war die Hälfte von dem, was Fräulein Ilves in Tallinn verdient hatte, aber es genügte, um satt zu werden. Ein Brot kostete nur 1,35 Rubel. Nach zwei Monaten sparsamen Wirtschaftens – sie kauften nur Brot, Buchweizengrütze, Milch und Feuerholz – konnte sich jede ein Kleid kaufen für 293 Rubel, einen Monat später *ein Paar Schuhe mit Plastmassesohlen*. Ein Brief ins Ausland kostete 1,40 Rubel und ein Block grünliches, liniertes Schulpapier nur wenig mehr. Die Hauptsache war, sie waren frei: keine Verbannung, keine Überwachung. So hatte sich Stalin diese Art der Deportation vorgestellt: Arbeitskräfte für Ortschaften, die bei der Verteilung von Arbeitskräften sonst keine Chance hatten. Sie haben seinen Plan perfekt erfüllt. Ihr Geheimnis blieb, dass Margerita Karlowa und Darja Petrowna keine Russinnen waren, denn an dieser Stelle hätte die dörfliche Akzeptanz möglicherweise aufgehört.

Elf Jahre lebten sie zusammen in dem Zimmer, befreundet, sich aber im Stil ihrer Zeit weiterhin siezend. Nachts, wenn sie allein waren im winzigen Schulhaus, sprachen sie deutsch miteinander, tagsüber russisch. Erst unterrichteten sie die Kinder bis zur sechsten Klasse, später alle Kinder des Dorfes und im Winter, wenn keine Arbeit in der Landwirtschaft möglich war, auch Erwachsene. Im nächsten Jahr schon nahmen sie die Prüfungen ab als staatliche Beauftragte des Ministeriums. Zu der Zeit verfügten sie über eine eigene Petroleumlampe und konnten sich aus der Bibliothek in Tschaikowski russische Bücher schicken lassen, Schulpädagogik und Belletristik. Schwierig war es, Material für den Unterricht heranzuschaffen, denn eine Schulausstattung war außer Tafel und Kreide nicht vorhanden. Margrit kam ihre waldorfpädagogische Kindergartenausbildung zustatten: ohne Spielzeug, nur mit Naturmaterialien Kinder zu beschäftigen. Hier mit den größeren Kindern war das schwieriger, aber nicht unmöglich. Bald unterrichteten sie Deutsch als Fremdsprache. Schwierig war es, Musik zu unterrichten, denn es gab im ganzen Ort kein Klavier und kein anderes Instrument, auch keinen Plattenspieler. Hier gab es auch nicht die in Lettland und Estland sommers üblichen Sängerfeste, bei denen riesige, großteils professionelle Chöre auftraten und viel mehr als nur Volkslieder sangen: Kunstlieder, Arien, Operettenmelodien, kirchliche und weltliche Hymnen, Parteilieder – zusätzlich zum riesigen volkstümlichen Repertoire. War es ein verstecktes Zeichen von Resignation, dass sie an ihre Nichte schrieb: *Ich freue mich, dass Du jetzt in einer Stadt wohnen und wertvolle Musik genießen kannst*?

Ihre Nichte Marianne schickte ihr Bildpostkarten für den Kunstunterricht und hektografierte Blätter mit deutschen Liedern und Märchen. Unpolitische Bildungsgüter waren erwünscht und zollfrei. Ein Paket ihrer Mutter musste sie zurückgehen lassen. Der Zoll für Luxusgegenstände war zu hoch, als dass sie ihn sich hätte leisten können. 75 Rubel hätte die Annahme der westlichen Toilettenartikel gekostet, 120 Rubel der Zoll für das ganze Paket einschließlich Schokolade und Kakao.

In einem Brief von 1954 philosophiert Margrit über die Rolle der baltischen Mehrsprachigkeit: *Das Baltentum hat die Aufgabe, das Verständnis der kulturellen Gegensätze zwischen Deutschen und Russen zu vermitteln.* Über dieses Thema hatte sie noch nie zuvor ausführlich nachgedacht, denn das war seit Generationen selbstverständlich in Est- und Lettland. Spätestens seit den 1880er Jahren, als Zar Alexander der Dritte die russische Sprache in der Schule verpflichtend machte, sprachen jede und jeder drei Sprachen: das offizielle Russisch des Zaren, in dem unterrichtet werden musste, das heimatliche Deutsch, das die Identität der Deutschbalten schuf, auf dem ihre Kultur und Literatur beruhte, und mit der Umgebung je nach Wohnort Estnisch oder Lettisch. Viele Familien hatten russische Zweige und waren hin- und hergerissen, was denn nun das Vaterland sei: das von Väterchen Zar oder das des Kaisers? Hier hatte sie mit dem Nachdenken über diese Besonderheit begonnen, weil es den Bauernkindern tief in Russland, wenn auch gerade noch im europäischen Teil vor dem Uralgebirge, ein Wunder war. Viele mühten sich mit lateinischen Buchstaben und deutschen Wörtern, aber fast alle sangen gern, darüber prägte sich die neue Sprache ein. Margrit ging auf, dass das beliebteste baltische Gesellschaftsspiel, das Pliggern, vermutlich auf die Mehrsprachigkeit zurückzuführen war. Es war ein sprachliches Einander-Verulken, Aufziehen, in mehr oder weniger harmloser Weise Lächerlichmachen. Um es gut zu machen, brauchte jeder einen gehörigen Abstand von sich selbst. Nur wer von sich absehen konnte und sich nicht für den Nabel der Welt hielt, hatte die innere Freiheit, in dieser Weise über sich und die anderen zu sprechen und Gleiches nicht übelzunehmen. Die Mehrsprachigkeit, die für die meisten nicht aus mühsam in der Schule erlernten, sondern aus von Kindheit an aufgesogenen Sprachen bestand, ermöglichte jenen inneren Abstand zu sich selbst. Der Mensch war in jeder seiner Sprachen ein anderer. Diese anderen Teile des Selbst saßen pliggernd mit am Tisch.

Es wird ihr nicht sofort, aber schon nach einiger Zeit gelungen sein, zwischen den Kulturen zu vermitteln. Sie hätte sich vermutlich gestritten oder abgewendet von Menschen, auch von baltischen, die nach dem Zweiten Weltkrieg anderer Meinung waren.

Hans von Schroeder schrieb fast gleichzeitig im Westen Deutschlands im Vorwort zu seinem Büchlein:[70] „Wie ein roter Faden zieht sich durch die baltische Geschichte das Bekenntnis zum Deutschtum. Jeder Balte ist sich seit den Tagen der Kreuzzüge stets bewusst gewesen, daß er auch als Angehöriger eines Fremdstaates die Wacht im Osten zu hal-

70 Schroeder, Hans von 1954: *Kleine Geschichten aus den baltischen Landen.*

ten hatte, daß hier die exponierteste Bastion gegen die Flut vom Osten zu verteidigen war. Kein Volk, sondern eine eiserne deutsche Division inmitten fremder Völkerschaften – die Geschichte eines ununterbrochenen Kriegszustandes – das ist das Spezifikum der baltischen Geschichte."

Nein, die beiden von den Sowjets aus Estland ausgewiesenen *Literatinnen* hielten nicht *Wacht im Osten*, sie versuchten mit ihren begrenzten Mitteln zwischen den ihnen vertrauten Kulturen zu vermitteln und die Weite der Welt, trotz all ihrer Kriege und Ungerechtigkeiten, in die Enge eines Dorfes zu tragen. Sie fühlten sich nicht nur aus Krankheitsgründen und wegen der Mängel in der schulischen Vermittlung schwach, sondern auch wegen ihres Abgetrenntseins von ihren Familien und Freunden, von dem Teil Europas, der ihnen vertraut gewesen war. Sie waren nicht der von Schroeder beschworene *Rammbock vor dem Chaos*: „Den lettischen und estnischen Schicksalsgenossen der Balten aber sei es gesagt, daß, wenn zur Zeit der Eroberung durch Peter den Großen keine Kerls dagewesen wären, die die Sonderart dieses Landes und aller seiner Einwohner gegen den andrängenden Osten hätten sichern können – nun: weder Esten noch Letten hätte es heute noch gegeben. Spurlos wären sie schon damals aufgesogen worden. Nun gab es aber eine verantwortungsfreudige Herrenschicht, und sie allein hat den kleinen Völkern des Baltikums die kulturelle und seelische Zugehörigkeit zu Europa ertrotzt … Rammbock vor dem Chaos."

Jahre vergingen mit den Anträgen auf Besuchs- oder Ausreisevisa. Margrit wusste nicht, was genau ihr Ziel war, sie wollte nur alle wiedersehen! Sie wünschte sich vermutlich, noch einmal bei ihrer Mutter zu leben. Also zog sie verschiedene Möglichkeiten in Betracht: zur Mutter nach Westdeutschland, wahlweise zu einer ihrer Schwestern und Schwäger oder zur Nichte nach Ostdeutschland oder aber innerhalb der Sowjetunion ins heimische Tallinn. Sie wusste nicht, dass ihr Haus und Kindergarten zerstört waren. Ihre Briefe und Anträge schlossen einander aus. Einmal schrieb ihr eine Verwaltung, dass sie sich entscheiden müsse für West- oder Ostdeutschland, beide Anträge könnten nicht bearbeitet werden. Sie entschied sich für *West*, um ihre Mutter wiederzusehen, behielt aber ein schlechtes Gewissen, weil sie nicht gesagt hatte, dass ein Brief von ihr an Otto Grotewohl[71] schon seit Jahren unterwegs und außer einer Eingangsbestätigung unbeantwortet sei.

Die Anträge brachten sowohl Hoffnungen als auch Befürchtungen mit sich, beispielsweise über den im Zimmerchen in Foki *angehäuften Besitz*. Sie schrieb: *Vorgestern habe ich eine Eingabe an den Leiter unserer Miliz gemacht, die automatisch über Molotow nach Moskau weitergeleitet wird. Ich bat darin, mich meinen Auslandspass in Moskau statt in Molotow abholen zu lassen, weil ich sowieso nach Moskau fahren muss, um meine mündliche Lehrer-Schlussprüfung abzulegen. Jetzt sitzen wir beide und warten auf die Reiseerlaubnis, ich nach Deutschland und Fräulein Ilves nach Tallinn, wo sie eine Freundin hat. Doch das ist unsicher, diese Stadt ist ganz übervölkert und es ist die Frage, ob sie dort registriert wird. Wir wagen noch nicht, alles hier zu liquidieren, sonst wird es womöglich später noch eine Hetze geben. Überall, wo man lebt, sammelt sich Kram an, den man unbedingt nötig hat und der einem später zur Last wird. Ich selbst verstehe nicht zu handeln, ich werde froh sein, wenn ich alles verschenken kann.*

In einem anderen Brief schrieb sie, dass der einzige Grund ihrer Versuche die Wiedervereinigung mit Amama, also ihrer Mutter, sei. Sich ihrer Schwester Edda und deren Familie aufzubürden, würde sie nicht wollen, das wäre unvernünftig und gewissenlos. Vor zweieinhalb Jahren habe sie um eine

71 1949 bis 1964 Ministerpräsident der DDR (Deutschen Demokratischen Republik)

Besuchsreise in die DDR und eine zu ihrer Mutter eingereicht. Nach einem halben Jahr erhielt sie den Bescheid, dass sie in beide Teile Deutschlands nicht fahren dürfe. Sie reichte daraufhin neu zur Mutter ein. Nach fast einem Jahr, als alle Formalitäten erledigt waren, wurde ihr abgesagt. In Moskau schleppte sie sich ins Innenministerium zu einem höheren Beamten. Er antwortete: Sie wollten schon einmal in die Bundesrepublik fahren, deshalb können wir das nicht erlauben. Ihre Hoffnung, dass er von ihr den Eindruck eines ehrlichen Menschen bekäme, führte sie zu der verwegenen Bitte um eine zweimonatige Besuchserlaubnis, die ihr verweigert wurde. Er sagte: Reichen sie noch einmal ein für einen Monat. Inzwischen lagen der Behörde schon 21 Passbilder von ihr auf verschiedenen Dokumenten und Anträgen vor. Doch auch dieser Antrag wurde abgelehnt. Sie war traurig und schrieb, kurz nach ihrem fünfzigsten Geburtstag: *Ich beanspruche nicht mehr viel im Leben.* Später unternahm sie den Versuch, ihre wiedergefundenen Verwandten zu einem Besuch bei ihr in der Sowjetunion zu bewegen. Sie hatte einen Zeitungsartikel gelesen, dass es von Deutschland aus ganz leicht Dreimonatsvisa geben solle. Alle hatten Kinder, kein Geld oder trauten sich nicht. Niemand stellte diesen Antrag.

Im Oktober 1956 wurde sie ernsthaft krank: Sie wendete sich erst an das kleine Krankenhaus in Foki, als sie nicht mehr stehen konnte vor Schwäche. *Da man in Foki keine Analysen auf Zucker machen kann, läutete man in Molotow an, um mich im Sanitätsflugzeug dorthin zu transportieren. Am 23.10. war das Wetter so, dass man fliegen konnte. Über das Uralvorgebirge zu fliegen, war sehr interessant. Aber das Wetter änderte sich, es regnete so stark, dass der Brennstoff vorzeitig zu Ende ging, wir landeten in Osa. Dort wurde ich in der Erste-Hilfe-Station untergebracht. Am nächsten Tag kam ich in Molotow in der Kreisklinik an. Nachdem man die Analysen gemacht hatte, konstatierte man einen sehr hohen Zucker und stufte mich unter die Kranken ein. Ich wäre gern bereit, weiterhin von Brot und Wasser zu leben, wenn ich es vermeiden könnte, ständig Insulin zu nehmen. Eine Studentin hat mir saure Äpfel besorgt, so dass ich mich nicht beklagen kann.* Später bekam Margrit eine Kur der Lehrerinnengenossenschaft auf der Insel Krim. Selbst hätte sie die *kolossalen Unkosten* von 2.600 Rubel für den zweimonatigen Aufenthalt nicht aufbringen können, so zahlte sie nur 30 %. Die Reise war nicht leicht. Sie schrieb: *Als ich mich in Perm zum Aerodrom aufmachte, fuhr meine Tram nicht, der Autobus auch nicht, weil ein solcher Schneesturm herrschte. Ich hatte mich darauf verlassen, denn ich hatte Äpfel und Nüsse gekauft, die es in Foki jetzt nicht gibt. Die drei Kilometer musste ich zu Fuß gehen. Die Hände versagten mir schon beim Tragen des Köfferchens über die Straße. Als ich endlich in der Ferne das Gebäude des Aerodroms erblickte, holte mich ein Pilot ein. Wortlos hob er mein Gepäck auf seine Schultern, bot mir zum Einhaken seinen Arm und schleifte mich zum Bestimmungsort. Dort hatte ich zwei Tage und zwei Nächte zu warten, weil bei dem Wetter nichts fliegen konnte. Hier ist Tiefwinter, auf der Krim Frühling, was wieder absolut notwendiges Gepäck ergibt. Die täglichen Injektionen, die ich beanspruche, sind bei den Fahrten auf dem Lastwagen und beim Warten auf den Dampfer schwer durchzuführen.* Nach dem Aufenthalt auf der Krim ging es ihr besser. Sie erhielt eine kleine Invalidenrente und musste damit weniger Stunden unterrichten, um zu überleben. 1960, als beide Frauen Altersrentnerinnen waren, erhielten sie die Erlaubnis zur Übersiedlung nach Tallinn. Was die Verwaltung ihnen verschwiegen hatte, war, dass sie, obwohl dann in der estnischen Sowjetrepublik lebend, dort nicht pensionsberechtigt wären. Margrit konnte ihre kleine Invalidenrente weiter beziehen, da diese aber nicht den Lebensunterhalt abdeckte, arbeitete sie in der Kinderbibliothek und gab privaten Sprachunterricht. Fräulein Ilves zog in die Familie ihrer Freundin, deren Angehörige sie jedoch ausquartieren wollten. Wie konnte sie ein Zimmer von neun Quadratmetern für sich allein beanspruchen, wo alle anderen so beengt lebten? Sie lebte von Kinderbetreuung und vermutlich mehr schlecht als recht von Klavierstunden. Sie hatte seit sechzehn Jahren kein Klavier mehr berührt. Gemessen am Nahrungsreichtum des Uraldorfes waren sie hier so arm wie an ihrem Anfang dort. In keinem Brief schrieb Margrit etwas über ihre Unterkunft in Tallinn. Vermutlich spottete sie jeder Beschreibung, vielleicht war es nicht einmal ein eigenes Zimmer. Kein Wort war von ihr zu hören über die Trauer, dass ihr großes Haus und der Kindergarten, die unter den herrschenden Bedingungen vermutlich dreißig Leuten hätten Wohnung bieten können, nicht mehr existierten: *Das Schöne bewundern, das Wahre behüten, das Edle verehren, das Gute beschließen.* Nicht enthalten war: das Vergangene betrauern. Ihre Briefe klangen fröhlich: *Was die Restaurierung der im Krieg zerstörten Städte betrifft, wird sehr viel getan. Zum Sängerfest im Sommer 1960 ist das Rathaus in seinen ursprünglichen Stil umgebaut worden, die alten Stadtmauern und Türme sind bloßgelegt. Parks und Grünanlagen werden sorgfältig ausgebaut und gepflegt. Die Wohnungskrise herrscht immer noch.* Die Wohnungen, in denen ihre Freundinnen gelebt hatten, die Parks, in denen sie mit den ihr anvertrauten Kindern spazieren gewesen waren, und die Säle, in denen sie einst anthroposophische Vorträge gehört hatte, alles war da. Die Nikolaikirche war eine Ruine, aber sie wurde aufgebaut.

Ein ihr bekannter Kunstschüler besuchte eine Ausstellung in Leningrad und hatte einen Katalog mitgebracht über mexikanische Kunst. Sie schwärmte im Brief davon, als wäre sie selbst dort gewesen. Freunde von ihr wollten hinfahren und hätten sie gern mitgenommen, aber sie hatte keinen Wintermantel. Den hatte sie in Foki verkauft. Einerseits war er zu schwer zum Tragen über dem Arm, andererseits wollte sie ein wenig Geld fürs Ankommen haben. In Tallinn würde es wegen des Seeklimas nicht kälter werden als minus sechs Grad, da brauchte sie keinen Wintermantel.

Nach eineinhalb Jahren erhielt sie die Genehmigung zur Aussiedlung nach Westdeutschland. Ein Telegramm aus Moskau zeigte ihrer Nichte Marianne Tag, Zeit und Bahnsteig im Ostbahnhof Berlin an, wo sie umsteigen musste und wo sie sich zwanzig Minuten treffen könnten. Sie wäre die erste Verwandte, welche sie nach fast dreißig Jahren sehen würde. Sie hatte die Nichte letztmals als Dreijährige gesehen. Trotz der wachsamen Augen der DDR-Grenzposten wechselten sechs Silberlöffel mit dem verschlungenen Monogramm ihrer Mutter *MG* von einer Manteltasche in die andere: dein Hochzeitsgeschenk.

Der nächste Brief von ihr kam aus dem Aufnahmelager *Sozialwerk Stukenbrock* in der Nähe von Bielefeld, welches ihr wie ein vornehmes Hotel vorkam.

Gerda Walther (1879–1961) und Erich Walther (1901–1951)

Als sie sich nicht mehr um ihre Enkelin kümmern musste, weil diese im *Stift Finn* war, ihr Sohn Bruno im Krieg in Russland, ihr Sohn Erich als Dolmetscher unterwegs und Schwiegertochter Karin im Lazarettdienst tätig war, zog Gerda nach Thorn / Thorun zu Walter Tag. Sie trieb das Registrieren der Hausübertragung in Thorn voran, Ende 1944 wurde ihr vierstöckiges Mietshaus mit zehn Mietparteien drin als Abtausch gegen ihre Rigaer Villa ins Grundbuch eingetragen. Sie zahlte knapp neuntausend Reichsmark Wertdifferenz bei der Treuhandverwaltung ein. Im März 1945 floh sie mit Walter Tag, der auf ihre Anweisung und gegen seinen Willen in Zivil war. Er verschaffte ihr Sitzplätze in den überfüllten Zügen. Sie hatte diesen Ausgang des Krieges kommen sehen, ihre Angelegenheiten waren geordnet. Ihre wenigen Möbel und der Hausrat waren an hier lebende Polen verschenkt, die letzten Lebensmittel an den alten Herrn in der Dachwohnung. Da Deutsche nicht mit Polen reden durften und sie hier als Deutsche galt (längst hörte ihr niemand mehr einen Akzent an) hatte sie sich nie getraut, mit ihm zu reden; nicht einmal ihm zu sagen, dass sie Polin war. Er hieß Werestschinski! Da er etwa zehn Jahre älter war als sie, fragte sie sich, wenn er im Treppenhaus höflich grüßte, ob dies nicht ihr in Sibirien verschollener älterer Bruder sein könnte? Ihr Vater hatte in ihrer Kindheit gesagt, der Bruder wäre dort gestorben, aber er hatte nie über seinen Tod geredet. Was wäre, wenn sie alle Vorsicht fallen ließe und ihn einlüde, ihm erzählte, dass ihr Mädchenname Werestschinski gewesen war, und ihn auf Polnisch fragte? Doch was hätte sie davon, jetzt, wo sie als Deutsche fliehen musste? Was hätte er davon? Selbst wenn ihr Verdacht sich bewahrheitete, würden sie sich im Moment des Wiederfindens verlieren. So stellte sie ihm den Rest Öl, das letzte Mehl und das Säckchen mit den Trockenerbsen, die ihr unterwegs nichts nützten, vor die Tür. Alles Geld hatte sie auf der Bank eingezahlt. Selbst war sie dazu auf der Bank gewesen! Im Krieg und ohne Personal war es nicht mehr möglich, mehrstufige Anordnungen auszusprechen: zur Bank schicken lassen. Schmuck und Wertpapiere waren sicher versteckt, eine billige Ikone hatte sie in der Handtasche und eine Fülle Kleidungsstücke übereinander angezogen. Sie hatte keine Angst vor Russen. Die dummen jungen Kerle hatte sie schon 1919 erlebt, als sie Lettland einnahmen und ihren holzgetäfelten Salon zum Pferdestall machen wollten. Eine Mischung aus schlichten Ikonen, Wodka und polnischen Flüchen hatte sie davon abgehalten. So war das Erdgeschoss ihres Hauses zwar kurz Offiziersmesse gewesen und sie Theaterkartenabreißerin, aber es hatte nur wenige Schäden im Haus gegeben. Sie hatte keine Premiere im Theater verpasst: nur die Hufabdrücke eines Pferdes waren nicht mehr vom Parkett an der Verandatür wegzubekommen gewesen. In anderen Haushalten waren die Schäden schlimmer gewesen, Menschen hatten alles verloren oder wegen der Kälte verbrennen müssen. Sie konnte damals noch Treppen steigen und sich in die obere Wohnung zurückziehen. Wodka war diesmal nicht zu bekommen, nicht einmal Fusel, aber die Ikone, die hatte sie noch. Später war der Hausstand ihrer Schweigertochter im Hafen versunken. Längst hatte sich das Holz der Möbel und des Flügels aufgelöst, die Elfenbeinplättchen der Tasten lagen zusammen mit den nicht mehr gespannten Saiten tief im Schlamm. Das Leben ging nicht ohne Verluste ab.

Bis auf die Unbequemlichkeiten kamen sie unbeschadet nach Berlin. Als sie dort alles zerstört fanden und niemand von Walters Gewährsleuten mehr anzutreffen war, reisten sie weiter nach Westen auf der Suche nach einem bewohnbaren Dorf. Denn dass in den Städten noch lange Hunger herrschen würde, war sichtbar. Sie fanden eine gemeinsame Wohnung im Dorf Quitzow. Walter half erst beim Bauern, dann in Perleberg in der Stadtverwaltung. Sie nähte, strickte und reparierte Kleidung für die Leute im Dorf. Ab Herbst 1946 kam die Enkelin für ein Jahr zu ihr. Sie musste sie einkleiden, denn sie war gewachsen. Stoff konnte sie im Dorf kaufen, manche der Bauern hatten volle Schränke oder trennten sich von alten Kleidern, die sie umarbeitete. Schuhe konnte sie ihr nicht beschaffen. Im Sommer half Walter bei der Ernte, aber das Essen genügte dennoch immer nur für den Tag oder die Woche. Sommers wie winters mussten sie Wasser von der Pumpe holen, denn sanitäre Anlagen hatten ihre beiden Zimmer nicht. Als nach der Staatsgründung und der Bodenreform der Schäfer Bürgermeister wurde, stellte er Walter Tag als Schreiber ein. Der wusste, wie Briefe zu schreiben waren. So blieb dem alten Herrn der tägliche Fußweg nach Perleberg erspart. Jetzt ging es ihnen besser, der Markt erholte sich, und sie konnten Lebensmittel kaufen. Wieder berechtigte die Arbeit zum Empfang der Lebensmittelkarten. Sie meldeten sich in einem Altersheim in Schwerin an. Sohn Erich und Enkelin Marianne wohnten nur siebzig Kilometer entfernt. Der Kontostand genügte auch nach der Geldentwertung noch für ein Einzelzimmer, für das zweite verkaufte sie die Diamanten aus ihren Ohrringen. Die doppelreihige Perlenkette kaufte ein Juwelier in Hamburg. Dadurch war für ordentliche Möbel, altersangemessene Sessel und Betten gesorgt: Sie bevorzugte Stil! Da war selbst Walter verblüfft: „Wo nimmst du das her, Gerda?" Sie lachte: „Das musste lange im Versteck liegen, ehe ich es herausholen durfte. Auf dem Dorf wäre jede noch so kleine Extravaganz aufgefallen, das hätte uns Feinde gemacht."

„Wo hattest du es? Ich habe doch alle Gepäckstücke ausgepackt?" Sie schmunzelte: „Ab morgen essen wir wieder mit Silberbesteck. Das war die ganze Zeit im Holzbein." Auf einem Foto von 1958 stehen Gerda und Walter als Paar auf der Freitreppe vor dem klassizistischen Schlossbau zwischen bepflanzten Blumenkübeln, als wäre sie die Besitzerin des Anwesens. Ich ahne den gepflegten Park im Hintergrund und das Geräusch der Springbrunnen.

1959 bekamen Erichs Tochter Marianne und Brunos Kinder (er war gefallen) zu ihren Hochzeiten die geretteten Erbstücke, beispielsweise den emaillierten Gürtel, den ihr Mann ihr aus Taschkent mitgebracht hatte. Das wertvollste Stück aus ihrem Erbe, das *katholische Kreuz*, wie sie es immer genannt hatten, russisches Gold besetzt mit Diamanten, hatte sie ihrer lebensrettenden, aber immer arm gebliebenen Freundin Kati geschenkt vor der Flucht aus Thorun: Freundschaftsbeweis und Lebensversicherung. Davon könnte sie sich nach dem Krieg mehr als nur ein Haus kaufen; sie hätte ausgesorgt. Das war nötig in ihrem Alter, denn sie ging auf die Achtzig zu und war zu schwach, um das Ende des Krieges aus eigener Kraft zu überleben. Kati hatte es im doppelten Boden ihres einzigen Koffers versteckt, gemeinsam hatten sie es verpackt. Aber der Koffer wurde ihr auf der Flucht mit Gewalt entwendet. Es war ihr Schicksal, arm zu bleiben.

Erich versteckte seine politische Einstellung, wo es irgend ging. Er bemühte sich um Sachlichkeit, doch kein fühlender Mensch konnte in und nach einem solchen Krieg sachlich bleiben. Alle Machthaber verfolgten unverhohlen private Ziele neben denen ihres Auftraggebers. Seine Wünsche liefen jedoch dem übergeordneten Gesamtziel entgegen. Manchmal konnte er für protegierte Personen dolmetschen, manchmal einer jüdischen Familie zur Flucht mit von ihm gefälschten Pässen verhelfen. Mit einem hartgekochten Ei ließen sich Stempel *umsetzen* in ein neu angefertigtes Dokument. Die Papiere der selbstgedrehten Zigaretten, der Papyrossi, ließen sich während des Protokollierens beschreiben und zusammen mit den Stummeln aus dem Fenster werfen, wo Kinder warteten und die Botschaften verteilten.

Erik Arthurowitsch war geschickt genug, um mehr Freunde als Feinde zu sammeln. Als die russische Front nach Westen strebte, blieb er nicht in Minsk, sondern machte sich im Offizierskorps unentbehrlich: seiner Exfrau und Tochter hinterher nach Westpreußen. Dort blieb er, gesundheitlich ruiniert, in einem Lazarett, welches in ein Gutshaus südlich von Schwerin verlegt wurde. Auf der nächsten Flucht des Lazaretts Richtung Norden fielen die Verwundeten in amerikanische Gefangenschaft und überlebten den April 1945 auf einem umzäunten offenen Feld. Wer ein Feuerzeug hatte, überlebte dank gebratener Regenwürmer. Ein Fluchtversuch gelang erst, endete dann aber abrupt an der russischen Grenze kurz hinter Lauenburg. Hier machte Erich den Fehler, dem russischen Posten russisch zu antworten. Er fand sich als vermutlicher Spion im GPU-Gefängnis[72] Boizenburg wieder, einem Ort der sowjetischen Geheimpolizei. Dort bemühten die Beamten sich, seine Identität zu überprüfen. War er ein sowjetischer Spion? Hier erfuhr er, dass seine geschiedene Frau unweit in Schwerin im Lazarett arbeitete. Sie sagte für ihn aus, auch frühere Bekannte aus Włozławek und Riga. Er wurde als Letzter samt dem Reiseschachspiel der früheren Mitgefangenen entlassen und erhielt eine Dolmetscherstelle im Plattenwerk Boizenburg. Als Wohnung diente ihm erst ein ofenloses Zimmer bei einem Kollegen, dann die ehemalige Fremdarbeiterbaracke, in der auch seine Tochter als Keramiker-Lehrling wohnte. Während die inzwischen erwachsene Tochter im Praktikum in der Porzellanmanufaktur Meißen arbeitete, zog er nach Berlin und begann in einer Zeitungsredaktion zu arbeiten. Als sie aus ihrem Praktikum zurückkam, wartete in der Ka-

72 GPU = Gossudarstwennoje polititscheskoje uprawlenije. Übersetzt: Vereinigte staatliche politische Verwaltung , Nachfolgeorganisation der Tscheka, Vorläufer des KGB (Geheimpolizei)

derabteilung sein Totenschein auf sie. Sie konnte nicht herausfinden, wo und woran er gestorben und wo er begraben worden war. Mit dem Erlös von 28 Goldzähnen hätte sie ihr gesamtes Leben während des Studiums und darüber hinaus finanzieren können, aber sie kannte nicht einmal den Absender des Totenscheines.

Hans Carlhoff (1922–1998) und Eduard Metusala (1889–1978)

Agnes, die Tochter aus Friedrich Adolf Glanstroems erster Ehe, heiratete nach siebenjähriger Verlobungszeit 1890 Karl Adolf Emil Carlhoff, hatte einen Sohn Bruno und zwei Enkelkinder. Bruno heiratete eine Lettin, Paula Metusala, eine der Schwestern des berühmten Aquarell- und Pastellmalers Eduard Metusala, der allerdings schon 1910 nach Deutschland ausgewandert war und von 1912 bis 1921 in der Schweiz lebte, ehe er nach Lettland zurückkehrte.

Auch dieser Teil der Familie erlitt das Schicksal der Vertreibung 1939 aus Mitau / Jelgawa und der Flucht aus dem Warthegau. Die Familie überlebte und war nach dem Krieg in Nordrhein-Westfalen ansässig. Im Gegensatz zu dem kleinen Teil der Familie in der DDR, dem das *Bruderland* nur auf organisierten Reisen zugänglich war und dem deshalb die Orte der Kindheit und der Erinnerung verschlossen blieb, konnten sie seit den 1970er Jahren aus der BRD in die Sowjetunion reisen.

Bruno reiste, als er im Rentenalter war, nach Tallinn und kämpfte sich dank Sprach- und Ortskenntnis gegen alle Verbote bis Kurtna durch, das er als gigantischen Hühnerstall vorfand.

Sein Sohn Hans reiste 1977 nach Riga, um auf Bitte seiner Mutter ihren letzten lebenden Bruder, den 89-jährigen Onkel Eduard Metusala, zu besuchen, denn seine Briefe stimmten die Familie sorgenvoll. Seine Frau war verstorben, und er hatte niemanden, der sich um ihn kümmerte.

So eine Reise war teuer, sie konnte keine Familienreise sein. Besucher aus dem westlichen Ausland hatten einige Freiheiten mehr als die aus der DDR, aber auch diese waren begrenzt. Über ein Reisebüro buchte Hans bei *Intourist*

Moskau eine Einreise für Riga. Diese wurde ohne Begründung abgelehnt. Ein neuer Antrag folgte und führte zu einer Reisegenehmigung für eine Woche. Das Visum musste persönlich von der Botschaft abgeholt werden. Dann mussten Durchreisevisa für die DDR und Polen beantragt werden, sowohl für die Hin- als auch für die Rückfahrt. Damit gab es keine Schwierigkeiten – aber Kosten. Die Aufwendungen der Reise waren nicht nur materiell, sondern auch emotional beträchtlich: Wie würde er die Heimat nach 38 Jahren vorfinden? Würde die Reise sein lang gehegtes inneres Bild zerstören?

Nach der Zugreise durch die DDR und Polen mit dem Schlafwagenzug Paris–Leningrad war die erste markante Station Grodno, der Übergang von Polen in die Sowjetunion mit der Umstellung des Zuges auf die Breitspur. Im sowjetischen Zug begrüßte ihn ein gemütlicher Natschalnik, ein Bahnbeamter, der ihm seine Reisepapiere für die Dauer der Fahrt abnahm. Immer wieder brachte er heißen Tee vorbei. In Wilna / Vilnius holte ihn eine Intourist-Hostess aus dem Zug und bedeutete ihm, er müsse eine Nacht in Vilnius bleiben und am nächsten Tag nach Riga fliegen, die Weiterfahrt mit dem gebuchten Zug sei für ihn ab hier nicht länger möglich. Dafür gab es keine Erklärung. So brachte ihn die Aeroflot entlang des silbernen Bandes der Düna / Daugava, welche er unter sich sah, nach Riga.

Die Ankunft war emotional: die Heimat. Er kannte alles, lief durch die Straßen seiner Kindheit, sah die vertrauten Schul- und Verwaltungsgebäude, die Freiheitsstatue, die Parkanlagen, die Oper, die Petrikirche, den Dom, den Pulverturm, den Dünastrom. Hätte er nicht im modernen sowjetischen Intourist-Hotel gewohnt, wären achtunddreißig Jahre Abwesenheit und sowjetischer Wiederaufbau in den Hintergrund gerückt.

Ungehindert konnte er Riga anschauen und mit einem Zug ins Städtchen Schlok / Sloka, einem Teil des Kurortes

Jurmala, fahren. Das Holzgebäude des Bahnhofes war unverändert. Er fand die Ferienwohnung seiner Eltern, die Besitzerin lebte noch und erkannte ihn. Er wiederholte die Strandwanderungen seiner Kindheit, es war wie damals: der weit geschwungene Bogen der bewaldeten Meeresküste. Zur linken Hand das graublaue Meer, zur rechten Hand die hellen Sanddünen, bewachsen mit hohen, alten Kiefern, davor Gruppen von niedrigem Weidengebüsch, dazwischen ab und zu Strandhafer. Während der Wanderung von mehreren Stunden traf er keinen Menschen. Da war nur das Rauschen des Meeres, das Kreischen der silberhellen Möwen und das Krächzen der grauen Nebelkrähen.

Er besuchte den Onkel mehrere Male, saß mit ihm in dessen Wohnung zwischen seinen zweitausend Bildern. Von jedem Bild konnte Onkel Eduard eine Geschichte erzählen, jeden Platz benennen, jede Begebenheit. Sie aßen und lasen zusammen und sprachen über die Familie.

Verboten hatten es die Behörden, nach Mitau / Jelgava zu fahren: Militärisches Sperrgebiet, für Touristen verboten. Doch er konnte seinen ehemaligen Nachbarn ein Telegramm senden und sie einladen. Sie kamen zu Besuch ins Intourist-Hotel mit den landesüblichen Spezialitäten: Steinpilzsalat und Waldmeisterschnaps. Auch ihre Kinder, die Spielgefährten seiner Kindheit, kamen und versprachen, sich um seinen kranken Onkel zu kümmern. Dieses Versprechen hielten sie während dessen letzten Lebensmonaten ein.

Angelika Weirauch (* 1961)

Mit sechs Jahren sind die meisten Mädchen gleichzeitig Windsbräute und Prinzessinnen, so ging es auch mir. Das Märchen, Mama sei von einer Prinzessinnenerzieherin unterrichtet worden, kam meiner Neigung entgegen. Sie lehrte mich den tiefen Hofknicks und den Alltagsknicks, eine Treppe zu gehen wie eine Dame, also ohne das Geländer zu benutzen, Tätigkeiten, die die Prinzessinnenrolle stärkten. Gern trug ich ein dickes Buch auf dem Kopf, um den aufrechten Gang zu lernen, später mit einem Glas Wasser obenauf. Es hörte auf, mir Freude zu machen, als ich verstand, dass sie damit die Windsbraut in mir bändigen wollte. Mit einem Glas voll Wasser auf dem Kopf ist es nicht möglich, drei Stufen überspringend durch die Kurven des Treppenhauses zu fliegen. Heute weiß ich, dass die *Prinzessinnenerzieherin* ein Wunschtraum war. Großtante Katjinka war bereits dreizehn Jahre tot, als meine Mutter geboren wurde.

Bei anderen Geschichten aus ihrer Heimat begriff ich, älter werdend, dass die Erzählerin damals eine Sechs- bis Achtjährige war und mir ihre kindliche Sicht erzählte. Ein Beispiel war die Annahme, dass das Dienstpersonal im elterlichen Haus die Tätigkeit aus Liebe zur Familie, gewissermaßen ehrenamtlich oder für Kost und Logis, ausgeführt habe und dafür zu Weihnachten immer eine glänzende goldene Münze als Geschenk erhalten habe. Die Achtjährige wusste nichts von Arbeitsverträgen. Solche und andere Irrtümer gab es nicht selten in ihren Erzählungen: *Fakten spielen in der Geschichte keine Rolle, entscheidend sind die Vorstellungen, die sich die Menschen von den Fakten machen.*[73] Mit meinem Freund Gerhard stimme ich überein in den Aussagen:

---

73 Marion Gräfin von Dönhoff

> Meine Mutter erfuhr einiges aus dem Verwandtschaftsgewimmel, verstand selbiges nicht immer, verwechselte dieses und jenes, erzählte unsystematisch und zufällig und zeitgelöst weiter …

Meine *Familie* bestand außer meinen Eltern aus der väterlichen Großmutter und den Ahnen. Die überlieferten Geschichten waren nicht weiter weg als die Teile der Familie im für uns unerreichbaren Westen Deutschlands. Sternstunden in der verbarrikadierten Burg der Kleinstfamilie waren die Besuche der baltischen Verwandten bei uns in der DDR. Kurz wurde die Zugbrücke unserer Familienfestung heruntergelassen. Die Älteren sprachen den Dialekt meiner Mutter mit dem rollenden R. Bei ihnen kam er mir ganz wundervoll vor. War meine Mutter hingegen bei meinen Lehrerinnen, war er mir peinlich. Die Familiengeschichten mit den vielen *Weißt-du-Nochs* beeindruckten mich und dass mein Patenonkel allen älteren Damen die Hand küsste. Wichtig im anfangs unentwirrbaren Dschungel von Verwandtschaft und Freundschaften war die für mich unverständliche Frage: *Was für eine Geborene ist sie?* Mit zunehmend erwachsenen Blicken auf die Ahnen- und Verwandtschaftspläne verstand ich sie. In einer übersichtlichen Gemeinschaft von ca. 80.000 Menschen waren fast alle in irgendeiner Generation miteinander verwandt.

Zwischen ihren Besuchen las ich die mir mitgebrachte baltische Kinderliteratur, erst Else Hueck-Dehios *Indianersommer* und Bergengruens *Zwieselchen*. Später gruselte ich mich durch *Zorn, Zeit und Ewigkeit* und andere baltische Gespenstergeschichten, die sich in der fantasiearmen DDR nicht hätten ereignen können. Bergengruens *Tod in Reval* führte mich in die Stadt, in der meine Urgroßeltern geheiratet hatten.

Als Kind empfand ich die Abstände zu den Groß- und Urgroßeltern, sowohl dank des geografischen als auch wegen des Generationenabstands, als riesig. Meine Schulfreundin erzählte mir von der zweiten Hochzeit ihrer Großmutter, als meine schon 25 Jahre tot war.

> Warum habt ihr Eltern noch mal die Zeit, die Generationenfolgen, sich so zerdehnen und zersplittern lassen wie schon bei Henriette, also so spät geheiratet und dazu mich noch so lange hinausgezögert? … Das wirkt sich aus: diese völlige Abwesenheit derer, die mich gütig-liebend-streichelnd an sich gezogen hätten, die mir großzügige Geburtstags- oder Weihnachtsgeschenke garantiert, Taschengeld aufgebessert oder mich als Ferienschlafgast geduldig aufgenommen hätten, wie ich es bei anderen Kindern während der langen Kindheitsjahre traurig beobachten konnte, das betrübte und enttäuschte mich schon sehr und setzte mir seinen Stempel deutlich auf. Manchmal ist es bis heute spürbar.

Meine Mutter war auf der Suche nach lettischen Kontakten, um endlich ihre Heimat wiederzusehen. Die vom Reisebüro angebotenen Touren in die *befreundete Sowjetunion* waren einerseits teuer, andererseits verliefen sie auf vorgegebenen Routen, meist drei Tage Riga – drei Tage Tallinn – drei Tage Leningrad. Stadttouren, Museums- und Konzertbesuche, alles fand in der Gruppe und mit Stadtführerin statt. Meine kunstsinnige Mutter wollte in diesem einzigen Fall nicht Kulturschätze sehen, sondern ihr Geburtshaus, die Buchhandlung und die Friedhöfe. Ob es den Buchladen noch gab? Wie sehr war die Stadt zerstört worden? In der Vor-Internetzeit war das für Laien nicht einmal in der Sächsischen Landesbibliothek herauszufinden. Die westdeutschen Verwandten fuhren nicht nach Riga, ihre Heimat war Tallinn / Reval. Also gab es hier auch von ihnen keine Auskunft.

Sie versuchte jemanden kennenzulernen, um eine private schriftliche Einladung zu erhalten. Da sie niemanden kannte in der lettischen Sowjetrepublik, nutzte sie ihre Tätigkeit in den Dresdner Kunstsammlungen, um auf die Sprachen der Gäste zu hören. Zehn Jahre dauerte es, ehe sie erstmals zwei Damen lettisch miteinander sprechen hörte. Sie tat, was sie nicht durfte: Sie lud die beiden ins Museumscafé ein. Eine sprach deutsch. Nach einer Stunde tauschten sie die Adressen und begannen einen Briefwechsel. Ein Jahr später hatte Mama die ersehnte Einladung und fuhr 1984 erstmals mit ihrem Mann in die lettische Sowjetrepublik. Der amtliche Brief trug ein dickes rotes Wachssiegel und schien aus zaristischer Vergangenheit zu kommen. Wie auf Flügeln und mit vollen Diafilmen kamen die beiden wieder. Die Buchhandlung hieß *Grāmatas*,[74] zu ihrer Befriedigung nicht *книги*[75]. Die Eulen über der Tür hatten sie wiedererkannt und begrüßt: Sie waren keine Raben, die *nevermore* schrien. Ihr Geburtshaus stand am Ende der Lindenallee, als wäre sie nie fort gewesen. Allerdings wohnte da nicht mehr eine Familie, es gab sechzehn Klingeln und Briefkästen. Jedes Zimmer schien einzeln vermietet zu sein. Die Maiglöckchen wucherten wie vor 45 Jahren auf dem Rondell, nur der Springbrunnen war desolat und schickte keinen Wasserstrahl mehr zu den Baumkronen. Sie bepflanzte das Grab ihres Apapa Arthur und kaufte ein Buch des Verlages, der ihren Mädchennamen trug, obwohl sie es nicht lesen konnte.

In die estnische SSR durfte sie nicht reisen, für eine andere Sowjetrepublik reichte die Einladung nicht. Dass sie nicht in ihr Kindheitsparadies Kurtna käme, wusste sie von ihrem Onkel. Auch dort war militärisches Sperrgebiet. Der estnisch sprechende Onkel war dank mehrerer Bakschischs dort gewesen, Sprache und westliches Geld öffneten ihm die Schlagbäume oder wenigstens einen versteckten Pfad, der an keinem Schlagbaum vorbeiführte.

---

74 Lettisch: Bücher

75 Russisch: Bücher

Marianne, meine Mutter, fand in Lettland eine große Familie. Es war nicht ihre Familie, aber eine, die sie liebte. Seitdem war sie jedes zweite Jahr mit Papa dort und kannte mehr vom Land, als sie in ihrer Kindheit gesehen hatte. Sie lernte Herrn Rapa kennen, den Sohn des Teilhabers ihres Großvaters, brachte Schreibmaschinen, Kleider und Geschirr dorthin und Bernsteinschmuck zurück und fachte mein Fernweh an.

Sie starb 2017. Die meisten Beileidskarten kamen aus Lettland. Ich hatte nicht gewusst, wie groß ihr Freundeskreis dort war. Sie hatte nach der *Wende* eine Gemeinschaft von Deutschbalten, Letten und Esten versammelt. Mit ihr starb der baltische Dialekt in Sachsen aus. Sie hat sich immer für Kunst und Religion, für Stammbäume und für den Adel, den baltischen wie den sächsischen, interessiert. In ihm gab es eine überschaubare Anzahl von Personen, Familien und Erzählungen. Als ich ein Kind war, zeigte sie mir den Fürstenzug in Dresden, mit dem sie zweierlei verband: Erstens war er die Ahnengalerie der Sächsischen Könige, der Wettiner, wenn auch nur aus Männern bestehend, und zweitens war er aus Meißner Porzellanplatten gefertigt. Als ich mich beschwerte, dass das alles Männer seien, zeigte sie mir ein Bild des Stammbaumes des sächsischen und später polnisch-litauischen Königs August des Starken: Da waren auch nur Männer und zusätzlich waren an allen Ästen die Kronen, Mitren oder Wappen angehängt. Das war mein frühester feministischer Impuls, denn in unserem Plan standen Männer und Frauen gleichberechtigt nebeneinander. Sie tröstete mich mit einem Satz russischer Matroschkas: Schau, hier sind nur die Frauen in der Ahnenreihe vorhanden. Geh in den Osten, sagte sie, dort wirst du die Ahnfrauen finden.

Mit bewegtem, ungeordnetem Leben kam meine Mutter nach ihrer verworrenen Kindheit nicht zurecht. Das zeigte sich daran, dass sie keinen Roman oder Film nacherzählen konnte. Sie überhöhte Details und verlor dabei den Zusammenhang. Einmal hörte ich im Radio die letzten Sätze einer Kritik über einen remasterten Kriegsfilm der 1950er Jahre: Die Papiere der selbstgedrehten Zigaretten, der Papyrossi, ließen sich vom Dolmetscher während des Protokollierens beschreiben und zusammen mit den Stummeln aus dem Fenster werfen, wo Kinder warteten und die Botschaften verteilten … Diese Geschichte hatte sie mir von ihrem Vater Erich erzählt! Er hatte sie ihr also nicht erzählt, sie hatte den Film im Kino gesehen und in die nur rudimentär überlieferte Vatergeschichte eingebaut. Da ich das Radio zu spät anschaltete, habe ich nie erfahren, wie dieser Film hieß. Vielleicht war sie nicht nur hier im *falschen Film*. Wer weiß, welche der mir überlieferten Geschichten wahr sind und genau zu den Personen gehören? André Gide hat gesagt: *Geschichte ist Dichtung, die stattgefunden hat. Dichtung ist Geschichte, die hätte stattfinden können.* Alles, was sie erzählte, gehörte vermutlich zur zweiten Kategorie, obwohl sie meinte, es gehöre zur ersten.

Sie hatte zeitlebens ein ambivalentes Verhältnis zum Besitz: Einerseits musste er unbedingt bewahrt und gepflegt werden, andererseits legte sich ihre Fluchterfahrung immer wieder darüber: Besitz ist sowieso nicht zu erhalten, wir sollten unsere Herzen nicht daran hängen. Als Kind durfte ich ihren Porzellanvogel, das einzige im Handtäschchen über alle Fluchten gerettete Stück aus dem Haus ihrer Kindheit, nicht berühren. Als er, sie war schon alt, nicht mehr in ihrem Glasschrank stand, fragte ich sie nach ihm, fürchtend, er sei ihr kaputt gegangen. Nein, sie hatte ihn einer entfernten Bekannten geschenkt, weil ihr gerade kein Geburtstagsgeschenk für diese eingefallen war.

Meine erfahrungsarme, schämige, angstdirigierte Mutter hat wohl nicht geahnt, dass in ihrem Herzen Herzlosigkeit aufkeimen kann. Gewiss war das alles so gemein nicht gemeint. Aber es trägt sich so ins Ahnenbild ein, jammervollst.

Zu zeitig waren meine Eltern mit mir in Konzentrationslagern und auf Soldatenfriedhöfen in der DDR und in Polen unterwegs. Auch mein Vater hatte eine lange Kriegs-, Gefangenschafts- und Fluchtgeschichte hinter sich. Das verband die Eltern vielleicht mehr als alles andere. Bedrückt stand ich in den endlos scheinenden Reihen kleiner Grabsteine, meist nur mit Nummern drauf, manchmal mit Namen, und hatte ein schlechtes Gewissen, zu leben. Fast gleichzeitig kam da eine Wut auf, dass auch Krieg, Tod und Ehre reine Männerangelegenheiten zu sein schienen. Dieses den Eltern unerzählbare Gefühl endete erst, als mir eine alte Dame an einem solchen Ort sagte: *Stell dir auf jedem dieser Gräber eine weinende Frau, Braut oder Freundin vor. Sieh all die ums Glück betrogenen jungen Frauen! Dann verstehst du die Weltgeschichte von beiden Seiten. Nicht nur die Männer waren Opfer. Nicht nur der Tod ist grausam. Wer weiterlebt, ist länger Opfer.*

An einem dieser Orte erzählte Mama mir, wie eine ihrer Tanten, die allein ihre Kinder ernähren mussten, sich als Schauspielerin in einem KZ-Film verdingte. Die Statisten bekamen Geld und Essen, ein starker Anreiz. Sie musste eine Szene spielen, in der ihr die Haare geschoren wurden. Das erschreckte mich, da ich mich nur widerwillig zum Haareschneiden schleppen ließ. Auf meine Empörung antwortete meine Mutter lakonisch: Haare sind das einzige Gut, das nachwächst, alles andere bleibt verloren.

> Mein … Erschrecken … könnte deutlich machen den ganzen bedauerlichen Gefühlszopf aus Lebensunsicherheit, Unfreiheit, diffuser Grundangst, was alles sie wohl als schwarzes Relikt … wie eine Lebenslähmung mit sich schleppte … Was für ein angestautes Defizit

an Erfahrung, Sachlichkeit, Zeitverständnis, was für ein unglaublicher Mangel an Lebenskenntnis, Weisheit! Auch ein Mangel an erprobter geprüfter Güte und Redlichkeit – ganz schlicht durch Mangel an Einsicht. Völlig ungeübt, sich selber zu vertreten, zu verteidigen, Kritik zu vertragen und positiv aufzunehmen, gerecht und gar dankbar zu reagieren, fähig zu sein zu Veränderungen – nichts.

Beim Reflektieren über Mamas Leben sagte mein Onkel: *Sie haben nur zu gehorchen gelernt, nicht zu leben.* Das relativiert vieles. Woher sollte sie, woher mein Vater, woher sollte Freund Gerhards Mutter diese Fähigkeiten nehmen? Wer hätte die konkrete oder diffuse Grundangst vertreiben können? Ist sie überhaupt überwindbar, wenn der Hunger einst so groß war? Freund Gerhards Mutter fehlte es an Sachlichkeit, meine schien aus Sachlichkeit zu bestehen, sie hatte Panik vor Emotionen. Sie las nur Sachbücher, bevorzugt Kunst, Geschichte und Religion. Was die beiden so ungleichen Frauen, die sich nicht kannten, geeint hätte, wäre der Mangel an Lebenserkenntnis und Freiheit gewesen.

Das letzte geborgte Buch, das Mama las, hieß *Sehnsucht nach der Ewigkeit.* Ich hatte gedacht, es sei ein frommes Buch. Als ich es recherchierte, fand ich, dass es ein Buch über die griechische Antike war. So schlossen sich die Kreise ihres Lebens: Sehnsucht nach Ewigkeit und Bleibendürfen, nach Dauer und Erhalt, nach Ästhetik und Sinn.

Meine erste persönliche Einladung ins Baltikum, lange vor ihrem Tod und kurz vor dem Bröckeln der Mauer, führte wie damals bei ihr zu einem amtlichen Brief mit rotem Siegel. Diese Einladung musste verstreichen, da ich in dieser Zeit mein erstes Kind erwartete. Das Siegel erinnerte mich an eins auf einem bewahrten historischen Hauskaufvertrag. Als ich ihn in meiner Jugend erstmals sah, hatte ich ihn für russisch gehalten, bis ich sah, dass es sich um kunstvoll handgeschriebenes Deutsch handelte, fünffach-parallele Bögen aus einem Buchstabenende gezogen. Ein Vertrag für ein Haus, das der Familie nicht mehr zur Verfügung stand. Hier pochte eine historisch-russische Verwaltung über ein modernes Einladungsschreiben an. Drei Jahre später war es so weit. Ich reiste mit meinem Mann ins Herkunftsland der Ahninnen. Was hatte dieses Land mit mir zu tun? Alles oder nichts?

Wohin ich immer reise, ich fahr nach Nirgendland.
Die Koffer voll von Sehnsucht, die Hände voll von Tand.
So einsam wie der Wüstenwind. So heimatlos wie Sand:
Wohin ich immer reise, ich komm nach Nirgendland.

Die Wälder sind verschwunden, die Häuser sind verbrannt.
Hab keinen mehr gefunden. Hat keiner mich erkannt.
Und als der fremde Vogel schrie, bin ich davongerannt.
Wohin ich immer reise, ich komm nach Nirgendland.[76]

1989 war die Reise abenteuerlich, nicht nur, weil wir damals keine Erfahrungen mit Reisen hatten. Wir steckten voll gemischter Gefühle: moderne Sowjetunion oder historisches Lettland? Konnten wir zwölf Jahre nach Ende der Schulzeit noch etwas auf Russisch sagen oder verstehen? Die Erinnerung spuckte nichts Alltagstaugliches aus. Stimmte das Bild von der Sowjetunion, das uns vermittelt worden war? Wir beantragten Reisepässe und stiegen in Berlin, Hauptstadt der DDR, in einen russischen Fernzug. Er hatte rote Samtsitze und Gardinen mit goldenen Bordüren. Im Waggon gab es einen Samowar und jederzeit Tee. Die Lebensmittel für die Fahrt hatten wir mitgebracht. Reisten Zaren so? Der Schaffner nahm uns die Pässe ab. Wir hatten kei-

76 Mascha Kaleko, 1968: *Kein Kinderlied*

nen Fahrplan, der uns Stationen und Aufenthalte verriet. An der polnisch-russischen Grenze (in Grodno, nicht in Kybartai) wurden unsere Waggons auf Breitspur umgesetzt. Wir durften weder aussteigen noch fotografieren. Im milchigen Morgengrauen des nächsten Tages grüßten die Türme Rigas wie von einer Postkarte. Zu unserer Verblüffung wurden wir mit Blumensträußen begrüßt. Dann verging der komplette erste Tag mit dem Anstehen bei der Einreisebehörde, im Stundentakt lösten wir einander ab. Die Gastgeberin, bei der wir wohnten und die mit dem lettischen Maler Eduard Metusala verwandt war, kochte für uns ein Festessen, das für zwanzig Personen gereicht hätte. Sie übernahm die letzte Schicht an der Behörde, da wir unser Anliegen nicht hätten ausdrücken können. Was wir an diesem verwarteten Tag vor der Behörde mit Erstaunen gesehen hatten, waren dreisprachige Straßenschilder: russisch – lettisch – deutsch. Wir schliefen auf einer Couch beim unaufhörlichen Geräusch des Fernsehers, der die ganze Nacht lief. Verwirrt fragten wir am Morgen nach dem Grund der nächtlichen Medienorgie. Es war der Beginn der *Wende* dort. Abends wurde demonstriert, tausende Letten bewachten die lettische Freiheitsstatue nahe der Oper. Wir verstanden das nicht, in der DDR hatte sich im Juni 1989 noch nichts abgezeichnet. Dann begann ein individuelles Besuchsprogramm für uns: die Buchhandlung mit der Jugendstiltür und den Topfpalmen, Mamas Geburtshaus, Uropa Arthurs Grab. Auf Kindergräbern nebenan lagen Spielzeuge, in der Sonne schmolzen Süßigkeiten über die Erde. Auf einem frischen Grab lag eine laut weinende, verschleierte Witwe wie aus einem italienischen Film.

Nach dem Leben in der kargen DDR gingen uns die Augen über auf Märkten voller Pfirsiche und Aprikosen, früher Trauben und später Erdbeeren. Wir aßen süßes lettisches Schwarzbrot, in welches Blütenstaub gebacken war. Manches schien knapp zu sein, lange Schlangen standen, wo

Alkohol verkauft wurde, und an A&V-Märkten[77]. Ein Verwandter unserer Gastgeberin, der ein Auto besaß, brachte uns, hohe Staubfahnen erzeugend, über Sandwege in das Barockschloss Rundale/Ruhental, das renoviert wurde. Keins unserer Vorurteile stimmte! Gärtner hatten 28 000 junge Linden gepflanzt und so den Barockgarten neu angelegt. In der DDR war es ein Kampf, nur einen Baum zu ersetzen! Im Stadtmuseum sahen wir eine Ausstellung mit Bildern des Malers Eduard Metusala.

Die uns im Russischunterricht der Schule als sozialistisch vorgestellte Sowjetunion verblüffte uns mit Evangelisationsplakaten an den Litfaßsäulen und christlichen Liedern im Fernsehen. Es gab Anti-Aids-Reklame in den Bussen – die Tabus fielen hier offensichtlich anders – und Ökologieplakate. Wie gut, Russisch lesen zu können! Wir feierten das Ligofest mit, die kürzeste Nacht des Jahres, und tranken Birkensaft. Dreizehn Personen passten in den Saporoshez, der uns bei Tagesanbruch zum ersten Zug nach Riga brachte. Äußerlich und innerlich zerknittert, kamen wir an. Im Zug waren alle Reisenden sorgfältig gekleidet und die Frauen geschminkt. Wir pendelten zwischen Tourismus und der Suche nach Familienspuren. Eine fremde Familie schenkte uns nach einem Gespräch, das allseits aus englischen, russischen und deutschen Satzfetzen bestand, ein lettisches Buch über das 25. Firmenjubiläum von *Valters & Rapa*. Erstmals sah ich historische Fotos.

Wir haben die *Koffer voll von Sehnsucht* einlösen können. Die Häuser *waren nicht verbrannt*, und wir haben Menschen gefunden, die etwas wussten von unseren Vorfahren. Wir kamen nicht ins *Nirgendland*. Oder doch? Was macht Heimat aus? Ist eine Begrüßung mit Blumen durch uns fremde Menschen, die ihre Urlaubstage für uns vor Behörden verwarten, Heimat? Wäre ich bereit, das für die

77 An- und Verkauf, Gebrauchtwarenmarkt

Kinder von Bekannten zu tun? Haben wir ein Vaterland? Oder ist uns das durch die Geschichte unserer Familien abhandengekommen? Beides erzeugt kaum Resonanz in mir. Ich empfinde weder einen Dresdner Stadtteil noch Sachsen als Heimat. Die DDR war nicht mein Vaterland. Das einzige Verwandtschaftliche könnte die Muttersprache sein.

Acht Wochen nach unserer Abreise bildeten die Esten, Letten und Litauer, obwohl sie sich sprachlich kaum verstehen eine singende Menschenkette gegen die Abhängigkeit von der Sowjetunion. In der DDR erfuhren wir nichts davon. Die Völker gründeten ihre 1939 annektierten Staaten neu, gaben sich wieder ihre eigenen Gesetze.

1993 fuhren Marianne und ihr Mann mit weniger bürokratischem Aufwand wieder nach Lettland. Sie hatten die alten Besitzpapiere bei sich: vom Geburtshaus und vom Ferienhaus an der Ostsee. Denn einerseits waren diese Besitztümer pflicht-eingetauscht worden gegen Häuser und Grundstücke im Warthegau wie die Bauhausvilla und die Bonbonpapier-Druckerei; andererseits hatten die Behörden im Krieg nie Zeit gehabt, das Besitztum aus den erst sowjetischen, dann lettischen Grundbüchern auszutragen und in die erst deutschen, dann polnischen Akten einzutragen. Nur Ohmchens Haus in Thorn, für das sie wenige Wochen vor Kriegsende neuntausend Reichsmark Wertdifferenz eingezahlt hatte, wurde ordnungsgemäß aus- und eingetragen und damit zum Kriegsverlust.

Marianne fuhr mit ihrem Mann, einem gelernten Konstrukteur, an die lettische Ostsee. Dort war sie seit ihrer Kindheit nicht gewesen. *Ihr* Ferienhaus, ein zweistöckiges Holzhaus, stand unverändert auf der Düne unter den Kiefern: ein Kindererholungsheim. Alle Türen standen weit offen, die Kinder waren wohl am Strand. Sie fotografierte und Papa zeichnete den Grundriss, innen und außen. Die Gastgeberin-Freundin formulierte den Antrag auf Rückübertragung.

Die Kopien des Grundbuchauszuges und des neuen Grundrisses lagen dem Antrag bei. Ein Jahr später bekam Marianne Antwort. Die Jahre der fraglosen Rückgabe von Häusern an die einstigen Eigentümer waren vorbei. Es gab neue Gesetze. Diese erlaubten nur noch den Rückkauf über eine Auktionsgesellschaft. Der Wert des Hauses war mit 200.000 DM inklusive Grundstück angegeben, als Anfangswert vor der Versteigerung. Sie konnte mitbieten. Da Marianne und ihr Mann von ihren DDR-Gehältern zwar leben, aber nicht reich werden konnten, waren sie aus dem innerdeutschen Geldumtausch mit einer vierstelligen Summe auf dem Konto herausgekommen. Nun waren sie Rentner und sparten auf die nächste Reise. Sie haben nicht mitgesteigert, keine Bank hätte ihnen als Rentnern Kredit gegeben. Ich frage mich heute, warum ich das für kurze Zeit als herben Verlust empfunden habe: *So heimatlos wie Sand.* Ostseesand. Eine Düne mit Kiefern, Windflüchtern, darunter ein Holzhaus, das für viele Kinder Ferienglück war, nicht nur für ein reiches Kind. Sollte ich einmal hinkommen, würde ich es nicht einmal erkennen.

Zwanzig Jahre nach unserem ersten Besuch reisten wir zum zweiten Mal nach Riga und erstmals nach Estland. Riga war eine elegante europäische Hauptstadt geworden. Es gab, wie überall auf der Welt, bröckelnde Plattenbauvorstädte und den einst stolzen Fernsehturm, aber die Innenstadt war weder grau noch sozialistisch. Die dreisprachigen Straßenschilder waren lettischen gewichen, die hier wohnenden Russen mussten die Sprache lernen oder aussiedeln. Gab es das nicht schon einmal vor neunzig Jahren? Musste nicht der Urgroßvater Schneider seine Professur abgeben, weil er die Landessprache nicht gut genug sprach? Die Buchhandlung war gewachsen, die Jugendstiltür war an einer anderen Stelle des Ladens und ein Medaillon der Gründer ziert nun den Eingangsbereich. Arthur Valters Grabstein war inzwischen umgestürzt.

In Estland fuhren wir über Land und fanden die Gräber der Familie: Beeindruckend war das von Ururur-Großtante Sophies Vater Christian Kettler († 1834): *Unser kindlicher Dank und Liebe folgen Dir, Du theurer Vater und Wohlthäter.* Warum ist uns nicht überliefert worden, was er Gutes tat? Auf einem anderen Friedhof gab es das Grab meines Urgroßvaters Friedrich Glanstroem und seiner zweiten Frau Adele Leontine geb. von Reichenbach († 1928). Darauf stand auch einen Stein für seinen Kutscher, der ein guter Freund gewesen sein musste.

In Jüri, sieben Kilometer südlich von Tallinn, fanden wir den Gedenkstein für Anton Thor Helle, den Übersetzer der Bibel ins Estnische. Er ist nicht mein Vorfahr, aber sein Vater in Reval war es, und seine Schwester Margaretha Elisabeth Nottbek geb. Thor Helle ist meine Urmutter. Ich stellte mir vor, dass sie vor ihrer Verheiratung sein Projekt mit ihm diskutierte und, vielleicht hochschwanger, Korrektur las. Waren Frauen damals so? Ließen die Väter und Brüder sie in den Studierstuben der Pastorate mit über den Texten sitzen, oder kümmerten sie sich wirklich nur um den Obstgarten und die Stickerei? Ich hoffe nicht. Von wem sollte ich das Interesse für Texte und Sprachen denn haben? Das habe ich aus der mütterlichen Linie geerbt.

In Kurtna fanden wir keinen Rest des *Schlosses*, das uns wie ein großer Holzbungalow oder eine Datscha vorgekommen wäre: ein Wäldchen, ein Teich (sahen sie ihn aus den Fenstern des oberen Stockwerkes?) und eine Gaststätte, die an dem Tag geschlossen hatte. Wir folgten der fernen Musik: Da war ein kleiner Vergnügungspark mit Schwimmbad, Sportplatz, Autoscooter und einigen Karussells. Kreischende Kinder waren dort, wie ich sie mir aus der kinderreichen Glanstroem-Familie vorstelle. Wo blieb der *Genius Loci*, als das Haus erst Kolchose wurde und später abbrannte? Konnte er sich in der Maschine eines Karussells einnisten, auf dem Kinder jauchzen? Bewahrte er dort die

Erinnerung an die vielen lachenden Kleinen, die hier aufwuchsen, die als Kleinkinder in die windbewegten Kronen der Bäume schauten und als größere auf sie kletterten? Wo blieb Dubslaw? Eine Geisterbahn hat der Vergnügungspark Kurtna nicht, aber da würde er sich wohl nicht ernst genommen fühlen.

An Ambla / Ampel fuhren wir zweimal vorbei, ehe wir es fanden. Es narrte uns wie oft die estnischen Dörfer, es versteckte sich hinter einem Hag. Dörfer haben hier oft keinen Kern wie in slawischen Siedlungsgebieten und sind nicht entlang einer Straße angelegt wie in Brandenburg, sondern auf Abstechern von einer Waldstraße, die wir meist nicht als Dorf interpretieren. Zeigte der Wegweiser eben noch *Ambla 1 km*, kam dann nur noch dichter Baumbewuchs. Schließlich lasen wir einen Wegweiser in der Gegenrichtung, *Ambla 4 km*. Das kann nicht einmal Streusiedlung genannt werden. Die Abbiegungen ins Dorf waren unscheinbar, es gab keine gepflasterten Straßen. Wir ließen das Auto stehen und liefen. Plötzlich standen wir vor dem Pfarrhaus von 1824, errichtet nach dem Brand durch den dritten Blitz, der Pastor August Glanstroem traf. Wir sahen die Kirche, deren ältester Teil aus dem 13. Jahrhundert stammt. Hier hatte Ururur-Großmutter Sophie das weinende Kind abgesetzt und die Wiege mit den aus dem brennenden Arbeitszimmer geretteten Büchern ihres Mannes abgestellt.

Der Weg nach Tallinn führte uns über Paide / Weißenstein. Hier war Hermann Hesses Großvater Arzt, hier wuchs sein Vater auf. Er selbst war nie hier. Zeitlebens war er russischer Staatsbürger, weshalb er nie zur deutschen Armee eingezogen wurde. Deutschland und die Schweiz wollten ihn für sich beanspruchen, hatten aber keine Chance. Wir sahen das frühere Doktorat, ein bescheidenes, einstöckiges Häuschen. Wieso war Paide eine Stadt? Es schien uns winzig, nicht größer als das Dorf Ambla. Wir hatten wohl wieder einmal den größten Teil übersehen, die geheimen Abzweige im Wald nicht gefunden? Die Burgruine der Deutschritter aus dem 14. Jahrhundert wurde wieder aufgebaut.

In einem anderen Jahr begleitete ich unseren Sohn, als er für ein Auslandssemester an die Universität Vilnius / Wilna zog. Gemeinsam unternahmen wir baltische Erkundungen. Im Museum in Trakai sahen wir auch Erbstücke aus baltendeutschen Haushalten: Da lag der orientalische Gürtel aus Taschkent! Er glich dem von Arthur Valters. Welche der Familien von Urgroßvaters Reisepartnern hatte ihn bei der Umsiedlung nicht retten können oder für das Überleben verkaufen müssen?

In Tallinn wohnten wir in einem Air-bnb am Rande der Altstadt. Es gab nicht viele Angebote für große Familien, nur dieses eine, in einem äußerlich unschönen Haus aus den 50er Jahren. Es war ein gepflegtes Haus: neue Fenster, neue Dachrinnen, zwei dicke Heizkörper pro Etage im Treppenhaus, im Oberstock nur noch einer. In den Querstraßen standen teils ähnliche Häuser, teils Holzhäuser. Diese hatten je zwei Stockwerke, fünf Fenster breit, zwei tief. So muss ich mir wohl das Schneider'sche Haus vorstellen. Gab es Ende des 19. Jahrhunderts schon Fertighäuser aus dem Katalog? Es scheint so. Am ersten Abend brütete ich über dem Stadtplan: Wo verlief der beste Weg in die Innenstadt? Wo war ein Spielplatz für die Kinder und wo ein bezahlbarer Parkplatz für unseren Mietwagen? Da sah ich es plötzlich: Wir wohnten keine 300 Meter von der Kaupmehe / Kaufmannstraße entfernt. Uroma Marie, ich komme! Ich eile zu dir! Die Buchung im Internet hat mich zu dir geführt! Aber ach, es ist nichts mehr zu sehen. Genau solche Häuser aus den 50er Jahren wie das, in dem wir wohnen, wechseln sich mit Bürogebäuden aus den 1970ern ab. Keine Gärten mit Obstbäumen mehr, kein Kindergarten (der ist im Innenhof unseres Häuserkarees, ich erkannte das estnische Wort *lasteaed* wieder, noch ehe ich den umzäunten Spielplatz sah). Erst auf der übernächsten Querstraße stehen wieder die typischen Holzhäuser, aber mit nur noch wenig Garten. Direkt hinter ihnen erheben sich bläulich-spiegelnde gläserne Wolkenkratzer.

Schwierig war es, die Reste von Berthas Haus in Sallentack / Salutaguse zu finden. Unzählige kleine Abzweige im tiefen Wald, die alle an privaten Grundstücken endeten: Wieder narrte uns ein Dorf in Tannenbäumchenform: an jeder Spitze eines Ästchens ein Haus oder Grundstück. Hunde verbellten uns, Rückwärtsfahren oder Wenden waren nötig. Dann standen wir erschöpft bei Regen auf dem Parkplatz einer kleinen Fabrik im Wald und sahen das Schild *Mõise Allee*: Allee zum Herrenhaus. Die einstige Allee war noch zu erkennen, auch wenn der Wald sie sich wiedergeholt hatte. Nach vielleicht 500 Metern eine Mauer, überwuchert von blühenden Weidenröschen. Das konnte es nicht sein. Oder doch? Mein Foto zeigte ein einstöckiges Steinhaus mit drei Giebeln zur Straße hin, einem Vorhäuschen mit farbigen Glasscheiben und Stufen zum Garten. Dahinter kamen Felder bis an einen fernen Waldrand. Ich lief einen anderen Weg zurück und traf einen Mann, der sein Auto belud. Er erklärte mir englisch, dass ich hier richtig war. Bis vor sieben Jahren standen die Giebel noch, nun waren sie abgetragen worden, weil zu gefährlich. Mein Mann auf dem Parkplatz war bei meiner Rückkunft aufgeregt. Er hatte inzwischen die Schilder der Fabrik mit dem Mobiltelefon übersetzt: größte estnische Fabrik für Bierhefe seit 1930! Auf der Internetseite der Firma geht die Geschichte bis dahin zurück. Von einem Vorher ist keine Rede. Aus Edelstahl-Silos entwich geruchloses weißes Gas. Gärung setzt Kohlendioxid frei. Wir hatten die Schneider'sche Hefeproduktion für die Revaler Brauerei gefunden! Etwa fünfzehn Jahre war sie vermutlich ungenutzt, bis jemand entdeckte, dass hier klares Wasser floss, dass Brunnen vorhanden waren und manche der alten Ziegelgebäude verwendbar waren. Weit genug war sie weg vom einstigen Herrenhaus, um nicht durch Geräusch und Geruch zu belästigen, nah genug, um jederzeit hin- und herzulaufen, ohne anspannen lassen zu müssen.

In Kybartai / Kibarti werden keine Züge mehr umgespurt, doch ein großer Bahnhof ist es geblieben. Das Gebäude ist bombardiert worden im Krieg und hat nur noch ein Drittel seiner Länge, wenn ich es mit dem historischen Foto vergleiche. Vom einstigen *Passagiergarten* ist nichts mehr zu sehen, aber die hohen Bäume sind vorhanden, unter denen das Orchester spielte und Gerda mit ihren Freundinnen im Winter Schlittschuh lief. Jetzt wenden unter ihnen die Flix-Busse. Sie halten eine Zeit lang und die Menschen gehen essen, ehe sie weiterfahren nach Kaliningrad oder Suwałki in Polen (früher die Kreisstadt von Kybarti), Gdansk oder Hamburg.

Schaue ich gedanklich aus Ururgroßvater Johanns Büro im Bahnhof nach Norden, sehe ich rechter Hand Litauen, von dessen heutiger Existenz er nichts wissen konnte, und linker Hand Russland, die Exklave um Kaliningrad / Königsberg. Schaute er aus diesem Fenster nach Norden, sah er Russland rechter Hand, linker Hand aber Ostpreußen, also Deutschland. Von der Brücke über die Gleise – auf der ich einen Teil einer deutschen Ortsführung miterlebe – sehe ich die nie wieder aufgebaute Ruine der Kirche von Eydtkuhnen. Die Zeiten, Reiche und Regierenden änderten sich, die Grenze überlebte sie alle, nun wurde sie sogar europäische Außengrenze.

In Riga hatte ich Quartier im Stadtteil Āgenskalns / Hagensberg, in dem meine Mutter aufwuchs. Ich war nachts angekommen, früh begrüßte mich das unwirkliche Bild bunt gestrichener Holzhäuser rund um den *Turgus*, den Markt. Die baltischen Sprachen haben kaum Lehnwörter im Deutschen hinterlassen. Der Name des Städtchens *Torgau* an der Elbe ist eins der wenigen, wenn nicht das einzige. In die andere Richtung wurden viel mehr Wörter integriert. Im Estnischen blieben vor allem deutsche Essenszutaten hängen: alkohol, forell, hakkliha (Hackfleisch), heeringas, kartulid (Kartoffeln), petersell, pirnid (Birnen), rosmariin, sibul (Zwiebel), sink (Schinken), sült (Sülze), till, tüümian, vein und vorst. Im Lettischen sind es eher Berufe, Gewerke und Gegenstände: amats (Amtmann), ārsts (Arzt), kungs (Herr, von König abgeleitet), dienests (Dienst) und baļķis (Balkon), blašķe (Flasche), bleķis (Blech), bremze, brilles, glāze, glazūra, kanna, kaste(n), ķēde (Kette), ķieģelis (Ziegel), kleita (Kleid), koferis, kurvis (Kurve), onkulis und tante, šlipse (Schlips), šmuce (Schmutz), zāģis (Säge) und viele andere.

Ich saß frühstückend bei *Valters & Rapa*, die Buchhandlung war um ein Lesecafé erweitert worden: *Hat keiner mich erkannt.* Ich bummelte durch die Altstadt und traf viele Deutschbalten. Viele sahen den Verwandten in meiner Kindheit ähnlich, aber sie sprachen verschiedene deutsche Dialekte oder Hochdeutsch, niemand rollte mehr das R. Die Generation des Dialektes, der keiner war, ist fast ausgestorben. Nach Rosa von Praunheims Riga-Film *Meine Mütter* wollte ich mir die Synagoge ansehen, aber es war Sonnabend mit Thora-Lesung und das Synagogalmuseum deshalb nicht geöffnet. Später entdeckte ich das Museum der Rigaer jüdischen Tragödie von 1941 in der Skolas iela / Schulstraße.

Ich saß in der neuen Nationalbibliothek, dem *Haus des Lichtes.* Im Januar 2014 hatte bei minus 25°C eine Menschenkette von Freiwilligen den ganzen Tag lang unentgeltlich die Bücher des Bestandes vom zu engen Gebäude in der Altstadt in das gläserne Zelt[78] weitergereicht. Die Kinder unserer inzwischen verstorbenen Wahltante waren dabei. Oft bilden sich hier Menschenketten, wenn es um das Verwirklichen von Ideen geht: die Freiheit, das Licht der Aufklärung, den Schatz des Wissens. Ich saß in einem oberen Stockwerk mit Blick auf die Altstadt. Als ich meinen Computer öffnete und mich ins Netz des Hauses einklinkte, blinkte mich eine Mail

78 Werk des weltbekannten lettischen Architekten Gunārs Birkerts (USA)

an, die ich neugierig öffnen musste: Meine DNA-Ergebnisse lagen endlich vor. Die vor Wochen eingesendete Speichelprobe brachte ein erwartbares, aber dennoch überraschendes Ergebnis für mein Erbgut: Nord- und Westeuropa 82,4 %, Osteuropa 9,3 %, Baltikum 7,2 %, Finnland 1,1 %. War Jonas Glanstroem vielleicht Finne gewesen in einer Zeit, in dem Finnland kein eigenständiges Land und Finnisch keine anerkannte Sprache war und nur mündlich überliefert werden konnte? Eine Freundin hatte schon früher gesagt, dass ich aussehe wie die *Samen* im Norden Finnlands, die sie kennengelernt hatte. Die Gene können das nicht beweisen, weil sie nicht ausschließlich den Pool der letzten fünfhundertvierzig Jahre abbilden, wie der Ahnenplan ihn zeigt. Außerdem ist dieser erzählte Ahnengang nur einer von vielen! Insgesamt sagt mein Ahnenprogramm, dass es unter meinen Vorfahren 42 Pastoren, Pfarrer und Pröbste gegeben hat, 17 Ärzte, acht Lehrer und 15 Lehrerinnen, 16 Arrendatoren, zwölf Kaufleute und elf Apotheker, zwei Senatoren und vier Musiker – aber auch Hausfrauen, Bauern, Krankenschwestern, Schuhmacher, Schmiede, Techniker, Gärtner und Schneiderinnen – neben den beiden Bürgermeistern von Riga. Ein wenig stolz bin ich auf einen Postillion, einen Kapitän, einen Kronsarchitekten und aus der Familie meines Mannes auf einen Großpfefferer. Bei einem General in Mexiko bin ich mir nicht sicher, ob er ein Grund für Stolz sein kann. Aber das weiß ich bei meinen anderen Vorfahren auch nicht! Doch das sind andere Geschichten, und was das Leben dieser Menschen mit meinem zu tun hat, gilt es noch zu ergründen.

Noch immer konnte ich den *Mittelpunkt Europas* in Joneikiškės, einem Wald voller Kunst nördlich von Vilnius, nicht anschauen. Das *Café Europa* in Dresden hatte jahrelang diese Umrisskarte Europas an seiner Fensterscheibe: Europa vom Nordkap bis nach Kreta und von England bis zur polnischen und finnischen Ostgrenze.

Diese Karte zierte nicht nur das Café, sie existiert in vielen deutschen Köpfen, die nur die Hälfte Europas denken. Die baltischen Staaten sind auf dieser Karte als östlicher Rand enthalten, Litauen ist jedoch nicht der Mittelpunkt Europas und Russland nicht mitgedacht. Durch den Brexit ist Joneikiškės nicht mehr der *Mittelpunkt Europas*, der ist noch weiter nach Osten gerückt.

Das Gegenteil zu solch kleineuropäischem Denken sah ich in Tallinn an einem Schild über die Gastspiele des Theaters: *Berliin, Viin, London, Omsk, Avignon, Brüssel, Varssa-*

vi, Pariis, München, Moskva, Köln, Veneetsia, Voronež, Bern, Hamburg, Zagreb, Budapest, Rooma, Ateena, Hannover, Peterburi, Nantes, Riia, Helsingi, Perm, Utrecht, Torun, Wiesbaden, Vilnius, Nitra. Das Theater hat europaweit gespielt.

Meine Vorfahrinnen und Vorfahren lebten in dieser Mitte Europas, am interessanten Kreuzungspunkt der Kulturen, viele waren polyglott. Kein Wunder, dass sich ihre heimatlos gewordenen Nachfahren über Europa, Asien und Amerika verteilt haben, sich Partner aus unterschiedlichen Ländern gesucht und deren Sprachen erlernt haben. Auch meine Enkel verstehen meine Sprache noch nicht. Damit befinde ich mich in guter Gesellschaft: die holsteinische Nebelmutter, die russische Jacka, die litauisch-polnische Justyna, die russisch sprechende Deutsche Elisabeth Govinius und viele andere von ihnen erlebten, dass die Enkel ihre Sprache nicht sprachen.

Die Nebelmutter hätte heute, wenn in jeder Generation nur zwei Kinder überlebt hätten, 16.384 Ururur-ururur-ururur-Urgroßkinder, wären diese nicht durch die Pest und andere Seuchen, durch Kriege und Fluchten dezimiert worden. Aber wenigstens eins pro Generation hat überlebt, sonst hätte ich diese Geschichte nicht schreiben können.

Danksagung

Ich danke meinem verstorbenen Freund Gerhard Rößler (*1926 in Wittgensdorf †2013 in Radebeul) für seinen Text und für den Wunsch, dass ich ihn veröffentliche. Er erhöhte damit meine Motivation für dieses Buch und vertiefte unsere Freundschaft. Er hatte schlechtere Bedingungen als ich und konnte deshalb nur wenig veröffentlichen. Er war Soldat im Zweiten Weltkrieg, arbeitete danach als Lehrer, wurde wegen seiner humanistischen und nicht-sozialistischen Einstellung vom Schuldienst suspendiert, wurde danach Diakon und Kantor, später Dozent an einer kirchlichen Ausbildungsstätte. Nebenberuflich war er Erzähler und Lyriker. Der Sozialismus enttäuschte ihn, er sah darin die unmittelbare Fortsetzung der Methoden des Dritten Reiches: Machtmissbrauch, Militarisierung und Bespitzelung der Intellektuellen. Sein erstes literarisches Buch *Das kleine Nein* erschien nach langem Kampf um Papierkontingente 1990 und kam aus der Druckerei auf *die Halde* statt in die Buchhandlungen: *Neue Ware für neues Geld*, hieß die Devise. Das hat seine schriftstellerische Schaffensfreude gebrochen.

Weiterhin danke ich meiner Freundin Ulrike Güldenstern für die Übersetzung der russischen Passagen, meiner Kollegin Prof. Dr. Vera Hähnlein für die Hilfe in medizinischen Details, Dr. Martin Haustein für die Erklärungen zu den Vitriol-Kristallen und Christoph Wendt für alle Auskünfte über Polen. Dr. Thomas Bütow, Christa Hegewald sowie mein Mann Andreas Weirauch haben Korrektur gelesen und mich mit Ideen unterstützt.

Link zum
Ahnenplan